Glaubensbildung

Die Weitergabe des Glaubens im europäischen Protestantismus

Formation of faith

Handing on the faith in European Protestantism

GLAUBENSBILDUNG

DIE WEITERGABE DES GLAUBENS IM EUROPÄISCHEN PROTESTANTISMUS

FORMATION OF FAITH

HANDING ON THE FAITH IN EUROPEAN PROTESTANTISM

Im Auftrag des Rates
der Gemeinschaft Evangelischer Kirchen in Europa

Authorized by the Council
of the Community of Protestant Churches in Europe

Herausgegeben von / edited by
Martin Friedrich und Hans Jürgen Luibl

EVANGELISCHE VERLAGSANSTALT
Leipzig

Bibliographische Information der Deutschen Nationalbibliothek
Die Deutsche Nationalbibliothek verzeichnet diese Publikation
in der Deutschen Nationalbibliographie; detaillierte bibliographische Daten
sind im Internet über http://dnb.dnb.de abrufbar.

Printed in Germany · H 7561

Das Buch wurde auf alterungsbeständigem Papier gedruckt.

Cover: Kai-Michael Gustmann, Leipzig
Innenlayout: Steffi Glauche, Leipzig
Satz: Steffi Glauche, Leipzig
Druck und Binden: Druckhaus Köthen GmbH

ISBN 978-3-374-03087-3
www.eva-leipzig.de

Inhalt

II Regionen/Regions

III Konkretionen und Lernorte

Martin Friedrich

Vorwort

Die 6. Vollversammlung der Gemeinschaft Evangelischer Kirchen in Europa 2006 benannte in ihrem anspruchsvollen Arbeitsprogramm als eins der künftigen Arbeitsthemen für die GEKE das Thema Protestantismus und Bildung. Die Begründung hierfür lag auf der Hand: »Die Reformation war von Anfang an mit dem Programm einer umfassenden Bildung verbunden, und die reformatorischen Kirchen verstehen sich bis heute als Träger von Bildung«. Aus dem Bildungsprogramm der Reformation ergab sich auch schon eine Aufgabenstellung für die evangelischen Kirchen: »[…] Bildung aus Glauben zu europäisieren und die Orientierung an der Freiheit in Verantwortung, das christliche Menschenbild und die Orientierung am Gemeinwohl in die europäische Bildungsdebatte einzubringen«. Zu den konkreten Zielen eines Bildungsprojekts der GEKE sollte gehören, »Glaubensbildung als Zukunftsweg der Kirchen zu beschreiben und den evangelischen Beitrag für eine zukünftige europäische Bildung zu skizzieren«.[1]

Da die Aufgabe eine doppelte war, musste sie auf zwei Projekte aufgeteilt werden. Dem evangelischen Beitrag zur europäischen Bildungsdiskussion war die Konsultation »Bildung der Zukunft« im September 2011 gewidmet.[2] Der vorliegende Sammelband beschreibt zunächst nur, wie die Aufgabe der Glaubensbildung innerhalb der Kirchen der GEKE

---

1 Gemeinschaft gestalten – Evangelisches Profil in Europa. Texte der 6. Vollversammlung der Gemeinschaft Evangelischer Kirchen in Europa – Leuenberger Kirchengemeinschaft – in Budapest, 12.–18. September 2006, hg. v. W. Hüffmeier / M. Friedrich, Frankfurt a. M. 2007, 308 (Schlussbericht, 2.2.2.3); vgl. http://www.cpce-assembly.eu/media/pdf/Vollversammlung/2006/Schlussbericht.pdf.

2 Hierzu Näheres im Beitrag von Bünker (s. u. S. 30). Vgl. ferner die Dokumentation auf der Website der GEKE: http://www.leuenberg.eu/de/node/2904.

wahrgenommen und erfüllt wird. Neben den traditionellen Arbeitsfeldern der Religions- und Gemeindepädagogik behandelt er verschiedene weitere Themen, von der familiären Elementarerziehung über die inzwischen auch schon fast klassische Arbeit der Evangelischen Akademien bis hin zu neuen Formen politischer und ästhetischer Bildung. Überall geht es jedoch – diese grundlegende Annahme bestätigt sich in vielen Beiträgen – nicht um eine bloß innerkirchliche Sicht, sondern um kirchliche Beiträge zu den gesellschaftlichen Bildungsprozessen. Die enge Verflechtung kirchlichen Bildungshandelns mit gesamtgesellschaftlichen Herausforderungen nötigt die evangelischen Kirchen zu stetiger Reflexion ihres Tuns, und dies macht sie wiederum fähig, ihre Einsichten und Anliegen in die Bildungsdiskurse einzubringen.

Einen wichtigen Teil in dem Sammelband machen deshalb die grundsätzlichen Erkundungen zum Thema Glaubensbildung aus. *Eberhard Harbsmeier* und *Peter Bubmann* nähern sich dem Thema auf jeweils eigene Art; der eine schöpfend aus der biblischen Überlieferung und der Tradition evangelischen Bildungsdenkens, der andere ausgehend vom Dialog mit der zeitgenössischen Erziehungswissenschaft. Die Ergebnisse sind nicht deckungsgleich, aber gut zueinander anschlussfähig. Sie unterstreichen den Wert eines multiperspektivischen Zugangs, im Sinne der Einheit in versöhnter Verschiedenheit, für die die GEKE steht. Dies entfaltet *Michael Bünker*, Generalsekretär der GEKE, wenn er darlegt, warum und in welcher Weise die Gemeinschaft Evangelischer Kirchen in Europa als Ganze sich vom Thema der Bildung herausfordern lässt.

Indem er Europa und die Kirchengemeinschaft als Kontext des Bildungshandelns wahrnimmt, stellt Bünkers Aufsatz zugleich den Übergang zur nächsten Gruppe von Beiträgen her. Unter der Überschrift »Regionen« werden exemplarische Herausforderungen aus einzelnen Ländern oder größeren Gebieten behandelt. *Béla Harmati* stellt den Neuaufbau evangelischer Schulen in Ungarn dar, in den die lutherische Kirche ebenso wie die reformierte Schwesterkirche ein in vielen anderen Ländern kaum vorstellbares Engagement investiert. *Thomas Schlag* zeigt, wie gesellschaftliche Säkularisierungsprozesse die Zürcher Kantonalkirche zu einer Neukonzeption ihres pädagogischen Angebots bewegten, wobei er auch nach der Übertragbarkeit des Modells fragt. Wie verschieden die Kontexte erlebt und gefüllt werden, macht ein Vergleich der Beiträge aus Finnland und Italien deutlich. In ihren Projekten mit und für

Kinder, von denen *Stefan Myrskog* berichtet, sucht die lutherische Mehrheitskirche in Finnland eine enge Verbindung zur Zivilgesellschaft und unterstreicht damit den Anspruch des Evangeliums auf das Ganze des Lebens. Die Waldenserkirche dagegen sucht, wie *Ermanno Genre* verdeutlicht, in ihrer Gegenposition zum gesellschaftlichen Mainstream Italiens das prophetische Zeugnis der Kirche deutlich zu machen. Auch *Boguslav Milerskis* Beitrag beschreibt, wie die polnischen Protestanten in dem komplizierten Gefüge einer katholisch geprägten postkommunistischen Gesellschaft ihre Präsenz zeigen. Er steht am Anfang dieser Gruppe, weil er, wie die Aufsätze davor, auch noch einmal eigene theoretische Akzente setzt.

Die größte Abteilung ist den Konkretionen und Lernorten gewidmet. Diese können biografisch definiert sein, wie die Beiträge über die Glaubenserziehung in der Familie (*Neil Thorogood* mit einer eindrücklichen Analyse zur Glaubenswelt von Kindern, aber auch vielen Beispielen für mögliche kirchliche Unterstützung der Familien) oder den kirchlichen Unterricht zur Vorbereitung der Konfirmation (*Friedrich Schweitzer / Wolfgang Ilg / Henrik Simojoki* mit den Ergebnissen einer länderübergreifenden empirischen Untersuchung). Auch der erste Beitrag zur musikalischen Bildung (*Jytte Lundbak* über die Chorarbeit der dänischen Volkskirche) ist auf Kinder und Jugendliche konzentriert, weshalb ihr ein mehr grundsätzlicher Aufsatz von *Ole Brinth* zur Bedeutung von Musik für das evangelische Glaubensverständnis an die Seite gestellt ist. Mit den Glaubenskursen thematisiert *Hans Jürgen Luibl* ein Element der kirchlichen Erwachsenenbildung, das sich zunehmenden Interesses erfreut, während *László Kállay* sich dem Erfolgsmodell des Nachkriegsprotestantismus widmet, den Evangelischen Akademien samt den besonderen Problemen ihres Aufbaus in Rumänien. In ein interkulturell angelegtes Projekt politischer Bildung führt *Peter Morée* ein: die Seminare, die Vertreter unterschiedlicher Religionen aus verschiedenen Ländern zum gemeinsamen Lernen zusammenführten. Mit den deutschen evangelischen »Kirchentagen« und ähnlichen Festivals (*Harald Schroeter-Wittke*) und der an bestimmte Erinnerungsorte gebundenen Versöhnungsarbeit (*Oliver Schuegraf*) wird der Blick zuletzt noch einmal erweitert auf Gegenstände, die nicht primär als Bildungsprojekte angelegt sind, aber sich mit Gewinn als Felder des informellen Lernens erschließen lassen.

In einem stimmen die verschiedenen Perspektiven des Bandes jedenfalls überein: Bildungsarbeit ist für die evangelischen Kirchen nicht ein Arbeitsfeld, das sie je nach Belieben verstärken oder vernachlässigen können. Glaubensbildung gehört zum Grundauftrag der Kirche, zur Verkündigung des Evangeliums. Und damit hat sie eine kritisch-befreiende Dimension: Bildung wird nicht funktional von den gesellschaftlichen oder kirchlichen Bedürfnissen her gedacht, sondern von der Freiheit des Evangeliums. Der kirchliche Bildungsauftrag geht nicht in einem kirchlich-katechetischen Handeln auf; er ist nicht auf Bestandwahrung ausgerichtet und auch nicht bloß traditionsorientiert. Glaubensbildung hat vielmehr eine emanzipatorische Wirkung auch für kirchliche Tradierungsprozesse.

Hieraus ergibt sich als Zweites die kaum überschaubare Vielfalt der Lernorte und Lernarten. Glaubensbildung eröffnet Bildungsspielräume und kann auch Bildungskonzepte über den Raum der Kirche hinaus befruchten. Das Bildungshandeln der evangelischen Kirchen ist nicht die Umsetzung eines umfassenden und in sich geschlossenen Konzepts, sondern Entdeckung und Entwicklung von Bildung, dort und so, wie es notwendig ist – und dies als unverzichtbarer Teil gesellschaftlichen Bildungshandelns.

Am Schluss bleibt die angenehme Verpflichtung, all denen zu danken, die zum Gelingen dieses Sammelbandes beigetragen haben. Ich nenne zuerst den Rat der GEKE, der die nötigen Finanzmittel für den Druck zur Verfügung gestellt hat. Frau Dr. Annette Weidhas und die anderen Beteiligten bei der EVA waren kompetente und geduldige Partner bei der Herstellung des Buches. Tobias Körtner übersetzte die Beiträge aus dem Englischen (von Myrskog, Genre, Thorogood, Kállay und Morée), Alasdair Heron (von Harbsmeier, Bubmann, Schlag, Schweitzer/Ilg/Simojoki, Luibl und Schroeter-Wittke) und Verena Thim (von Bünker, Milerski, Harmati, Lundbak, Brinth und Schuegraf) aus dem Deutschen. Mein Mitherausgeber Hans Jürgen Luibl hat das Projekt angeregt und viel konzeptionelle Vorarbeit geleistet. Das wichtigste für einen Sammelband sind aber die Autoren, und so soll der Dank an alle Beitragenden dieses Vorwort beschließen.

Wien, im Mai 2012 — Martin Friedrich

Martin Friedrich

Preface

In 2006, the 6th General Assembly of the Community of Protestant Churches in Europe nominated Protestantism and Education to be one of the future topics in CPCE's ambitious programme. The reason for this was obvious: »The Reformation was always bound up with a programme of comprehensive education, and the Reformation churches still understand themselves as vehicles of education.« The educational programme of the Reformation also shaped the mission outline for Protestant churches: »[...] introducing into the European debate on education these orientations: freedom in responsibility, the Christian image of human beings and the common good.« Concrete aims for a CPCE-run education project were to include »to describe education in faith as a future way for the churches and to sketch out the Protestant contribution to future European work on education.«[1]

As the task was two-fold, it had to be divided into two projects. The consultation *Bildung der Zukunft* [Education of the future], held in September 2011, was devoted to the Protestant contribution to the European education debate.[2] This book initially only describes how the task of faith formation within CPCE churches is perceived and fulfilled. In addition to the traditional topics of religious and parish education, it discusses subjects ranging from familial elementary education through the almost classic engagement of the Evangelical Academies to new forms of political and aesthetic education. However, the fundamental assumption – as confirmed in many of the articles – is that it is not only about an inner-

1 Final Report, no. 2.2.2.3; cf. http://www.leuenberg.eu/sites/default/files/doc-7063-1.pdf.

2 For more, see Bünker's contribution (p. 44–45). Cf. further the documentary on the CPCE website: http://www.leuenberg.eu/de/node/2904.

church perspective but the church's contribution to educational processes in society. The close link between the church's actions and general societal challenges forces the Protestant churches into a constant reflection of their doing, which in turn enables them to feed their insights and concerns into the educational discourses.

An important part of the volume at hand is therefore formed by the fundamental explorations on faith formation. *Eberhard Harbsmeier* and *Peter Bubmann* each approach the subject in their own way; one drawing from Bible tradition and Protestant educational thinking, the other from the dialogue with contemporary educational science. The results are not congruent but can be linked to each other, thereby emphasizing the value of a multi-stranded view in the sense of unity in reconciled difference for which the CPCE stands. *Michael Bünker*, General Secretary of the CPCE, develops this thought as he illustrates why and in what way the Community of Protestant Churches in Europe as an organization lets itself be challenged by the subject of education.

By making Europe and the community of churches the context for educational actions, Bünker's article also marks the transition to the next block of contributions. »Regions« examines exemplary challenges in individual countries or larger areas. *Béla Harmati* illustrates the rehabilitation of Protestant schools in Hungary, where both the Lutheran as well as the Reformed Church show a commitment barely imaginable in other countries. *Thomas Schlag* reveals how societal secularization processes caused the Zurich Cantonal Church to initiate a new approach towards their range of educational services, and in doing so he also wonders about the portability of that model. A comparison to the Finnish and Italian contributions highlights how different each context is felt and experienced. Through its projects with and for children, the Lutheran majority church in Finland is looking for a close connection to civil society and hereby stresses the Gospel's claim to the whole of life, as reported by *Stefan Myrskog*. The Waldensian Evangelical Church, however, tries to articulate the church's prophetic witness contrary to Italy's societal mainstream, as *Ermanno Genre* knows. *Boguslav Milerski*'s article, too, describes how Polish Protestants show their presence known in a post-Communist society heavily influenced by Catholicism. He comes first in this group, as he, like the previous contributors, also sets his own theoretical accents.

The largest section is devoted to concretions and places of learning. These can be biographically defined, such as the contributions on faith education in the family (*Neil Thorogood* with an impressive analysis of children's faith experiences, as well as many examples for how churches could possibly support families) or ecclesiastical education as preparation for confirmation (*Friedrich Schweitzer / Wolfgang Ilg / Henrik Simojoki* with the results of a transnational empirical examination). The first article on musical education (*Jytte Lundbak* on the choral work of the Danish Lutheran Church) also focuses on children and young people, which is why it is supported by a more fundamental piece by *Ole Brinth*, who writes about the meaning of music in terms of the Protestant understanding of faith. Central to *Hans Jürgen Luibl*'s article are faith courses, an element of adult learning that is becoming increasingly popular, while *László Kállay* addresses the successful model of post-war Protestantism, Evangelical Academies, including the particular issues encountered during their set-up in Romania. *Peter Morée* introduces us to an intercultural political education project: the seminaries that brought together representatives of different countries and religions for shared learning. With a look at German evangelical »*Kirchentags*« and similar festivals (*Harald Schroeter-Wittke*) and efforts of reconciliation tied to certain places of remembrance (*Oliver Schuegraf*), we ultimately extend our vision to subjects which are not educational projects as such but lend themselves to be gainfully explored as areas of informal learning.

In any case, the book's different views agree in one thing: for Protestant churches, educational work is not an area that can be boosted or neglected at will. Faith formation is integral to the fundamental mission of the church, the proclamation of the Gospel. It thereby has a critical liberating dimension; education is not perceived as functional with regards to societal or ecclesiastical needs, but as pertaining to the freedom of the Gospel. The church's educational mission is not absorbed into ecclesiastic catechistic actions; it is not geared towards keeping assets or just based on tradition. Rather, faith formation also has an emancipatory effect for ecclesiastical processes of transmission.

This then leads the second aspect, which delves into the incredibly diverse variety of places and ways of learning. Faith formation opens up scope for education and can also fertilize educational concepts beyond the church. The educational actions of the Protestant churches are not about the implementation of an all-embracing and self-contained concept, but about the discovery and development of education where and how it is needed – making them indispensable to society's educational actions.

All that remains now is the pleasant duty to thank all those who have contributed to the success of this volume. Firstly, I would like to mention the CPCE Council, which has provided the necessary financial means for printing. Dr. Annette Weidhas and her colleagues at the EVA were competent and patient partners throughout the production of the book. Tobias Körtner translated the English articles (by Myrskog, Genre, Thorogood, Kállay and Morée), Alasdair Heron (by Harbsmeier, Bubmann, Schlag, Schweitzer/Ilg/Simojoki, Luibl and Schroeter-Wittke) and Verena Thim (by Bünker, Milerski, Harmati, Lundbak, Brinth and Schuegraf) the German contributions. My co-editor Hans Jürgen Luibl has initiated the project and carried out a vast amount of preliminary work. However, most important for an anthology are the authors, and I shall therefore conclude this foreword by extending my thanks to all contributors.

Vienna, May 2012 Martin Friedrich

I
Grundlagen/Foundations

Michael Bünker

Der europäische Protestantismus

Eine Lerngemeinschaft des Glaubens und das Entstehen einer europäischen Bildungsgesellschaft

I Lernweg und Lernorte der GEKE

1 Die Entstehung der LK und der GEKE als Lernweg

Als am 16. März 1973 der endgültige Text der Leuenberger Konkordie (LK)[1] verabschiedet wurde und die Einladung an die Kirchen ging, bis zum 30. September des folgenden Jahres ihre Zustimmung zu erklären, waren die Erwartungen hinsichtlich der Reichweite der Konkordie durchaus bescheiden. Mit der Zustimmung von 49 Kirchen konnte die Kirchengemeinschaft reformatorischer Kirchen in Europa zum 1. Oktober 1974 in Kraft treten. Dass es heute – beinahe vierzig Jahre später – mehr als hundert Kirchen sind, hatten die Väter der Konkordie kaum zu hoffen gewagt. In ihrem offenen, dynamischen Verständnis von Kirchengemeinschaft hat die »Leuenberger Kirchengemeinschaft« – 2003 wurde sie in »Gemeinschaft Evangelischer Kirchen in Europa« (GEKE) umbenannt – einen Zukunftsweg eröffnet, dessen endgültiges Ziel noch vor uns liegt. Diese Zukunftsoffenheit als wesentliches Merkmal der Kirchengemeinschaft auf der Basis der LK ist – wie später noch auszuführen – in Analogie zum evangelischen Verständnis von Europa als einem Zukunftsprojekt zu sehen.

Der Verabschiedung der Leuenberger Konkordie war ein langjähriger Prozess vorangegangen, der sich durchaus als ein Lernweg beschreiben lässt. Der Ablauf muss hier nicht im Detail dargestellt werden[2]. Im Kern

---

[1] Veröffentlichungen der GEKE sind nicht durch Fußnoten belegt. Sie finden sich auf der Website der GEKE unter www.leuenberg.eu.

[2] Vgl. E. Schieffer, Von Schauenburg nach Leuenberg. Entstehung und Bedeutung der Konkordie reformatorischer Kirchen in Europa, 1983; M. Friedrich, Von Marburg nach Leuenberg. Der lutherisch-reformierte Gegensatz und seine Über-

ging es darum, wie unter den geänderten Bedingungen des 20. Jahrhunderts und insbesondere aus den Erfahrungen mit den totalitären Ideologien, insbesondere dem Nationalsozialismus und dem »Kirchenkampf« in Deutschland, das gemeinsame Zeugnis der reformatorischen Kirchen zum Ausdruck gebracht werden kann. Die Überwindung der mehr als vierhundert Jahre währenden Trennung setzte sowohl inhaltliche Klärungen als auch völlig neue methodische Schritte voraus. Dabei war die Frage zu beantworten, wie die Unterschiede zwischen den Kirchen zu bewerten sind. Sind sie Ausdruck der Diversität, die die Kirche von Anfang an kennzeichnet, oder kommt ihnen eine kirchentrennende Funktion zu? Die Konkordie kommt zu dem Schluss, dass auf der Basis des gemeinsamen Verständnisses des Evangeliums, das im Kern in der Rechtfertigungsbotschaft gesehen wird, die »Unterschiede in der Gestaltung des Gottesdienstes, in den Ausprägungen der Frömmigkeit und in den kirchlichen Ordnungen« (LK 28) keine trennende Wirkung haben. Kirchengemeinschaft kann sich deshalb in Kanzel- und Abendmahlsgemeinschaft, in der gegenseitigen Anerkennung der Ämter und in möglichst weitgehender Zusammenarbeit im gemeinsamen Zeugnis und Dienst verwirklichen. Aber die Unterzeichnung der Konkordie stellt keinen Schlusspunkt dar. Die GEKE ist keine bloße Signatargemeinschaft, sondern die lebendige und stets neu mit Leben zu füllende Gemeinschaft von Kirchen. Diese zu vertiefen, ist eine der bleibenden Zukunftsaufgaben. Die Konkordie selbst gibt die Wege an, auf denen das geschehen soll, weitere sind dazugekommen.

2 Die Lernorte der GEKE

a) Gottesdienst

Kirchengemeinschaft im Sinne der Leuenberger Konkordie »bedeutet, dass Kirchen verschiedenen Bekenntnisstandes aufgrund der gewonnenen Übereinstimmung im Verständnis des Evangeliums einander Gemeinschaft an Wort und Sakrament gewähren und eine möglichst große Gemeinsamkeit in Zeugnis und Dienst an der Welt erstreben« (LK 29).

windung, 1999; W. HÜFFMEIER / U. HAHN (Hgg.), Evangelisch in Europa. 30 Jahre Leuenberger Kirchengemeinschaft, 2003.

Die »Gemeinschaft an Wort und Sakrament« profiliert die GEKE als gottesdienstliche Gemeinschaft. Zugleich wird damit an die beiden konstituierenden *notae ecclesiae* erinnert, wie sie in Confessio Augustana VII genannt werden. Um die gottesdienstliche Gemeinschaft zu stärken, hat die GEKE eine Sammlung von Gebeten und Texten für die Gestaltung von Gottesdiensten und ein evangelisches Gesangbuch für Europa herausgegeben. Das Arbeitsfeld der Liturgie wird durch einen Beauftragten des Rates und eine Stelle im Stab der GEKE wahrgenommen. Die Sammlung von liturgischen Bausteinen auf der Website der GEKE fördert den gegenseitigen Austausch. Wenn in der gemeinsamen Feier des Sakramentes sichtbar wird, wie die Gemeinschaft von Kirchen Gestalt gewinnt, ist »Einheit in versöhnter Verschiedenheit« erlebbar. Eine neue Herausforderung für die gemeinsame Feier des Gottesdienstes ergibt sich aus der Migration, von der die einzelnen GEKE-Kirchen in zunehmendem Maß beeinflusst, ja teilweise geprägt werden Auch wenn generell die positive Bedeutung kultureller Vielfalt unterstrichen wird, können sich in Bezug auf den Gottesdienst daraus doch recht unterschiedliche Konsequenzen ergeben. Auf der einen Seite wird Migrantinnen und Migranten die Möglichkeit geboten, Gottesdienste in ihrer Muttersprache zu feiern. Das kommt auch deren Bedürfnis nach Beheimatung entgegen. Gleichzeitig kann dies ein neues und auf dem gesamtgesellschaftlichen Hintergrund durchaus unerwünschtes Nebeneinander mit sich bringen. Daher sollten solche Gottesdienste nicht als Regelfall und Dauerreinrichtung betrachtet werden, sondern als ein für eine bestimmte Zeit notwendiger Übergang. Das Ziel ist der gemeinsam gefeierte, zwei- oder sogar multisprachliche und kulturell vielfältige Gottesdienst, durch den und in dem die transkulturelle Einheit der Kirche sichtbar und erlebbar wird. Das stellt für alle Seiten eine enorme Herausforderung dar. Gegenseitiges Aufeinanderzugehen, Begegnungen und Dialog sowie das nachbarschaftliche Miteinander im Alltag sind oft mühevolle und fast immer langwierige Lernprozesse. Wo sie beschritten werden, führen sie zur bereichernden Erfahrung der grenzüberschreitenden Kraft des Glaubens und der Katholizität der Kirche, die sich nicht auf eine Sprache oder Kultur festlegen lässt.

b) Lehrgespräche

Unter den vier Aspekten der Verwirklichung der Kirchengemeinschaft nennt die Konkordie als zweiten die theologische Weiterarbeit: »Die Konkordie läßt die verpflichtende Geltung der Bekenntnisse in den beteiligten Kirchen bestehen. [...] Sie stellt eine im Zentralen gewonnene Übereinstimmung dar, die Kirchengemeinschaft zwischen Kirchen verschiedenen Bekenntnisstandes ermöglicht. Die beteiligten Kirchen lassen sich bei der gemeinsamen Ausrichtung von Zeugnis und Dienst von dieser Übereinstimmung leiten und verpflichten sich zu kontinuierlichen Lehrgesprächen untereinander« (LK 37). Von Anfang an waren daher die Lehrgespräche geradezu ein kennzeichnendes Merkmal der Kirchengemeinschaft. Ihre Themen werden von den Vollversammlungen in Auftrag gegeben und nach der Beschlussfassung den Mitgliedskirchen zur Rezeption und Umsetzung zugeleitet. Als herausragende Beispiele seien zwei genannt: Auf der 4. Vollversammlung in Wien 1994 wurde die erste gesamtprotestantische Ekklesiologie unter dem Titel »Die Kirche Jesu Christi« verabschiedet. Mit dem Lehrgespräch »Kirche und Israel«, das die 5. Vollversammlung in Belfast 2001 sich zu eigen machte, definierten die evangelischen Kirchen Europas ihr Verhältnis zum Judentum. Die vertiefende Arbeit an der Kirchengemeinschaft durch Lehrgespräche wird fortgesetzt, wobei die klassischen Kontroversthemen, die wesentlich aus der Vergangenheit resultierten, zunehmend in den Hintergrund treten und neuen, durch aktuelle Herausforderungen begründeten Themen Platz machen. Auch dies geschieht in Übereinstimmung mit der Konkordie: »Das gemeinsame Verständnis des Evangeliums, auf dem die Kirchengemeinschaft beruht, muß weiter vertieft, am Zeugnis der Heiligen Schrift geprüft und ständig aktualisiert werden.« (LK 38)

c) Regionalgruppen

Seit dem Bestehen der GEKE haben Mitgliedskirchen die Begegnung, den Austausch und die gemeinsame Arbeit an Projekten auch in Regionalgruppen umgesetzt. Die Zahl, zwischenzeitlich auf zwei gesunken, konnte seit der 6. Vollversammlung in Budapest auf drei erhöht werden, wobei nach dem Stand von Januar 2012 die Gründung einer vierten Regionalgruppe in Aussicht steht und die Arbeit an der Etablierung einer fünften zu erwähnen ist. Regionalgruppen stellen – so die 6. Vollversammlung – eine wichtige Ebene in der Verwirklichung der Kirchengemeinschaft dar. Daher wird jede Mitgliedskirche ermuntert, sich an der Arbeit einer Regionalgruppe zu beteiligen. Regionalgruppen bildeten sich bisher an den historischen Bruchlinien Europas: die Konferenz der Kirchen am Rhein (KKR) an der deutsch-französischen Grenze, die Nordwestgruppe in der Verbindung von deutschen, niederländischen und belgischen Kirchen und die Südosteuropagruppe am früheren »Eisernen Vorhang«. So verwundert es nicht, dass sich in allen Regionalgruppen als roter Faden die Arbeit an Vergangenheitsbewältigung und Versöhnung durchzieht. Sie stellen wichtige Netzwerke dar, die mithelfen, das Zeugnis und den Dienst der Kirchen in ihren jeweiligen gesellschaftlichen und politischen Kontexten zu gestalten.

d) Ökumenische Dialoge

Die Mitgliedskirchen der GEKE »handeln aus der Verpflichtung heraus, der ökumenischen Gemeinschaft aller christlichen Kirchen zu dienen« (LK 46). Zu dieser grundsätzlichen Verpflichtung kommt die Überzeugung, dass das Modell der Kirchengemeinschaft, wie es die GEKE auf der Basis der Leuenberger Konkordie verwirklicht und lebt, auch für die Gestaltung des ökumenischen Miteinanders mit anderen Kirchen und Konfessionsfamilien geeignet ist. So konnten die Methodisten bereits 1994 ihren Beitritt zur Kirchengemeinschaft erklären. Aus diesen Gründen führt die GEKE ökumenische Gespräche mit Anglikanern, Baptisten, Orthodoxen und neuerdings mit der römisch-katholischen Kirche.

e) Gemeinsame Stimme

Die mit Dynamik fortschreitende Integration Europas, vor allem durch die sich ständig erweiternde und die Gemeinschaft vertiefende EU, stellte die Frage nach dem Beitrag, den evangelische Kirchen für das zusammenwachsende Europa leisten können und sollen. Spätestens auf der 5. Vollversammlung 2001, die unter dem Eindruck der Diskussion um einen EU-Vertrag und der Berücksichtigung der religiösen Dimension in diesem Regelwerk stand, wurde unabweisbar klar, dass es Aufgabe der GEKE ist, eine gemeinsame Stimme des Protestantismus in den zukunftsträchtigen Fragen der europäischen Integration zu bilden. Die Vollversammlung beschloss: »Ziel ist, die theologischen und ethischen Aspekte und die humanitären Konsequenzen politischer Entscheidungen aus der Sicht des Evangeliums gemeinsam zu erörtern, in grundlegenden Fragen die protestantischen Stimmen zu bündeln und sie in der europäischen Öffentlichkeit zur Sprache und zu Gehör zu bringen«. Als geeignete Instrumente, die gemeinsame Stimme zu formulieren, wurden Foren und Konsultationen angeregt. Ein wichtiges Ergebnis, das beispielhaft genannt sei, war die Konsultation zu Fragen der Migration, die 2004 auf dem Liebfrauenberg stattfand. In Kooperation zwischen GEKE und der damals noch selbständigen KKR wurde die »Liebfrauenberg-Erklärung« erarbeitet, die bis heute für den Einsatz der GEKE-Mitgliedskirchen für Migranten und Migrantinnen, insbesondere für Asylsuchende und Flüchtlinge, sowohl in ihren nationalen Kontexten wie auf gesamteuropäischer Ebene leitend ist. Um rasch und zeitnah auf aktuelle Fragen eingehen zu können, rief die GEKE einen »Fachkreis Ethik« ins Leben, der dem Rat und dem Präsidium zuarbeitet. Ein besonders wichtiges Ergebnis dieser Arbeit ist die Orientierungshilfe des Rates der GEKE zu lebensverkürzenden Maßnahmen und zur Sorge um Sterbende, die unter dem Titel »Leben hat seine Zeit, und Sterben hat seine Zeit« 2011 den Mitgliedskirchen empfohlen und der europäischen Öffentlichkeit vorgestellt wurde. Mit solchen Projekten sollen – so hatte es die Belfaster Vollversammlung formuliert – »die spezifisch evangelischen Voraussetzungen und Kriterien ethischer Urteilsbildung herausgearbeitet werden, die es im ökumenischen Gespräch und in der europäischen Öffentlichkeit deutlicher zu vertreten gilt. Grundlegend sind der Begriff evangelischer Freiheit, die Zuordnung von Freiheit und Liebe im Sinne der Rechtfertigungslehre, der Begriff des Gewissens und die evangelische Gewissensbildung sowie ein evangelisches Verständnis von Verantwortung.«

Fazit

Die GEKE kann als Lerngemeinschaft verstanden und beschrieben werden. Schon die Entstehungsgeschichte der Leuenberger Konkordie ist als Lerngeschichte zu lesen. Seit 1973 ist eine Reihe von Lernschritten erfolgt; ich erwähne exemplarisch die Verabschiedung eines Statuts für die GEKE in Budapest 2006, was den Prozess von einem eher losen Verband von Signatarkirchen zu einer Gemeinschaft mit Mitgliedskirchen mit wachsender und stets weiter zu entwickelnder Verbindlichkeit dokumentiert. Gerade als Lehrgemeinschaft, die sich um die Verständigung der *doctrina evangelii* im Dialog mit den aktuellen Herausforderungen der Zeit bemüht, zeigt sich der Charakter der GEKE als einer lernenden Organisation. Dabei ist Lernen nicht als linearer zielgerichteter Prozess zu verstehen, sondern schließt die Irritation, die Begegnung mit »dem Anderen« und die Störung als produktive Anlässe ein, die Lernprozesse initiieren. Erst die Verbindung von Fremdem und Neuem mit dem je Eigenen lässt neue Einsicht entstehen. Im Hintergrund steht dabei ein Lernbegriff, wie ihn etwa die Bochumer Erziehungswissenschaftlerin Käte Meyer-Drawe vertritt.[3]

II GEKE und Europa

»Ach Europa!« - mit diesem Seufzer veröffentlichte Hans Magnus Enzensberger 1987 seine Wahrnehmungen aus sieben Ländern[4]; und zwanzig Jahre später klang es aus dem Mund von Jürgen Habermas unverändert (nur ohne Ausrufezeichen): »Ach, Europa.«[5] Die GEKE will nicht gleichfalls über die Seufzerbrücke gehen. Sie spricht in einer aktuellen Stellungnahme vom Dezember 2011 vom »Glücksfall«, den die europäische Einigung in der Geschichte darstelle, und weiter davon, dass das »Projekt Europa« nicht an der seit dem Jahr 2008 aktuellen Krise der Banken und Finanzmärkte sowie der Staatshaushalte scheitern darf. Aus Anlass des fünfzigsten Jahrestages der Römischen Verträge hat die GEKE fünf »Glück-Wünsche« an die EU gerichtet, in denen neben der grundsätzlich positiven Bewertung der europäischen Integration auch Probleme wie Demokratiedefizit, mangelnde soziale Gerechtigkeit, Vernachlässigung der Nachhaltigkeit und die fehlende kulturelle Identität, die als gemeinsame Wertebasis die Grundlage der weiteren Integration darstellt, genannt werden. Die evangelischen Kirchen bringen ihr Modell der »Einheit in versöhnter Verschiedenheit« in Europa ein, weil dadurch ein Beitrag zum Zusammenleben in Vielfalt und insbesondere zur Be-

---

3 K. Meyer-Drawe, Der Begriff der Lebensnähe und seine Bedeutung für eine pädagogische Theorie des Lernens und Lehrens, 1978; dies., Anfänge des Lernens (Zeitschrift für Pädagogik, Beiheft 49, 2005, 24–37).

4 H. M. Enzensberger, Ach Europa! Wahrnehmungen aus sieben Ländern, 1987.

5 J. Habermas, Ach, Europa. Kleine politische Schriften XI, 2008.

rücksichtigung und Förderung der Minderheiten gegeben ist. Das Konzept eines »christlichen Abendlandes«, das lange Zeit als Leitwort konservativer Politik gedient hat, stellt dagegen in der Sicht der GEKE eine rückwärts gewandte Sicht auf Europa dar und zeigt sich nicht selten als Kampfbegriff gegen Säkularisierung und Religionsvielfalt. Eberhard Jüngel hat in seinem Vortrag auf der Europäischen Evangelischen Versammlung in Budapest 1992 von der evangelischen Bejahung von Säkularisierung und Pluralismus gesprochen, weil gerade der Protestantismus als »Religion der Freiheit« (Hegel) immer auch für die Freiheit des Anderen (Rosa Luxemburg) eintritt[6]. Nur so wird glaubwürdig, dass die Wahrheit des Evangeliums eine befreiende Wahrheit ist. In diesem Vortrag spricht Jüngel auch davon, dass die evangelische Sicht auf Europa keine »Rückkehr« zum christlichen Abendland bedeutet, zu den »schönen glänzenden Zeiten, wo Europa ein christliches Land war«, wie Novalis schwärmte, sondern immer nur einen »Aufbruch« bedeuten kann, der freilich angesichts der Geschichte stets auch die Umkehr einschließt. Andere haben seine Argumentation aufgegriffen und weitergeführt.[7] Bemerkenswert und im inhaltlichen Zusammenhang mit dem vorliegenden Band sieht Jüngel den unverzichtbaren Beitrag evangelischer Kirche und Theologie für Europa in der Gewissenbildung. Sie geschieht jenseits von moralischer Fixierung auf Fehler und Scheitern in der Übernahme von Verantwortung, dem offenen Eingestehen von Schuld und der grundlegenden Gewissheit der Vergebung. So eröffnet evangelisch verstandene Gewissenbildung »unverbrauchte Zukunft« für den einzelnen Menschen, für die Kirche und für Europa, die nicht auf die Vergangenheit festgelegt ist und sich auch nicht nur aus der Vergangenheit

---

[6] E. Jüngel, Das Evangelium und die evangelischen Kirchen Europas, in: ders., Indikative der Gnade – Imperative der Freiheit. Theologische Erörterungen IV, 2000, 279–295.

[7] Etwa: J. Moltmann, Göttliches Geheimnis. Die Wiedergeburt Europas aus dem Geist der Hoffnung und der weite Raum der Zukunft (Zeitzeichen 6, 2005, 20–22); M. Friedrich / H. J. Luibl / Ch.-R. Müller (Hgg.), Theologie für Europa. Perspektiven evangelischer Kirchen, 2006 (daraus besonders die Beiträge von: Rudolf von Thadden, Protestantismus und Europa, 52–60 sowie Hans-Peter Großhans, Das Evangelium schmackhaft machen. Die deutschsprachigen evangelischen Kirchen und ihr Beitrag zur Einheit und Freiheit Europas, 268–279).

herleiten lässt. So verstanden haben die Kirchen einen Bildungsauftrag, der in der Befähigung zu einem Leben in Freiheit und Verantwortung besteht und das Zusammenleben auf der Grundlage der Menschenrechte begründet.

III Herausforderung Bildung

1 Die theologische Begründung von Bildung

Zu Recht wird auf die enge Verbindung der Reformation mit dem Anliegen der Bildung verwiesen. Der Zusammenhang ist zutiefst theologisch begründet. Martin Luther: »Darumb solt das billich allen Christen eynigs werck und ubung seyn, das sie das wort und Christum wol ynn sich bildeten, solchen glauben stetig ubeten und sterckten. Denn keyn ander werck mag eynen christen machen«[8] Diese Selbstbildung des Menschen geschieht für den Glauben auf der Grundlage der Bildung des Menschen zu Gottes Ebenbild in Jesus Christus, die exklusiv durch Gott erfolgt. Christoph Markschies hat dieses christologische Verständnis von Bildung zum Ebenbild entfaltet und betont, dass davon jede menschliche Bildung deutlich zu unterscheiden ist. Trotz der »Kategorialdifferenz« zwischen beidem bewährt sich menschliche Bildung als *imitatio* des göttlichen Handelns unter den Bedingungen der Unvollkommenheit und Vorläufigkeit.[9] Der Bildungsbegriff ist also theologisch aufgeladen. In gewisser Spannung dazu steht der allgemeine Sprachgebrauch. Die Konjunktur, die der Begriff »Bildung« – der übrigens nur im Deutschen möglich und gebräuchlich ist – in letzter Zeit wieder erfährt, geht Hand in Hand mit seiner inhaltlichen Unbestimmtheit. Vielleicht etwas drastisch, aber insgesamt zutreffend meint Christian Albrecht: »Bildung ist ein geschundenes und verschlissenes Wort, der Begriff steht gegenwärtig, nach einer längeren Phase der Verdrängung, für alles und für nichts und fungiert als ein Passepartout, unter dessen Flagge für das Gelingen kultureller Wertsetzungs- und Sinnvermittlungspraxis ebenso wie für die Beherr-

---

8 Martin Luther, Von der Freiheit eines Christenmenschen (1520), WA 7,23.

9 Ch. Markschies, Zur Freiheit befreit. Bildung und Bildungsgerechtigkeit in evangelischer Perspektive, 2011, 88f.

schung von Rechtschreibregeln gesegelt wird.«[10] Die Unbestimmtheit des Bildungsbegriffs geht – und das ist ebenfalls paradox – auf den Ahnherrn der deutschen Bildungstradition, auf Wilhelm von Humboldt, zurück. Bildung in ihrer Unbestimmtheit wird bei ihm zur Bestimmung des Menschen[11]. Kein Wunder daher, wenn man der Unbestimmtheit dadurch zu entgehen versuchte, indem der Bildungsbegriff durch andere Begriffe wie Lernen, Kompetenz, Identität, Sozialisation, Qualifikation, Ausbildung, Wissen u. ä. ersetzt wurde. So richtig es ist, dass mit jedem dieser Begriffe wichtige Teilaspekte und Teildisziplinen erfasst sind, so richtig ist es auch, dass keiner davon geeignet ist, den Bildungsbegriff überflüssig zu machen. Bildung erschöpft sich eben nicht in der Anhäufung von Wissen, im Erlernen bestimmter Fertigkeiten oder im Antrainieren gewisser Verhaltensformen, sondern – so gewiss er Wissen, Verhalten und Fertigkeiten umfasst – meint immer ein kritisches und selbstreflexives Verhältnis des Menschen zu sich selbst, zu den Mitmenschen und zur Welt. Auch für die Glaubensbildung gilt dies, sie erschöpft sich ebenso wenig in lernbaren Informationen, in Verhaltensweisen und geübten Ritualen, sondern schließt – zumindest nach evangelischem Verständnis – kritische Selbstreflexivität mit ein. Peter Bubmann und Eberhard Harbsmeier entfalten im vorliegenden Band den Zusammenhang von Glauben und Bildung und beschreiben den relativ jungen Begriff der »Glaubensbildung« im Sinne eines theologisch reflektierten Glaubensverständnisses und eines der heutigen Diskussion entsprechenden Bildungsverständnisses. Wenn so das den Glauben weckende Evangelium einen Bildungsanspruch stellt, ergeben sich daraus der Bildungsauftrag und die Bildungsverantwortung der Kirche. Und wenn diese Bildungsverantwortung sowohl christologisch zu begründen als auch aus dem Glauben weckenden Evangelium herzuleiten ist, also im Zentrum von Theologie und Kirche anzusiedeln ist, dann ist die Kirche – wie es Reiner Preul tut – zutreffend als »Bildungsinstitution« zu bezeichnen.[12] Bil-

---

[10] CH. ALBRECHT, Bildung in der Praktischen Theologie, 2003, 2.

[11] A. DÖRPINGHAUS / A. POENITSCH / L. WIGGER, Einführung in die Theorie der Bildung, ³2009, 79.

[12] R. PREUL, Kirche als Bildungsinstitution, in: ders., Die soziale Gestalt des Glaubens. Aufsätze zur Kirchentheorie, 2008, 130–149; ders., Die evangelische Kirche als Bildungsinstitution, in: a. a. O., 150-166.

dung wäre dann in eine Reihe zu stellen mit den zentralen Inhalten kirchlichen Handelns wie Verkündigung, Seelsorge und der Feier der Sakramente.

2 Die Bildungsverantwortung der Kirche in der Arbeit der GEKE

Die 5. Vollversammlung der GEKE 2001 nennt »Bildung« noch in einer Reihe mit anderen thematischen Beispielen für eine mögliche Weiterarbeit der GEKE. Erst die 6. Vollversammlung beschließt: »Die Vollversammlung bittet den Rat zu ermöglichen, dass das Thema ›Protestantismus und Bildung‹ in Vernetzung mit den Bildungsentwicklungen in den GEKE-Kirchen und den nationalen und europäischen Bildungsinstitutionen bearbeitet werden kann.« Begründet wird dieser Beschluss mit der Erinnerung daran, dass die Reformation mit dem Programm einer umfassenden Bildung verbunden war, und mit dem Selbstverständnis reformatorischer Kirchen als Trägerinnen von Bildung. Sowohl die historische Erinnerung als auch das kirchliche Selbstverständnis müssen sich im heutigen europäischen Kontext bewähren. Der Beschlusstext formuliert: »Es geht darum, Bildung aus Glauben zu europäisieren und die Orientierung an der Freiheit in Verantwortung, das christliche Menschenbild und die Orientierung am Gemeinwohl in die europäische Bildungsdebatte einzubringen.« Aber das Evangelium ist nicht nur ein Bildungsgut – so hält es die 6. Vollversammlung fest – sondern in gleicher Weise ein Bildungsauftrag und ein Bildungsanspruch. Beides – Auftrag und Anspruch – ist in mehrere Richtungen zu entfalten.

Wenn es einen ursprünglichen Zusammenhang von Glauben und Bildung gibt und wenn sich – zumindest nach evangelischem Verständnis – Glaube ohne Bildung nicht denken lässt (wie übrigens auch nicht Bildung ohne Berücksichtigung der religiösen Dimension), dann muss das auch im Leben der Kirche sichtbar sein und durch geeignete Maßnahmen umgesetzt werden. Zuerst geschieht dies durch interne Bildungsaktivitäten der Kirchen, also etwa die Katechese oder der Konfirmandenunterricht; sodann durch Einrichtungen, die auch anderen offenstehen, in erster Linie durch evangelische Kindergärten und Schulen. Weiter ist an die Kooperation der Kirchen mit staatlichen Bildungsträgern zu denken, dazu zählen etwa der Religionsunterricht an der öffentlichen Schule und die theologischen Fakultäten an staatlichen Universitäten. Schließlich – viertens – nimmt die Kirche ihre Bildungsverantwortung wahr, indem sie sich an der Diskussion und Meinungsbildung in der allgemeinen Bildungsdiskussion beteiligt und dabei ihre Sicht einbringt.[13]

Zur Umsetzung der Beschlüsse von Budapest zum Thema »Bildung« hat der Rat der GEKE zwei Projekte in Auftrag gegeben: Einmal soll in einem Buch zum Thema »Glaubensbildung« den verschiedenen Zugängen und Erfahrungen der evangelischen Kirchen Europas hinsichtlich der Weitergabe des Glaubens nachgegangen werden. Das Ergebnis liegt vor und besticht durch die Weite des Bogens, der hier gespannt wird. Als zweites sollte der Frage nachgegangen werden, welchen Beitrag evangelische Kirchen zu den Bildungsanstrengungen und -ambitionen der europäischen Institutionen, in erster Linie des Europarates und der EU zur Bildung eines europäischen Bildungsraumes leisten können. Dazu wurde vom 26. bis 28. September 2011 zu einer Konsultation eingeladen, die an der Evangelischen Akademie Tutzing stattgefunden hat.

Sie stand unter dem Thema: »Bildung der Zukunft. Zwischen Qualifizierung und Orientierung«. Von den gut 30 Teilnehmenden waren etwa ein Drittel Delegierte der GEKE-Kirchen (auch als Mitwirkende), ein knappes Drittel Vertreter von interessierten Organisationen (KEK, InterEuropean Commission on Church and School – ICCS, International Association for Christian Education – IV, European Forum for Teachers of Religious Education, Deutsche Evangelische Arbeitsgemeinschaft für Erwachsenenbildung usw.), der Rest allgemein Interessierte, die der Einladung der Akademie gefolgt waren. Am Schlusstag der Tagung wurde Bilanz gezogen und Anregungen zur Weiterarbeit formuliert. Eine solche könnte durch ein jährlich stattfindendes »Forum Bildung« erfolgen. Dafür wurden auch bereits inhaltliche Überlegungen angestellt, mögliche Themen wären Bildungsgerechtigkeit; Menschenrechtsbildung; (inter-) kulturelle Bildung; biblisch-theologische Bildung. Das Ziel eines solchen Forums wäre vorrangig ein intensiver Austausch; Zielgruppen wären die Bildungsverantwortlichen der GEKE-Mitgliedskirchen, aber auch sonstige Interessierte. Den Teilnehmenden lag ein Arbeitspapier vor, das von Hans Jürgen Luibl im Auftrag des Rates der GEKE verfasst worden war. Mit einem längeren Zitat aus dieser Unterlage komme ich zum letzten Abschnitt:

---

[13] Peter Schreiner, Protestantische Perspektiven im Kontext einer Europäisierung von Bildung. Referat bei der GEKE-Konsultation, 26.–28. 9. 2011, Tutzing.

3 Der europäische Bildungsraum und die Bildungsverantwortung der Kirche

»Seit den 1990-er Jahren beginnt sich die Wendung vom ›europäischen Bildungsraum‹ durchzusetzen. Ein zentrales Motiv dafür ist die wirtschaftliche Entwicklung. Zu den Zielen im sog. Lissabonprozess gehört, ›die Europäische Union bis 2010 zum wettbewerbsfähigsten und dynamischsten wissensbasierten Wirtschaftsraum der Welt‹ zu machen (Europäischer Rat, 2000). Damit steht das Verhältnis von Wirtschaft und Bildung unter dem Stichwort der Funktionalisierung oder Ökonomisierung von Bildung zur Diskussion. Ein weiteres Spannungsfeld besteht zwischen der Kultur- und damit Bildungshoheit der Nationalstaaten und ihrer Regierungen und der sich intensivierenden Einflussnahme der EU im Zuge der europäischen Integration. Daraus ergeben sich weitere Herausforderungen, aber auch Entwicklungschancen.

Zum einen ist Bildung nicht nur Faktor der Wirtschaft, sondern ein in sich gegliederter, vielgestaltiger Prozess der Entfaltung des Menschen und der Entwicklung von Gesellschaft. Bildung kann nicht reduziert werden auf Nutzbarmachung der Humanressource Mensch im gesellschaftlichen und wirtschaftlichen Prozess, sondern muss vom Menschen aus nach den Zielen von Gesellschaft und Wirtschaft fragen und aus dieser Perspektive Lernwege eröffnen. Nur so kann es gelingen, die immer neu auftretenden wirtschaftlichen Krisen zu meistern: durch kritische Hinterfragung der Systeme und Entdeckung neuer Antworten.

Zum anderen muss dringend danach gefragt werden, welche Bildung für Europa notwendig ist. Bildung Europas ist in diesem Fall doppelt zu verstehen und dieses doppelte Verständnis aufeinander zu beziehen. In den letzten 50 Jahren hat Europa sich aus dem Mit- und Gegeneinander von nationalen und ethnischen Identitäten herausgebildet. Die Frage ist, welches Europabild oder welche Europabilder, welche Ziele, Perspektiven und Programme damit verbunden sind. Europäische Bildung nimmt diese Fragen auf, nimmt die guten und auch schwierigen Erfahrungen des intensiveren Miteinanders auf und entwickelt daraus europäische Lernwege. Gefordert also ist ein ›europäisches Lernen‹.«[14]

---

[14] H. J. Luibl, Bildung der Zukunft. Evangelische Perspektiven für einen neuen europäischen Bildungsraum, MS 6 S. (Zitat 3f).

Ausgehend vom oben beschrieben kritischen und selbstreflexiven Bildungsbegriff, der aus dem Glauben abgeleitet wird, könnte der Beitrag der evangelischen Kirchen darin bestehen, einer ökonomistischen Verengung von »Bildung« zu widersprechen[15] und stattdessen Bildung als einen Schlüsselfaktor für eine integrative und partizipative Entwicklung Europas zu profilieren[16]. Es ist mittlerweile unbestritten, dass jede Integrationspolitik entscheidend Bildungspolitik ist. Dies betrifft zuerst einmal Menschen mit besonderen Bedürfnissen. Heute sind neue Herausforderungen durch die Migration gestellt, von der die europäischen Länder zunehmend geprägt werden. Auch da erweist sich die Bildung als einer der Schlüsselfaktoren. Das Gleiche gilt für die Armutsbekämpfung, die angesichts der immer weiter auseinandergehenden Schere von Arm und Reich und der schon heute erschreckend hohen Zahl von Armutsgefährdeten und von Armut Betroffenen immer dringlicher wird. Ein Bildungssystem, das Armut gleichsam »vererbt«, muss auch aus christlicher Sicht kritisiert werden. In Österreich etwa ist es offensichtlich, dass durch die Differenzierung im Schulsystem und eine mit zehn Jahren viel zu früh angesetzte Segregation die Kinder von Eltern aus einkommensschwachen Schichten mit weit größerer Wahrscheinlichkeit ebenfalls in der Gesellschaft »unten« landen, während die Kinder aus bessergestellten Familien bei weitem bessere Aussichten haben. Chancengleichheit steht oft nur auf dem Papier und gilt nach einem Diktum von Ralf Dahrendorf meist nur für einen »sehr abstrakten Staatsbürger«[17]. Evangelische Kirchen sind durch das Evangelium berufene Anwältinnen der »Bildungsgerechtigkeit«[18]. Für Christoph Markschies ist Jesus Christus sogar gleichsam eine »Ikone der Bildungsgerechtigkeit«[19]. Aber das Anliegen der Inklusion betrifft Europa auch in einer dritten Weise. Unter

---

15 Dazu exemplarisch: E. RIBOLITS, Bildung ohne Wert. Wider die Humankapitalisierung des Menschen, 2010.

16 Maße des Menschlichen. Evangelische Perspektiven zur Bildung in der Wissens- und Lerngesellschaft, Eine Denkschrift des Rates der EKD, Gütersloh 2003; Kirche und Bildung. Eine Orientierungshilfe des Rates der EKD, Gütersloh 2009.

17 R. DAHRENDORF, Bildung ist Bürgerrecht, 1965, 23.

18 »Niemand darf verloren gehen!« Evangelisches Plädoyer für mehr Bildungsgerechtigkeit. Kundgebung der 11. Synode der EKD (epd-Dokumentation 49, 2010).

19 MARKSCHIES (s. Anm. 9), 101.

dem Druck der andauernden Finanz- und Bankenkrise droht Europa in verschiedene Bereiche zu zerfallen, die sich in unterschiedlichen Geschwindigkeiten entwickeln. Welchen Beitrag leisten die evangelischen Kirchen für ein solidarisches Miteinander und Füreinander, für die Humanisierung des Zukunftsprojekts Europa?

Michael Bünker

European Protestantism

A learning community of faith and the emergence of a European educational society

I CPCE's learning path and learning places

1 The formation of the LA and the CPCE as learning path

Expectations regarding the scope of the Leuenberg Agreement (LA)[1] were rather modest when its final text was adopted on March 16th 1973, with churches being invited to comply with it by September 30th of the following year. The ratification of 49 churches was needed for the community of Reformation churches in Europe to come into effect on October 1st 1974. Those who drafted the agreement would have hardly dared to hope that today, almost forty years later, this number has increased to over a hundred churches. With its open, dynamic understanding of church community, the Leuenberg Church Fellowship – rechristened Community of Protestant Churches in Europe in 2003 – has opened up a path to the future, the final destination of which is still ahead of us. This future-orientated openness is a fundamental feature of the community of churches based on the LA and – as explained later – is to be seen analogous to the Protestant understanding of Europe as a project for the future. The adoption of the Leuenberg Agreement had been preceded by a long process which, to all intents and purposes, can be described as a learning path. The course of events does not have to be described in detail here[2], but the core issue was the expression of communion in wit-

[1] Publications of the CPCE are not accounted for through footnotes – they can be found on the CPCE's website www.leuenberg.eu.

[2] Cf. E. Schieffer, *Von Schauenburg nach Leuenberg. Entstehung und Bedeutung der Konkordie reformatorischer Kirchen in Europa* (Paderborn 1983); M. Friedrich, *Von Marburg nach Leuenberg. Der lutherisch-reformierte Gegensatz und seine Über-*

ness of the Reformation churches under the changed circumstances of the 20th century, in particular drawing from experiences with totalitarian ideologies such as National Socialism and the »church struggle« in Germany. Overcoming a division that lasted more than four hundred years required a clarification of content as well as entirely new methodical steps. The question was how to assess the differences between the churches. Are they an expression of diversity, which has distinguished the church from the beginning, or do they have a divisive function? The Agreement concludes that on the basis of the shared understanding of the Gospel, which is viewed in the light of justification, »differences in forms of worship, types of spirituality, and church order« (LA 28) do not have a divisive effect. Church community can therefore be realized in pulpit and table fellowship, mutual respect of offices and, as far as possible, cooperation in communion in witness and service. However, it does not end with the signing of the Agreement. The CPCE is not just a community of signatories, but a living community of churches that must be filled with life over and over. The deepening of this community is one of the enduring missions for the future. The Agreement itself indicates some of the pathways on which this should happen, while others have appeared later on.

2 LEARNING PLACES OF THE CPCE

a) Worship

Church fellowship in the sense of the Leuenberg Agreement means that »churches with different confessional positions accord each other fellowship in word and sacrament and strive for the fullest possible co-operation in witness and service to the world« (LK 29). The »co-operation in witness and service« distinguishes the CPCE as worshipping community. At the same time, we are reminded of the two constituent *notae ecclesiae*, as referred to in *Confessio Augustana* VII. In order to strengthen the worshipping community, the CPCE has published a collection of prayers and texts for the arrangement of services, as well as a Protestant hymnal for

---

windung (Waltrop 1999); *Being Protestant in Europe. 30 years of the Leuenberg Church Fellowship*, ed. W. Hüffmeier / U. Hahn (Frankfurt/ Main 2003).

Europe. The area of liturgy is covered by a representative of the Council and a position in the CPCE's staff. The collection of liturgical building blocks on the CPCE website further promotes mutual exchange. When it becomes visible in a shared celebration that the community of churches is taking shape, »unity in reconciled diversity« is experienced to the fullest. A new challenge for celebrating shared services arises from migration, which increasingly influences, even shapes, individual CPCE churches. Although the positive impact of cultural diversity is generally emphasized, it could still have some rather varied implications with regards to the actual church service. On one hand, migrants are offered the opportunity to celebrate in their native tongue, which also accommodates their need for wanting to feel at home. At the same time, this can bring with it a new and, in terms of society as a whole, thoroughly undesirable isolation. Such services should therefore not be perceived as a permanent rule and institution, but rather as a time-limited, necessary transition. The goal is a jointly celebrated, bi- or even multilingual and culturally diverse service through which the transcultural unity of the church can be observed and experienced. This presents an enormous task for everyone involved. Approaching each other, personal encounters and dialogue as well as a neighbourly togetherness in everyday life are often hard and almost always long learning processes. Whenever they are followed through, they lead to the enriching experience of the bound- and borderless power of faith and the Catholicism of the church, which cannot be pinned down to one language or culture.

b) Doctrinal conversations

Under the four aspects of realizing church fellowship, the Agreement names the continuing theological mission as second task: »The Agreement does not affect the validity of the confessions of faith to which the participating churches are committed. It sets out a consensus reached on central points that makes church fellowship possible between churches of different confessional positions. The participating churches allow themselves to be guided by the Agreement in their common undertaking of witness and service and commit themselves to continuing doctrinal conversations« (LA 37). From the start, doctrinal conversations have therefore been a positively distinguishing feature of the church fellowship. Their themes are commissioned by the plenaries and handed to member churches for reception and implementation after a resolution has been passed. Two exceptional examples illustrate this point: During the fourth General Assembly (Vienna, 1994), the first pan-Protestant ecclesiology with the title »The Church of Jesus Christ« was adopted. With the doctrinal conversation »Church and Israel«, adopted by the fifth General Assembly in Belfast in 2001, the Protestant churches in Europe defined their relationship to Judaism. The doctrinal conversations with their aim at deepening the church fellowship continue; erstwhile controversial themes essentially resulting from the past are increasingly eclipsed by new issues based on current challenges. This, too, happens in accordance with the Agreement: »The common understanding of the Gospel on which the church fellowship is based must be further deepened, examined in the light of the witness of the Holy Scripture, and continually made relevant to a contemporary context.« (LA 38)

c) Regional groups

Since the existence of the CPCE, member churches have partaken in personal encounter, social exchange and shared project work in regional groups as well. Their number, intermittently down to two, could be increased to three since the 6th General Assembly in Budapest, and, as per the status in January 2012, the foundation of a fourth regional group is expected while work has begun on establishing a fifth. According to the 6th General Assembly, regional groups represent an important level of realizing church fellowship. Therefore every member church is being encouraged to participate in the work of a regional group. Regional groups have so far formed along Europe's historical breaking lines: the Conference of the Churches on the Rhine (CCR) on the German-French border, the North West Europe Group (German, Dutch and Belgian churches), and the South East Europe group along the defunct Iron Curtain. Thus it comes as no surprise that *Vergangenheitsbewältigung* (the struggle to come to terms with the past) and reconciliation run like a thread through all regional groups. They are important networks that help to devise the churches' witness and service within their individual societal and political contexts.

d) Ecumenical dialogues

The member churches of the CPCE establish church fellowship »as part of their responsibility to promote the ecumenical fellowship of all Christian churches« (LA 46). In addition to this fundamental obligation comes the belief that the model of church fellowship as implemented and lived by the CPCE on the basis of the Leuenberg Agreement is suitable for ecumenical relations with other churches and confessions. Hence the Methodists could already declare their accession in 1994, and it is for those reasons that the CPCE holds ecumenical dialogues with the Anglicans, Baptists, Orthodox and most recently also the Roman Catholic Church.

e) Common voice

Europe's dynamic integration, in particular through the constantly expanding and community-deepening EU, begged the question what Protestant churches could and should do for the merging Europe. Not least since the 5th General Assembly in 2001, which stood under the banner of discussing an EU contract and the consideration of the religious dimension in its rules and regulations, it has become obvious that it is the CPCE's mission to develop a common voice of Protestantism in seminal questions on European integration. The Assembly decided: »The aim is to discuss together the theological and ethical aspects and the humanitarian consequences of political decisions from the perspective of the gospel, to bring Protestant voices together on fundamental questions, and to allow them to speak and be heard in the European public arena.« Fora and consultations were suggested as suitable instruments for formulating this common voice. An important result, to quote an example, was the consultation on questions of migration, which took place on the Liebfrauenberg (Alsace) in 2004. The CPCE and the then autonomous CCR cooperated to produce the »Liebfrauenberg Declaration« which today is still a leading document in CPCE churches' engagement with migrants – especially asylum seekers and refugees – in national contexts as well as on a pan-European level. In order to enable a prompt response to topical questions, the CPCE set up an expert group on ethics to assist the Council and the presidium. A particularly important result of this work is the aid to orientation of the CPCE Council on death-hastening decisions and caring for the dying (»A time to live and a time to die«), which in

2011 was recommended to the member churches and presented to the European public. Projects like these should facilitate »the specifically Protestant presuppositions and criteria for ethical decision-making; these need to be presented more clearly in ecumenical conversations and to the European public. The concept of the freedom of the gospel, the relationship of freedom and love as in the doctrine of justification, the concept of the conscience and the formation of a Protestant conscience in accordance with the gospel, together with a Protestant understanding of responsibility, are fundamental here.«, as expressed by the Belfast General Assembly.

Conclusion

The CPCE can be understood and described as a learning community. Even the developmental history of the Leuenberg Agreement is to be viewed as a story of learning. There have been a number of learning steps since 1973; as an example, I will mention the adoption of a statute for the CPCE in Budapest in 2006, which documents the process of the initially rather loose union of signatory churches becoming a community of member churches with growing and continually developing commitment. Especially as teaching community that seeks communication of the *doctrina evangelii* in dialogue with contemporary challenges, the CPCE's character comes through as that of a learning community. Learning must thereby not be perceived as a linear target-orientated process but rather as including irritation, encounter with »the other« and disturbance as productive provocations that initiate learning processes. New insight can only be created by linking the new and strange with the idiosyncratic. The backdrop to this is a learning concept represented by, amongst others, Käte Meyer-Drawe[3], educational scientist from Bochum.

[3] K. Meyer-Drawe, *Der Begriff der Lebensnähe und seine Bedeutung für eine pädagogische Theorie des Lernens und Lehrens* (Bielefeld 1978); idem, Anfänge des Lernens, in *Zeitschrift für Pädagogik, Beiheft 49*, 2005, 24–37.

II CPCE and Europe

»Ach Europa!« It was with this sigh that Hans Magnus Enzensberger published his *Wahrnehmungen aus sieben Ländern*[4]; and twenty years later, the same expresssion came out of Jürgen Habermas' mouth, unchanged, only without the exclamation mark: »Ach, Europa.«[5] The CPCE, however, does not want to cross the Bridge of Sighs. In a recent statement of December 2011 it calls the European Union a »rare opportunity« and further says that »Project Europe« must not be wrecked under the crisis that has been afflicting the banks, financial markets and national budgets since 2008. Prompted by the fiftieth anniversary of the Treaty of Rome, the CPCE sent »five good wishes« to the EU, which, besides the essentially positive evaluation of European integration, also mentioned issues such as a deficit in democracy, lack of social justice, neglect of sustainability and the missing cultural identity that represents the common foundation of values for further integration. The Protestant churches bring their model of »unity in reconciled diversity« to Europe as it offers a contribution to living together in diversity, notably with regards to the consideration and support of minorities. In contrast, the idea of a »Christian occident«, which for a long time has served as motto in conservative policy, represents a backward view of Europe from the CPCE's point of view and not uncommonly reveals itself to be a declaration of war against secularization and religious diversity. In his speech at the European Protestant Assembly in Budapest in 1992, Eberhard Jüngel talked about the Protestant affirmation of secularization and pluralism as it is Protestantism which as »religion of freedom« (Hegel) always stands up for the freedom of others (Rosa Luxemburg).[6] Only then does it become credible that the truth of the Gospel is a liberating truth. In his lecture, Jüngel also makes it clear that the Protestant view of Europe does not signal a return to the Christian occident, to the »good, splendid time when Europe

---

4 German original 1987; cf. H. M. Enzensberger, *Europe, Europe: Forays Into a Continent* (New York 1989).

5 J. Habermas, *Ach, Europa. Kleine politische Schriften XI* (Frankfurt/Main 2008).

6 E. Jüngel, The Gospel and the Protestant Churches of Europe: Christian Responsibility for Europe from a Protestant Perspective, in *Religion, State and Society 21:2*, 1993, 137–149.

was a Christian country« as Novalis gushed, but rather represents a »departure«, which due to its history naturally always includes a reversal as well. Others have picked up and continued his argument.[7] For Jüngel, something worth mentioning and chiming with the content of this book is the indispensable contribution of Protestant churches and theology to Europe's formation of conscience. This happens beyond moral fixation on mistakes and failure in taking responsibility, the open admittance of guilt and the fundamental assurance of forgiveness. Therefore, understanding the building of conscience from a Protestant point of view opens up an »unspent future« for individuals, for the church, and for Europe; a future that is not based on the past and also cannot be derived from the past. This means that the churches have an educational mission which consists of the facilitation of a life of freedom and responsibility and justifies living together on the basis of human rights.

III EDUCATION AS CHALLENGE

1 THE THEOLOGICAL FOUNDATION OF EDUCATION (FORMATION)

The tight link between the Reformation and concern for education is often referred to, and rightly so. The connection has deep theological roots. Martin Luther wrote: »Therefore the first care of every Christian ought to be to lay aside all reliance on works, and strengthen his faith alone more and more, and by it grow in the knowledge, not of works«[8]. This individual self-education in faith is based on the creation of humans according to God's image in Jesus Christ, which happens exclusively through God. Christoph Markschies has unfolded this christological un-

---

7 For example: J. MOLTMANN, Göttliches Geheimnis. Die Wiedergeburt Europas aus dem Geist der Hoffnung und der weite Raum der Zukunft, in *Zeitzeichen 6*, 2005, 20–22; *Theology for Europe. Perspectives of Protestant churches*, ed. M. Friedrich / H. J. Luibl / Ch.-R. Müller (Frankfurt/ Main 2006; in particular the contributions from Rudolf von Thadden, Protestantism and Europe, 61–68 as well as Hans-Peter Großhans, Making the Gospel Attractive. The German-language Protestant Churches and their Contribution to the Unity and Freedom of Europe, 280–290).

8 Martin Luther, Concerning Christian Liberty (1520); translation from http://theologywebsite.com/etext/luther_liberty.shtml.

derstanding of creation in likeness and emphasizes that every kind of human education is decidedly different to that. Despite the »categorical difference« between them, human formation proves to be the *imitatio* of divine acting within the constraints of imperfection and tentativeness.[9] Hence, as the concept of formation is theologically loaded, there is a tension between that and the general usage of the term. The boom that the term *Bildung* (formation) has recently experienced in the German-speaking world goes hand in hand with the uncertainty of its meaning. Altogether spot on, maybe albeit a little drastic, this is what Christian Albrecht has to say: »*Bildung* is an oppressed and worn out word; after a longer phase of suppression, the term currently stands for everything and nothing and acts as a passepartout under whose flag the success of cultural transmission practice of values and sense is regulated just as well as the mastery of grammatical rules.«[10] The uncertainty of this concept paradoxically goes back to the forefather of German educational tradition, Wilhelm von Humboldt. He turns the indetermination of formation into a determination for human beings.[11] It therefore comes as no surprise that instead the term Bildung (formation) is frequently substituted with words such as education, learning, competence, identity, socialization, qualification, schooling, knowledge and the like. Each and every one of these expressions captures some of the aspects and disciplines within education, but none is suitable to make the concept of formation itself completely redundant. Formation does not stop with the accumulation of knowledge, the learning of special skills or the acquiring of certain behavioural modes, but – just as it does encompass knowledge, skills and behaviour – always holds a critical and self-reflexive relationship of individuals to themselves, fellow human beings and the world as a whole. This also applies to faith formation, which equally does not exhaust itself in learnable information, behavioural patterns and practiced rituals, but includes – at least according to the Protestant understanding – critical self-reflection. In the volume at hand, Peter Bubmann and Eberhard Harbs-

---

9 Ch. Markschies, Zur Freiheit befreit. Bildung und Bildungsgerechtigkeit in evangelischer Perspektive (Frankfurt/ Main 2011), 88–89.

10 Ch. Albrecht, Bildung in der Praktischen Theologie (Tübingen 2003), 2.

11 A. Dörpinghaus / A. Poenitsch / L. Wigger, Einführung in die Theorie der Bildung (Darmstadt 2009), 79.

meier develop the correlation between faith and formation and describe the relatively recent term of »faith formation« in the sense of a theologically reflective understanding of faith and the contemporary perception of formation. Thus, if the Gospel that inspires faith also makes demands for formation, it results in the educational mission and responsibility of the church. And if this educational responsibility is christologically founded as well as derived from the faith-inspiring Gospel, therefore settled in the centre of theology and church, then the church can – as Reiner Preul suggests – appropriately be identified as »institution of formation«.[12] Formation would then sit alongside central church actions such as proclamation, pastoral care and celebration of the sacraments.

2 Educational responsibility of the church within the work of the CPCE

The 5th General Assembly of the CPCE in 2001 still mentions »education« together with a number of other topical examples for a possible CPCE involvement. Only the 6th General Assembly asked the Council to enable the topic ›Protestantism and Education‹ »to be elaborated in networking with educational bodies in the CPCE churches and the national and European educational institutions.« This resolution is substantiated by the recollection that the Reformation was bound up to a programme of comprehensive education, and the understanding of Reformation churches as vehicles of education. The historical reminder as well as the ecclesiastical self-image must prevail in the contemporary European context. The resolution formulates that it wants to introduce »into the European debate on education these orientations: freedom in responsibility, the Christian image of human beings and the common good.« But the Gospel is not just educational material – as the 6th General Assembly recorded – but also implies a task of education and a claim to it. Both – task and claim – can be unfolded into several directions.

If there is an original relation between faith and education, and if – at least according to Protestant understanding – faith cannot be thought

---

12 R. PREUL, Kirche als Bildungsinstitution, in: idem, *Die soziale Gestalt des Glaubens. Aufsätze zur Kirchentheorie* (Leipzig 2008), 130–149; idem, Die evangelische Kirche als Bildungsinstitution, in: ibid., 150–166.

of without education (just as education cannot be thought of without considering the religious dimension), then this has to be visible in the life of the church and realized with the appropriate means. Firstly, this happens through internal educational activities of the churches, such as catechesis or confirmand tuition, and further through facilities which are open to others too, primarily Protestant nurseries and schools. Then there is the churches' cooperation with public educational establishments, including religious education in public schools and theological faculties at public universities. Fourthly and finally, the church assumes its educational responsibility by actively taking part in the general educational discussion and forming of opinion and by bringing its view to the public debate.[13]

For the realization of the Budapest resolutions regarding education, the CPCE Council has commissioned two projects: firstly, the various approaches and experiences of Europe's Protestant churches in terms of the transmission of faith were to be followed up in a book about »faith formation«. The result is on hand and impresses through the breadth of the arc that is drawn here. Secondly, the question was to be asked what contribution Protestant churches could make to the educational endeavours and ambitions of European institutions, predominantly the Council of Europe and the EU, towards the creation of a European educational space. In order to drive this task forward, a consultation was held from 26th to 28th September 2011 at the Evangelical Academy in Tutzing.

The subject was »Education for the Future – between Qualification and Orientation«. A good third of the participants were delegates from CPCE churches (including contributors), another third representatives from interested organizations (CEC, InterEuropean Commission on Church and School – ICCS, International Association for Christian Education – IV, European Forum for Teachers of Religious Education, Deutsche Evangelische Arbeitsgemeinschaft für Erwachsenenbildung and many more), while the remaining attendees were generally interested members of the public who had responded to the invitation of the Academy. On the symposium's final day, stock was taken and proposals for

13 Peter Schreiner, *Protestantische Perspektiven im Kontext einer Europäisierung von Bildung.* Paper at the CPCE consultation, 26–28 Sept. 2011, Tutzing.

further work were formulated. It was suggested that work could continue through an annual education forum (»Forum Bildung«), and initial ideas with regards to content were already put on the table, including justice in education, human rights education, (inter)cultural education and Biblical/theological education. The primary aim of such a forum would be a focused exchange; target groups would be those responsible for education in the CPCE churches, but also others interested in the subject matter. Participants were shown a working paper written by Hans Jürgen Luibl on behalf of the CPCE Council. I shall start the last chapter with a sizeable quotation from this resource:

3 THE EUROPEAN EDUCATIONAL SPACE AND THE EDUCATIONAL RESPONSIBILITY OF THE CHURCH

»Since the nineties, the phrase ›European educational space‹ has begun to establish itself. A central theme hereby is the economic development. The aims of the so-called Lisbon Strategy include making ›the EU the most competitive and dynamic knowledge-based economy in the world (European Council, 2000) by 2010. Therefore the relationship between economy and education was up for debate in terms of functionalization or economization. A further area of conflict arises from the cultural and hence educational sovereignty of the national states and their governments as well as the EU's intensifying exertion of influence in the course of European integration. This results in further challenges but also developmental opportunities.

On one hand, education is not only a factor of the economy, but also an in itself structured, polymorphic process of the individual's evolvement and society's development. Education cannot be reduced to the utility of human resources in the societal and economic process, but must, from the individual's point of view, ask for the goals of society and economy and open up learning paths from that perspective. Only by these means can the constantly appearing economic crises be mastered: through critical analysis of the systems in place and the discovery of new answers.

On the other hand, it must be urgently asked what education Europe needs. Education in this case also means (self-) image, and these two aspects have to be put in relation to each other. In the last fifty years, Europe has developed out of the interplay of national and ethnical identities. The question is which European image or images, aims, perspectives and programmes are connected to this. European education absorbs these questions, picks up the good and bad experiences of the more intensive living together and out of this develops European learning paths. ›European learning‹ is called for.«[14]

Based on the critical and self-reflexive educational idea from which faith is derived as described above, the Protestant churches' contribution could consist of objecting to an economical narrowing of education[15] and instead emphasizing the role of education as a key factor for an integrative and participative development of Europe.[16] In the meantime it is taken as a given that any kind of integration policy is essentially an educational policy, primarily concerning people with special educational needs. Migration brings new contemporary challenges which increasingly shape European countries. Here, too, education proves to be a key factor. The same applies to the fight against poverty, which is becoming an increasingly pressing issue due to the growing gap between poor and rich and the already alarmingly high number of those at risk of and those already affected by poverty. An educational system which »passes on« poverty has to be criticized from a Christian point of view, too. In Austria for example, it is obvious that through a divided school system and a much too premature segregation, children from low-income families face a considerably higher probability of ending up in the lower strata of society, whilst children from middle-class families have far better chances. Equal opportunities often merely exist on paper and, according to Rolf Dahrendorf, mostly only apply to a »very abstract citizen«[17]. Through the Gospel, Protestant churches are called to be advocates of

---

[14] Translated from: H. J. Luibl, *Bildung der Zukunft. Evangelische Perspektiven für einen neuen europäischen Bildungsraum*, MS 6 pp. (quote 3–4).

[15] Further as example: E. Ribolits, *Bildung ohne Wert. Wider die Humankapitalisierung des Menschen* (Vienna 2010).

[16] *Maße des Menschlichen. Evangelische Perspektiven zur Bildung in der Wissens- und Lerngesellschaft, Eine Denkschrift des Rates der EKD* (Gütersloh 2003); *Kirche und Bildung. Eine Orientierungshilfe des Rates der EKD* (Gütersloh 2009).

[17] R. Dahrendorf, Education is a civil right (orig. 1965), in *Liberal Readings on Education*, ed. Stefan Melnik and Sascha Tamm (Berlin 2008), 139–147, here 141.

»educational justice«[18]. For Christoph Markschies, Jesus Christ is even an »icon of educational justice«[19], so to speak. But the issue of inclusion affects Europe also in a third way. Under the pressure of the lingering financial and banking crisis, Europe threatens to split into different areas that develop at various speeds. Which contribution do the Protestant churches make to living together in solidarity, to the humanization of Project Europe?

---

18 »Niemand darf verloren gehen!« Evangelisches Plädoyer für mehr Bildungsgerechtigkeit. Kundgebung der 11. Synode der EKD, epd-Dokumentation 49, 2010.

19 MARKSCHIES (see fn. 9), 101.

Eberhard Harbsmeier

Glaube und Bildung – Glaubensbildung

Historische und systematische Annäherungen

1 Biblische Betrachtung

Ich möchte an den Anfang eine Betrachtung stellen über das Wort des Paulus: »dass ihr ein Brief Christi seid, durch unseren Dienst zubereitet, geschrieben nicht mit Tinte, sondern mit dem Geist des lebendigen Gottes, nicht in steinerne Tafeln, sondern in fleischerne Tafeln des Herzens« (2. Kor. 3,3). Meines Wissens ist das Christentum die einzige Religion, die in ihren Heiligen Schriften Briefe enthält. Was bedeutet ein Brief?

Erstens Abwesenheit. Man schreibt einen Brief, weil man nicht bei dem Adressaten sein kann. Der Brief ist Nähe – und Ferne zugleich. Der Brief ersetzt die Abwesenheit eines Menschen. Zweitens ist der Brief immer eine persönliche Botschaft: Man spricht in der zweiten Person, man kann sozusagen Person und Sache nicht trennen. Das ist meines Erachtens eine der wichtigsten Bedingungen für die Vermittlung von Glaube heute: Person und Sache lassen sich nicht trennen, Autorität ist immer persönlich vermittelt: Ihr seid ein Brief Christi. Es gibt, so Kierkegaard, nicht Trostloseres als einen Menschen, der mit sich selbst spricht. Wir kennen als Pfarrer viele solcher Menschen. Das Wort der Liebe, der Vergebung, kann man sich nicht selbst sagen, es muss einem gesagt werden: Das ist der Kern der lutherischen Lehre vom Amt. Auch wenn ich weiß, dass man oft die *Unterscheidung* von Amt und Person zum Hauptanliegen gemacht hat, so bleibt festzuhalten: Entscheidend ist, dass sich Amt und Person zwar unterscheiden, aber nicht trennen lassen.

Als Drittes möchte ich nennen: Der Brief bedarf eines Absenders – aber auch eines Adressaten; ein Brief ist nicht nur offen für Interpretation, er bedarf auch einer Interpretation, meistens setzt ein Brief deshalb auch ein *Einverständnis* zwischen Absender und Adressat voraus. Der

Brief ist sowohl Nähe, Einverständnis – zugleich aber auch Distanz: Er setzt Abwesenheit voraus, erfordert Auslegung.

Ich möchte dies an einem Beispiel kurz erläutern. Ein junges Mädchen ruft bei einem Pfarrer an. Sie ist traurig – der Freund hat sie verlassen. Sie weint, es tut ihr weh, dass der Geliebte einfach so verschwunden ist. Sie möchte ihm wenigstens noch etwas sagen, dass ihr das weh tut. Aber sie traut sich nicht ihn aufzusuchen, will nicht gedemütigt werden, nicht abgewiesen werden, weiß nicht, ob er sie überhaupt sehen will. Der Rat des Pfarrers war ein ganz einfacher – naheliegend, aber doch nicht selbstverständlich: Schreibe ihm doch einen Brief! Ein einfacher Rat, der aber in dieser Situation offenbar genial war. Wo Nähe nicht möglich ist, gibt der Brief die Möglichkeit, einem anderen Menschen nahe zu sein, ja man ist sogar freier, sich auszudrücken. Der Brief ist – manchmal notwendige, manchmal auch wohltuende Distanz und Nähe zugleich. Und wichtig in diesem Zusammenhang: Es kommt bei einem Brief – vor allem bei einem Liebesbrief – vor allem darauf an, wie er gelesen wird. Kein geringerer als Søren Kierkegaard hat das Evangelium mit einem göttlichen Liebesbrief an den Menschen verglichen – und damit sagen wollen: Nur die Liebe versteht einen Liebesbrief!

Man könnte das Thema ganz einfach abhandeln, indem man gut lutherisch auf die Predigt als das einzige Mittel und den einzigen Weg verweist, auf dem die Weitergabe christlichen Glaubens und Lebens geschieht:

> „So kommt der Glaube aus der Predigt, das Predigen aber durch das Wort Christi« (Röm 10,17).

Wir leben in einer Zeit, in der zuweilen von der Predigt geringschätzig geredet wird, einer Zeit, in der man andere dialogische Vermittlungsformen bevorzugt: Ritual, Pädagogik, Seelsorge. Und kommunikationstheoretische Untersuchungen scheinen denn auch gezeigt zu haben, dass die Predigt zur Weitergabe christlichen Glaubens und Lebens nur bedingt geeignet ist. Wann ist denn schon einmal jemand durch eine Predigt bekehrt worden? Geschieht nicht Weitergabe christlichen Glaubens und Lebens vielmehr durch Dialog, durch persönliches Vorbild?

Als einer, der in der Praktischen Theologie gearbeitet hat, kenne ich die modischen Vorurteile gegen die Predigt, Einwände gegen eine besonders in der Dialektischen Theologie gepflegten »Predigt-Ideologie«, die zu einem Verfall anderer Vermittlungsformen christlichen Glaubens und Lebens wie die Seelsorge und Pädagogik geführt hat.

Dazu ist nun freilich zu sagen, dass vielleicht auch eine gewisse Predigtideologie im Luthertum die Übersetzung und das Verständnis dieser Stelle geprägt hat. Denn wörtlich übersetzt heißt die Stelle:

> „So kommt der Glaube aus dem Hören. Das Hören aber aus dem Worte Christi«.

Es ist doch ganz interessant, wie man in der lutherischen Tradition das Hören unmittelbar mit dem Predigen identifiziert. In Wirklichkeit redet Paulus gar nicht vom Prediger, sondern – darin ganz modern – vom Hörer, oder besser vom Hören. Und der, der redet, ist nicht ein Prediger, sondern Christus selbst. Man könnte den paulinischen Satz auch so übersetzen: »So kommt der Glaube aus der Fähigkeit, zuzuhören. Das Zuhören aus dem Wort Christi«. Das griechische ἀκούω bedeutet ja eigentlich die Fähigkeit zu hören.

Bei genauerer Betrachtung ist hier also nicht von einer Predigtideologie die Rede, sondern von einem eher distanzierten Verhältnis zur Predigt als menschlicher Bemühung: Der Glaube kommt nicht aus der Predigt, sondern dem Hören, und das Hören kommt aus dem Worte Christi – nicht vom Prediger. Selbst Luther hatte ein distanziert ironisches Verhältnis zur Macht des Predigers, wie aus einem berühmten Zitat hervorgeht:

> »Gehet nur hyn, das ist: Predigt yhr nur, sorgt nit, wer sie sind, die es horen werden, last mich dafur sorgen, die wellt wirtt widder euch seyn, das lasst euch nitt anfechten, dennoch werdet yhr finden, die euch horen und folgen; yhr wisset sie noch nit; ich weyß sie aber schon tzuvor, predigt yhr und last mich waldenn«.[1]

Wenn man nun Predigt hier nicht eng als pastorale Tätigkeit versteht, sondern im weiten Sinne als »Wortgeschehen« im Sinne Ebelings, da, wo

---

1 WA 10 I,2; 51, 3 ff.

das Wort trifft, so ergeben sich daraus folgende grundlegende biblische Einsichten für unser Thema:

1. Die Weitergabe christlichen Lebens und Glaubens ist nicht »machbar« oder erzwingbar.
2. Christus ist der Herr des Geschehens, nicht wir geben weiter, sondern Christus.
3. Jeder Mensch hat einen unmittelbaren Zugang zu Christus, nicht »unser« Glaube und »unser« christliches Leben werden weitergegeben, sondern Christi Glaube und das Leben in Christus.
4. Daraus folgt, dass die Weitergabe christlichen Lebens und Glaubens nicht bedeutet, dass wir das Recht hätten, andere Menschen nach unserem Bilde zu formen. Man muss, wie das Martin Kähler formuliert hat, unterscheiden zwischen Mission und Propaganda: Propaganda heißt: »Man breitet eben nur das eigene aus«, und hier ist es gleichgültig, ob man nun konservativ oder liberal ist, man »macht Proselyten, das heißt Wiederholungen dessen, was man selbst ist«.[2]
5. Man könnte dasselbe Anliegen auch mit einer berühmten Formulierung Schleiermachers wiedergeben. Schleiermacher war bekanntlich der Auffassung, dass die Predigt nicht in erster Linie Mission ist, sondern darstellendes Handeln, d. h. der Prediger bringt den Glauben der Gemeinde zum Ausdruck und setzt damit den Glauben voraus. In einem Vorwort zu einer seiner Predigtsammlungen stellt er dann die Frage, ob man denn heutzutage den Glauben so einfach voraussetzen könne. Schleiermacher ist sich im Klaren darüber, dass dies unmittelbar im empirischen Sinne nicht zutrifft. Aber er fügt dann entscheidend hinzu:

> »Vielleicht kommt die Sache dadurch wieder zustande, dass man sie voraussetzt«.[3]

Ähnlich hat sich übrigens auch Søren Kierkegaard geäußert:

---

[2] Zitiert bei K.-F. Daiber, Predigt als religiöse Rede, 1991, 73.

[3] Predigten, 1. Bd., Neue Ausgabe, 1843, 7. Vgl. F. Wintzer, Die Homiletik seit Schleiermacher bis in die Anfänge der ›dialektischen Theologie‹ in Grundzügen, 1969, 13ff., hier 19.

»Andererseits, ich werde für ihn [den Hörer] des Glaubens Herrlichkeit preisen, und indem ich voraussetze, er habe den Glauben zu eigen, bringe ich ihn dazu, ihn zu eigen haben zu wollen«.[4]

2 Glaube und Bildung

Wir sind heute weniger skeptisch als die Reformatoren, wenn es um die Frage geht, wie christlicher Glaube und christliches Leben weitergegeben werden kann. Mehr als die Bibel, mehr als die Reformatoren setzen wir auf Erziehung, setzen wir auf die Einsicht, dass der Mensch Produkt äußerer Einwirkung, der Erziehung ist. Wir wissen von der Macht, die Menschen übereinander haben.

Anders gesagt: Für uns sind Glaube und christliches Leben nicht nur Antwort auf das gehörte Wort, freie Entscheidung, sondern auch ein Bildungsprozess. Man wird nicht als Mensch – oder als Christ, wie Tertullian gesagt hat – geboren, man ist in diesem Sinne auch nicht Christ allein kraft der Taufe, sondern kraft eines Bildungsprozesses. Unter Bildungsprozess möchte ich in diesem Zusammenhang einen Prozess verstehen, in dem Person und Glaube integriert werden, in dem der Glaube Teil meiner Person und meiner Lebensgeschichte wird. Ein Glaubensverständnis, das nicht die eigene Person und die eigene Lebensgeschichte integriert, wird doketisch.

Das kann man theoretisch begründen, von der neueren religionspädagogischen Diskussion, in der Fragen der *Biografie* und der Lebensgeschichte und der Entwicklungspsychologie eine zunehmende Rolle spielen. Ich verstehe unter christlichem Leben in diesem Zusammenhang nicht ein christliches Leben im ethischen Sinne, etwa als Nachfolge, Tun der guten Werke als Ausdruck des Glaubens, oder wie man das nun formulieren mag, sondern mehr die eigene Lebensgeschichte in christlicher Deutung – oder besser im Lichte der Geschichte Jesu, paulinisch ausgedrückt ein Leben in Christus – oder auch dogmatisch in der Taufe: Das Apostolicum als Ausdruck der Lebens- und Schicksalsgemeinschaft mit Christus, so wie dies auch in den Taufaussagen aus Röm 6 zum Ausdruck

---

4 S. Kierkegaard, Gesammelte Werke und Tagebücher. Abt. 2/3, 1957, 392.

kommt: Du darfst dein Leben, Leiden und Sterben im Lichte des Lebens, Leidens und der Auferstehung Jesu verstehen und leben.

Man kann das auch mehr praktisch oder auch biblisch begründen, indem man die Frage stellt: Wie erzählt man eigentlich von seinem Glauben? Meine Antwort ist: Man kann nicht von seinem Glauben erzählen, ohne seine eigene Lebensgeschichte zu erzählen. Ich meine das konkret erfahren zu haben: Von Menschen mit einem starken Glauben und Menschen mit einem schwachen Glauben, man braucht nicht lange mit ihnen zu reden, bis sie von ihrer Kindheit erzählen, von Dingen, die sie erlebt haben, von Menschen, die etwas für sie bedeutet haben. So reden Menschen *indirekt* von ihrem Glauben, und meistens empfinden wir es – und vor allem die Dänen – empfinden es als peinlich oder gar pharisäisch, wenn Menschen direkt von ihrem Glauben reden – als Gefühl, inneres Erlebnis und dergleichen

Ich könnte auch eine biblische Begründung geben, die berühmte Katechese aus dem Alten Testament, wo es Ex 13,14 und Deut 6,20 heißt:

> »Und wenn dich heute oder morgen dein Sohn fragen wird: Was bedeutet das? sollst du ihm sagen: Der Herr hat uns mit mächtiger Hand aus Ägypten, aus der Knechtschaft, geführt […]«

Wir antworten mit einer Geschichte, mit unserer Geschichte. Man kann nicht glaubwürdig von seinem Glauben sprechen, ohne seine Lebensgeschichte zu erzählen.

3 Geistesgeschichtlich: Schlegel und die moderne Bildung

Weitergabe christlichen Glaubens und Lebens hat, das ist meine These, mit Bildung zu tun, mit unseren Bildungsidealen. Es ist nicht zufällig, dass der Begriff der Bildung in der Theologie und in der Religionspädagogik neuerdings wieder eine wichtige Rolle spielt. Die Kirche hat eine Bildungsverantwortung, sagt Karl Ernst Nipkow, und dies gilt in zweierlei Richtung: Die Kirche darf sich nicht von der allgemeinen Bildung abkoppeln, nicht »bildungsvergessen« werden, umgekehrt darf die Bildung, d. h. die Schule nicht »kirchenvergessen« werden.

Die Weitergabe christlichen Glaubens und Lebens geschieht in einem Bildungskontext, kann glaubwürdig nur geschehen in einem Dialog mit den ausgesprochenen und unausgesprochenen Bildungsidealen unserer Zeit.

Ich möchte deshalb von einer Betrachtung über den Bildungsbegriff eines der wichtigsten Bildungstheoretiker des vorletzten Jahrhunderts ausgehen, Friedrich Schlegel.

Schlegel unterscheidet in einer berühmten Jugendschrift zwischen klassischer und moderner Bildung. Die klassische Bildung hat das Ideal des Schönen, Harmonischen, des Objektiven, die moderne Bildung das des Interessanten, des Widerspruchsvollen, Subjektiven. Hier denkt Schlegel natürlich an den alten Konflikt zwischen dem Apollinischen und dem Dionysischen, zwischen Vernunft und Leidenschaft, oder, könnte man sagen, zwischen Ruhe und Sehnsucht.

Das klassische Bildungsideal ist geprägt durch Streben nach Ruhe, Sicherheit, Geborgenheit, Harmonie. Wer wollte bestreiten, dass nicht auch ein solches klassisches Bildungsideal mitspielt in unseren Vorstellungen von einem christlichen Glauben und Leben. Ein Christ ist ein in sich ruhender Mensch, geprägt von der Gewissheit über den Grund seines Lebens, ein Mensch, der Ruhe und Sicherheit ausstrahlt, der weiß, woran er glaubt, ein Fels in der Brandung, ein Haus, nicht auf Sand gebaut. Natürlich spielt dieses klassische Bildungsideal auch für uns eine Rolle, wir alle sind beeindruckt von einem solchen in sich ruhenden gläubigen Menschen.

Aber Schlegel stellt gegen dieses klassische das moderne Bildungsideal, ein typisches Produkt der Romantik, durch die auch wir geprägt sind. Dieses Ideal ist nicht das der Harmonie, der Sicherheit, sondern der Offenheit, des Unabgeschlossenen, des Widersprüchlichen, des Unfertigen. Man denke nur an die romantischen Bilder von Ruinen, Caspar David Friedrichs Bilder aus Greifswald. Leben ist nicht Harmonie, sondern lebt von Widersprüchen, vom Unfertigen, Fantasie ist wichtiger als Vernunft, Leben ist nicht Harmonie, sondern unendliche Bewegung.

Schlegel hat dieses moderne Bildungsideal klassisch in seinem Skandalroman *Lucinde* dargestellt, der mehr durch die Verteidigung Schleiermachers in seinen *Vertrauten Briefen* und den Angriff Kierkegaards in *Über den Begriff der Ironie* berühmt geworden ist.

Am Ende dieses berühmt-berüchtigten Bildungsromans bringt Schlegel das klassische Bildungsideal zum Ausdruck:

> »Julius, fragte Lucinde, warum fühle ich in so heitrer Ruhe die tiefe Sehnsucht? – Nur in der Sehnsucht finden wir die Ruhe, antwortete Julius. Ja die Ruhe ist nur das, wenn unser Geist durch nichts gestört wird, sich zu sehnen und zu suchen, wo er nichts Höheres finden kann als die eigne Sehnsucht«[5]

Schlegel kann sich auch so ausdrücken, dass es wichtig sei, am Unverständlichen festzuhalten, wie er dies in dem berühmten Fragment *Über die Unverständlichkeit* ausdrückt:

> »Alle höchsten Wahrheiten jeder Art sind durchaus trivial, und eben darum ist nichts notwendiger, als sie immer neu und wo möglich immer paradoxer auszudrücken, damit es nicht vergessen wird, daß sie noch da sind und daß sie nie eigentlich ganz ausgesprochen werden können«.[6]

Ich denke, wir sind alle von diesem Bildungsideal geprägt: Menschen mit fertigen Ansichten, festgefügten Meinungen sind uns verdächtig, wir beurteilen Äußerungen nicht nach dem Maßstab, ob sie richtig sind, sondern ob sie uns neue Perspektiven eröffnen. Selbst in konservativen Unterrichtsmaterialien liest man solche modernen Beteuerungen, dass Glaube ja nicht bedeute, sich auf bestimmte Meinungen festzulegen.

Der moderne Mensch lässt sich nicht gern festlegen, es geht darum, neue Lebensmöglichkeiten zu erschließen. Eine Predigt ist gut, wenn sie nicht aus Richtigkeiten besteht, sondern interessant und anregend ist, neue Perspektiven eröffnet. Gerade der Begriff des Interessanten ist kennzeichnend für die heutige Situation und die Bedingungen, unter denen wir christlichen Glauben und christliches Leben weiterzugeben haben. Man kann sich schwerlich vorstellen, dass Luther etwas »interessant« gefunden habe; die Kategorie des Interessanten ist – im Guten wie im Schlechten – kennzeichnend für unsere Situation.

Moderne Bildung ist ein grundsätzlich *unabgeschlossener* Prozess, daher auch das moderne Interesse für Erwachsenenbildung.

---

5 Kritische Friedrich-Schlegel-Ausgabe, Bd. 5, 1962, 78.

6 Athenäum II, rororo-Ausgabe, hg. v. Curt Grützmacher, Hamburg 1969, 241.

4 Einwände gegen den Bildungsbegriff

Es gibt natürlich, das habe ich angedeutet, theologische Einwände gegen den Bildungsbegriff und damit die pädagogische Weitergabe christlichen Glaubens und Lebens. Ich möchte in diesem Zusammenhang vier Theologen nennen.

a. Der Däne *Grundtvig* unterschied streng zwischen Kirche und Schule. Glaube ist keine Frage der Bildung oder Erziehung, und eine Kirche ist keine Erziehungsanstalt. Gerade Grundtvig, international bekannt als Pionier der Erwachsenenbildung, trat ein für eine Trennung zwischen Theologie und Pädagogik. Ja, er war, wie übrigens auch Schleiermacher, ursprünglich Gegner des schulischen Religionsunterrichts. Erziehung stand für Grundtvig in einem Gegensatz zur Freiheit des Evangeliums, und Bildung ist für ihn erstens unnatürlich, und zweitens streitet sie gegen die Freiheit. Grundtvig hatte ein Schultrauma und war deshalb gegen eine Verschulung der Kirche. Die Weitergabe des christlichen Glaubens und Lebens hat die Freiheit und die Natur zu respektieren.[7] Erziehung ist auch etwas zutiefst problematisches, ein Eingriff in den natürlichen Ablauf. Die Aufklärung war der Auffassung, der Mensch sei ein wildes Tier, die Erziehung müsse das Wilde, sozusagen das Tier im Menschen eliminieren. Grundtvig sieht hier die Gefahr einer Verfälschung der Natur, die nur zu Missbildungen führen kann. Man kann dies an den furchtbaren Folgen der Erziehung zum Gehorsam sehen, eine Erziehung, die gerade in Deutschland fatale Folgen gezeitigt hat, wenn man an KZ-Kommandanten denkt, die nur zum Gehorsam erzogen waren: Man hat zu tun, was einem befohlen wird. Es ist nach Grundtvig gefährlich, »die Ordnung der Natur« zu missachten, und Beispiele des 20. Jahrhunderts zeigen überdeutlich, wohin es führt, wenn Erziehung die Natur des Menschen vergewaltigt. Es stimmt nicht, sagt Grundtvig, was die Aufklärung behauptet hat, dass der Mensch ein wildes Tier ist, das erst durch Erziehung humanisiert werden müsse. Es ist – das ist auch bittere Erfahrung der jüngsten Geschichte – erst fehlgeleitete Erziehung, die den Menschen

---

[7] »Og dejligst i pigemunde [...]« heißt es in einem berühmten Gedicht Grundtvigs an seine Muttersprache, die Sprache ist »am schönsten im Munde eines Mädchens«. Der Sinn dieser Aussage ist, dass jede Pädagogik die Natur des Menschen, seine Geschichte zu respektieren hat.

zu den ungeheuren Verbrechen befähigt. Als Unmensch wird man nicht geboren, dazu wird man erzogen. Und diese Beispiele fehlgeleiteter Erziehung mahnen gerade auch Pädagogen zur Demut. Sicherlich: Grundtvig war auch Nationalromantiker, Kind seiner Zeit, vieles war auch problematisch in seinem Kampf für nationale Identität, aber darin hatte er grundlegend Recht: Erziehung, auch christliche Erziehung darf nicht, etwa unter Berufung auf die Sündigkeit des Menschen, die Natur, die Geschichte, die natürliche Sprache der Menschen unterdrücken und vergewaltigen. Man darf einem Volk, einem Menschen, seine Vergangenheit und damit seine Identität nicht rauben – das wäre ein grausames Missverständnis von Erziehung.

b. Man kann auch, wie gesagt, *Luther* für die Auffassung in Anspruch nehmen, dass man einen anderen Menschen nicht zum Glauben erziehen kann. Deshalb gehört die Schule in das weltliche Regiment, die sogenannte christliche Erziehung ist keine Erziehung *zum* Glauben, sondern *im* Glauben.

Man kann das reformatorische Anliegen und den Unterschied zwischen Luther und der katholischen Auffassung geradezu so formulieren, dass Glaube nach katholischer Lehre (seit Origenes) eine Frage der Erziehung ist, eine Synthese zwischen Gnade und Pädagogik, nach reformatorischer Auffassung die Antwort auf die Zusage Gottes.

Andererseits war Luther bekanntlich auch Pädagoge und wusste, dass die Freiheit des Evangeliums nicht bestehen kann ohne erzieherische Bemühungen. Aber die Lehre von der Rechtfertigung aus Glauben allein und von den zwei Regimenten setzt einem pädagogischen Allmachtswahn auch Grenzen: Glaube ist Geschenk Gottes, nur indirekt Ergebnis von Erziehung.

c. Als dritten Theologen nenne ich *Søren Kierkegaard* und sein ambivalentes Verhältnis zum Bildungsbegriff. Ursprünglich wendet Kierkegaard sich gegen den idealistischen Bildungsbegriff als etwas Künstliches, Elitäres – es geht darum, zum Ursprünglichen zurückzukehren. Unsere Zeit, sagt Kierkegaard, braucht Naivität und Primitivität.

Andererseits kann Kierkegaard den Begriff der Bildung auch positiv gebrauchen: Es geht darum, der zu werden, der man ist. In *Der Begriff Angst* ist z. B. von der Angst die Rede, die zum Glauben »bildet«.

Bildung ist aber hier nicht autoritär, sondern »indirekte Mitteilung«, sie muss dem Menschen dort begegnen, wo er ist. Nur so, meint Kierkegaard, kann man ihn an einen anderen Ort hinführen, d. h. ihn verändern. Deshalb beginnt jede Pädagogik mit einer tiefen Demütigung. Dass man als Lehrer erst der Lernende sein muss, in einer Position, wo man nichts versteht, dass man erst zuhören muss. bevor man reden kann: Wer nicht schweigen kann, sagt Kierkegaard, kann auch nicht reden. Dass man aus der Rolle des Besserwisser heraustreten muss, dass die Demut die eigentliche pädagogische Tugend ist: Sie schützt vor Allmachtswahn, sie lehrt einem das Zuhören, die vornehmste sokratische Tugend eines Pädagogen.

d. Der dänische Theologe *Knud E.Løgstrup* hat sich vor allem mit dem Vorkulturellen beschäftigt, also den Phänomenen, die nicht Ergebnis von Bildung sind. Die Weitergabe christlichen Lebens und Glaubens muss die Selbstständigkeit und Freiheit des Einzelnen respektieren, sie muss aber auch die Geschöpflichkeit des menschlichen Daseins respektieren: Es gibt Dinge, die nicht »machbar« sind, sondern vorgegeben. Løgstrup hat deshalb einer geisteswissenschaftlichen Pädagogik das Wort geredet, die sich nicht von dem Machbarkeitsdenken der Naturwissenschaften terrorisieren lässt.[8]

5 Bildungsideale

Gegen den Bildungsbegriff – die Möglichkeit der Weitergabe christlichen Glaubens und Lebens – kann man zusammenfassend vier Einwände formulieren:

- Bildung ist widernatürlich, ein Eingriff in die natürliche Entwicklung.
- Bildung ist elitär – gesellschaftlich und christlich.
- Bildung ist autoritär.
- Bildung ist traditionalistisch, einseitig auf überkommene Lösungen fixiert.

[8] K. E. Løgstrup, Højskolens nye fronter, in: Højskolen til debat, 1961, 203–216. Die anderen pädagogischen Schriften Løgstrups sind abgedruckt in: Solidaritet og kærlighed, 1987: Skolens formål, 1981, 44–56; Holdningskrise – disciplinproblemer, 1981, 57–62; Min tids tre fromhedsbølger. En smule subjektivt set, 1975, 147–157.

Will man einen christlichen Bildungsbegriff entwickeln, hat man diese Einwände zu respektieren und zu berücksichtigen. In diesem Zusammenhang kann man sagen, dass Glaube im strengen Sinne nicht eine Frage der Bildung sein kann. Man kann nicht zum Glauben erzogen, gebildet werden, Glaube und christliches Leben kann man in diesem Sinne nicht weitergeben, da ein jeder Mensch das Recht hat, sozusagen von vorn zu beginnen. Das ist eine banale Wahrheit, wir alle haben das Recht von vorn zu beginnen, die Fehler der anderen zu wiederholen etc.

Nur wenn man dies respektiert, kann man in einem anderen Sinne auch positiv von Bildung in einem christlichen Sinne reden:

Ich möchte nun einige Bildungsideale formulieren. Zunächst jedoch versuche ich zu formulieren, worin die Bildung, die Weitergabe christlichen Glauben und Lebens bestehen kann. Nicht darin, dass man zum Glauben erziehen kann. Den Glauben muss man in einem gewissen Sinne stets *voraussetzen.*[9] Glaube ist kein Werk und auch nicht Ergebnis einer Anstrengung. Glaube ist Geschenk. Bildung ist deshalb christlich gesehen nicht die Schaffung von Glauben, das wäre vermessen, wohl aber *die Fähigkeit, seinen Glauben zu kommunizieren und zum Ausdruck zu bringen. Das* kann man lernen, darin kann man sich üben.

Ich möchte nun einige – mehr oder weniger christliche – Bildungsideale nennen und zur Diskussion stellen. Sie sind nicht als Alternativen gemeint, sondern als verschiedene mögliche Perspektiven:

1. Bildung heißt, dem Leben eine *Form* zu geben, ein Schutz gegen die Unberechenbarkeit und Wildheit des Lebens. Das ist z. B. der Sinn von Ritualen. Das ist charakteristisch für unser Denken heute: Wo die Bewegung früher – etwa im Pietismus und in der Aufklärung – von außen nach innen ging, die Innerlichkeit[10] war das Entscheidende, ist

---

9 Vgl. das oben angeführte Zitat von Schleiermacher. Man könnte hier auch Luther ins Feld führen, der eben deshalb an der Kindertaufe festhielt, um den Glauben nicht zum Werk zumachen, denn eben dies wäre, so Luther, »des Teufels Meisterstück«: den Glauben zu einem – verdienstlichen – Werk zu pervertieren.

10 Vgl. zum Begriff der Innerlichkeit meine Aufsätze: Innerlichkeit. Pädagogische Aspekte in den pseudonymen und erbaulichen Schriften Kierkegaards (in: A. K. SZAGUN [Hg.], Erfahrungsräume. Theologische Beiträge zur kulturellen Erneuerung, 1999, 197–204); sowie: Der Begriff der Innerlichkeit bei Kierkegaard (Kierkegaardiana 20, 1999, 31–50).

die Richtung heute umgekehrt: Es geht darum, der Innerlichkeit Form zu geben, in diesem Sinne ist die Ästhetik heute Thema der Theologie.

2. Bildung heißt, seine eigene *Identität* zu finden, freilich nicht als abstrakte Identität, sondern als konkrete Identität – in Bezug auf etwas Drittes, Identität *als*. Hier spielt der Bezug zur Biografie eine Rolle, aber auch der Bezug zur Geschichte und Sprache.
3. Bildung heißt, die Gegensätze des Lebens zusammenzuhalten und zu vereinen. Dieses Bildungsideal scheint hinter den Theorien von James Fowler zu stehen. Der Einwand ist ein falsches Harmoniebedürfnis, hinter dem sich oft Mittelmäßigkeit verbirgt.
4. Bildung ist die Fähigkeit, seinen Glauben zu kommunizieren, ihm eine Sprache zu geben. Man kann nicht zum Glauben erzogen werden, zum Menschsein, zur Liebe, aber man kann dazu erzogen werden, seinen Glauben, seine Liebe, seine Gefühle zum Ausdruck zu bringen.

Es gibt eine These, dass man den Glauben nicht messen kann, dass es keine verschiedenen Grade von Glauben gibt. In einem gewissen Sinne ist diese These richtig, in einem anderen Sinne falsch. Der Glaube macht Erfahrungen, der Glaube hat eine Geschichte, von der man erzählen kann, und Glaube hat auch eine soziale, politische Seite. Unter Bildung verstehe ich eine Kultur der Kommunikation, die Fähigkeit, seinen Glauben in die verschiedenen Lebenswelten einzubringen. Nicht Glaube, aber diese Kommunikationsform ist erlernbar.

5. Bildung heißt die Fähigkeit, seinen Glauben zu begründen, gute Argumente für den Glauben zu liefern.

Es gibt – besonders in der Dialektischen Theologie – eine falsche Tendenz zum Irrationalismus, etwas provokativ gesagt: Der Glaube ist nicht so unvernünftig, wie er oft gemacht wird. Argumente, gute Gründe sind nicht dasselbe wie ein zwingender Beweis, aber eine gute Formulierung, ein gutes Bild ist ein gutes Argument. Es gibt gute Gründe für den Glauben. Selbst bei einem Prediger wie Martin Luther King kann man die Fähigkeit sehen, solche Gründe und schlagenden Formulierungen zu geben.[11] Man darf die intellektuelle Seite der Sache nicht unterschätzen

[11] Siehe die berühmte Predigt: Man ist great […] But! Er kennt die Wahrheit, aber er lügt!

trotz aller berechtigter Erlebnispädagogik: Wenn man nichts versteht, kann man auch nichts erleben.

6 Die Weitergabe christlichen Glaubens und Lebens unter den Bedingungen der Moderne

Ich denke, dass die Weitergabe christlichen Glaubens und Lebens nur unter den Bedingungen der Moderne geschehen kann, nicht in einer reinen polemischen Abgrenzung. Modernes Denken ist nicht etwas, was man ablegen kann wie ein Hemd, sondern eine Weise, in der wir denken und leben. Man kann sich kritisch verhalten, aber man kann sich nicht aus der Moderne gleichsam abmelden. Eine Kritik an der Moderne kann glaubwürdig nur solidarisch, von innen, gleichsam als Selbstkritik geschehen. Um es erbaulich zu sagen: Ein Pfarrer, der die Angewohnheit hat, jeden Sonntag über den »modernen« Menschen herzuziehen, sollte sich angewöhnen, »ich« zu sagen statt »der heutige Mensch«. Das würde die Kritik schlagartig glaubwürdiger machen.

Ich nenne vier Kriterien des Modernen, nicht im streng philosophischen Sinne, sondern die Moderne verstanden als Lebensstil und Lebensgefühl:

(a) *Rationalität.* Nicht im engen »rationalistischen« Sinne, sondern als legitime Forderung nach *Plausibilität.*

(b) *Autonomie.* Nicht im abstrakten philosophischen Sinn, sondern als Ideosynkrasie gegen jegliche Form von Zwang. Wenn man jungen Leuten etwas aufnötigen will, stößt man auf schroffe Ablehnung oder zumindest Vorbehalte.

(c) *Diesseitigkeit.* Nicht im Sinne eines theoretischen Positivismus, sondern in dem Sinne, dass alles, was gesagt wird, mit dem »wirklichen Leben« zu tun haben muss, es muss anwendbar sein.

(d) *Offenheit.* Nicht im allgemeinen weltanschaulichen Sinne, als sei alles gleich richtig, sondern in dem Sinne, dass ein starker Widerwille besteht gegen alles, was »fertig« ist, »dogmatisch«. Das Gesagte muss »interessant« sein, neue Möglichkeiten eröffnen, es darf nicht Lebensmöglichkeiten begrenzen. In dieser Forderung nach Offenheit liegt auch der starke Vorbehalt gegen jede Form des Moralisierens und der Verächtlichmachung von Lebensfreude.

Man kann es auch anders formulieren:
- Es geht nicht so sehr um Wissen, sondern um Verstehen
- Es geht nicht so sehr um Gottes Wirklichkeit, sondern unsere Wirklichkeit.

Natürlich kann man das auch kritisch sehen, aber nur, wenn man dieses Denken grundlegend irgendwie akzeptiert, kann man es auch überwinden, nach der bekannten Maxime C. G. Jungs: Man kann nichts ändern, was man nicht annimmt.

7 Jugendkultur: Die zweite Moderne

Wenn man heute von Jugendkultur spricht, so hängt dies auch damit zusammen, dass sich die Akzente verschoben haben. Kennzeichnend für die sogenannte zweite Moderne ist die *Individualisierung*, ein Lebensgefühl, das nicht mehr an den durch Vernunft und Autonomie garantierten Fortschritt glaubt, sondern sich auch des Risikos allen Fortschrittes bewusst ist. Die Individualisierung hat drei Dimensionen, nämlich die *Freiheitsdimension*, das *Fehlen klarer Orientierung* sowie die *Dimension gewählter neuer Bindungen*.

Diese Tendenz der Individualisierung ermöglicht erst das, was wir heute »Jugendkultur« nennen. Denn allein schon der Ausdruck zeugt ja von einer Sektoralisierung von Kultur und Lebensstil. Es entwickeln sich unterschiedliche Kulturen, eine Hochkultur und eine Alltagskultur – wobei die Alltagskultur Jugendlicher durch drei Dinge gekennzeichnet ist:[12]

(a) Die Alltagskultur ist *global*, im Gegensatz zur Hochkultur, die mehr *partikular* und *national* ist. Sie ist nicht durch nationale, sondern besonders durch internationale Tendenzen und Idole geprägt. Es vollzieht sich eine Internationalisierung von Religion. Dabei ist zu beobachten, dass die sogenannte kirchliche »Hochkultur« jedenfalls in Dänemark auch *national* geprägt ist, man führt gegen die Jugendkultur ins Feld, dass sie »amerikanisch« – jedenfalls aber »undänisch« sei, d. h. der däni-

---

12 Th. Ziehe, Wie eignen sich Jugendliche Welt an? Lebensgefühl, Mentalitäten, Orientierungen von Jugendlichen (in: V. Elsenbast, P. Hennig, R. Starck [Hg.], Wahrnehmen – Verstehen – Gestalten. Konfirmandenarbeit für die Zukunft, 1998, 8–14).

schen Tradition nicht entspreche. Zumindest unterschwellig wird dabei die »dänische Kultur« zur Norm erklärt, sie erhält unterschwellig Bekenntnisrang,[13] dem entspricht dann auch dass der schulische Religionsbegriff im Schulgesetz ausdrücklich mit der Verpflichtung zur »dänischen Kultur« begründet wird.

(b) Die Alltagskultur ist *nicht normativ*, bzw. ist gekennzeichnet durch Abkehr von jeder Form von Normativität. Man darf dieses Fehlen von Normativität nicht mit Unmoral verwechseln – ich teile auch nicht die oft vertretene Verfallstheorie, die von Religionspädagogen fast schon als rituelles »Lamento« betrieben wird, so als führe der Abfall von Religion oder auch traditioneller Lebensform automatisch zu moralischem Verfall. Es handelt sich vielmehr um eine andere – nicht normative – Moral: Ich lege mir meine Werte und Wertvorstellungen selbst zurecht – aber ich kämpfe auch dafür, dass andere dasselbe für sich in Anspruch nehmen. Man hat in diesem Zusammenhang von »altruistischem Egoismus« gesprochen. Ein Wert wie der der Toleranz – einst als Alibi für aufklärerische Haltungslosigkeit verschrien – wird wieder aktuell.

(c) Die Alltagskultur *unterscheidet nicht zwischen Hoch- und Alltagskultur*, man hat keine Bedenken, Kulturen zu vermischen. Es gibt keine übergeordneten Kriterien mehr für das, was guter Geschmack ist. Wir sehen das an dem Kulturkampf, der in fast allen Ländern um die neuen Gesangbücher ausgefochten wird (wurde), bei dem man mit Recht fragt: Mit welchem Recht erklärt die Kirche die Hochkultur zur einzigen Norm für das, was im Gottesdienst stattfinden darf? Mit welchem Recht sprechen wir abwertend von religiöser Subkultur, wenn es um Lieder aus der Erweckungsbewegung oder der kirchlichen Jugendkultur geht. Gibt es eindeutige Kriterien für »Qualität«? Dabei ist in Dänemark interessant, dass führende kirchliche Kreise zwar gegen Lieder aus der Jugendkultur rigoros das ästhetische Qualitätskriterium ins Feld führen, dass aber – und besonders in Dänemark – spätromantischer Kitsch aus dem 19. Jahr-

---

[13] Ein vielbeachtetes Buch über die »ferne Kirche«, das nachzuweisen versucht, dass die Kultur – und speziell die dänische – als unverlierbares Element die religiöse und christliche Dimension als »ferne Kirche« in sich trage, formuliert allen Ernstes, dass man, wenn man in Dänemark getauft werde, »in die dänische Geschichte« hineingetauft werde: J. I. JENSEN, Den fjerne kirke, Kopenhagen 1996, 58 f.

hundert ziemlich unbeanstandet im Gesangbuch bleibt. Der schlechte Geschmack ist leichter erträglich, wenn er aus einem anderen Jahrhundert stammt. Mit welcher Begründung verweist man Trivialliteratur und trivialen Geschmack aus der Kirche? Die katholische Kirche hat es – so mein Eindruck – da leichter, hier hat auch religiöser Kitsch seinen legitimen Platz.

Daraus ergeben sich für das Verhältnis Jugendlicher zur Religion und zu ihrem Gottesbild drei Tendenzen[14]:

(a) Aus der Globalisierung erwächst ein *religiöser Synkretismus*, ja sogar eine Faszination des Fremden. Es mag sein, dass man *die Fremden* administrativ aus dem Lande heraushalten kann oder zumindest den Zuzug begrenzen kann, aber *das Fremde* lässt sich, auch wenn man es wollte, im Zeitalter der Globalisierung nicht heraushalten. Was anders ist, fasziniert. Die Idee, dass nur eine Religion die richtige sei, lässt sich im Zeitalter der Globalisierung nur schwer vermitteln. Man muss zumindest eine Theorie der Religionen haben und erklären können, wen andere Religionen anbeten, wenn sie Ihren Gott anbeten. Oder auch man muss eine Theorie des dialogischen Synkretismus einem unreflektierten Synkretismus entgegensetzen, der alles wahllos in einen Topf wirft und vermengt »wie eine unflätige Sau« (Luther).

(b) Aber auch eine scheinbar ganz gegenläufige Tendenz macht sich bemerkbar, die der *Privatisierung* von Religion, man spricht auch von »Patchwork-Religion«. Man vermischt nicht nur, sondern vermischt nach *eigenem Gutdünken*, gut ist, was mir hilft, was für mich Bedeutung hat. Religiöse Symbole und Begriffe werden »funktionalisiert«, sie haben nur Sinn, wenn sie der Deutung meiner Lebensgeschichte dienen. Dabei liegt hierin soweit ich sehe, eine Doppelheit, was das Biografische anbelangt: Einmal erfahre ich mein Leben als *Geschick*, Gott als der »Autor meiner Lebensgeschichte« (Hamann), zum anderen erfahre ich mein Leben auch als mein eigenes Werk, ich bin der »verantwortliche Redakteur« meines Lebens (Kierkegaard)[15]. Dabei liegt im letzteren Ausdruck Kierkegaards

---

14 K. P. Jörns, Die neuen Gesichter Gottes. Was die Menschen heute wirklich glauben, 1997, 225ff.

15 Vgl. dazu meinen Aufsatz: Die Aktualität Kierkegaards: Biographie und Theologie. Zur neuen historisch-kritischen Gesamtausgabe der Schriften Kierkegaards

wiederum eine Doppelheit, ich kann mich als der Verstehen, der sein Leben verantwortlich *gestaltet*, oder als der, der sein Leben und seine Biografie als *Kunstwerk* betrachtet, also *inszeniert*. Gerade die letztere Deutung entspricht dem postmodernen Lebensgefühl, man *hat* nicht nur einen Lebensstil, man inszeniert sein eigenes Leben, es kommt zu einer *Ästhetisierung* des Lebensgefühls.

(c) Das hängt mit dem dritten Aspekt zusammen, dem der *Virtualisierung*. Junge Menschen unterscheiden nicht mehr im selben Maße zwischen Fantasie und Wirklichkeit, jedenfalls in dem Sinne, dass die virtuelle Realität mindestens genauso wichtig ist wie die »reale« Realität. Man fragt nicht danach, wer oder wie Gott ist, sondern was für einen Gott ich brauche. Man stellt sich eine Religion zusammen nach den eigenen *Bedürfnissen*. Zu dieser Virtualisierung gehört auch, dass man z. B. im Gottesdienst nicht so sehr nach der *Wahrheit* des Gesagten bzw. Gehörten fragt, sondern nach der *Bedeutsamkeit* im Sinne von Wirksamkeit für mich: Wahr ist, was auf mich wirkt, was mir ein schönes Erlebnis vermittelt. Wir leben in einer Erlebnisgesellschaft mit der Tendenz der *Musikalisierung* und der *Piktoralisierung* des Evangeliums, wie dies ein dänischer Literaturwissenschaftler formuliert hat. Nicht Glaubwürdigkeit und intellektuelle Redlichkeit sind gefragt, sondern Fantasie und Sinn für das, was schön ist und wirkt.

8 Die Antwort der Theologie

Wie reagiert die Theologie auf die Herausforderung dieser Individualisierung? Ich denke, dass es in der – vornehmlich praktischen – Theologie in den letzten Jahren Tendenzen gegeben hat, in denen diese Individualisierung des Lebensgefühls theologisch in der religionspädagogischen wie homiletischen Praxis ihren Ausdruck gefunden hat.

Man kann diese durchgängige Tendenz der Individualisierung allein *kritisch* sehen und den Religionsunterricht als Aufbau einer *Gegenkultur* gegen diese Tendenz der Individualisierung und des Narzißmus konzi-

---

(Informationes Theologiae Europae. Internationales ökumenisches Jahrbuch für Theologie 12, 2000, 323–335).

pieren. Man kann umgekehrt auch diese Tendenz als einen - wenn auch vielleicht missglückten, aber dennoch legitimen Versuch verstehen, die Individualisierung als eine *Herausforderung* zu begreifen, der man Rechnung tragen muss - getreu dem Prinzip, dass eine Regierung ja nicht das Volk absetzen kann[16] und dass die Idee einer religionspädagogischen *Gegenkultur* eine Überforderung des Religionsunterrichts darstellt.

9 Die Antwort der Religionspädagogik: Existenzialisierung und Verwissenschaftlichung

Die Religionspädagogik hat, wie ich es sehe, in zweierlei Weise auf die Herausforderungen durch die Individualisierung reagiert: Einmal, indem man den Religionsunterricht verwissenschaftlicht, ihn in ein *Kulturfach* verwandelt, der sich nur neutral-deskriptiv zu religiösen Inhalten und Lebensformen verhält. Das ist in Dänemark vor allem an den Gymnasien, z. T. auch an den Lehrerseminaren der Fall. Der Begriff der Kultur wird zum übergeordneten Begriff, freilich in der Weise, dass nicht die Jugendkultur Maßstab ist, sondern die Wissenschaft. Die Wissenschaft - hier verstanden als Religionswissenschaft und nicht Theologie - bestimmt, was authentische Religion ist. Bei einer solchen Verwissenschaftlichung besteht m. E. die Gefahr der *Historisierung des Religionsunterrichts*, Kultur kommt nur noch in den Blick als *Geschichte*, als die geschichtlichen Voraussetzungen unserer Gesellschaft und Lebenswelt. Diese Tendenz ist in Dänemark vor allem an den Gymnasien überdeutlich, wo der Religionsunterricht sich am übergeordneten Begriff der Kultur orientiert.

Die andere gegenläufige Tendenz ist eine starke *Existentialisierung* des Religionsunterrichts vor allem in der Volksschule, d. h. in Dänemark der Schule bis Sekundarstufe I. Hier ist die Tendenz deutlich, dass man sich an Lebens- und Sinnfragen orientiert, d. h. Texte und Traditionen im Sinne von Ressourcen für die Deutung von Lebenssinn funktionali-

---

16 Siehe die berühmte Bemerkung Bertolt Brechts zum 17. Juni 1953 anlässlich der Äußerung der Regierung der DDR, das Volk müsse sich nun der Regierung wieder würdig erweisen: Wäre es nicht besser, man löste das Volk auf und wählte ein neues!

siert bzw. instrumentalisiert. Nicht Kultur, sondern meine individuelle Lebensgeschichte[17] wird zum übergeordneten Begriff.

Ich sehe die Gefahr eine Verwissenschaftlichung einerseits – und einer falschen Existentialisierung und individualistischen Verengung andererseits. Beide Tendenzen sind legitim, beide sind jeweilige Antworten auf die Individualisierung und den Synkretismus der Jugendkultur heute. Es geht aber darum, diese beiden Tendenzen miteinander zu vermitteln, eine Aufgabe, die m. E. noch nicht gelöst ist.

10 Ein mehrdimensionaler Katechismus

Die moderne Jugendkultur – wie die moderne Kultur überhaupt – ist durch Komplexität und Mehrdimensionalität geprägt. Ich möchte das zum Schluss verdeutlichen an der Arbeit an einem modernen Katechismus, ein schwieriges und langwieriges Projekt des pädagogischen Instituts der dänischen Volkskirche. Die schwierigen Diskussionen über die Konzeption an einem solchen Katechismus lag nicht nur (und nicht in erster Linie) an unterschiedlichen theologischen Positionen, sondern an der Vielfältigkeit und Komplexität moderner und postmoderner Kultur: Einerseits ist da das Verlangen nach *einfachen und eindeutigen Antworten*, andererseits die nach *Dialog* und *reflexiver Distanz*, dann wiederum ist da die Tendenz zu einer neuen *Frömmigkeit und Innerlichkeit*, die sich schließlich mit einem neuen Sinn für die *äußere Form* und die *ästhetische Dimension* verbindet. Wir haben uns dann – als Versuch einer angemessenen Antwort auf das moderne Lebensgefühl auf einen *vierdimensionalen Katechismus* geeinigt, der allen diesen Tendenzen Rechnung trägt und sie zugleich miteinander zu verbinden versucht. Jedes der klassischen Themen wird in drei Dimensionen behandelt:

(a) Die *einfache* Dimension, in der in der gleichsam in der ersten Person geredet wird und im positiven Sinne eindeutig und *autoritativ*: Ich glaube – so ist es.

(b) Die argumentierende Dimension, in der – gleichsam in der dritten Person – aus reflexiver Distanz geredet wird. Hier dürfen Einwände

---

17 Zur Biografisierung s. *Die Aktualität Kierkegaards* (s. Anm. 15).

aufgenommen werden, Zweifel zu Worte kommen, gemäß der alten Tradition, dass ein guter Katechismus nicht nur *Antworten*, sondern auch *Fragen* formuliert. Hier braucht Zweideutigkeit keine Schwäche zu sein.

(c) Die *fromme* Dimension, in der Glaubensaussagen in einem gottesdienstlichen und spirituellem Kontext formuliert werden, in einem *meditativen* Stil, gleichsam in der zweiten Person des Du.

(d) Schließlich enthält der Katechismus eine vierte, gleichsam *sinnliche* bzw. *ästhetische* Dimension, in der wir mit modernen Kunstwerken gearbeitet haben und die religiöse Dimension moderner Kunst anzudeuten versuchen.

Es handelt sich um einen Katechismus, der aber vier unterschiedliche in sich enthält, die auch je für sich gelesen werden können. Jedes der 15 Grundthemen wird in vier unterschiedlichen Dimensionen behandelt[18]. Es ist der Versuch einer Antwort auf die vielfältigen Herausforderungen der modernen bzw. postmodernen Kultur.

[18] E. Harbsmeier u. a. (Hg.), Katechismus, Fredriksberg 2000.

Eberhard Harbsmeier

FAITH AND FORMATION – THE FORMATION OF FAITH

Historical and systematic approaches

I THE BIBLICAL CONCEPTION

I should like to begin by reflecting on Paul's words: »that you are a letter from Christ delivered by us, written not with ink but with the Spirit of the living God, not on tablets of stone but on tablets of human hearts« (2 Cor. 3:3). As far as I know Christianity is the only religion which contains letters in its Holy Scripture. What is the significance of a letter?

In the first place: absence. One writes a letter because one cannot be with the addressee. The letter signifies closeness – and at the same time distance. The letter compensates for someone's absence. Second: the letter is always a personal communication. One speaks in the second person; one cannot as it were separate person and subject-matter. In my opinion that is one of the most important requirements for mediating faith today: person and subject cannot be separated; authority is always conveyed personally: You are a letter from Christ. As Kierkegaard put it, there is nothing more wretched than a person who talks to himself. As pastors we know many people like that. One cannot say the word of love, of forgiveness, to oneself; it must be said to one. That is the core of the Lutheran teaching on the office of ministry. Even though I am aware that people have frequently made the *distinction* between office and person their main concern, we must emphasize: it is crucial that office and person can be distinguished but cannot be separated.

Third: the letter needs someone to send it – but also someone to whom it is sent: A letter is not only open to interpretation, it needs an interpretation. Consequently a letter usually also presupposes a *rapport* between sender and addressee. The letter is at once proximity, rapport – but also detachment. It presupposes absence and requires interpretation.

I should like to clarify this briefly with an example. A young girl phones a pastor. She is unhappy – her boyfriend has left her. She cries, it hurts that the one she loved has simply disappeared. She would like at least to say that she is hurt but she does not dare to visit him, does not want to be humiliated or rejected, does not know whether he even wants to see her. The pastor's advice was very simple – fitting but not self-evident: Write him a letter! A simple piece of advice – but one which in this situation was clearly inspired. Where proximity is not possible a letter provides the possibility of being close to another person. One can even express oneself more freely. A letter implies - sometimes necessary, sometimes even beneficial – distance and proximity at one and the same time. And what is important here: For a letter, particularly for a love letter, it is a question of how it is read. No less a person that Søren Kierkegaard compared the Gospel with a divine love-letter to humanity and what he wished to say was: Only love understands a love-letter!

One could deal with the topic quite simply by referring in a typical Lutheran fashion to the sermon as the only way and means of passing on the Christian faith and way of life.

> »So faith comes from preaching, and preaching comes by the word of Christ« (Rom. 10:17)

We are living in an age in which the sermon is sometimes talked about disparagingly, an age when other means of communication are favoured: ritual, education, pastoral care. And theoretical investigations into communication also appear to have shown that the sermon is only partially suitable for transmitting Christian faith and a Christian way of life. When has someone been converted by a sermon? Does the transmission of Christian faith and lifestyle not occur more through dialogue, through personal example?

As one who has worked in the area of practical theology I am aware of the fashionable prejudices against the sermon, objections to a »sermon-ideology« cultivated particularly in Dialectical Theology which has led to a decline in other means of mediating Christian faith and way of life such as pastoral care and education.

Moreover, I must freely admit that perhaps a certain ideology of preaching in Lutheranism has put its mark on the translation and understanding of the quotation above, for, literally translated, it reads:

> »So faith comes from what is heard, and what is heard comes from the word of Christ.«

It is really very interesting how in the Lutheran tradition hearing is identified directly with preaching. In fact Paul is not speaking about the preacher but – here very modern – about hearers – or, rather, about hearing. And the one who is speaking is not a preacher but is Christ himself. One could also translate the Pauline sentence in the following way: »So faith comes from the ability to listen, to listen to the word of Christ«. The Greek ἀκούω actually means the ability to hear.

So if we look more carefully the subject here is not a sermon-ideology but rather a reserved attitude to the sermon as a human effort: Faith does not arise from the sermon but rather from the hearing, and the hearing comes from the Word of Christ, not from the preacher. Luther himself had a reserved, ironical attitude to the power of the preacher as can be seen from a well-known quotation:

> »Only go and preach, care not who they are that hear you. I will care for that. The world will be against you, but be not afraid, you will find such as will hear and follow you. You do not know them yet, but I know them; you preach, and leave the rest to me.«[1]

If at this point one does not take the sermon in a narrow sense as a pastoral activity but in the broader sense as a »word-event« as Ebeling calls it, there, where the word strikes, the following fundamental biblical insights for our topic arise:

1. The transmission of the Christian life-style and faith is not »do-able« and cannot be enforced.
2. Christ is the Lord of the event. It is not we who mediate but Christ.
3. Every person has a direct access to Christ. It is not »our« faith and »our« Christian way of life which are passed on but the faith of Christ and the life in Christ.
4. Consequently the transmission of a Christian life and faith does not signify that we have the right to form other people in our image. One

---

1 Advent Postil (Sermon of 1522), quoted from http://www.lutherdansk.dk/Web-advent%20engelsk-KP/Adventpostillen.htm.

must, as Martin Kähler formulated it, differentiate between mission and propaganda: Propaganda means »simply extending one's own«, and here it is immaterial whether you are conservative or liberal. One »makes proselytes, i. e. repetitions of what one is oneself«.[2]

5. One could also reiterate the same concern by quoting a well-known formulation by Schleiermacher. It is known that Schleiermacher thought that the sermon is not primarily mission but is a representative action, i. e. the preacher expresses the faith of the congregation and in so doing presupposes this faith. In a preface to one of his collections of sermons he then raises the question as to whether one can simply presuppose faith in this way today. He is himself well aware that this is not actually so in the empirical sense. But then he adds decisively:

> »Perhaps it [i.e. faith] comes about again when we presuppose it.«[3]

Incidentally, Søren Kierkegaard also expressed himself in a similar manner:

> »On the other hand, I will extol for him [the hearer] the splendour of faith, and in that I presuppose that he has a faith of his own, I bring him to desire to have his own«.[4]

2 Faith and formation

Today we are less sceptical than the Reformers when the question is how one can mediate Christian faith and a Christian way of life. More than the Bible, more than the Reformers we depend upon formation, upon the understanding that the person is a product of the external influence which is upbringing. We are aware of the power which people have over each another.

In other words: Faith and a Christian way of life are not simply an answer to the Word which has been heard, a free decision, but also entail a

---

2 Quotation in K.-F. Daiber, *Predigt als religiöse Rede* (Munich 1991), 73.

3 *Predigten*, Vol. 1, New Edition 1843, 7.

4 *Kierkegaard's Writings*, Vol. 5 (Princeton 1992), 17.

process of formation. One is not born as a person – or as a Christian, as Tertullian said. In this sense one is also not a Christian simply through baptism but through a process of formation. By process of formation in this context I should like to understand a process in which the person and faith become integrated, in which faith becomes part of my person and the story of my life. An understanding of faith which does not integrate one's own person and life-story becomes docetic.

One can substantiate this theoretically from the recent discussion in religious education in which the questions of *biography* and life-story and the psychology of development increasingly play a part. Under Christian life-style in this context I am not thinking of a Christian life in an ethical sense as, for example, discipleship, doing good works as an expression of one's faith or however one likes to formulate it now, but more of one's own life-story in a Christian interpretation – or, better, in the light of the story of Jesus, expressed in a Pauline way as a life in Christ – or also dogmatically in Baptism: the Apostles' Creed as an expression of the community of life and destiny with Christ as this is also expressed in the baptismal statements in Rom. 6: You should understand your life, suffering and dying in the light of the life, suffering and resurrection of Jesus.

One can base this more practically or biblically by asking the question: How does one actually talk of one's faith? My answer is: One cannot talk of one's faith without telling the story of one's own life. I believe I have actually experienced this. One does not need to talk to them for long – people with a strong faith and those whose faith is weak – before they begin to talk of their childhood, of things which they have experienced, of people who have meant something to them. In this way people speak *indirectly* of their faith, and usually we, particularly the Danes, find it embarrassing or even pharisaic when people talk directly about their faith as a feeling, an inner experience and things of that sort.

I could also give a biblical example – the famous catechism in the Old Testament, where in Ex.13.14 and Deut. 6:20 we read:

> »And when in time your son asks you, ›What does this mean?‹ you shall say to him, ›By strength of hand the LORD brought us out of Egypt, from the house of bondage‹ […]«.

We answer with a story, with our story. One cannot speak credibly about one's faith without telling the story of one's life.

3 The history of ideas: Schlegel and modern formation.

My thesis is that the mediation of the Christian faith and way of life has to do with formation, with our ideals of formation. It is not by chance that in recent times the concept of formation has again been playing an important part in theology and religious education. The church has a responsibility for formation, says Karl Ernst Nipkow, and this holds true in two different ways: The church dare not detach itself from general education, not become »forgotten in formation«; and conversely education, i.e. the school-system, must not become »forgotten in the church«.

The mediation of Christian faith and life takes place in a context of formation, can only take place credibly in a dialogue with the expressed and unexpressed ideals of formation of our time.

I should therefore like to start with a consideration of the concept of formation proposed by one of the most important theorists of formation of the 19th century, Friedrich Schlegel.

In a well-known youthful publication Schlegel differentiated between classical and modern education. Classical education has the ideal of what is beautiful, harmonious, of the objective; modern education of what is interesting, full of contradictions and subjective. Here Schlegel is naturally thinking of the old conflict between the Apollonian and the Dionysian, between reason and passion or, one could say, between tranquillity and longing.

The classical ideal of formation is stamped by a striving for peace, safety, security and harmony. Who would deny that such a classical ideal of formation does play a part in our ideas of a Christian faith and lifestyle? A Christian person is one who is at peace with him- or herself, marked by the certainty of the foundation of his or her life, a person who radiates peace and security, who knows what she or he believes, a safe refuge in a storm, a house not built on sand. Naturally this ideal of classical education also plays a part in us: We are all impressed by such believing persons who are at peace in themselves.

But against this classical ideal Schlegel places the modern ideal of formation, a typical product of Romanticism, with which we are also branded. This ideal is not that of harmony and security but one of openness, of the imperfect, contradictory, unfinished. One only needs to think of Caspar David Friedrich's romantic paintings of ruins in Greifswald. Life is not harmony but lives from contradictions, from what is unfinished; fantasy is more important than reason, life is not harmony but never-ending movement.

Schlegel gave a classical description of this modern ideal of formation in his sensational novel, *Lucinde*, which became famous through Schleiermacher's defence of it in his *Confidential Letters*, and Kierkegaard's attack on it in *The Concept of Irony.*

Schlegel expresses the classical idea of formation at the end of this notorious novel concerning development:

> »Julius«, asked Lucinde, »Why do I feel deep longing in such serene peace?« – »Only in longing do we find peace«, answered Julius. »We only have peace when our spirit is not disturbed by anything to yearn and seek, where it can find nothing higher than its own longing.«[5]

Schlegel can also express himself to show that it is important to hold fast to what is incomprehensible in the same way as he does in the famous fragment *On Incomprehensibility:*

> All the highest truths of every kind are absolutely trivial and consequently nothing is more necessary than constantly to express them in a new way and where possible in a more paradoxical way so that we do not forget that they are still there and that actually they can never be entirely expressed.[6]

I believe that we are all shaped by this ideal of formation. We are suspicious of people with clear-cut views and firmly established opinions. We judge statements, not according to whether they are correct but according to whether they open up new perspectives for us. Even in conservative materials for teaching one can read such modern declarations as that

5 *Kritische Friedrich-Schlegel-Ausgabe*, Vol. 5, (Paderborn et al. 1962), 78.

6 *Athenäum II*, rororo-edition, ed. Curt Grützmacher (Hamburg 1969), 241.

faith does not mean that one should commit oneself to particular opinions.

Modern people do not like to be committed. They want to open up new possibilities for living. A sermon is good if it does not consist of things that are correct but is interesting and stimulating and opens up new perspectives. It is precisely the concept of what is interesting that is characteristic of the current situation and the conditions under which we have to mediate the Christian faith and the Christian life. One can hardly imagine that Luther would have found something »interesting«: The category of »interesting« is – in a good as in a bad sense – a characteristic of our situation.

Modern formation is in principle an *unfinished* process and that is why there is a modern interest in adult education.

4 Objections to the concept of formation

As I have already hinted there are of course theological objections to the concept of formation and consequently to the educational mediation of the Christian faith and life. In this connection I should like to mention four theologians.

a) The Dane *Grundtvig* made a rigorous differentiation between church and school. Faith is not a question of education or upbringing, and a church is not an educational institution. Grundtvig himself, internationally known as a pioneer of adult education, actually spoke out for a separation between theology and education. Indeed he –, incidentally, like Schleiermacher too – was originally opposed to religious education in schools. For Grundtvig education was contrary to the freedom of the gospel, and for him formation is first unnatural and second combats freedom. Grundtvig had an educational trauma and consequently was against the church being made into a school. The mediation of the Christian faith and way of life must respect freedom and nature[7]. Education is also something which is deeply problematical, an intrusion into the course of na-

[7] »Og dejligst i pigemunde« can be found in a well-known poem written by Grundtvig to his native tongue. The language is »at its most beautiful in the mouth

ture. The enlightenment was of the opinion that the person is a wild animal and it is the task of education to eliminate what is wild, as it were the animal in people. Grundtvig sees in this the danger of a distortion of nature which can only lead to deformities. One can observe this in the terrible effects of education to obedience, an education which, particularly in Germany, led to fatal consequences when one considers concentration-camp commanders who were educated only to obey: One has to do what one is ordered to do. According to Grundtvig it is dangerous to disregard »the order of nature«, and examples from the 20th century show all too well where it leads when education violates human nature. What the Enlightenment asserted – that the human being is a wild animal which can only become human through education – is not true, says Grundtvig. It is – and this is also a bitter experience of the most recent period of history – only misdirected education which endows humanity with the capacity to commit outrageous crimes. People are not born as monsters; they are trained to become so. And such examples of misdirected education warn teachers, too, to be humble. To be sure, Grundtvig was also a national Romantic, a child of his time. There was also much that was problematic in his struggle for a national identity, but here he was fundamentally right: Education, including Christian education, dare not – for example with reference to the sinfulness of humankind – suppress and violate human nature, history and natural speech. One dare not rob a nation or a person of their past and thereby of their identity. That would be a dreadful misunderstanding of education.

b) One can also, as I have said, enlist *Luther* for the opinion that one cannot educate another person to belief. Consequently the school belongs in the worldly administration; so-called Christian education is not an education *to* faith but *in* faith.

One can formulate the concerns of the Reformers and the difference between Luther and the Roman Catholic conception like this: according to Roman Catholic doctrine (since Origenes) faith is a question of upbringing, a synthesis of grace and education, while according to the view of the Reformers it is the response to God's promise.

---

of a maiden«. The point of the statement is that any kind of education must respect the nature of the person, his life-story.

On the other hand we know that Luther was a teacher and knew that the freedom of the Gospel cannot continue to exist without educational efforts. But the doctrines of justification through faith alone and of the two kingdoms put limits on a delusion of educational omnipotence: Faith is a gift of God, only indirectly a result of upbringing.

c) As a third theologian I mention *Søren Kierkegaard* and his ambivalent attitude to the concept of formation. Initially Kierkegaard turned against the idealistic concept of formation as something artificial, elitist. We should return to what is original. Our time, says Kierkegaard, needs naivety and primitiveness.

On the other hand Kierkegaard can also use the concept of formation in a positive sense: it is a matter of becoming the person who one is. In *The Concept of Dread*, for example, there is talk of the *angst* which »forms« to faith

Here, however, formation is not authoritarian but is »indirect communication«. It must meet people where they are. Only in this way, Kierkegaard believes, can one lead them somewhere else, i.e. change them. That is why all education begins with a profound humiliation. As a teacher one must first be the one who is learning, in a position where one does not understand anything, one must first listen before one can speak. Anyone who cannot be silent, says Kierkegaard, can also not speak. One must learn to step out of the role of the know-it-all; humility is the real educational virtue. It protects from the delusion of being omnipotent, it teaches one to listen, the noblest Socratic virtue in a teacher.

d) The Danish theologian *Knud E. Løgstrup* dealt particularly with what was pre-cultural, i. e. with the phenomena which are not the result of formation. The mediation of the Christian life and faith must respect the independence and freedom of the individual, but it must also respect the creatureliness of human existence. There are things which are not »in our power to do« but are laid upon us. In this way Løgstrup spoke out for a humanistic education which does not let itself be terrorized by the thinking of the natural sciences in terms of what is achievable.[8]

---

[8] K. E. Løgstrup, Højskolens nye fronter, *in Højskolen til debat* (Copenhagen 1961), 203–216. The other educational works of Løgstrup are printed in: *Solidaritet og kaerlighed* (1987); *Skolens formal* (1981), 44–56; *Holdningskrise – disciplinpro-*

5 Ideals of formation

Against the concept of formation – the possibility of mediating Christian faith and life-style – one can formulate in summary form four objections:

- Formation is contrary to nature, an interference natural development.
- Formulation is elitist – both socially and in Christianity.
- Formation is authoritarian.
- Formation is traditionalist, one-sidedly fixated on inherited solutions.

If one wishes to develop a Christian concept of formation one must respect and take account of these objections. In this connection one can say that in the strict sense faith cannot be a matter of formation. One cannot be educated or formed to faith. In this sense faith and a Christian life-style cannot be passed on since each person has the right to begin at the beginning, to repeat the errors of others etc.

Only if one respects this can one also speak positively of Christian formation in another sense.

I should now like to formulate some ideals of formation. First, however, I shall try to express in what the formation, the mediation of Christian faith and life-style can consist. Not in the idea that one can educate to faith. One must in a particular sense always *presuppose*[9] faith. Faith is not a work and also not the result of an effort. Faith is a gift. Formation therefore in a Christian sense does not create faith – that would be presumptuous – but *the ability to communicate one's faith and bring it to expression.* One can learn *that*, one can practise it.

I should now like to mention some – more or less Christian – ideals of formation and put them up for discussion. They are not meant as alternatives but as various possible perspectives.

1. Formation means giving a *form* to life, a protection against life's unpredictability and wildness. That is, for example, the sense of ritual. That is characteristic of our thinking today. Where the movement ear-

blemer (1981), 57–62; *Min tids tre fromhedsbølger. En smule subjektivt set* (1975), 147–157.

9 Cf. the quotation above from Schleiermacher. One could also bring Luther on to the scene. He retained the baptism of infants in order not to make faith into a deed, because this would be »the devil's masterpiece«, perverting faith into a – meritorious – work.

lier, as in Pietism and in the Enlightenment, went from outside to inside and inwardness[10] was what was decisive, the direction today is reversed. Now it is a matter of giving the inward a form. In this sense aesthetics is a topic of theology today.

2. Formation means finding one's own *identity*, naturally not as an abstract but as a concrete identity in relation to a third, identity *as*. Here the connection to biography plays a part but also the connection to one's history and language.
3. Formation means holding together and uniting the antitheses of life. This ideal of formation appears to stand behind the theories of James Fowler. Objection is a false need for harmony behind which mediocrity is frequently hiding.
4. Formation is the ability to communicate one's faith, to give it utterance. One cannot be educated to faith, to be humane, to love, but one can be taught to express one's faith, one's love and one's feelings.

There is a thesis that one cannot measure faith, that there are no different degrees of faith. In a particular sense that is correct, but in another sense it is false. Faith has experiences, faith has a history which one can relate, and faith also has a social, political side. Under formation I understand a culture of communication, the ability to bring one's faith into the various areas of life. Not faith itself but this form of communication can be learned.

5. Formation means the ability to justify one's faith, to deliver good arguments for faith.

There is – especially in Dialectical Theology – a false tendency to irrationalism, to put it somewhat provocatively: Faith is not as irrational as it is often made out to be. Arguments, good grounds are not the same as a conclusive proof, but a good formulation or a good illustration is a good argument. There are good grounds for faith. Even in a preacher such as Martin Luther King one can perceive the ability to produce such grounds

---

[10] On the concept of inwardness cf. my articles: Innerlichkeit. Pädagogische Aspekte in den pseudonymen und erbaulichen Schriften Kierkegaards, in *Erfahrungsräume. Theologische Beiträge zur kulturellen Erneuerung*, ed. A. K. Szagun (Münster 1999), 197–204; and Der Begriff der Innerlichkeit bei Kierkegaard, in *Kierkegaardiana 20*, 1999, 31–50.

and striking formulations.[11] One should not underestimate the intellectual side of the matter in spite of all legitimate basing of education on experience. If one does not understand anything, one cannot experience anything.

6 The mediation of Christian faith and life under the conditions of modernity

I think that the mediation of Christian faith and life-style can only take place under the conditions of the modern, not in a purely polemical dissociation. Modern thinking is not something which we can remove like a shirt but a way in which we think and live. We can be critical of it, but we cannot as it were check ourselves out of modernity. Criticism of the modern can only be credible in solidarity, from within, so to speak self-criticism. To put it in an edifying way: A pastor who has the habit of pulling the »modern« people to pieces should get used to saying »I« instead of »the people of today«. That would quickly make the criticism more credible.

I would mention four criteria of the modern, not in the strict philosophical sense but of the modern understood as a way of life and a feeling of being alive:

- *Rationality* – not in the narrow, »rationalistic« sense but as a legitimate demand for *plausibility.*
- *Autonomy* – not in the abstract philosophical sense but as idiosyncrasy against any form of compulsion. When one wishes to impose something on young people one meets with curt refusal or at least reservations.
- *Worldliness* – not in the sense of a theoretical positivism but in the sense that everything which is said must have something to do with »real life«, it must be applicable.
- *Openness* – not in the general ideological sense, as if everything were equally correct, but in the sense that there is a strong aversion to everything that is »finished« or »dogmatic«. What is said must be »interesting«, open up new possibilities, it must not restrict life's options.

11 Cf. the famous sermon: »Man is great […] But! He knows the truth, but he lies!«

In this demand for openness there also lies a strong reservation against every form of moralizing and belittling of zest for life.

One can also put it another way:

- It is not so much a matter of knowing but of understanding.
- It is not so much a matter of the reality of God but of our reality.

Of course one can also see this critically, but only if one somehow basically accepts it. One can also get round it following C. G. Jung's well-known maxim: One cannot alter what one does not accept.

7 YOUTH CULTURE: THE SECOND MODERNITY

When one talks of youth culture, this is also connected with the fact that the accents have shifted. Characteristic of the so-called second modernity is *individualization*, a feeling of being alive which no longer believes in the progress guaranteed by reason and autonomy but instead is aware of the risk of all progress. Individualization has three dimensions, namely the *dimension of freedom*, the *lack of clear orientation* and the *dimension of chosen new commitments.*

It is this tendency of individualization which first makes possible what today we call »youth culture«, for the expression itself witnesses to a splitting of culture and life-style into separate sectors. Different cultures are developing, a higher culture and an everyday culture – whereby the everyday culture of young people is characterized by three things[12]:

(a) Everyday culture is global in contrast to higher culture which is more *distinct* and *national.* It is not characterized by national but particularly by international tendencies and idols. An internationalization of religion is taking place. Here we must note that the so-called »higher culture« of the Church, at least in Denmark, also has a *national* character. Battle is taken up against youth culture, saying that it is »American« or at least »Undanish«, i. e. does not correspond to Danish tradition. At least sub-

[12] T. ZIEHE, Wie eignen sich Jugendliche Welt an? Lebensgefühl, Mentalitäten, Orientierungen von Jugendlichen, in *Wahrnehmen – Verstehen – Gestalten. Konfirmandenarbeit für die Zukunft*, ed. V. Elsenbast / P. Hennig / R. Starck (Münster 1998), 8–14.

liminally »Danish culture« is declared to be the norm; subliminally it is given the status of a confession[13] to which corresponds the concept of religion in the schools, where it is expressly justified by law by the commitment to »Danish culture«.

(b) Everyday culture is *not normative*, that is to say is characterized by a renunciation of every form of normativity. One should not confuse this absence of normativity with immorality – I do not share the frequently held theory of decline which is pushed forward by teachers of religion almost as a ritual »lament«, as if the break from religion or even the traditional way of life automatically leads to moral decay. Here it is rather another, non-normative, morality: I work out my own values and moral concepts for myself, but I also contend that others may do likewise. In this connection one has talked of »altruistic egoism«. A value such as tolerance – once notorious as an alias for enlightenment spinelessness – is once again topical.

(c) Everyday culture *does not distinguish between higher and everyday culture*, one has no qualms about mingling cultures. There are no longer any higher criteria for what is good taste. We observe this in the cultural war which is (was) being fought in almost all states about new hymnbooks, where the question is justifiably raised: With what right does the church declare advanced culture as the only standard for what may take place in the service of worship? With what right do we speak disparagingly of a religious subculture when talking about hymns from the revivalist movement or the youth culture in the church? Are there unambiguous criteria for »quality«? On this point it is interesting in Denmark that leading church circles rigorously brought in criteria of aesthetic quality against hymns from the youth culture, but – especially in Denmark – late Romantic kitsch from the 19th century remains without any objection in the hymnbook. Bad taste is easier to bear when it stems from another century! What grounds are there for expelling from the

---

13 A highly-regarded book on the »distant church« which attempts to prove that culture – and especially Danish culture – in itself contains as an indispensable element the religious and Christian dimension as »distant church« – states in all seriousness that if a person is baptized in Denmark he is baptized »into Danish history«. J. I. JENSEN, *Den fjerne kirke* (Copenhagen 1996), 58–59.

church trite literature and banal taste? My impression is that the Roman Catholic Church has it easier: there religious kitsch also has its legitimate place.

From this there emerge three tendencies for the relationship of young people to religion and their conception of God.[14]

As a result of globalization there is growing a *religious syncretism*, even a fascination with what is foreign. It could be that one can keep *the* foreigners out of the country through administrative means or at least limit their influx, but *what is foreign* cannot be kept out, even if one desired to do so in the age of globalization. What is different fascinates. The idea that only one religion is the correct one can only be mediated with difficulty in the age of globalization. One must at least have a theory of the religious and be able to explain whom other religions worship when they worship their god, or one must also pose a theory of dialogical syncretism against an unreflected syncretism which throws everything indiscriminately in a pot and mixes it »like an offensive sow« (Luther).

(b) But a tendency which appears fairly opposite is also making itself apparent – that of the *privatization* of religion. One also speaks of a »patchwork-religion«. One does not simply blend but blends *at one's own discretion*: anything that helps me, what is significant for me, is good. Religious symbols and concepts are »functionalized«, they only have meaning if they serve the interpretation of the story of my own life. As far as I can see, there lies in this a duality as far as what is biographical is concerned: On the one hand I experience my life as *fate*, God as the »author of the story of my life« (Hamann), on the other I also experience my life as of my own making, I am the »responsible editor« of my life (Kierkegaard)[15]. Here in the last expression by Kierkegaard there is again a duality: I can understand myself as the one who *structures* my life re-

---

[14] K. P. JÖRNS, *Die neuen Gesichter Gottes. Was die Menschen heute wirklich glauben* (Munich 1997), 225ff.

[15] Cf. my article: Die Aktualität Kierkegaards: Biographie und Theologie. Zur neuen historisch-kritischen Gesamtausgabe der Schriften Kierkegaards, in *Informationes Theologiae Europae. Internationales Ökumenisches Jahrbuch für Theologie 12*, 2000, 323–335.

sponsibly, or as the one who sees my life and biography as a *work of art*, i. e. something *created*. The latter interpretation in particular corresponds to the post-modern feeling of life: one does not simply *have* a lifestyle; one *creates* one's own life. In the end the feeling of life is *aestheticized*.
(c) This is connected to the third aspect, that of *making virtual*. Young people no longer differentiate to the same degree between fantasy and reality, at least in the sense that virtual reality is just as important for them as the »real« reality. One does not ask who or how God is, but what kind of god do I need? One puts a religion together according to one's own *needs*. It is also part of the making virtual that, e. g. in the service of worship, one is not so concerned about the *truth* of what has been said or heard but about its *significance* in the sense of effectiveness for me: What has an effect on me, what conveys a warm experience to me, is true. We live in a society based on personal experience with the tendency to make the Gospel *musical* and *pictorial* as a Danish student of literary studies once formulated it. It is not credibility and intellectual honesty which are in demand but fantasy and a sense for what is beautiful and effective.

8 THE ANSWER OF THEOLOGY

How does theology react to the challenge of this individualization? I believe that in recent years in – above all practical – theology there have been tendencies in which the individualization of this feeling of being alive has found its theological expression in the practices of religious education and homiletics.

One can only look *critically* at this universal tendency to individualization and design religious education as a construction of an *alternative culture* against this trend of individualization and narcissism. Conversely one could also understand this tendency as a legitimate – even if perhaps unsuccessful – attempt to perceive individualization as a *challenge* which one must take into account, true to the principle that a government cannot dismiss the nation[16] and that the idea of an *alternative culture* on the

[16] See Bertolt Brecht's well-known comment on 17th June 1953 when the go-

part of religious education represents an excessive demand on the teaching of religion.

9 The answer of religious education: Existentialization and academic domestication

As I see it, religious education has reacted in a twofold way to the challenges thrown down by individualization: In the first place, by making the teaching of religion academic, changing it into a *cultural subject* which has merely a neutral-descriptive attitude to religious contents and ways of living. In Denmark that is the case above all in the grammar schools and partly also in the teacher training colleges. The concept of culture becomes a higher concept, admittedly in the way in which science and not youth culture is the yardstick. Science – here understood as the science of religion and not theology – determines what authentic religion is. In its being made a science in such a way there is a danger, as I see it, of the *historicization of religious education*. Culture only appears as *history*, as the historical prerequisites of our society and the world we live in. In Denmark this tendency is all too obvious in the grammar schools, where religious teaching is oriented on the higher concept of culture.

The other current tendency is an *existentialization* of the teaching of religion, particularly in the elementary schools, i.e. in Denmark the schools which lead on to the first secondary school level. Here there is a clear tendency to orient oneself on questions relating to life and meaning, i.e. texts and traditions are made functional or instrumental as resources for the interpretation of the sense of life. Not culture but my individual life-story[17] becomes the higher concept.

In the one I see the danger of academic domestication – and in the other a false existentialization and individualistic contraction. Both ten-

vernment of the GDR stated that the people must now prove themselves worthy again: »Would it not be better if one dismissed the nation and chose a new one?!«

17 On »biographification« see: *Die Aktualität Kierkegaards* (see fn. 15).

dencies are legitimate; both are answers in their own way to the individualization and syncretism of the youth culture of today. But it is a matter of mediating both tendencies together, a task which, in my opinion, has not yet been solved.

10 A MULTIDIMENSIONAL CATECHISM

Modern youth culture – like modern culture in general – is characterized by complexity and multi-dimensionality. In closing I should like to make this clear from the work on a modern catechism, a difficult and prolonged project of the educational institute of the Danish national church. The difficult discussions on the conception of such a catechism were caused not only (and not primarily) by varying theological positions but by the diversity and complexity of modern and postmodern culture. On the one side there is a desire for *simple and unambiguous answers*, on the other for *dialogue* and *reflective distance*; then again there is the tendency towards a new *religiousness and inwardness*, which finally is combined with a new sense for the *outer form* and *aesthetic dimension*. We then agreed – as an attempt for an adequate answer to the modern sense of life – on a *four-dimensional catechism* which takes into account all these tendencies and simultaneously tries to combine them. Each of the classical themes is treated in three dimensions:

(a) The *simple* dimension, in which, because the wording is in the first person and is in a positive sense unambiguous and *authoritative*: I believe – thus it is.

(b) The argumentative dimension in which the language – written in the third person – speaks at a reflective distance. Here objections can be taken up and doubts expressed, following the old tradition that a good catechism does not merely formulate *answers* but also *questions*. Here ambiguity is not necessarily a weakness.

(c) The *devout* dimension, in which statements of faith are formulated in a worshipful and spiritual context, in a *meditative* style, in the second person.

(d) Finally the catechism contains a fourth, *sensory* or *aesthetic* dimension in which we have worked with modern works of art and attempted to hint at the religious dimension of modern art.

It is one catechism but contains within itself four different catechisms, each of which can be read for itself. Each of the 15 basic themes is dealt with in four different dimensions.[18] It is the attempt at an answer to the manifold challenges of the modern/postmodern culture.

18 E. HARBSMEIER et al. (eds.), *Katechismus* (Fredriksberg 2000).

Peter Bubmann

»Glaubensbildung« – terminologische und theoretische Annäherungen

Welche Begrifflichkeiten bestimmen und steuern die Wahrnehmungen, Analysen und Empfehlungen der evangelischen Kirchen in Europa in Bezug auf das Thema »Bildung«? Während der englische Begriff *education* als »Containerbegriff« für sehr unterschiedliche Begriffsinhalte dient, bieten andere Sprachräume stärkere Differenzierungsmöglichkeiten. Leitbegriffe haben ihren Kairos und unterliegen wechselhaften Moden. In Deutschland war in den 1960er Jahren der Begriff der *Bildung* zunächst in Verruf geraten, zu sehr wurde Bildung mit idealistisch-normativen Kulturvorstellungen und einem elitären Wissenskanon identifiziert. Beides schien kaum mehr zur Bewältigung einer modern-technisierten Welt zu taugen. Stattdessen geriet der neutralere *Lern*begriff ins Zentrum der Debatten, und die pädagogische Wissenschaft nannte sich nun *Erziehungs*wissenschaft. Erstaunlicherweise kommt es im deutschen Sprachraum[1] seit den 1990er Jahren zu einer Renaissance des *Bildungs*begriffs, allerdings häufig in einer verengten Gebrauchsweise des Begriffs: Unter dem Druck internationaler Vergleichsstudien zu den im Schulsystem erworbenen Kompetenzen (PISA-Studie u. a.) stellt sich die Frage nach dem Erfolg des Ausbildungssystems in Deutschland neu. *Bildung* wird erneut zum Leitthema und dabei zugleich weithin auf Ausbildung und lebenslange Anpassungsleistungen an eine sich rasant verändernde Wirtschaftswelt und medial bestimmte Alltagskultur reduziert.

---

1 Im Folgenden können nur die deutschsprachigen Diskurse aufgegriffen werden, da nur hier die sprachliche Differenzierung zwischen Erziehung und Bildung und eine spezifische Füllung des Bildungsbegriffs leitend sind. Die folgenden Überlegungen sind aber von der Hoffnung getragen, dass diese Begriffsdifferenzierungen auch für andere Sprachräume hilfreich sein können.

Die wissenschaftliche Religionspädagogik und die Kirchen in Deutschland haben rasch die neue Diskussion um Bildung aufgegriffen und zugleich inhaltliche Kontrapunkte im Verständnis von Bildung in den öffentlichen und wissenschaftlichen Diskurs eingebracht[2]. Dabei war häufig von »religiöser Bildung« die Rede. Nun ist neuerdings der Begriff der »Glaubensbildung« als möglicher Leitbegriff ins Spiel gebracht worden.[3]

1 Lernziel Bildung?

Auch wenn im Alltagsgebrauch und in den Debatten der Bildungspolitik die Begriffe immer wieder durcheinander gehen, sind doch die verschiedenen Hauptaspekte auseinander zu halten, die sich mit ihnen verbinden.

Lernen bezeichnet als weitester Begriff einen Prozess der lebenslang andauernden Wechselwirkung zwischen Mensch und Welt, in dessen Verlauf die Verhaltensformen des Menschen durch die gemachten Erfahrungen verändert werden. Jede erfahrungsbedingte Verhaltensänderung (die auch Änderungen der Wahrnehmung beinhaltet) ist also Lernen.

Unter *Sozialisation* wird der Aufbau von Verhaltensdispositionen verstanden, die es einem Individuum ermöglichen, sich in die Gesellschaft oder eine Gruppe einzugliedern. Dabei werden die Symbole und Lebens-

---

2 Die wichtigsten Dokumente und Belege für die Aufnahme des Bildungsbegriffs im Bereich der evangelischen Bildungstheorie und Kirche sind: K. E. NIPKOW, Bildung als Lebensbegleitung und Erneuerung. Kirchliche Bildungsverantwortung in Gemeinde, Schule und Gesellschaft, ^{2}1992; P. BIEHL / K. E. NIPKOW, Bildung und Bildungspolitik in theologischer Perspektive, 2003; KIRCHENAMT DER EKD, Maße des Menschlichen. Evangelische Perspektiven zur Bildung in der Wissens- und Lerngesellschaft, 2003; KIRCHENAMT DER EKD, Kirche und Bildung. Herausforderungen, Grundsätze und Perspektiven evangelischer Bildungsverantwortung und kirchlichen Bildungshandelns. Eine Orientierungshilfe des Rates der Evangelischen Kirche in Deutschland, 2009.

3 Vgl. H. J. LUIBL, Glaubensbildung als Zukunftsweg? Glaube & Bildung in nachmodernen Zeiten (forum erwachsenenbildung 2009, H. 1, 12–16), 16.

deutungen, die Normen und Werte einer Gesellschaft erlernt und übernommen.

Unter *Erziehung* werden Handlungen verstanden, die die Persönlichkeit anderer Menschen in irgendeiner Hinsicht fördern wollen. Wo Erziehung geschieht, »zieht« einer an einem anderen, damit dieser zu einem sinnvollen Leben gelange.

> »Erziehung ist derjenige aktive Vorgang, in dem die ältere Generation die nachwachsende in die Kulturtechniken einweist, Sach-, Sinn-, Wert- und soziales Wissen vermittelt und so einerseits die Gesellschaft sich regeneriert, andererseits das Kind in seinem Wachstums- und Reifeprozeß mit Hilfe der Erwachsenen in die Gesellschaft sich eingliedert.«[4]

Eine gewisse Asymmetrie zwischen Erziehendem und Erzogenen gehört daher schon begrifflich zur Erziehung dazu. Erziehung zielt auf Sozialisation und überschreitet sie zugleich. Sie intendiert damit auch die Überwindung der erzieherischen Asymmetrie.

Erziehung ist ein soziales Handeln, das vonseiten der Erziehenden normativ bestimmt ist. Sie orientiert sich an bestimmten Zielvorstellungen (Erziehungszielen, Normen, Werten). In der Regel handelt es sich bei Erziehung um eine länger dauernde Handlungseinheit. Sie geschieht absichtlich (intentional) im Unterschied zu vielen anderen Prozessen der Sozialisation. Erziehung ist ein Versuch, der nicht unbedingt zum Erfolg führen muss.

Erziehung impliziert ein bestimmtes Menschenbild: Erziehung ist nötig, weil der Mensch ein kulturelles Wesen ist, das nicht instinktgesteuert ist. Er ist als »physiologische Frühgeburt« (Adolf Portmann) bzw. als unspezialisiertes biologisches »Mängelwesen« (Arnold Gehlen) auf die Entwicklung seiner Lebensweise und damit auf Erziehung angewiesen.[5]

Aber reicht der Erziehungsbegriff aus, um alles Lernen im christlichen Leben zu charakterisieren? Müssen Christinnen und Christen ein Leben lang erzogen werden? Passt das Bild vom Herausziehen aus der Unmündigkeit wirklich für alles christliche Lernen? Mit gutem Grund

4 H.-J. FRAAS, Bildung und Menschenbild in theologischer Perspektive, 2000, 31.

5 Vgl. W. PANNENBERG, Anthropologie in theologischer Perspektive, 1983, 36f.

spricht man nicht von der Erziehung Erwachsener, sondern von Erwachsenen*bildung*. Deshalb ist dem Bildungsbegriff besonders nachzugehen.

Auch der *Bildungs*begriff wurzelt in einer bestimmten Sicht vom Menschen. Ursprünglich aus dem theologisch-mystischen Denken Meister Eckharts stammend, der damit die »Einbildung«, d. h. Einwohnung Gottes im Menschen bezeichnete, wurde er vor allem in der Pädagogik des Deutschen Idealismus des 19. Jahrhunderts zum Leitbegriff einer normativ geprägten Sicht von Persönlichkeitsentwicklung.

> »Das Zentrum des Bildungsbegriffs ist durch die Einzigartigkeit des Menschen bezeichnet. Der Mensch wird dabei in seiner bildenden Tätigkeit, d. h. in seiner Auseinandersetzung mit der ihn umgebenden kulturellen Wertwelt, gesehen. Das Ziel dieser individuellen geistigen Tätigkeit liegt in der wertvollen Persönlichkeit.«[6]

Zum klassischen Bildungsbegriff der Epoche Wilhelm von Humboldts gehören folgende Dimensionen notwendig hinzu[7]: moralische Verantwortlichkeit, Denken in instrumenteller Rationalität (Verstand: strategisch) und reflexive Rationalität (Vernunft: wahrheitsorientiert und kommunikativ), praktische Werktätigkeit und das Ästhetische, als Wahrnehmungs- und Ausdrucksfähigkeit.

Ziel dieser Bildung ist, die Persönlichkeit so zu entwickeln, dass sie sich die Welt erschließen kann und in der Welt selbstständig gut leben kann.

> »Bildung ist die freie und verantwortete Entfaltung der Selbsttätigkeit durch Anregung zwischen Selbst und Welt, zwischen Individuum und Gesellschaft. Sie bezeichnet damit die Selbstverortung des Menschen in den spannungsreichen Bezügen des Lebens.«[8]

Der Begriff der Bildung setzt ein Subjekt voraus, das seine eigene Freiheit zu gestalten imstande ist. Der Prozess der Bildung geht einher mit einer Steigerung der Freiheit als Handlungsfähigkeit.

---

6 F. W. KRON, Grundwissen Didaktik, 2. verb. Aufl. 1994, 119.

7 Vgl. W. KLAFKI, Neue Studien zur Bildungstheorie und Didaktik. Zeitgemäße Allgemeinbildung und kritisch-konstruktive Didaktik, [5]1996, 32 f.

8 J. KUNSTMANN, Religion und Bildung. Zur ästhetischen Signatur religiöser Bildungsprozesse, 2002, 148 (im Anschluss an Wilhelm von Humboldt).

> »Da ein gewisses Maß an Handlungsfähigkeit als immer schon gegeben vorausgesetzt werden muß, bedeutet Bildung als Qualitätsbestimmung (im Unterschied zur Unbildung) gesteigerte und über sich selbst aufgeklärte Handlungsfähigkeit in allen eine Person betreffenden Interaktionszusammenhängen.«[9]

Peter Biehl, der sich als evangelischer Religionspädagoge intensiv mit der Bildungsthematik befasst hat, unterstreicht unter Aufnahme von Gedanken der Allgemeinpädagogen Helmut Peukert und Heinz-Joachim Heydorn, der Bildung gehe es immer um eine Realisierung von gemeinsam geteilter Freiheit.

> »Der elementare Sinn der Bildung besteht darin, in einer geschichtlich-konkreten Situation Identität und Handlungsfähigkeit angesichts der Herausforderungen der Zukunft zu gewinnen. Bildung ist in sich ein praktisches Verhältnis zur Zukunft; unter den menschlichen Praxen ist sie am elementarsten und ausgreifendsten auf Zukunft bezogen. Sie lässt sich im Anschluss an Heydorn als ein Prozess verstehen, in dem Zukunft als Ermöglichung der Subjektwerdung des Menschen ständig freigelegt wird.«[10]

Wichtig ist, dass Biehl (und darin sind ihm die meisten Fachkollegen gefolgt) zwischen der im Bildungsprozess sich entfaltenden Subjektivität des Menschen und einer dieser Subjekttätigkeit voraus- und zugrundeliegenden Personalität unterscheidet.

> »Im Prozess der Bildung geht es nach unserem Verständnis um den Prozess der Subjektwerdung des Menschen in der Gesellschaft als ein ständiges Freilegen seiner ihm gewährten Möglichkeiten. Diesem Prozess bleibt das Personsein als Grund der menschlichen Freiheit und Selbstbestimmung stets voraus. Subjekt muss der Mensch im Prozess seiner Bildung erst werden, Person ist er immer schon. Bildung ist also Folgephänomen des Personseins.«[11]

---

9 R. PREUL, Kirche als Bildungsinstitution (in: F. SCHWEITZER [Hg.]: Der Bildungsauftrag des Protestantismus, 2001, 101–123), 105.

10 P. BIEHL, Die Gottebenbildlichkeit des Menschen und das Problem der Bildung. Zur Neufassung des Bildungsbegriffs in religionspädagogischer Perspektive. Eine systematische Studie (in: BIEHL/NIPKOW [s. Anm. 2], 9–102; zuerst 1991), 21.

11 A. a. O., 40.

Bildung ist also als Prozess, als Zielvorstellung wie als Qualität von Subjekten in Beziehung zu setzen zu theologisch-anthropologischen Grundbestimmungen des Menschseins. Bildung ist insofern ein inhaltlich voraussetzungsreicher, normativer Begriff und darin keinesfalls einfach mit Wissenserwerb oder Anpassungslernen zu verwechseln. Deshalb kann man in einer abstrakten Formel sagen: Bildung zielt auf freie Humanität, die in christlicher Perspektive vor Gott, den Mitmenschen und sich selbst verantwortet wird.

Dass dazu mehr gehört als Sprachkompetenz und mathematische Fähigkeiten (wie die PISA-Tests nahelegen könnten), haben kirchliche Dokumente wiederholt eingeschärft: In der 2003 erschienenen Denkschrift der Evangelischen Kirche in Deutschland »Maße des Menschlichen. Evangelische Perspektiven zur Bildung in der Wissens- und Lerngesellschaft« wird der Versuch unternommen, Bildung ganzheitlich und integrativ zu verstehen. Dazu nimmt die Studie ein erweitertes Bildungsverständnis in den Blick: ethische, soziale, religiöse, interkulturelle, ästhetische, medienkritische, ökologische, geschichtliche, zukunftsfähige und lebensphasengerechte Bildung werden eingefordert.[12]

> »Die evangelische Kirche versteht Bildung als Zusammenhang von Lernen, Wissen, Können, Wertbewusstsein, Haltungen (Einstellungen) und Handlungsfähigkeit im Horizont sinnstiftender Deutungen des Lebens.«[13]

Damit wird deutlich: Bildung betrifft nach evangelischer Lesart Allgemeinbildung und Persönlichkeitsbildung sowie Schul-, Aus- und Weiterbildung gleichermaßen.

Drei Grundperspektiven oder Grundmuster der Bildung lassen sich darüber hinaus nach Karl Ernst Nipkow[14] benennen: Formung, Entfaltung und Selbstbildung.

Bildung als *Formung* knüpft an der handwerklich-künstlerische Metaphorik des »Bildens« als Töpfern und Formen an. Allerdings besteht

---

[12] Vgl. Kirchenamt der EKD (Hg.), Maße des Menschlichen (s. Anm. 2), 15.

[13] A. a. O., 66.

[14] Vgl. K. E. Nipkow, Bildung in evangelischer Perspektive – Eine analytisch-kategoriale Skizze (in: H. Rupp / Ch. Th. Scheilke / H. Schmidt, Zukunftsfähige Bildung und Protestantismus, 2002, 50–64), 56–58.

hier die Gefahr, Bildung allein in sozialisierende Prägung aufgehen zu lassen. Bildung als *Entfaltung* kann sich an organologischen Modellen orientieren. Hier besteht die Gefahr allzu linearer Progressions-Vorstellungen und Idealisierungen von Prozessen der Selbstentfaltung. Schließlich ist Bildung als *Selbstbildung* zu verstehen, als Selbststeuerung des Verhaltens. Der Vorteil dieser dritten Sicht liegt darin, dass sie die anderen beiden Perspektiven in sich integrieren kann. Natürlich gehört auch der Traditionsbezug zu solcher Bildung: »Die ›Übermittlung‹ von (religiösen) ›Vorstellungen‹ behält natürlich ihren Sinn, ebenso die religiöse ›Gewöhnung‹, das Eintauchen in religiöses Leben.«[15]

Damit wird Bildung zum pädagogischen Zielbegriff, dem auch Sozialisation und Erziehung einzuordnen sind.

2 Die Unverzichtbarkeit des Bildungsbegriffs aus christlicher Perspektive

Bildung zielt auf die Wahrnehmung und Gestaltung der eigenen Freiheit und Humanität, also auf Lebenskunst und Lebensstil. Der ganze Mensch soll sich in seinen Lebensmöglichkeiten frei entfalten können. Und er soll dabei die Freiheit der anderen achten, ein gemeinschaftsgerechtes und naturbewahrendes Lebensprofil entwickeln und mit seiner Endlichkeit und Fehlbarkeit verantwortlich umgehen. In einem solchen Verständnis von Bildung konvergieren christlich-pädagogische Vorstellungen mit Impulsen der europäischen Aufklärungstradition.

Gerade mit diesen normativen Implikationen bleibt der Bildungsbegriff unverzichtbar und darf nicht im Gefolge der PISA-Studien zur Anpassungskompetenz an die wirtschaftlichen Herausforderungen unserer Epoche degradiert werden.

Bildung wird ausgehend von diesen Überlegungen im Folgenden verstanden als gesteigerte Wahrnehmungs-, Deutungs- und Handlungskompetenz und mithin als die Realisierung von mehrdimensional begriffener Freiheit. Zu solcher umfassenden humanen Bildung anzuleiten, ist das Ziel aller Erziehung und Bildungsanstrengungen. Der christliche Glauben

---

15 A. a. O., 60.

und die religiöse Bildung im engeren Sinn stehen dabei nicht in Konkurrenz zu solcher Bildung, sondern stützen ein solches Bildungsverständnis, ohne es theologisch determinieren zu wollen. Das wird in letzter Zeit auch von Allgemeinpädagogen wieder deutlicher erkannt. So hält Dietrich Benner fest:

> »Auf der einen Seite ist Religion ein unverzichtbarer durch die anderen Praxisfelder und Bildungshorizonte nicht ersetzbarer Bereich menschlichen Fühlens, Denkens, Wollens und Handelns. Auf der anderen Seite ist gerade dieser Bereich heute von einer Tradierung abhängig, die nicht allein in den Innenräumen von Kirchen und Konfessionen, Moscheen und Tempeln stattfinden kann, sondern auch durch eine freiwillige öffentliche Erziehung und Unterweisung abgesichert werden muss. Der religiösen Sorge um die Welt und der religiösen Thematisierungen der unterschiedlichen Welt-Verhältnisse steht auf diese Weise zugleich eine bildende Sorge um Religion gegenüber.«[16]

Während hier der religiösen Bildung aus allgemeinpädagogischer Sicht ein eigenes Recht und eine eigene Provinz zugestanden wird, hält der aus der Theologie herkommende Allgemeinpädagoge Helmut Peukert noch weitergehend fest:

> »*Das Bildungsprojekt* bleibt aber *unvollständig* ohne die Konfrontation mit jenen menschheitlichen Grunderfahrungen, die in Grenzsituationen und an der Grenze der eigenen Erfahrungsfähigkeit gemacht wurden und gemacht werden und die von der Religionsgeschichte auf so unterschiedliche Weise bezeugt werden. *Die Frage ist dann, ob ein reflektiertes Verhältnis zu so verstandener Religion als konstitutives Element von Bildung verstanden werden muss.*«[17]

---

16 D. Benner, Erziehung – Religion, Pädagogik – Theologie, Erziehungswissenschaft – Religionswissenschaft. Systematische Analysen zu pädagogischen, theologischen und religionspädagogischen Reflexionsformen und Forschungsdesiderata (in: Erziehungswissenschaft, Religion und Religionspädagogik, hg. v. E. Gross 2004, 9–50), 33.

17 H. Peukert, Erziehungswissenschaft – Religionswissenschaft – Theologie – Religionspädagogik. Eine spannungsgeladene Konstellation unter den Herausforderungen einer geschichtlich neuartigen Situation (in: E. Gross [s. Anm. 16], 51–91), 81.

Mit Peukert lässt sich – diese Frage bejahend – argumentieren, Bildung als Lebensform der Freiheit sei angewiesen auf eine anamnetische und auf vollkommene Freiheit ausgreifende Form solidarischer Freiheit, wie sie sich im christlichen Glauben und Leben realisieren kann (und soll).[18] Wird Freiheit demnach christlich als kommunikative und kooperative, als geschenkte und verantwortete, sowie als endliche Freiheit verstanden,[19] dann gilt für Bildung in christlicher Freiheit:

Nicht Leistungserwartungen, sondern Vertrauen und unbedingte Anerkennung stehen am Anfang. Denn die eigene Freiheit und Würde gründet in der Liebe anderer, letztlich in Gott selbst. Solche Bildung gewinnt ihr Profil als kreative *Nach*bildung: Wie sich der biblische Gott in Treue, Liebe und Gerechtigkeit frei für den Menschen festlegt, so sollen wir Menschen als Ebenbilder Gottes unsere Freiheit gebrauchen. Die Erfahrung Gottes in den Symbolen des Heiligen und die Zuwendung zum anderen Menschen, zum fremden allzumal, gehören deshalb zusammen. Ohne *Ein*bildungen geht es nicht: Wo sich der Heilige Geist in unser Leben »hineinbildet«, bildet sich Urvertrauen aus, wachsen Träume und Visionen gelingenden Lebens, von Frieden, Gerechtigkeit und der Bewahrung der Natur. Sie wirken zurück auf unsere Lebenseinstellungen und Werthaltungen.

Freiheit ist auch ein Können, das gelernt sein will. Deshalb gehört die *Aus*bildung zur umfassenden Bildung dazu, alltagspraktisch, beruflich, wissenschaftlich, politisch, ethisch, ästhetisch-kulturell und dies alles umgreifend auch religiös. Christliche Lebenskunst als religiöse Bildung profitiert dabei von bewährten Formen christlicher Lebensführung, die in ihren äußeren Vollzügen erlernbar sind: Zu nennen ist zunächst die *Kunst, Gott zu begegnen und ihn zu feiern,* im Hören und Lesen der Bibel und anderer Literatur, durch Betrachtung und Meditation von Symbolen, Kunstwerken und Räumen, in Gebet, Musik, Bewegung, mystischer Versenkung und Kontemplation; dann *die Kunst, das Evangelium weiterzugeben,* durch Bezeugen und Erzählen, Predigen und Publizieren,

---

18 Zu Peukerts differenzierter theologischer wie pädagogischer Freiheitstheorie vgl. P. Bubmann, Fundamentalethik als Theorie der Freiheit. Eine Auseinandersetzung mit römisch-katholischen Entwürfen, ^{2}2010, 287–295.

19 Vgl. zum Freiheitsbegriff aus theologischer Sicht: Bubmann (s. Anm. 18), 337–365.

gemeinsames Bekennen und einladendes Lehren; weiter die *Kunst der ethischen Urteilsbildung und Beratung, des Helfens und der Lebensbegleitung* und schließlich die *Kunst, Gemeinschaft zu entwickeln und zu pflegen.*

In alledem sind Wahrnehmungs-, Sprach- sowie Deutungs- und Handlungsfähigkeit, also kognitiv-theoretische, pragmatisch-ethische und ästhetische Aspekte verbunden.

> »Gedanklich-sinnerschließende, ethisch-politische und ästhetische Bildung sind religiöser Bildung gleichursprünglich inhärent. Sie entsprechen den Strukturen unserer biblisch-christlichen Gesamtüberlieferung […].«[20]

3 Glauben und Lernen

Glaube ist eine Haltung (traditionell als eine theologische »Tugend« verstanden), die sich bestimmten Erfahrungen verdankt. In dieser Haltung sind Emotionen (z. B. Vertrauen und Furcht) und Überzeugungen (z. B. Bekenntnisse, ethische Grundsätze) verbunden. Dabei bleibt vieles unterhalb der kognitiven, also der sprachlich ausdrückbaren Ebene.

Der Glauben ereignet sich »in, mit und unter« vielfältigen Lernprozessen. Er ist theologisch als Wirken des Heiligen Geistes und damit als Ineinander von göttlichem und menschlichem Handeln zu verstehen.

In paulinisch-protestantischer Sicht wird der Glaube selbst als Geschenk Gottes bzw. als Wirken seines Geistes verstanden. In seinem Kern ist er ein Grundvertrauen zu Gott und die Annahme des rechtfertigenden Zuspruchs Gottes. »Glaube« in diesem Sinn kann nicht gelernt oder hergestellt werden. Er ist ein Geschenk, nämlich Geschenk eines Urvertrauens ins Leben und in den Geber dieses Lebens. Veränderbar, entwickelbar, gestaltbar und lernbar sind allerdings die Ausdrucksformen und lebensweltlichen Entstehungskontexte des Glaubens. In diesem Prozess wirkt der Heilige Geist durch menschliches Handeln, Fühlen,

---

20 K. E. NIPKOW, Wünsche an eine zukunftsfähige Religionspädagogik aus wissenschaftlicher Sicht (in: Religionspädagogik im 21. Jahrhundert, hg. v. F. SCHWEITZER / TH. SCHLAG 2004, 53–70), 65.

Reden und Denken hindurch (Glaube als Charisma, das sich entfalten und gefördert werden kann). Der christliche Glaube drückt sich schließlich in einer Vielfalt religiöser Ausdrucksmittel aus. Der Umgang mit den religiösen Symbolen, Zeichen, Ritualen und Sprachen ist eine Kunst für sich, die erlernbar ist und jeder Generation neu vermittelt werden muss.

> »Dabei ist der Glaube nicht der Verfügung Gottes entzogen und dem Menschen im Lernen übereignet; vielmehr ist *Glaubenlernen selbst als ein pneumatologisches Geschehen zu erfassen,* das in seiner menschlichen Gegebenheit von Gottes Handeln in seinem Geist bestimmt ist. [...] Der Gegensatz von Gottes Handeln und menschlichem Handeln ist letztlich nicht zu halten, weil das unverfügbare Handeln Gottes im Heiligen Geist sich gerade in der Teilhabe durch Menschen vollzieht und darum als Handeln des Menschen im Angesicht Gottes vollzogen sein will.«[21]

Glauben ist zu verstehen als eschatologisch auf Freiheit hin ausgespannte existenzielle Haltung, als eine immer wieder neu sich auf Gott einstimmende und damit »anfängliche Existenz«, und in der Dialektik von Kontinuität und Wandel als »peregrinatorische Existenz«,[22] also als pilgernde Existenz in Bewegung. Damit ist Glauben notwendigerweise eng mit Lernen verknüpft.

Glaube als grundlegende Wirklichkeitserfahrung qualifiziert das ganze Leben neu und induziert daher Lernprozesse. Glaube aus der Erfahrung von Rechtfertigung führt zu neuer Lebenswahrnehmung, zu neuen Wirklichkeitsdeutungen und Handlungsvollzügen und damit letztlich auch zu einer Veränderung der Gottesbilder.

> »Der Erfahrungs- und Erkenntniszuwachs, die Erweiterung des Selbst- und Weltverständnisses sind eine Folge von Bildungsprozessen. Insofern sind Glaube und religiöses Leben elementar auf Bildung angewiesen. Die Bildung des Glaubens umfasst das ›Fortschreiben‹ der Symbole und Bilder. Die Gottesbilder wachsen gleichsam mit der Lebensgeschichte mit; indem sie zerbrechen, verweisen sie über sich hinaus auf den wirklichen Gott, dessen

---

21 I. Schoberth, Glauben-lernen. Grundlegung einer katechetischen Theologie, 1998, 36.

22 A. a. O., 51f.

> Gleichnis Jesus von Nazareth ist. Es gehört zur Bildung des Glaubens, dass seine ›Bildgeschichte‹ offen gehalten wird für neue Erfahrungen und entsprechende Sprachbilder [...].«[23]

4 Glaubensbildung als Leitbegriff

Der Begriff »Glaubensbildung« ist in der evangelischen religionspädagogischen Diskussion (noch) wenig eingeführt. Michael Meyer-Blanck und Karl Ernst Nipkow benutzen ihn gelegentlich[24], Hans Jürgen Luibl hat ihn programmatisch als »Schlüsselwort« [25] verwendet. Manchen mag er zu sehr nach einer Wiederauflage einer Katechetik klingen, deren Hauptanliegen darin bestünde, dogmatisch richtiges Glaubenswissen zu vermitteln. Demgegenüber unterstreicht Luibl zu Recht, dass es bei »Glaubensbildung« eben nicht um »sekundäre pädagogische Umsetzung von vermeintlich bestehendem und feststehendem Glaubenswissen« gehe, sondern um »eine methodische Explikation des Glaubens«[26]:

> »Glaubensbildung ist jene Bildung, die sich ihres Grundes und der eigenen Entwicklungen vergewissert, ist ein bewusstes, reflexives Sich-Verhalten zur Religion und eigenen Religiosität.«[27]

In der römisch-katholischen Kirche existiert der Begriff als Bezeichnung religionspädagogischer Fachabteilungen, so etwa als Abteilung »Glaubensbildung« bei der Arbeitsstelle für Jugendseelsorge der Deutschen Bischofskonferenz oder bei Einrichtungen des BDKJ[28]. Aber auch im evangelischen Infoportal »Kindheit – Jugend – Bildung« gibt es eine Abteilung »Glaubensbildung«[29].

---

23 Biehl, Gottebenbildlichkeit des Menschen (s. Anm. 10), 50.

24 Vgl. M. Meyer-Blanck »Gotteserfahrungen im Lebenslauf – der gefährdete Glanz« (Loccumer Pelikan 1996, H. 2, 55–58); Nipkow, Bildung als Lebensbegleitung (s. Anm. 2), 103f.

25 Vgl. Luibl, Glaubensbildung (s. Anm. 3), 16.

26 A. a. O., 14.

27 Ebd.

28 Vgl. http://www.afj.de/index.php/referat-glaubensbildung (Abruf 21. 9. 2011);

Der Begriff scheint attraktiv, um einerseits Anschluss an den Boom der Bildungsdebatten zu erhalten, andererseits das spezifisch Eigene und den Grund christlicher Bildung zu benennen. Er nimmt damit auch Motive auf, die zu der terminologisch unglücklichen Forderung nach missionarischer Bildung geführt haben[30]. Sachlich geht es darum, Bildung im Kontext der Wirkkraft des Glaubens zu thematisieren und das Wechselverhältnis von Glauben und Bildung ins Zentrum des bildungstheoretischen und -praktischen Engagements der evangelischen Kirchen zu rücken.

Dabei lassen sich drei Aspekte solcher Glaubensbildung unterscheiden und trinitarisch-theologisch fundieren:
- Bildung *zum* Glauben (Vorbildung),
- Bildung *aus* Glauben (Ein- und Nachbildung),
- Bildung *im* Glauben (Ausbildung).

4.1. Bildung zum Glauben als vorläufiges und nachträgliches Lernen im Raum der Schöpfung (Vorbildung)

Der Glaube hat immer eine Vorgeschichte, einen Vorhof: Es ist der Raum der Geschöpflichkeit, in den hinein Gottes rechtfertigender Zuspruch erfolgt. Hier gibt es mehr oder weniger förderliche Kontexte und Anregungsräume für den Glauben. Und hier gibt es viel zu lernen: symbolische Wahrnehmungs- und Ausdrucksfähigkeit, Hör- und Ritualfähigkeit, Empathiefähigkeit und vieles mehr, all das, was man mit »religiöser Kompetenz« umschreiben könnte. Die Begegnung mit der Bibel, ihre verstehende Interpretation und die Kenntnis der gottesdienstlichen und religiösen Kultur gehören hierher.

> »Die Objektivationen oder Manifestationen des Glaubens – nunmehr in einem spezifischen Sinn – begegnen als Religion, als Kulturphänomen, als Bildungsgut. Als solche sind sie empirisch zugänglich, lehrbar und lernbar.«[31]

---

als Beispiel BDKJ im Erzbistum Bamberg: http://www.jugend-im-erzbistum.de/referate/glaubensbildung/index.html (Abruf 21.9.2011)

29 http://www.evangelische-jugend.de/Glaubensbildung.353.0.html (Abruf 21.9.2011).

30 Vgl. klärend zu dieser Debatte: A. Rösener, Religiöse Erwachsenenbildung im Dschungel von Mission und Dialog (forum erwachsenenbildung 2009, H. 1, 7–12).

31 Fraas, Bildung und Menschenbild (s. Anm. 4), 30.

In der Begegnung mit den kulturellen Ausdrucksformen der Glaubenserfahrung ereignet sich »nachträgliche« Bildung, die zugleich neuem Glauben »vorlaufen« kann: Nach dem Glauben ist vor dem Glauben, daher nimmt die *Vorbildung* nie ein Ende. Gerade das religiöse Lernen ist lebenslanges Lernen, weil die Räume für den immer wieder neu geschenkten Glauben je neu zu bereiten sind. Solche Vorbildung bleibt immer vorläufig und nachträglich – und kann den Glauben nicht herbeizwingen und garantieren.

4.2 Bildung aus Glauben als Entwicklungslogik gerechtfertigten Menschseins (Ein- und Nachbildung)

> »Die Begegnung, die den Glauben auslöst, wird von Gott gestiftet als Ruf, als Herausrufen, als Eröffnung einer neuen Situation. Solcher Glaube ist Aufbruch, Abenteuer, Öffnung für Neues, er löst einen Lernprozeß aus.«[32]

Weil sich Gott in Menschen einbildet, sie ergreift und in Bewegung setzt, wagen sie es, auf- und auszubrechen und neue (Bildungs-)Wege zu gehen. Glaube ist das vertrauende Eingehen auf die neue Situation und die Gestaltung dieser Situation. In der Offenheit *und* Gebundenheit geschenkter Freiheit vollziehen die Glaubenden Gottes eigene Bewegung zum Menschen nach. Bildung wird zur Nachbildung von Gottes eigener Menschwerdung und damit zur Nachfolge Jesu Christi. Während die Einbildung der Heilswirklichkeit Gottes in den symbolischen Kommunikationsformen der Verkündigung des Evangeliums und im Sakramentsempfang ihren primären Ort hat, ist die Nachbildung über den Bereich der liturgisch-symbolischen Sprache hinaus vor allem auf die diakonische Bildung verwiesen: Das diakonische Lernen ist Ausdruck und Konsequenz der Erfahrung rechtfertigenden Glaubens. Wer von Gottes Zuspruch ergriffen ist, lernt, sich dem Nächsten, dem Bedürftigen zumal, zuzuwenden.

---

32 A. a. O., 25.

4.3 Bildung im Glauben als Ausdruck des Lebens im Geiste (Ausbildung christlicher Lebenskunst)

Es gibt Entwicklung im Glaubensleben, Wachstum, aber auch Rückschritte. Unter dem Wirken des Heiligen Geistes ereignet sich der heiligende Glauben: Die Charismen können sich entfalten und entwickeln, Tugenden werden gepflegt, hilfreiche Lebensregeln gefunden und Visionen bzw. Verheißungen des Reiches Gottes kultiviert. Solche durchaus methodische Ausbildung einer Kultur christlicher Lebenskunst ist immer wieder rückverwiesen auf die kontingente Ursprungserfahrung des gnadenhaften Rechtfertigungszuspruchs und kann ihn keinesfalls ersetzen.

> »Das Phänomen des Wachstums gilt, theologisch gesprochen, unter menschlich-anthropologischen Perspektiven (coram hominibus), nicht im Blick auf die Grundsituation vor Gott (coram deo). Es gilt, entwicklungspsychologisch umgesprochen, hinsichtlich der nicht zu leugnenden menschlichen Entwicklungstatsachen, die die *Glaubensstrukturen* betreffen, z. B. die Formen des Glaubensverständnisses, und die Ausdrucksformen des Glaubens im Leben. Es gilt nicht hinsichtlich der Glaubenserkenntnis in ihrem inhaltlichen Grundsinn, daß Gott einem täglich vergeben und einen täglich annehmen und von Grund auf ganz neu erschaffen möge.«[33]

Entwicklungsfähig sind alle Aspekte christlicher Freiheit als Charisma: ästhetische Wahrnehmungsfähigkeit und Erfahrungsfähigkeit, Gesprächsfähigkeit und Sprachvermögen, differenzierte Handlungsfähigkeit und ethische Urteilsfähigkeit. Solche Ausbildung christlicher Lebenskunst geschieht als *formelle* Bildung in unterrichtlichen Situationen (etwa in der Konfirmandenarbeit) genauso wie in den vielen Situationen *informellen* Lernens in alltäglichen Begegnungen, medialer Information und Unterhaltung.

Alle Bereiche kirchlicher Arbeit sind daher zugleich Entwicklungsräume der Glaubensbildung: Gottesdienst und Verkündigung, Seelsorge, Gemeindebildung/-entwicklung, Diakonie und natürlich die kirchliche Bildungsarbeit im engeren Sinn.

---

[33] K. E. Nipkow, Grundfragen der Religionspädagogik, Bd. 3: Gemeinsam leben und glauben lernen, [3]1992, 106.

5 Europa als Kontext evangelischer Glaubensbildung

Inwiefern spielt für die Glaubensbildung Europa eine Rolle? Hans Jürgen Luibl empfiehlt programmatisch »Glaubensbildung als Weg zur Bildung und Entwicklung des europäischen Protestantismus«[34].

Unter dem Aspekt der *Vorbildung* ginge es darum, die geschichtlich im europäischen Kulturraum entwickelte christliche Kultur zu bewahren und zugänglich zu halten. Die Beschäftigung mit der Bibel muss darin im Zentrum stehen. Das Erbe der Kirchenmusik mit seiner immensen Bedeutung für die Glaubensbildung ist in besondere Weise dem Protestantismus in Europa anvertraut. Die Entwicklung des Menschenrechtsethos und darin zugleich der Glaubensfreiheit ist zu stärken. Das Eintreten für das Recht auf Bildung für alle Menschen ist selbst Ausdruck evangelischer Glaubensbildung.

Glaubensbildung als *Ein- und Nachbildung* bedarf auf europäischer Ebene entsprechender Lernorte der gemeinsamen liturgischen Vergewisserung der Rechtfertigungsbotschaft und europäischer Bemühungen um diakonisches Lernen. Europäische Kirchentage und diakonische Kongresse könnten zu Brennpunkten solcher Ein- und Nachbildung werden: indem sie die Feier der Evangeliums verbinden mit der aktuellen sozialethischen Zeitansage und Aktion.

Glaubensbildung als *Ausbildung* christlicher Lebenskunst ist heute im europäischen Kontext auf die Begegnungen der verschiedenen Ausformungen evangelischer Glaubenskulturen angewiesen. Nationale und regionale Kontexte und Eigenheiten bieten Chancen gegenseitiger Bereicherung und gemeinsamen Lernens – gerade auch in der Wahrnehmung von Differenzen. Die Vielfalt evangelischer Glaubensweisen in Europa ist daher zu würdigen als Raum und Gelegenheit pluraler evangelischer Glaubensbildung. Solche Glaubensbildung ist als Ausdruck kommunikativer Freiheit angewiesen auf Begegnungen, damit die unterschiedlichen Charismen einander befruchten können. Die evangelischen Kirchen in Europa haben die Möglichkeiten und den Auftrag, Räume dafür zu eröffnen.

---

[34] Luibl, Glaubensbildung als Zukunftsweg? (s. Anm. 3), 12.

Peter Bubmann

»Formation of faith« – terminological and theoretical approaches

What conceptualities determine and steer the perceptions, analyses and proposals of the protestant churches in Europe on the theme of »formation«? While the English term *education* serves as a »container concept« for very diverse ideas, other language areas offer greater possibilities of differentiation. Leading terms have their day and are subject to fluctuating modes. In Germany in the 1960s the concept of *formation* began to come under suspicion of being too closely identified with normative idealistic conceptions of culture and an elitist canon of knowledge. Both seemed scarcely able to cope any longer with the modern technological world. In its place the more neutral concept of *learning* moved to the centre of discussion and the discipline now called itself theory of *education*. Surprisingly, the German linguistic area[1] has seen since the 1990s a renaissance of the idea of *formation*, admittedly often in a narrowed sense of the term: under the pressure of comparative international investigations of the competences acquired in the school system (the PISA study and others) the question of the effectiveness of the educational system in Germany has been posed in a new way. *Formation* has again become a leading theme, but is now largely reduced to education and life-long processes of adjustment to a rapidly changing economic world and an everyday culture dominated by the media.

Academic religious education and the churches in Germany were quick to take up the new discussion of formation and at the same time to

[1] In what follows we can only take up the debate as conducted in German, as it is only here that the scene was set by the terminological distinction between education (*Erziehung*) and formation (*Bildung*) and a specific understanding of the idea of formation. However, the following reflections are borne by the hope that these conceptual differentiations can be helpful for other language areas as well.

introduce counterpoints to the themes of public and academic debate.[2] Here there was much discussion of »religious formation«. Now more recently the idea of »faith formation« has been brought on the table as a possible leading concept.[3]

1 Formation as a goal of learning?

Even if the concepts are commonly confused in everyday use and in debates about educational politics, we should keep the various main aspects associated with them distinct.

Learning is the broadest concept, characterizing a life-long process of enduring interaction between persons and the world in the course of which people's behavioural patterns are altered through the experiences they have had. Every change of behaviour conditioned by experience (including changes in perception) is thus learning.

Under *socialization* is understood the building of behavioural dispositions enabling an individual to belong to society or a group as a member. Through it the symbols and life-interpretations, the norms and values of a society, are learnt and appropriated.

Education is understood as activities which aim to advance the personality of other persons in some respect or another. Where education takes place, one »leads« others so that they will come to a meaningful life.

---

[2] The most important documents and evidence for the theory of formation and its adoption in the church are: K. E. Nipkow, *Bildung als Lebensbegleitung und Erneuerung. Kirchliche Bildungsverantwortung in Gemeinde, Schule und Gesellschaft* (Gütersloh ²1992); P. Biehl / K. E. Nipkow, *Bildung und Bildungspolitik in theologischer Perspektive* (Münster 2003); *Maße des Menschlichen. Evangelische Perspektiven zur Bildung in der Wissens- und Lerngesellschaft*, ed. Kirchenamt der EKD, 2003; *Kirche und Bildung. Herausforderungen, Grundsätze und Perspektiven evangelischer Bildungsverantwortung und kirchlichen Bildungshandelns.* Eine Orientierungshilfe des Rates der Evangelischen Kirche in Deutschland, ed. Kirchenamt der EKD, 2009.

[3] Cf. H. J. Luibl, Glaubensbildung als Zukunftsweg? Glaube & Bildung in nachmodernen Zeiten, in *forum erwachsenenbildung* 2009, H. 1, 12–16, 16.

> »Education is that active procedure in which the older generation inducts the next into the techniques of culture, mediating facts, meanings, values and social knowledge so that the one hand the society regenerates, on the other in the process of growing and ripening with the help of adults the child is integrated in society.«[4]

Thus a certain asymmetry between educator and educated is already implicit in the idea of education. Education aims at socialization, but transcends it at the same time, for it also aims at overcoming the educational asymmetry.

Education is a social activity that is normatively determined from the side of the educator. It is oriented towards particular envisaged goals (educational goals, norms, values). As a rule, education is a unit of activity lasting for a considerable time. By contrast with many other socializing processes, it occurs deliberately (intentionally). Education is also an attempt which does not necessarily lead to success.

Education implies a particular view of humanity: it is necessary because humans are cultural beings, not merely steered by instinct. As »physiologically premature« (Adolf Portmann) or as unspecialized, biologically »incomplete beings« (Arnold Gehlen) they depend on the development of their way of life, and so on education.[5]

Yet is the concept of education wide enough to characterize all the learning in Christian life? Must Christians be educated all their lives? Does the picture of leading out of dependence really fit all Christian learning? There are good reasons not to speak of the education of adults but of adult *formation*. Thus the concept of formation must be further explored.

The concept of formation is also rooted in a particular view of humanity. Coming originally from the mystical theological thought of Meister Eckhart, who meant by it the »information«, i »e. the indwelling of God in human beings, it became – above all in the educational thinking of 19th century German Idealism – the leading concept of a normatively stamped view of personality development.

---

4 H.-J. FRAAS, *Bildung und Menschenbild in theologischer Perspektive* (Göttingen 2000), 31.

5 Cf. W. PANNENBERG, *Anthropologie in theologischer Perspektive* (Göttingen 1983), 36–37.

»The core of the concept of formation is characterized by the uniqueness of persons. Here they are seen from their activity of forming, i.e. in their engagement with their surrounding cultural environment. The goal of this individual spiritual activity lies in the worthwhile personality.«[6]

The classic concept of formation in the epoch of Wilhelm von Humboldt necessarily includes the following dimensions[7]: moral responsibility, thinking by means of instrumental rationality (the understanding: strategic) and reflexive rationality (the reason: truth-oriented and communicative), practical work activity and the aesthetic capacity for perception and expression.

The goal of this formation is to develop the personality in such a way that it can explore the world and independently live well within it.

»Formation is the free and responsible unfolding of the activity of the self through stimuli between self and world, between the individual and society. Thus it constitutes the self-orientation of the person in the tension-filled relationships of life.«[8]

The concept of formation presupposes a subject capable of shaping its own freedom. The process of formation runs along with an increase of freedom as the capacity for action.

»Since a certain measure of capacity for action must be presupposed as always present, formation as a standard of quality (by contrast with non-formation) means a capacity for action which is *intensified and enlightened about itself* in all the interactive contexts affecting a person.«[9]

Peter Biehl, a protestant religious educator who has worked extensively on the theme of formation, takes up ideas of the general educationalists

---

6 F. W. KRON, *Grundwissen Didaktik* (Munich ²1994), 119.

7 Cf. W. KLAFKI, *Neue Studien zur Bildungstheorie und Didaktik. Zeitgemäße Allgemeinbildung und kritisch-konstruktive Didaktik* (Weinheim ⁵1996), 32-33.

8 J. KUNSTMANN, *Religion und Bildung. Zur ästhetischen Signatur religiöser Bildungsprozesse* (Gütersloh 2002), 148 (in connexion with Wilhelm von Humboldt).

9 R. PREUL, Kirche als Bildungsinstitution, in: *Der Bildungsauftrag des Protestantismus*, ed. F. Schweitzer (Gütersloh 2001), 101–123, 105.

Helmut Peukert and Heinz-Joachim Heydorn to emphasize that formation is always about the realization of a common shared freedom.

> »The elementary meaning of formation lies in gaining identity and the capacity to act in a concrete historical situation in the face of the challenges of the future. In itself formation is a practical relation to the future; it is the most elementary of the human forms of praxis and the one most extensively reaching out to the future. It may be understood, following Heydorn, as a process in which the future is constantly uncovered as what enables human subjectivity to take shape.«[10]

It is important that Biehl (and most colleagues in the discipline follow him here) distinguishes between the human subjectivity unfolded in the formation process and the personality preceding and underlying this activity of the subject.

> »In the process of formation what is involved according to our understanding is the *process by which the human person becomes a subject in the society* as a constant uncovering of the possibilities given him. This process always presupposes personal being as the ground of human freedom and self-determination. *A human must first become a subject in the process of his formation – a person he always already is.* Formation is thus *a phenomenon following from* personal being.«[11]

Thus formation as a process, an envisaged goal and an attribute of subjects is to be set in relation to fundamental theological and anthropological determinations of human being. To this extent formation is by what it involves a normative concept with rich presuppositions and so by no account to be confused simply with acquiring knowledge or learning to conform. Therefore we may say in an abstract formula: formation aims for human freedom, which in Christian perspective is to be answered for before God, fellow-humans and oneself.

Church documents have repeatedly stressed that this involves more than linguistic competence and mathematical ability (as the PISA tests

---

10 P. BIEHL, Die Gottebenbildlichkeit des Menschen und das Problem der Bildung. Zur Neufassung des Bildungsbegriffs in religionspädagogischer Perspektive, in *Bildung und Bildungspolitik* ... (see fn. 2), 9–102, 21.

11 Op. cit., 40.

might suggest): In the memorandum published in 2003 by the EKD (Protestant Church in Germany) »Maße des Menschlichen«, the attempt is made to understand formation holistically and in an integrated way. For this the study brings a wider understanding of formation to view: formation is called to be ethical, social, religious, intercultural, aesthetic, media-critical, ecological, historical, adequate to the future and appropriate to the phases of life.[12]

> »The protestant church understands formation as the combination of learning, knowledge, ability, awareness of value, postures (attitudes) and freedom to act in the horizon of life-interpretations which establish meaning.«[13]

With this it is clear: on a protestant reading, formation equally involves general learning and personality development, as well as school, career and further education.

Three basic perspectives or patterns of formation may be described, to follow Karl Ernst Nipkow[14], as: forming, unfolding and self-forming.

Formation as *forming* connects with the arts and crafts metaphor of »forming«, as when a potter moulds clay into shape. Admittedly the danger exists here of reducing formation to social conditioning. Formation as *unfolding* can be related to organic models of development. The danger here is an all too linear idea of progression and an idealization of processes of self-unfolding. Finally formation is to be understood as *self-forming,* as the self-steering of behaviour. The advantage of this third view is that it can integrate both the others. Naturally the relation to tradition also belongs to such formation. »The ›mediation‹ of (religious) ›views‹ naturally retains its meaning, as does religious ›accustoming‹, initiation into the life of religion.«[15]

With this, formation becomes the concept of a pedagogical goal with which socialization and education are also to be coordinated.

---

12 *Maße des Menschlichen* (see fn. 2), 15.

13 Op. cit., 66.

14 Cf. K. E. Nipkow: Bildung in evangelischer Perspektive – Eine analytisch-kategoriale Skizze, in *Zukunftsfähige Bildung und Protestantismus*, ed. H. Rupp / Ch. Th. Scheilke / H. Schmidt (Stuttgart 2002), 50–64, 56–58.

15 Op. cit., 60.

2 The indispensability of the concept of formation from a Christian perspective

Formation aims at the realization and shaping of one's own freedom and humanity, thus at the art and style of living. The whole person should be able to develop freely within the possibilities of his or her life. He should at the same time respect the freedom of others, develop a life-profile suited to community and the preservation of nature and deal responsibly with his own finitude and fallibility. In such an understanding of formation, Christian educational visions converge with impulses from the tradition of the European Enlightenment.

Precisely because of these normative implications the concept of formation is indispensable and must not be degraded in the wake of the PISA studies merely to being able to meet the economic challenges of the day.

On the basis of these considerations, formation will be understood in what follows as a heightened capacity to recognize, interpret and reflect and so as the realization of freedom understood in all its multiple dimensions. The aim of all efforts for education and formation is to lead to such an all-embracing human formation. Christian faith and religious formation in the narrower sense are not in competition with this broader formation, but support this kind of understanding of it without aiming to determine it theologically. Recently this has been clearly recognized by the representatives of general education as well. Thus Dietrich Benner affirms:

> »On the one hand religion is an indispensable area of human feeling, thinking, willing and acting which cannot be replaced by the other fields of praxis and horizons of education. On the other precisely this area depends today on a transmission of tradition which cannot only take place in the inner rooms of churches and confessions, mosques and temples, but must also be secured through voluntary public education and instruction. Religious concern for the world and religious thematizations of the various world-relationships are thus balanced at the same time by an educational concern for religion.«[16]

---

[16] D. BENNER, Erziehung – Religion, Pädagogik – Theologie, Erziehungswissenschaft – Religionswissenschaft. Systematische Analysen zu pädagogischen, theo-

While here religious formation is assigned its own rights and a province of its own from a general educational viewpoint, Helmut Peukert, a general educationalist from a theological background, goes even further to affirm:

> »*The project of formation,* however, remains *incomplete* without the confrontation with those basic experiences of humanity which were and are to be had in boundary situations and at the limits of one's own ability to experience and are testified by the history of religion in such diverse ways. *The question is then whether a reflected relation to religion so understood must be seen as a constitutive element of formation.*«[17]

A positive answer to this question can argue anamnetically, with Peukert, that formation as a life-form of freedom depends upon an kind of freedom in solidarity which is anamnetic and reaches out for complete freedom such as can (and should) be realized in Christian faith and life.[18] If freedom is accordingly understood in Christian terms as communicative and co-operative, as endowment and response as well as finite,[19] then this also holds good for formation in Christian freedom:

At the beginning stand trust and unconditional recognition, not the expectation of achievement. For our own freedom and dignity are founded on the love of others, finally on God himself. Such formation gains its profile as creative *post*-formation: As the God of the Bible defines himself in faithfulness, love and justice as free for humanity, so we humans ought to use our freedom as images of God. Experience of God in the symbols

---

logischen und religionspädagogischen Reflexionsformen und Forschungsdesiderata, in *Erziehungswissenschaft, Religion und Religionspädagogik*, ed. E. Groß (Münster 2004), 9–50, 33.

[17] H. PEUKERT, Erziehungswissenschaft – Religionswissenschaft – Theologie – Religionspädagogik. Eine spannungsgeladene Konstellation unter den Herausforderungen einer geschichtlich neuartigen Situation, in *Erziehungswissenschaft ...* (see fn. 16), 51–91, 81.

[18] On Peukerts differentiated theological and educational theory of freedom cf. P. BUBMANN, *Fundamentalethik als Theorie der Freiheit. Eine Auseinandersetzung mit römisch-katholischen Entwürfen* (Gütersloh ^{2}2010), 287–295.

[19] On the concept of freedom from a theological standpoint see BUBMANN (see fn. 18), 337–365.

of the holy and care for other people, even for the alien, thus belong together. This cannot happen without *in*formation: Where the Holy Spirit »informs himself« into our lives, primal trust is built, dreams and visions grow of a good life, of peace, justice and the preservation of nature. These reflect back on our attitudes to life and the values we hold.

Freedom is also a skill that needs to be learnt. So formation involves education – everyday practical, professional, scientific, political, ethical, aesthetic-cultural, and, embracing all of these, religious. The Christian art of living profits here as religious formation from tried and tested forms of leading Christian life which can be learned in their outward shape: First to be named here is the *art of meeting and celebrating God,* in hearing and reading the Bible and other literature, through meditative contemplation of symbols, works of art and spaces, in prayer, music, movement, mystical absorption; then *the art of passing on the Gospel,* through testimony and narration, preaching and publishing, common confession and teaching in an inviting style; further, the *art of forming ethical judgment and counsel, of helping and accompanying people in their lives* and finally the *art of developing and cultivating community.*

In all this the capacities of perception, speech, interpretation and action, i.e. the cognitive-theoretical, pragmatic-ethical and aesthetic aspects, are bound together.

> »Mental (exploring meaning), ethical-political and aesthetic formation are equally originally inherent in religious formation. They correspond to the structures of our overall biblical-Christian tradition. [...].«[20]

3 FAITH AND LEARNING

Faith is a disposition (traditionally understood as one of the theological »virtues«) which arises from particular experiences. This disposition combines emotions (e.g. trust and fear) and convictions (e.g. confessions

---

[20] K. E. NIPKOW, Wünsche an eine zukunftsfähige Religionspädagogik aus wissenschaftlicher Sicht, in *Religionspädagogik im 21. Jahrhundert,* ed. F. Schweitzer / Th. Schlag (Gütersloh 2004), 53–70, 65 (italics in the original).

and ethical principles). Much of this lies below the cognitive level which can be expressed in speech.

Faith comes about »in, with and under« numerous learning processes. Theologically it is to be understood as the work of the Holy Spirit and so as involving both divine and human action together.

In the view of Pauline Protestantism faith itself is understood as a gift of God or as the work of the Holy Spirit. In its core it is a primal trust in God and an acceptance of God's word of justification. »Faith« in this sense cannot be learned or manufactured. It is a gift, namely the gift of primal trust in life and in the Giver of life. However the forms of expression and the contexts in life in which it arises can be altered, developed, shaped and learnt. The Holy Spirit works in this process through human acting, feeling, speaking and thinking (faith as a charisma that can be developed and forwarded). Finally, Christian faith shows itself in a great variety of religious expressions. Dealing with the symbols, signs, rituals and language of religion is itself an art which can be learned and must be mediated afresh to each generation.

> »This does not withdraw faith from God's disposal and turn it over to human learning; rather the *learning of faith is itself to be grasped as a pneumatological event* which as a human datum is determined by God's action in the Spirit. [...] The opposition between God's action and human action cannot in the end be maintained because the sovereign action of God in the Holy Spirit is worked out precisely through human participation and therefore is carried through as human action before God.«[21]

Faith is to be understood as an existential attitude reaching eschatologically towards freedom, as a »beginning existence« which ever and again attunes itself to God and as a »peregrine existence«[22], an existence journeying on pilgrimage. This necessarily links it closely to learning.

Faith as a fundamental experiencing of reality qualifies the whole of life anew and so induces learning processes. Faith as the experience of

---

21 I. Schoberth, *Glauben-lernen. Grundlegung einer katechetischen Theologie* (Stuttgart 1998), 36.

22 Op. cit., 51–52.

justification leads to a new perception of life, to new interpretations of reality and the performance of new actions, and so in the end to a change in the images of God as well.

> »The growth in experience and knowledge, the expansion of understanding of self and world, are a result of processes of formation. To that extent faith and religious life depend elementarily on formation. The formation of faith includes ›continuing rewriting‹ of the symbols and images. The images of God grow along with with the history of a life; when they break, they point beyond themselves to the true God whose image is Jesus of Nazareth. It is part of the formation of faith that its ›image history‹ is held open for new experiences and corresponding language images [...].«[23]

4 Faith formation as a leading concept

The concept of faith formation has (so far) only rarely been brought into the Protestant discussion of religious education. Michael Meyer-Blanck and Karl Ernst Nipkow use it occasionally,[24] Hans Jürgen Luibl has employed it programmatically as a »keyword«[25]. To some, it may sound too much like a backward step to a kind of catechizing mainly intended to mediate dogmatically correct knowledge of the faith. Against that Luibl rightly insists that what »faith formation« is about is not »secondary pedagogical transfer of supposedly pre-existing and established knowledge of faith«, but »a methodical explication of faith«[26]:

> »Faith formation is that formation which, assured of its ground and its own developments, adopts a conscious, reflective attitude to religion and its own religiosity.«[27]

---

23 Biehl, Gottebenbildlichkeit des Menschen (see fn. 10), 50.

24 Vgl. M. Meyer-Blanck , »Gotteserfahrungen im Lebenslauf – der gefährdete Glanz«: http://www.evangelische-jugend.de/Glaubensbildung.353.0.html, here 6–8; Nipkow, *Bildung als Lebensbegleitung* (see fn. 2), 103f.

25 Cf. Luibl, Glaubensbildung (see fn. 3), 16.

26 Op. cit., 14.

27 Ibid.

In the Roman Catholic Church the name is used for academic departments of religious education, as for example the department of »Faith Formation« in the centre of the German Bishops Conference for youth pastoral care or in institutions of the BDKJ[28]. However, there is also a department of »Faith Formation« in the protestant info portal, »Kindheit – Jugend – Bildung«[29].

The concept seems appealing, on the hand to keep in touch with the boom in educational debates, on the other to name the specific distinctiveness and basis of Christian formation. In this it picks up the motifs that led to the terminologically unfortunate demand for missionary formation[30]. What it does is to thematize formation in the context of the effective power of faith and draw the mutual relationship of formation and faith into the centre of the protestant churches' engagement in educational theory and practice.

Here three aspects of such a faith formation may be distinguished and put on a trinitarian theological foundation:

- Formation *before* faith (pre-formation)
- Formation *through* faith (in-formation and post-formation)
- Formation *out of* faith (out-formation, formation outwards)

4.1 Formation before faith as provisional and consequent learning in the framework of Creation (pre-formation)

Faith always has a pre-history, an entrance hall: This is the place of creatureliness, into which God's justifying promise comes. Here there are more or less supportive contexts and locations to encourage faith. And here there is much to learn: capacity for symbolic awareness and expression, for listening and for ritual, for empathy and much more, all

---

[28] Cf. http://www.afj.de/index.php/referat-glaubensbildung (downloaded 21.9.2011); for example BDKJ in the archdiocese of Bamberg: http://www.jugend-im-erzbistum.de/referate/glaubensbildung/index.html (downloaded 21.9.2011).

[29] http://www.evangelische-jugend.de/Glaubensbildung.353.0.html (downloaded 21.9.2011).

[30] Cf. for clarification of this debate: A. Rösener, Religiöse Erwachsenenbildung im Dschungel von Mission und Dialog, in *forum erwachsenenbildung* 2009, H. 1, 7–12.

that could be described as »religious competence«. The encounter with the Bible, its comprehending interpretation and familiarity with liturgical and religious culture belong here.

»The objectifications or manifestations of faith meet us – but now in a specific sense – as religion, as cultural phenomena, as educational riches. As such they can be empirically approached, taught and learned.«[31]

In the meeting with the cultural forms of expression of religious experience, a »consequent« formation occurs which at the same time can point forward to new faith. After faith is before faith, and so *pre-formation* never ends. By its nature religious learning is life-long learning, because the room for the faith that is ever and again given anew always has to be prepared afresh. Such pre-formation always remains provisional and consequent – and cannot compel faith to come or guarantee it.

4.2 Formation through faith as the developmental logic of justified human being (in-formation and post-formation)

> »The encounter evoking faith is given by God as a call, as a calling out, as the opening of a new situation. Such faith is setting out, adventure, the opening for something new; it sets new learning in process.«[32]

Because God in-forms himself into humans, grasps them and sets them in motion, they dare to get up and go forth and follow new (formation) ways. Faith is the trusting entrance into the new situation and its shaping. In the openness *and* the boundedness of freedom given, the faithful follow through and reflect God's own movement towards humans. Formation becomes post-formation of God's own incarnation and thus discipleship of Jesus Christ. While the in-formation of God's saving reality has its primary locus in the symbolic communication forms of the proclamation of the Gospel and the reception of the sacraments, its post-formation beyond the field of liturgical symbolic language is directed above all to diaconal formation: Diaconal learning is expression and consequence of the experience of justifying faith. Those who are grasped by

31 FRAAS, *Bildung und Menschenbild* (see fn. 4), 30.

32 Op. cit., 25.

God's word of grace learn to devote themselves to the neighbour, especially the needy.

4.3 Formation out of faith as an expression of life in the Spirit (out-formation in the Christian art of living)

There is development in the life of faith - growth, but also setbacks. By the working of the Holy Spirit sanctifying faith arises: charismas can unfold and spread, virtues are nourished, helpful rules for living discovered and visions or promising signs of the kingdom of God cultivated. Such consistently methodical formation, filling out a culture of the art of Christian living, always refers back to the contingent original experience of the gracious word of justification and can on no account replace it.

> »So much is admittedly already apparent, both theologically and in terms of developmental psychology: The appearance of growth applies, theologically speaking, in human, anthropological perspectives (*coram hominibus*), not in regard to the fundamental situation before God (*coram deo*). It holds good, in terms of developmental psychology, for the undeniable facts of human development which pertain to the *structures of faith*, e »g. the forms of the understanding of faith and of its expressions in life. It does not hold good for faith's recognition in its essential concern: that God may daily forgive and daily accept and create anew from the ground up.«[33]

Every aspect of the charisma of Christian freedom is capable of being developed: the aesthetic ability to perceive and experience, the capacity for expression and the gift of speech, the competence to act discriminatingly and judge ethically. Such formation of the Christian art of living takes place as *formal* education in class contexts (for example, confirmation classes) just as in many *informal* learning situations through everyday encounters or information and entertainment via the media.

Every area of church work is thus at the same time a development arena for faith formation: worship and proclamation, pastoral care, congregation-building and development, *diakonia* and, of course, the church's educational work in the narrower sense.

---

[33] K. E. Nipkow, *Grundfragen der Religionspädagogik, vol. 3: Gemeinsam leben und glauben lernen* (Gütersloh [3]1992), 106.

5 Europe as a context for protestant faith formation

How far does Europe play a part in the formation of faith? Hans Jürgen Luibl programmatically suggests »Faith formation as the way to build and develop European Protestantism«[34].

Under the aspect of *pre-formation* it would be a matter of preserving and maintaining the accessibility of the Christian culture historically developed in the European cultural context. Working with the Bible has to stand in the centre here. The heritage of church music with its enormous significance for faith formation is in a special way entrusted to European Protestantism. The development of the human rights ethos, including at the same time the freedom of faith, must be strengthened. Engagement for the universal human right of education is itself an expression of protestant faith formation.

Faith formation as *in-formation* and *post-formation* requires on the European level appropriate places learn about the common liturgical assurance of the message of justification and European efforts for diaconal learning. European Kirchentags and diaconal congresses could become focuses for such in-formation and post-formation: in combining the celebration of the Gospel with contemporary social-ethical words and actions for the times.

Formation *out of faith* as filling out the Christian art of living in the contemporary European context needs to draw today on the meeting of various outworks of the protestant cultivation of faith. National and regional contexts and specialities offer opportunities for mutual enrichment and common learning – also precisely through enabling awareness of differences. The diversity of protestant forms of faith means that Europe should be seen as offering place and opportunity for a pluralist protestant faith formation. Because such faith formation is an expression of communicative freedom, it depends on encounters to let the diverse charismas fertilize each other. The European protestant churches have the chance and the challenge to give these meetings space.

34 LUIBL, Glaubensbildung (see fn. 3), 12.

II
Regionen/Regions

Boguslaw Milerski

Glaubensbildung zwischen Basiswissen und Elitediskurs

Diskussionen in den postkommunistischen Ländern

Die Idee der Glaubensbildung kann vielfältig interpretiert werden. Man kann sie fast wortwörtlich verstehen als eine Art Basiswissen, als basale Bildung des Glaubens. Im Fachdiskurs wird sie differenziert gedeutet. Dabei wird gegenwärtig die Idee der Glaubensbildung aus der Konstellation von reformatorischen, neuhumanistischen und gegenwärtigen theologischen und pädagogischen Konzeptionen entwickelt. Im folgenden Beitrag wird zudem versucht, die Frage der Glaubensbildung auf die Situation in den postkommunistischen Ländern zu beziehen.

Glaubensbildung – Begriffe

Die Deutung der Glaubensbildung wird im Sprachgebrauch z. B. in Polen vom kirchlichen Gebrauch des Begriffs Glauben abgeleitet. Der Glaubensbegriff gehört in den kirchlichen Diskurs, ist mit dem Handeln im kirchlichen Bereich oder mit der spirituellen Entwicklung des Individuums verknüpft. Er ist nicht so sehr mit dem Glauben im Sinne des angelsächsischen Terminus *belief* (»wierzenie«, »przekonanie religijne«) als vielmehr mit dem *faith* (»wiara«) gleichgesetzt. Deswegen gilt die Glaubensbildung vor allem für die Bildung im kirchlichen Umfeld und für die Entfaltung der Beziehung des Menschen zur Transzendenz. In der Öffentlichkeit wird die Glaubensbildung sehr oft mit dem kirchlichen Unterricht, mit der kirchlichen Unterweisung und der Katechese gleichgesetzt.

Die moderne deutschsprachige und angelsächsische Religionspädagogik bietet differenzierte theoretische Zugänge zur Bildung an und versucht, aus dieser Sicht die vorhandene Terminologie zu entwickeln. In diesem Kontext wird der Begriff der Glaubensbildung neu gedeutet. Die wichtigsten inhaltlichen Impulse dazu geben die Konzeptionen der ästhetischen, spirituellen und performativen Religionspädagogik, und damit verbunden die Neuentdeckung des Glaubens als einer erlebten Religiosität im Prozess der interkulturellen und interreligiösen Bildung (z. B. das Warwick-Projekt und die Idee einer *multifaith religious education*). Die gegenwärtige Aufwertung des Phänomens der Glaubensbildung ist zudem mit der theologischen und religionspädagogischen Rezeption der Idee des lebenslangen Lernens verbunden. Dabei kommt ein ganzheitliches Verständnis von Bildung in den Blick, das auch nicht auf formales Lernen, also den klassischen Unterricht, und ebenso wenig auf eine bestimmte Lebensperiode beschränkt werden kann. Auch auf religiöse Bildung kann man dabei nicht verzichten.

Vom religionspädagogischen Gesichtspunkt wird Bildung mit der subjektbezogenen und möglichst autonomen Entwicklung der geistigen Persönlichkeitsstruktur und der sozialen Fähigkeiten des Menschen assoziiert. In Bildung wird das Individuum in seinem Leben von anderen Menschen unterstützend begleitet. Das Wesen der Bildung besteht aber nicht in den externen Einflüssen oder in der Verwirklichung eines externen kulturellen Musters, sondern in der vom Inneren des Menschen bewirkten Erneuerung des eigenen Lebens. Die Bildung führt zur Lebenserneuerung des Individuums.[1] In diesem Sinne lässt sich auch Glaubensbildung verstehen, ein Prozess, in dem der Glaube des Einzelnen sich bildet, kirchlich begleitet und gesellschaftlich entwickelt wird. Dabei kommt der gemeinschaftliche Charakter der Glaubensbildung ebenso zur Geltung wie die Konzentration auf den Menschen, auf das reflektierende, kritisch denkende, ganzheitlich erlebende, verantwortende und selbstständige Subjekt. Die Frage lautet aber: Lässt sich der auf diese Art und Weise verstandene Begriff der Glaubensbildung von dem Begriff der religiösen Bildung unterscheiden? Die Antwort ist natürlich von den vorausgesetzten Unterscheidungskriterien abhängig.

Aus theologischer Perspektive könnte dieses Kriterium aus der alten Kontroverse zwischen Glauben und Religion abgeleitet werden. Die reformatorische Tradition betonte die Besonderheit des rechtfertigenden Glaubens im Sinne eines ganzheitlichen »Vertrauens auf die Verheißung

---

1 Vgl. K. E. Nipkow, Bildung als Lebensbegleitung und Erneuerung, [2]1992, 25–61.

(fiducia promissionis) oder auf die in Christus verheißene Barmherzigkeit. Dieser spezielle Glaube (fides specialis), kraft dessen ein jeder einzelne für sich glaubt, [...] erlangt daher die Sündenvergebung und rechtfertigt uns«.[2] Dieser spezielle Glaube wird aber in erster Linie als Gabe Gottes verstanden und von der Religion des Gesetzes und der Sittlichkeit unterschieden. In diesem Sinne kann die Unterscheidung von Glauben und Religion und anschließend von Glaubensbildung und religiöser Bildung aus der Perspektive der reformatorischen Rechtfertigungslehre, die dann als ihr Kriterium gilt, vollzogen werden. Aufgrund dieser Unterscheidung wurde dann die sog. theologische Religionskritik vor allem in der Dialektischen Theologie und dann in der Säkularisationstheologie abgeleitet. Diese Art und Weise des theologischen Nachdenkens hat meistens ein protestantisches Profil und wird in der Schärfe in anderen konfessionellen Traditionen selten vertreten.

Die Rechtfertigungslehre, die in der evangelischen Tradition einen normativen Horizont für die theologische Auseinandersetzung mit der menschlichen Glaubensexistenz und ihrer Entfaltung bildet, ist zu punktuell, um die ganzheitliche Glaubensbildung zu definieren. Die theologische Legitimation der Glaubensbildung könnte aber um eine andere, von Schleiermacher geprägte Tradition, erweitert werden. Der Glaube unterliegt nach Schleiermacher nicht nur der Transzendenz, sondern auch dem Kriterium des »frommen Selbstbewusstseins« und seiner Entwicklung in Bezug auf die Gemeinschaft und auf das Individuum. »In jedem christlich frommen Selbstbewusstsein wird immer schon vorausgesetzt und ist also auch darin mit enthalten das im unmittelbaren Selbstbewusstsein Sich-schlechthin-abhängig-Finden als die einzige Weise, wie im allgemeinen das eigen Sein und das unendliche Sein Gottes im Selbstbewusstsein eines sein kann«.[3] Der Begriff des Selbstbewusstseins ist das Bindeglied nicht nur zwischen dem transzendenzorientierten Denken und der Anthropologie, sondern auch zwischen Theologie und Pädagogik. Die Kategorie des Selbstbewusstseins kann bei Schleiermacher nicht auf das Kognitive reduziert werden, sondern sie bezieht sich auf den ganzen

---

[2] Die Bekenntnisschriften der evangelisch-lutherischen Kirche, bearbeitet von H. G. Pöhlmann, [3]1991, 153 (ACA 4,44b–45a).

[3] F. Schleiermacher, Der christliche Glaube nach den Grundsätzen der evangelischen Kirche im Zusammenhange dargestellt, [7]1960, Bd. 1, 171.

Menschen als das reflektierende und erlebende Dasein. Das »fromme Selbstbewusstsein« ist aber nicht gegeben, sondern aufgegeben und es ist die Frage der Glaubensbildung.

Diese Position gewann im Neuhumanismus auch eine pädagogische Legitimation. Es geht um die neue Bildungsauslegung, die damals Schritt für Schritt entwickelt wurde. Bildung kann nicht auf die Anpassung an das externe Muster, auf den Erwerb von messbaren Kompetenzen, auf einen technischen Vorgang reduziert werden. Neuhumanistische Bildung bezieht sich auf das menschliche Sein und ist in Hegels Begrifflichkeit eine Erhebung zur Allgemeinheit. In diesem Sinne ist sie in der individuellen Subjektivität verankert und verbindet die individuelle Persönlichkeit mit dem Geistes- und Kulturleben. Sie tut das aber in einer bestimmten Form: »Bildung meint hier mehr als Kultur, d. h. Ausbildung von Vermögen oder Talenten. Der Aufstieg des Wortes Bildung erweckt viel mehr die alte mystische Tradition, wonach der Mensch das Bild Gottes, nach dem er geschaffen ist, in seiner Seele trägt und in sich aufzubauen hat. Das lateinische Äquivalent für Bildung ist ›formatio‹. [...] ›Forma‹ wird seit dem Aristotelismus der Renaissance von seiner technischen Bedeutung ganz gelöst und rein dynamisch naturhaft interpretiert. Gleichwohl erscheint der Sieg des Wortes ›Bildung‹ über ›Form nicht zufällig‹. Denn in Bildung steckt Bild«.[4] Es ist nicht nur ein Humanitätsbild, sondern auch ein Spur der Transzendenzzugehörigkeit. In diesem Sinne darf man Glaubensbildung von allgemeiner Bildung nicht trennen.

Glaubensbildung: geschichtliche und gesellschaftliche Kontexte

Dieses Verständnis von Glaubensbildung prägt protestantische Identität, auch in der evangelischen Diaspora in Mittel- und Osteuropa. Es entspricht aber nicht dem üblichen Sprachgebrauch von Glaubensbildung in postkommunistischen Ländern. Die Glaubensbildung wird in der dortigen Öffentlichkeit vor allem als kirchlich orientiertes, spirituelles Han-

---

[4] H.-G. Gadamer, Wahrheit und Methode. Grundzüge einer philosophischen Hermeneutik, [6]1990, 16.

deln verstanden, in dem die Subjektivität des modernen Menschen und die Mehrdeutigkeit des Lebens in gewisser Weise verengt werden. Das gilt sowohl für das säkularisierte Tschechien als auch für das meist katholisch geprägte Polen. Die Frage lautet: Inwieweit kann man sich von dieser engen Vorstellung distanzieren oder sie sogar aufbrechen? Dies ist eine entscheidende Frage. Denn die kleinen mittel- und osteuropäischen evangelischen Kirchen, die in ihrer jüngeren Geschichte sehr oft marginalisiert oder sogar gettoisiert wurden, haben nach der politischen Wende 1989 größere Chancen gewonnen, die Relevanz der eigenen Weltdeutung nach außen in die Öffentlichkeit zu vermitteln. Dazu braucht man aber Begriffe, wie religiöse Bildung, die möglichst universales Anwendungspotential voraussetzen. Hierher gehört eine Glaubensbildung im protestantischen Sinn.

Die evangelischen Diasporakirchen stehen vor zwei wichtigen kirchlich-politischen Herausforderungen. Einerseits sind sie verbunden mit den evangelischen Kirchen Europas. Das setzt einen wirklichen innerevangelischen Austausch voraus, um sich gegenseitig besser wahrzunehmen. Die Stärkung der Gemeinsamkeit wie auch der Glaubensgemeinschaft kann dabei auch zum wichtigen Element der Entfaltung eigener Identität werden. Andererseits müssen die evangelischen Diasporakirchen, gerade weil sie Minderheitskirchen sind, in eigener Verantwortung öffentlich präsent sein und ihre Relevanz in der Öffentlichkeit nachweisen. Das geschieht etwa durch protestantische Stellungnahmen in allgemein-gesellschaftliche, alle angehende Fragen hinein. Dies betrifft auch die Religion: Die mittel- und osteuropäischen Gesellschaften, befreit vom kommunistischen Regime, stehen vor der Debatte um die Rolle der Religion im öffentlichen Leben und in der individuellen Existenz des modernen Menschen. In diesem Kontext soll die Idee der Glaubensbildung mit Bezug auf religiöse Bildung entfaltet werden.

Der evangelische Bildungsdiskurs soll in Diasporasituation drei Tatsachen berücksichtigen. Erstens, die mangelnde Sensibilität des bildungspolitischen und allgemeinpädagogischen Diskurses in Fragen der Religion. In beiden Diskursen überwiegt entweder das religiöse Desinteresse oder eine meist unkritische Übernahme von katholischer Bildungs- und Religionsauslegung. In Polen wird das katholische Bildungsdenken aufgrund neuthomistischer und personalistischer Voraussetzungen entwickelt. Das Individuum wird immer aus der Perspektive der universalen

Wahrheit und der unantastbaren ontologischen Prinzipien betrachtet. Wenn im bildungspolitischen Diskurs die Stellung der Religion in schulischen Bildungsprozessen reflektiert wird, wird das entweder aus der säkularen oder aus der katholischen Perspektive vollzogen. Die inhaltliche Unterscheidung zwischen Glaubensbildung und religiöser Bildung wird nicht wahrgenommen. Zweitens erfahren die postkommunistischen Gesellschaften mit kirchlichem Hintergrund immer intensiver die Säkularisierungsprozesse. In dieser Hinsicht gewinnt die Frage nach der Relevanz der religiösen Bildung an sich an Bedeutung. Drittens wird in Europa die formale Bildung den Standardisierungs-, Messbarkeits-, Qualifikations- und Effizienzmaßstäben untergeordnet. In dieser Situation ist die religiöse Bildung zuerst die Frage nach dem pädagogischen Status der geistigen, existentiellen und hermeneutischen Bildung. Die evangelischen Minderheitskirchen haben ein sehr begrenztes Potenzial. Die Eigenart der protestantischen Bildungsdeutung wird höchstens im hochspezialisierten akademischen Diskurs wahrgenommen, aber nicht von Entscheidungsträgern im Bereich der Bildung berücksichtigt.

Die neue Lage der Kirchen nach der Systemwende

1989 hat der Prozess der Transformation, der Umwandlung des politischen und wirtschaftlichen Systems begonnen, der die Situation der Gesellschaften in Mittel- und Osteuropa tiefgreifend verändert hat. Er brachte auch neue Herausforderungen für die Kirchen mit sich. Diese wurden nach der Wende nicht nur mit Demokratisierungs- und Modernisierungsvorgängen, mit neuen pluralistischen Wertesystemen, merkantilen Lebensstilen, mit selektivem und privatisiertem Glauben, sondern auch mit neuen Aufgaben im öffentlichen Bereich konfrontiert. Zum gesellschaftlichen Auftrag der Kirchen in der Gesellschaft und für die Gesellschaft gehören sowohl die missionarische Bezeugung des eigenen Glaubens als auch die diakonischen, kulturellen und pädagogischen Aufgaben. Dazu gehört auch die ökumenische und im ursprünglichen Sinne politische Verantwortung der Kirche für das gemeinsame Leben. Die evangelischen Christen in den postkommunistischen Ländern erfuhren, dass die Glaubensbildung nicht nur im separaten kirchlichen Bereich, sondern auch in der Gesellschaft entfaltet werden sollte.

Die öffentliche Tätigkeit der Kirchen nötigte zu einer neuen Wahrnehmung des Glaubens. Die Glaubensbildung gewann damit eine öffentliche Dimension. Die Auseinandersetzung mit der horizontalen Relevanz des Glaubens verlangte aber die Vertiefung auf der Ebene des Elitendiskurses. Exemplarisch kann diese Tendenz an der Situation der religiös profilierten Zeitschriften in Polen veranschaulicht werden. Vor der Systemwende wurden im Milieu der evangelischen Minderheitskirchen hauptsächlich traditionelle kirchliche Zeitschriften, die sich vor allem mit Glaubensfragen im Sinne der Frömmigkeit und mit Fragen des internen kirchlichen Lebens befassten, herausgegeben. Nach der Systemwende wurden aber neue, auf die intellektuelle Auseinandersetzung mit religiösen und kulturellen Problematik eingestellte, Zeitschriften gegründet.[5] Es wurde – ähnlich wie in der katholischen Volkskirche – ein doppelter Diskurs angeboten: der Basis- und der Elitendiskurs. Nach dem hohen Ansehen und der hohen Nachfrage in der ersten Periode sind die evangelischen Zeitschriften mit Anspruch auf Elitendiskurs in eine Krise geraten. Dies ist Ausdruck dafür, dass in der jüngsten Vergangenheit das Interesse an intellektuellem Diskurs zur Fragen des Glaubens und der religiösen Problematik stark abgenommen hat. Das gilt nicht nur für die evangelischen, sondern auch für die katholischen Zeitschriften. Das steigende gesellschaftliche Desinteresse an nuancierter und vertiefter Glaubens- und Religionsauslegung ist mit der Säkularisierung des Lebens in postkommunistischen Ländern verbunden.

Die evangelischen Minderheitskirchen führen differenzierte pastorale Aktivitäten, die auch die Bildungsarbeit einschließen. Bei vielen Stadtgemeinden in Polen werden evangelische Kulturgesellschaften tätig. Ihre Arbeit hat aber eine lokale Dimension und ist meistens von dem Potenzial der Gemeinde abhängig. Die universale, überkonfessionelle Frage lautet immer: Auf welche Art und Weise könnte die jüngere Generation an dieser Arbeit beteiligt werden?

---

[5] Vor der Wende wurde der Elitenanspruch eigentlich nur von der reformierten Zeitschrift *Jednota* [Eine Gemeinschaft] erhoben. Zu neuen protestantischen Zeitschriften, die sich in den Elitendiskurs einbringen wollten, gehören: *Myśl Protestancka* [Protestantisches Denken], *Słowo i Myśl* [Wort und Denken], *Przegląd Ewangelicki*« [Evangelische Revue].

Das Merkmal der evangelischen Minderheitskirchen ist die Konzentration auf die Basisarbeit in der Gemeinde. Die zentralen Initiativen werden dagegen bescheidener. Sie sind organisatorischen und finanziellen Beschränkungen unterworfen. Deshalb werden auf Landesebene Evangelisation, Bibelkurse, Jugendarbeit und diakonische Tätigkeit als die differenzierte intellektuelle Auseinandersetzung mit der Wirklichkeit gefördert. In Polen werden eigentlich keine Bildungseinrichtungen im Sinne der Evangelischen Akademien getragen.

Die Wahrnehmung des öffentlichen Auftrags der Kirche, die Öffnung der Kirchen in die Gesellschaft etwa unter dem Stichwort der Glaubensbildung treffen auf eine Gesellschaft, die sich immer stärker säkularisiert. Das religiöse Panorama der mittel- und osteuropäischen Gesellschaften ist dabei nicht einheitlich, sondern muss sehr differenziert betrachtet werden. Es ist nicht nur durch den Kampf der kommunistischen Regime gegen Religion, sondern auch durch die spezifischen geschichtlichen und kulturellen Faktoren einzelner Ländern bedingt. Wir haben eine breite Palette von unterschiedlichen Säkularisierungsphänomenen. An einer Seite sind fast religionslose Landstriche in der ehemaligen DDR, dann das säkularisierte Tschechien, und auf der anderen Seite die kirchlich geprägten Länder Polen und Slowakei. Aber auch in Ländern mit hohem Religiositätsniveau werden die Prozesse der Entkirchlichung des Lebens und des Rückgangs der institutionalisierten Religion festgestellt. Diese Prozesse sind mit dem Modernisierungsfortschritt verbunden. In Polen wurden sie nach dem Tode von Papst Johannes Paul II. 2005 beschleunigt. Nach den letzten Umfragen des CBOS-Instituts ist die Religiosität der Polen nach wie vor sehr hoch. Sie nimmt aber stetig ab. Die Zahl der Menschen, die überhaupt keine religiösen Praktiken ausüben, stieg nach 2005 von 9% auf 15%[6]. Nach der sog. so-

---

[6] CBOS, O religijnym i społecznym zaangażowaniu Polaków w lokalnych parafiach. Komunikat z badań, Warszawa 2011, 1ff [Über das religiöse und soziale Engagement von Polen in lokalen Kirchengemeinden. Forschungsbericht]. Vgl. CBOS, Dwie dekady przemian religijności w Polsce. Komunikat z badań, Warszawa 2009 [Zwei Jahreszehnte des Religiositätswandels in Polen. Forschungsbericht]; CBOS, Wiara i religijność Polaków dwadzieścia lat po ropoczęciu przemian ustrojowych, Warszawa 2009 [Glaube und Religiosität nach zwanzig Jahren nach dem Beginn des Systemwandels. Forschungsbericht]. Alle Dateien erreichbar: www.cbos.pl.

zialen Diagnose 2009, dem umfangreichsten kontinuierlichen, sozialwissenschaftlichen Forschungspanel in Polen (im Jahr 2009 ca. 26000 Befragte), erklärten 30,8% der Befragten, dass sie an Gottesdiensten nicht teilnehmen. In manchen Großstädten stieg dieser Prozentsatz auf über 50%.[7] Diese Tendenzen wurden in den letzten Parlamentswahlen 2011 in Polen bestätigt. Als dritte Kraft wurde die antiklerikale Partei gewählt.

Glaubensbildung und Religionsunterricht

In den ersten Abschnitten wurde ›Glaubensbildung‹ im mittel- und osteuropäischen Sprachgebrauch vom Begriff des Glaubens her entwickelt und ist so im kirchlichen und spirituellen Kontext verankert. In diesem Kontext wird aber die Glaubensbildung mit dem als Grundform der kirchlichen Bildung verstandenen Religionsunterricht assoziiert.

In der Zeit der kommunistischen Regime wurde die Katechese, der Religionsunterricht ein Bestandteil des kirchlichen Handelns, das nur im Bereich der Gemeinde unter Aufsicht des Staates vollzogen werden konnte. Das Grundmerkmal eines solchen Religionsunterrichts war die Konzentration auf die internen kirchlichen Aufgaben – auf das Glaubensleben der Kirche und des Individuums. Deswegen hat man meistens nicht vom Religionsunterricht, sondern vom kirchlichen Unterricht oder von der Katechese gesprochen.

Die Systemtransformation 1989 resultierte in einer Aufwertung der religiösen Bürgerrechte und der Kirchen als Subjekten des öffentlichen Lebens. Dies implizierte die Wiedereinführung des Religionsunterrichts in das öffentliche Schulwesen und seine Anerkennung als ein Schulfach. In Estland und Slowenien wurde Religionsunterricht grundsätzlich als überkonfessionelles Schulfach eingeführt.[8] In anderen postkommunistischen Ländern wird der Religionsunterricht als konfessionell profilierte Bildung erteilt. Der schulische Religionsunterricht wird in diesen Ländern als ein fakultatives Schulfach, das beim Verzicht keine Pflicht zur

7 Diagnoza społeczna 2009, red. J. Czapiński, T. Panek, Warszawa 2009, 200ff [Soziale Diagnose 2009].

8 Religious Education in Europe. Situation and current trends in schools, hg. v. E. Kuyk u. a., Oslo 2007, 57–63, 179–183.

Wahl eines alternativen Schulfaches impliziert (z. B. Polen), oder als ein fakultatives Fach im Rahmen eines obligatorischen Blocks »Religion/ Ethik« (z. B. Slowakei) angeboten.

Die über zwei Jahrzehnte dauernde Präsenz des Religionsunterrichts im öffentlichen Schulwesen hat das Grundverständnis von Glaubensbildung kaum geändert. In Polen sind trotz eines neuen schulischen Kontextes die alten Erwartungen an den Religionsunterricht fast unberührt geblieben. In der Praxis wird er in der Schule weiter als kirchliche Katechese erteilt. Die schulische Etablierung des Religionsunterrichts wurde ohne eine tiefgreifende gesellschaftliche Debatte und ohne die Besinnung über das Wechselspiel von kirchlichen und öffentlichen Aufgaben der religiösen Bildung vollzogen.

Nach der Umfrage von 2008 des CBOS-Instituts sprachen sich 65% der Befragten für den Religionsunterricht in der Schule aus, 32% waren dagegen. Die Zustimmung war um 6 Prozentpunkte höher als 1990 bei der Einführung des Religionsunterrichts in das polnische Schulwesen. Doch welche Art Religionsunterricht ist gewünscht? Die neueste CBOS-Forschung zeigte hier eine merkwürdige Ambivalenz. In Polen werden die Schüler im Fach Religion benotet und diese Note wird zur Mittelwertnote dazugerechnet. Trotz der Akzeptanz des Religionsunterrichts in der Schule widersprechen 55% der Befragten einer Note in Religion und 62% der Einbeziehung der Note zur Mittelwertnote. Heißt dies: Religionsunterricht ist Glaubensbildung jenseits schulischer Formen der Wissensvermittlung? Und weiter: Trotz der Ablehnung der Verschulung des Religionsunterrichts sprachen sich 58% für die Ausweitung seines inhaltlichen Spektrums um religionswissenschaftliche Fragen aus.[9] Wird aus der Glaubensbildung eine Religionskunde?

Die letzte Feststellung bleibt – obwohl zweimal, 2007 und 2008, vom CBOS-Institut nachgewiesen – bisher von anderen Umfragen unbestätigt. Ließe sich die Tendenz bestätigen, würde sie eine Meinungswende markieren. Aber noch wird in gesellschaftlicher Wahrnehmung gegenwärtig der schulische Religionsunterricht mit der Katechese gleichgesetzt. Er solle vor allem die kirchlichen und spirituellen Aufgaben im schulischen

---

[9] CBOS, Religia w systemie edukacji. Komunikat z badań, Warszawa 2008 [Religion im Schulwesen. Forschungsbericht]. Alle Dateien erreichbar: www.cbos.pl.

Umfeld verwirklichen. Sein Hauptsinn sei die Einführung ins Glaubensleben.

Dies bestätigt sich zunächst auch im Eliten-Diskurs. Nach der konservativen Meinung der meisten kirchlichen Milieus wird die Glaubensbildung mit dem kirchlichen Unterricht, mit der kirchlichen Unterweisung und der Katechese gleichgesetzt. Sie wird als Handeln der Kirche in der Welt verstanden. Eine solche Glaubensbildung kann nicht nur in der Gemeinde, sondern auch in der öffentlichen Schule vollzogen werden. Im kirchlichen Sprachgebrauch wird bis heute der Begriff Katechese bewahrt. In Polen funktioniert sogar eine doppelte Begriffsbildung: Aus der Sicht der Kirche wird von Katechese und aus der Sicht des Staates von Religionsunterricht gesprochen.

Die katholische Kirche in Polen hat die Eigentümlichkeit des schulischen Religionsunterrichts folgendermaßen bestimmt: »Unter polnischen Bedingungen, Bezug nehmend auf die geschichtlichen Umstände und auf die in den letzten Jahrzehnten etablierte Tradition, sollte der schulische Religionsunterricht als Bestandteil der Katechese, d. h. als eine eigenständige Form der Katechese betrachtet werden«.[10] Im zitierten Direktorium werden natürlich unterschiedliche Aufgaben des Religionsunterrichts genannt. Sie werden aber seiner Grundauslegung als Form der kirchlichen Katechese untergeordnet. Dieses Verständnis wird dann im akademischen Elitendiskurs im Bereich der Katechetik umgesetzt und multipliziert. In Polen wird die Dominanzposition des katechetischen Diskurses in Fragen der Religion bewahrt. Diese Dominanz wird auch in einem gewissen Grad im protestantischen Milieu geteilt.

Inzwischen hat sich aber ein neuer offener und dialogisch orientierter Elitendiskurs etabliert. Er wurde auf der Grundlage der nach 1989 entwickelten Religionspädagogik initiiert. Es wird zugestimmt, dass der schulische Religionsunterricht zur Kernaufgabe der kirchlichen Arbeit im Sinne der Tradierung des christlichen Glaubens und der Entfaltung des gläubigen Menschen gehört. Aufgrund der Wiedereinführung des Religionsunterrichts in das öffentliche Schulwesen wird seine neue Auffassung entwickelt. Der schulische Religionsunterricht begann als Bil-

---

[10] Dyrektorium katechetyczne Kościoła katolickiego w Polsce, Kraków 2001, 65 [Katechetisches Direktorium der Katholischen Kirche in Polen].

dungsaufgabe nicht nur der Kirche, sondern auch der öffentlichen Schule in einer pluralistischen Gesellschaft verstanden zu werden. Aus dieser Perspektive wurde sein Bildungspotenzial für die allgemeine und ganzheitliche Bildung des Menschen erkannt. Im gegenwärtigen religionspädagogischen und sozialwissenschaftlichen Diskurs in Polen werden die Begriffe Religionsunterricht und religiöse Bildung verwendet, um auf der Ebene des Sprachgebrauchs das eigentümliche Profil des schulischen Bildungsauftrags in Bezug auf Religion zu berücksichtigen. Sie vereinen die unterschiedlichen Begründungsperspektiven, nämlich die kirchliche, schulische, existentielle, entwicklungspsychologische, gesellschaftliche und kulturelle Argumentationsformen.[11]

Die evangelischen Kirchen reformatorischer Herkunft nehmen eine mittlere Position ein und versuchen, das katechetische Basiswissen, den katechetischen Elitendiskurs und die religionspädagogische Position zu integrieren. Auf der Ebene des Basiswissens sind im evangelischen Milieu sehr deutliche kirchliche und spirituale Tendenzen in Wahrnehmung des Religionsunterrichts vorhanden. Sie werden sowohl durch die historischen Erfahrungen als auch durch die Erteilung des Religionsunterrichts in dem gemeindlichen Umfeld befestigt. Die Minderheitskirchen haben nämlich die Möglichkeit, den Religionsunterricht in den Gemeinden zu erteilen, der aber nach der Erfüllung bestimmter Bedingungen

[11] Vgl. ausgewählte Positionen: J. Bagrowicz, Edukacja religijna współczesnej młodzieży, Toruń 2000 [Religiöse Bildung der heutigen Jugend]; Ders., Stawać się bardziej człowiekiem. Z podstaw edukacji religijnej, Toruń 2008 [Mensch werden. Zur Grundlagen der religiösen Bildung]; J. Michalski, Edukacja i religia jako źródła rozwoju egzystencjalno-kognitywnego. Studium hermeneutyczno-krytyczne, Toruń 2004 [Bildung und Religion als Quellen der kognitiv-existentiellen Entwicklung]; B. Milerski, Religia a szkoła. Status edukacji religijnej w szkole w ujęciu ewangelickim, Warszawa 1998 [Religion und Schule. Status der religiösen Bildung in der Schule nach der evangelischen Auffassung]; Ders., Hermeneutyka pedagogiczna. Perspektywy pedagogiki religii, Warszawa 2011 [Pädagogische Hermeneutik. Perspektiven der Religionspädagogik]; C. Rogowski, Edukacja religijna. Założenia – uwarunkowania – perspektywy rozwoju, Lublin 2002 [Religiöse Bildung. Voraussetzungen – Bedingungen – Entwicklungsperspektiven]; Ders., Pedagogika religii. Podręcznik akademicki, Toruń 2012 [Religionspädagogik. Akademisches Handbuch].

als schulischer Unterricht völlig anerkannt werden kann. Die meisten Diasporagemeinden nutzen diese rechtliche Möglichkeit. In diesem Sinne wird sehr oft der »schulische« Religionsunterricht in der Gemeinde erteilt. Diese Situation schwächt die Sensibilität für die außerkirchlichen Bildungsherausforderungen. Für die heutige Bildungswahrnehmung wichtig ist auch, dass viele Generationen von Pastoren und Religionslehrern aufgrund des akademischen Diskurses im Sinne der Konzeption der evangelischen Unterweisung, die ausschließlich das kirchliche Profil betonte, ausgebildet wurden. Diese Tendenzen werden aber mit dem heutigen religionspädagogischen Diskurs und mit den externen Herausforderungen konfrontiert. In neuen Rahmenrichtlinien und in Handbüchern zum Religionsunterricht werden differenzierte didaktische Zugänge vorausgesetzt.

Die differenzierte Normativität des religiösen Bildungsprozesses wird in den evangelischen Kirchen in Polen immer bewusster. Die Konsistorien der Evangelisch-Augsburgischen (lutherischen) und der Evangelisch-Reformierten Kirche und der oberste Rat der Evangelisch-Methodistischen Kirche haben 2007 gemeinsame Rahmenrichtlinien beschlossen. Die neuen Rahmenrichtlinien waren eine neu gefasste und weiterentwickelte Form der Rahmenrichtlinien, die in der Evangelisch-Augsburgischen (lutherischen) Kirche in Polen 2002 entworfen wurden. In der Präambel wird erklärt:

> »Die evangelischen Kirchen in Polen achten die Gewissens- und Bekenntnisfreiheit und berufen sich in Bildungsfragen auf die Idee der Bildungsmitverantwortung der Familie, des Staates und der Kirche für die Erziehung der jungen Generation. Den Religionsunterricht in der Schule betrachten sie sowohl als eine Form der katechetischen, kirchlichen Tätigkeit als auch als eine Form der allgemeinen Bildung, die der ganzheitlichen Entwicklung des Menschen helfen solle. Bei der von dem Schulgesetz gewährleisteten Selbstständigkeit in der Formulierung von Inhalten und Zielen des Religionsunterrichts berücksichtigen die evangelischen Kirchen in gleichem Maße die theologischen und pädagogischen Voraussetzungen und anerkennen die Korrelation zwischen den Rahmenrichtlinien der allgemeinen Bildung und den Rahmenrichtlinien für den evangelischen Religionsunterricht«.[12]

12 Podstawa programowa nauczania religii ewangelickiej w szkołach podstawowych, gimnazjalnych i ponadgimnazjalnych, Warszawa 2008, 5–6 [Rahmenrichtli-

Dieses positionell beigebrachte Beispiel unterstreicht den typischen Aufbruch im evangelischen Milieu – das steigende Bewusstsein für die ökumenische und gesellschaftliche Verantwortung und die wachsende Offenheit für die öffentlichen Bildungsfragen. Das neue Verständnis des Religionsunterrichts belegt exemplarisch die neue Wahrnehmung von Bildungsproblematik im mittel- und osteuropäischen Protestantismus. Die religiöse Bildung wird durch die evangelischen Kirchen in mehrdimensionaler Besinnung und ganzheitlicher Verantwortung entworfen und durchgeführt. Dadurch gewinnt sie auch ein eigenes Profil. Für die evangelischen Minderheitskirchen wird die religiöse Bildung sowohl ein Prozess der Weitergabe des Glaubens als auch eine Form der eigenen gesellschaftlichen Legitimität, indem das möglichst ganze Spektrum der Bildungsaufgaben wahrgenommen wird.

Aus der evangelischen Perspektive hat das beigebrachte Bildungsverständnis eine allgemeinpädagogische und bildungspolitische Relevanz. Es verbindet die Sorge um die ganzheitliche Bildung mit dem emanzipatorischen Interesse der modernen Gesellschaft. Die heutigen Entscheidungsträger in der Bildungspolitik orientieren sich dagegen mit ihrem Qualifikationsrahmen und ihren Standardisierungs- und Effizienzprinzipien an den Maßstäben des europäischen politischen Mainstreams. Der protestantische Diskurs über Glaubens- und religiöse Bildung sollte in dieser Sicht vor allem als Diskurs um Bildung selbst relevant werden. Nur dann hat die protestantische Minderheitsperspektive eine Chance, in den modernen mittel- und osteuropäischen Gesellschaften wahrgenommen zu werden.

---

nien für den evangelischen Religionsunterricht in der Grundschule und in der Sekundarstufe I und II].

Boguslaw Milerski

FAITH FORMATION BETWEEN BASIC KNOWLEDGE AND ELITE DISCOURSE

Discussions in the post-Communist countries

The idea of faith formation can be interpreted in various ways. It can literally be understood as a kind of basic knowledge, as fundamental formation of faith. Amongst professionals the interpretation is more differentiated; currently under development is the idea of faith formation out of a constellation of reformatory and neo-humanistic as well as current theological and educational approaches. The following article additionally tries to relate the question of faith formation to the situation in post-Communist states.

FAITH FORMATION – TERMS AND DEFINITIONS

The language used for the interpretation of faith formation is, for example in Poland, derived from the church's use of the term faith. The perception of faith belongs to the ecclesiastical discourse; it is linked with actions in a church setting or with the spiritual development of the individual. Hence faith formation particularly applies to education in a church environment and to the individual's relation to transcendence. In the public domain, faith formation is very often put on a level with ecclesiastical education, church schooling and catechesis.

Contemporary German-speaking and Anglo-Saxon religious pedagogics offer differentiated theoretical access to education and try to develop the existing terminology from that perspective. In this context, the understanding of faith formation is newly interpreted. The most important stimuli with regards to content arise from approaches of aesthetic, spiritual and performative religious pedagogics, associated with the rediscovery of faith as an experienced religiosity in the process of intercultural and inter-religious education (e.g. the Warwick project and its idea of multi-faith religious education). Furthermore, the current revaluation of the phenomenon of faith formation is linked to the theological and religious-pedagogical reception of the idea of lifelong learning, thereby revealing a holistic understanding of education that cannot be restricted to formal learning, i. e. traditional education, or to a certain period in life. In this context, religious education, too, can't be dispensed with.

From a religious-educational point of view, learning is being associated with the subject-related and preferably autonomous development of the spiritual personality and social abilities of the individual. Education offers the individual support from other people in his or her life. The nature of learning, however, is not made up of external influences or the realization of an external cultural pattern, but of the internally effected renewal of one's own life. Education leads to the individual's renewal of life.[1] This is also how faith formation can be understood; as a process during which the faith of a person is formed, supported by the church and developed by society. The communal character of faith formation is here just as prominent as the focus on the individual, the reflecting, critically thinking, holistically experiencing, responsible and independent subject. But the question is this: Can the idea of faith formation that is understood in this way be distinguished from the definition of religious education? The answer naturally depends on the suppositional criteria of differentiation.

From a theological perspective, these criteria could be derived from the old controversy between faith and religion. The reformatory tradition emphasized the distinctiveness of justifying faith in the sense of a holistic »confidence in the promise [Latin: *fiducia promissionis*], or the mercy promised in Christ. This special faith, therefore, by which an individual believes that for Christ's sake his sins are remitted him, and that for Christ's sake God is reconciled and propitious, obtains remission of sins and justifies us.«[2] Indeed, this special faith is primarily understood as God's gift and is distinct from the religion of law and morality. In that

---

1 Cf. K. E. Nipkow, *Bildung als Lebensbegleitung und Erneuerung* (Gütersloh 1992), 25–61.

2 The Defense of the Augsburg Confession 4,44b–45a; quoted from: http://www.bookofconcord.org/defense_4_justification.php.

sense, the distinction of faith and religion, and subsequently faith formation and religious education, can be carried out from the perspective of the reformatory doctrine of justification, which is then applied as its criterion. Based on this distinction, the so-called criticism of religion was derived, particularly in terms of dialectical theology and later theology of secularization. This mode of theological reflection is usually of a Protestant nature and rarely has such poignancy in other denominational traditions.

The doctrine of justification, which, in the Protestant tradition, constitutes a normative horizon for the theological discourse with the existence of human faith and its evolvement, is too selective to define holistic faith formation. However, the theological legitimization of faith formation could be enhanced by another tradition, coined by Schleiermacher. According to Schleiermacher, faith is not only subject to transcendence but also to the criterion of »pious self-consciousness« and its development with regards to society and the individual. »Every religious and Christian self-consciousness presupposes and thus also actually contains the immediate feeling of absolute dependence, as the only way in which, in general, one's own being and the infinite being of God can be one in self-consciousness«.[3] The definition of self-consciousness is the link not only between transcendence-orientated thinking and anthropology, but also between theology and pedagogics. In Schleiermacher, the category of self-consciousness cannot be reduced to the cognitive, but applies to the whole person as the reflecting and experiencing state of being. The »pious self-consciousness« is not given but assigned, and it is the question of faith formation.

This position gained pedagogical legitimization through the neo-humanistic movement and its gradual development of the new educational interpretation. Education cannot be reduced to the assimilation to the external pattern, to the acquiring of measurable competencies or to a technical process. Neo-humanistic education draws on the human being and is, in Hegel's concept, an elevation to universality. In that sense it is anchored in individual subjectivity and links the individual personality

---

[3] F. Schleiermacher, *The Christian Faith in Outline*, ed. W. F. Henderson (Edinburgh 1922), transl. by D. M. Baillie, 15, §32.

with the spiritual and cultural life. It does however do this in a certain way: »*Bildung* here no longer means »culture« – i. e., developing one's capacities or talents. Rather, the rise of the word *Bildung* evokes the ancient mystical tradition according to which man carries in his soul the image of God, after whom he is fashioned, and which man must cultivate in himself. The Latin equivalent for *Bildung* is *formatio*, with related words in other languages – e. g., in English […], »form« and »formation«. […] Since the *Aristotelianism* of the Renaissance the word *forma* has been completely separated from its technical meaning and interpreted in a purely dynamic and natural way. Yet the victory of the word *Bildung* over »form« does not seem to be fortuitous. For in *Bildung* there is *Bild*«.[4] It is not only an image of humanity, but also a trace of affiliation to transcendence. In that sense, faith formation must not be separated from general education.

Faith formation: historical and societal contexts

This understanding of faith formation informs Protestant identity, including the Protestant Diaspora in central and Eastern Europe, but it does not correspond to the usual use of faith formation language in post-Communist countries. There, the local public first and foremost understands faith formation to be church-orientated and spiritual actions through which the subjectivity of the modern individual and the ambiguity of life are in some way constricted. This applies to the secularized Czech Republic as well as the mostly Catholic Poland. The question is: To what extent can one disassociate oneself or even entirely break away from this narrow view? It is a decisive question, for the small central and Eastern European Protestant churches, which in recent history have often been marginalized or even ghettoized, have gained the chance to communicate the relevance of their own world interpretation to the public after the fall of the Iron Curtain. In order to do this, however, a terminology is needed that includes terms such as religious education and as-

---

4 H.-G. Gadamer, *Truth and Method* [second, revised edition (London 2004); translation revised by Joel Weinsheimer and Donald G. Marshall].

sumes a preferably universal application potential. This is where faith formation in the Protestant sense belongs.

The Protestant Diaspora churches are confronted by two important ecclesiastic-political challenges. On one hand, they are connected to Europe's Protestant churches; this presupposes a real exchange within the different Protestant churches for better mutual perception. The strengthening of the commonality as well as the community of faith can become an important element in the evolvement of individual identity. On the other hand, the Diaspora churches, precisely because they are minority churches, have to be publicly present in their own right, and prove their relevance to the people. This may happen through Protestant statements regarding general-societal questions relevant to everyone, and also includes religion; the central and Eastern European societies, freed from the Communist regime, now face a debate on the role of religion in public life and in the individual existence of the modern person. It is in this context that the idea of faith formation in terms of religious education should be developed.

The Protestant discourse on education should consider three facts in Diaspora situations. Firstly, the lack of sensitivity in matters of educational policy and in the general pedagogical discourse regarding questions of religion. Both discourses are either dominated by religious disinterest or a mostly uncritical adoption of the Catholic interpretation of education and religion. In Poland, the Catholic reasoning behind education is shaped on the basis of neo-scholastic and personalistic premises. The individual is always observed from the perspective of the universal truth and the sacrosanct ontological principles. Any reflection on religion in matters of educational policy and its position in academic processes is conducted either from the secular or the Catholic perspective. The difference in content between faith formation and religious education is not perceived. Secondly, post-Communist societies with a church background increasingly experience the processes of secularization. In this respect, the question of the relevance of religious education itself becomes more relevant. Thirdly, formal education in Europe is subject to standardization, measurability, qualification and efficiency standards. In this context, religious education first of all raises the question of the pedagogical status of spiritual, existential and hermeneutical education. The Protestant minority churches have a very limited potential. The peculiarities of the Protestant interpretation of education are appreciated in highly specialized academic discourse at most, but not taken into account by the decision makers in the educational sector.

The new position of churches after the Turn

It was in 1989 when the process of transformation, the change of the political and economical system began, which drastically changed the situation of societies in central and Eastern Europe. It also brought new challenges for the churches, which were not only confronted with processes of democratization and modernization, new pluralistic value systems, mercantile ways of life, and with selective and privatized faith, but also with a new mission in the public domain. The churches' duties in and for society include the missionary testimony of individual faith as well as its diaconal, cultural and pedagogical role; the ecumenical and – in the original sense – political responsibility of the church for the shared life being one part of this. The Protestant Christians in the post-Communist countries learned that faith formation should not only be evolving in a separate church setting but also within society.

The public function of the churches necessitated a new perception of faith. Faith formation therefore gained a public dimension. The engagement with the horizontal relevance of faith however saw the need for a focus on elite-level discourse. An example for this trend would be the situation of Polish magazines with a religious angle. Before the fall of the Iron Curtain, church magazines published within the Protestant minority church milieu mainly dealt with questions of faith in terms of piousness and with queries relating to internal ecclesiastical life. After the turn, however, new magazines for the intellectual debating of religious and cultural issues were established.[5] Similarly to the Catholic people's church, a double discourse was offered: the basic and the elite discourse.

---

5 Before the fall of the Iron Curtain, it was only the reformatory magazine *Jednota* [A Community] that claimed to belong to the elite. New Protestant magazines which are keen to play a part in elite discourse are: *Myśl Protestancka* [Protestant Thinking], *Słowo i Myśl* [Word and Thinking] and *Przegląd Ewangelicki* [Protestant Revue].

After the initially high esteem and high demand, the Protestant magazines which laid a claim to elite discourse have now hit a crisis. This is a direct result of the recent drastic decrease of interest in intellectual discourse on questions of faith and religion – and it is true not only for Protestant but also for Catholic publications. The increasing societal disinterest in nuanced and in-depth interpretations of faith and religion is linked to the secularization of life in the post-Communist countries.

Protestant minority churches run many ambitious pastoral activities, including education. Many urban parishes in Poland have Protestant cultural societies; their activities have a local dimension and usually depend on the means of the local parish. The universal, cross-denominational challenge is always the same: How could the younger generation become involved in these activities?

The distinguishing mark of Protestant minority churches is their focus on the fundamental work in the community. Central initiatives, on the contrary, continue to decrease as they are subject to organizational and financial restrictions. It is for that reason that evangelization, Bible courses, youth work and diakonia are supported, as differentiated intellectual engagement with reality, on the level of the national church. There aren't any educational institutions in Poland in the sense of the Evangelical Academies in Germany.

The perception of the church's public mission and the opening of churches towards society, for example under the banner of faith formation, are met by an increasingly secularizing society. The religious panorama of the central and Eastern European societies is far from uniform and has to be examined accordingly. This is not only due to the Communist regime's battle against religion, but also due to the peculiar historical and cultural factors of individual countries. We have a broad range of different secularization phenomena. On one end of the spectrum are areas almost devoid of religion (in the former GDR), then there is the secularized Czech Republic, and on the other end are the ecclesiastically shaped Poland and Slovakia. But even in countries with a high level of religiosity, a development towards a de-churched life as well as a drop in institutionalized religion can be detected. These processes are linked to advances in modernization and were speeded up in Poland after the death of Pope John Paul II. in 2005. According to the most recent CBOS [Public Opinion Research Centre] polls, religiosity is still very high amongst Polish citizens, but is in constant decline. The number of people who are practising no religion whatsoever has risen from 9% in 2005 to 15%.[6] After the so-called social diagnosis in 2009, which is the largest and continuous social research in Poland (26,000 interviewees in 2009), 30.8% of respondents explained that they do not participate in church services. In some major cities, this percentage went up to more than 50%.[7] These trends were confirmed in Poland's most recent (2011) parliamentary elections, with the left-wing anti-clerical Reason Party receiving the third-highest number of votes.

Faith formation and religious education

In the first chapters, ›faith formation‹ in central and Eastern European language use was developed from the perspective of faith and is therefore anchored in a church and spiritual context – a context in which faith formation is associated with religious education, understood to be the basic form of ecclesiastical schooling.

During the Communist regime, catechesis, religious education became a part of church activities that could only be practised in the parish under the watchful eye of the state. The fundamental feature of such religious education was a focus on church-internal tasks – the faith life of the church and the individual. Hence it was usually not called religious education but church instruction or catechesis.

The transformation of the system in 1989 resulted in a revaluation of religious civil rights and of churches as subjects of public life. This im-

---

6 CBOS, *O religijnym i społecznym zaangażowaniu Polaków w lokalnych parafiach. Komunikat z badań*, Warsaw 2011, 1pp [On the religious and social engagement of Polish citizens in local church parishes]. Cf. CBOS, *Dwie dekady przemian religijności w Polsce. Komunikat z badań*, Warsaw 2009 [Two decades of religious transformation in Poland. Research report]; CBOS, *Wiara i religijność Polaków dwadzieścia lat po ropoczęciu przemian ustrojowych*, Warsaw 2009 [Faith and religiosity twenty years after the Turn. Research report]. All data accessible on: www.cbos.pl.

7 *Diagnoza społeczna 2009*, ed. J. Czapiński, T. Panek, Warsawa 2009, 200pp [Social Diagnosis 2009].

plied reinstating religious education in public schools and acknowledging it as school subject. Estonia and Slovenia introduced religious education as cross-denominational subject,[8] whereas in other post-Communist countries, it is taught according to denomination. In these countries, academic religious education is either optional – opting out does not imply the participation in another subject (e. g. Poland) – or offered as facultative subject within the framework of an obligatory »religion/ethics« education (e. g. Slovakia).

The continuous two-decade presence of religious education in the public school system has barely changed the basic understanding of faith formation. In Poland, despite of a new academic context, old expectations of religious education have hardly been affected. In practice, religious teaching in schools continues to be taught as catechesis. Its academic establishment happened without a radical social debate or a reflection on the interplay of the church's and the public's roles with regards to religious education.

According to a CBOS poll in 2008, 65 % of respondents were for religious education in schools, 32 % were against. Acceptance was up by six points compared to 1990, when religious education had just been reintroduced into the Polish school system. But what kind of religious education do people want? The most recent CBOS research shows a strange ambivalence. Polish pupils are graded in the subject »religion« and this grade is added to calculate the mean grade. Despite the acceptance of religious education in schools, 55 % of respondents are against a grade and 62 % do not agree with it counting towards the average grade. Does this mean that religious education is faith formation beyond academic forms of teaching? And further, despite rejecting highly structured religious education, 58 % approve of an expansion of its spectrum of contents and want to see religious-scientific questions included.[9] Is faith formation turning into religious studies?

Although proven by CBOS in 2007 and 2008, the last statement has

---

8 *Religious Education in Europe. Situation and current trends in schools*, ed. E. KUYK et al., Oslo 2007, 57–63, 179–183.

9 CBOS, *Religia w systemie edukacji. Komunikat z badań* (Warsaw 2008) [Religion in the school system. Research report]. All data accessible on: www.cbos.pl.

so far not been confirmed by other polls. If a trend was confirmed, it would mark a turning point in public opinion. For the time being, however, academic religious education remains synonymous to catechesis in the public's perception. It should first and foremost realize the ecclesiastical and spiritual duties in the academic environment, its main use being the introduction into faith life.

This is further confirmed in the elite discourse. According to conservative opinion in most church environments, faith formation is put on a level with ecclesiastical education, church schooling and catechesis. It is understood to be the action of the church in the wider world. Such faith formation cannot only take place in the local community but also in the public school. In ecclesiastical terminology, the term catechesis is still preserved today. In Poland, there is even a double concept formation: it is catechesis from the church's perspective, and religious education from the government's point of view.

The Polish Catholic Church has determined the peculiarity of academic religious education thus: »Under Polish conditions, referring to the historical circumstances and to the tradition established in recent decades, academic religious education should be considered as part of catechesis, i. e. as a peculiar form of catechesis«.[10] Naturally, different duties of religious education are mentioned in the quoted directory; they are, however, fundamentally described as a subordinate form of ecclesiastical catechesis. This understanding is then applied and multiplied in academic elite discourse on catechetics. In Poland, this dominance of catechistic discourse is retained in questions of religion and is, to some extent, shared with the Protestant milieu.

Meanwhile, a new open and dialogically orientated elite discourse has established itself, initiated on the basis of the religious education developed post-1989. It has been agreed that academic religious teaching belongs to the core of church mission in the sense of transmitting the Christian belief and the evolvement of the religious individual. Due to the reintroduction of religious education into the public school system a new concept is being developed. Academic religious education has started

---

10 *Dyrektorium katechetyczne Kościoła katolickiego w Polsce* (Kraków 2001), 65 [Catechetical Directory of the Catholic Church in Poland].

being considered as educational task not only of the church, but also of the public school in a pluralistic society. From this perspective, its educational potential for the general and holistic education of the individual was recognized. In the contemporary religious-pedagogical and socio-scientific discourse in Poland, the terms religious education and religious formation are used to linguistically take account of the idiosyncratic nature of the academic objectives with regards to religious education. They unite the different perspectives of reasoning, namely ecclesiastic, academic, existential, developmental-psychological, societal and cultural rationales.[11]

The churches of Reformation origin find themselves in the middle field, trying to integrate catechistic base knowledge, catechistic elite discourse and the religious pedagogical position. On the level of basic knowledge, the Protestant milieu is informed by obvious ecclesiastic and spiritual trends with regards to the perception of religious education. They are fortified by historical experiences as well as by having religious education taught in a communal setting. Minority churches have the possibility to conduct religious education in the parishes, which, if it fulfills certain criteria, can be fully recognized as academic instruction. Most Diaspora communities make use of this legal option. In that sense, »academic« religious education is very often delivered in the parish. This si-

---

[11] Cf. Selected positions: J. BAGROWICZ, *Edukacja religijna współczesnej młodzieży*, Toruń 2000 [Religious education of contemporary youth]; IDEM, *Stawać się bardziej człowiekiem. Z podstaw edukacji religijnej*, Toruń 2008 [Becoming human. On principles of religious education]; J. MICHALSKI, *Edukacja i religia jako źródła rozwoju egzystencjalno-kognitywnego. Studium hermeneutyczno-krytyczne*, Toruń 2004 [Education and religion as sources of cognitive-existential development]; B. MILERSKI, *Religia a szkoła. Status edukacji religijnej w szkole w ujęciu ewangelickim*, Warsaw 1998 [Religion and school. Status of religious education in schools according to the Protestant perception]; IDEM, *Hermeneutyka pedagogiczna. Perspektywy pedagogiki religii*, Warsaw 2011 [Pedagogical hermeneutics. Perspectives of religious pedagogics]; C. ROGOWSKI, *Edukacja religijna. Założenia - uwarunkowania - perspektywy rozwoju*, Lublin 2002 [Religious education. Requirements - conditions - developmental perspectives]; IDEM, *Pedagogika religii. Podręcznik akademicki*, Toruń 2012 [Religious pedagogics. Academic handbook]

tuation weakens the sensitivity regarding educational challenges outside the church. Furthermore, it is important for the contemporary perception of education that many generations of pastors and RE teachers have, due to the academic discourse, been schooled in the sense of evangelical instruction, which exclusively focussed on the ecclesial profile. These trends, however, are being confronted with contemporary religious pedagogical discourse and external challenges. The new framework and reference books for religious education presuppose differentiated didactic approaches.

The differentiated normativity of religious education processes is becoming increasingly deliberate in Poland's Protestant churches. The consistories of the Lutheran and the Reformed Church and the Council of the Methodist Church have determined a common framework in 2007. These new guidelines were a revised and developed version of the guidelines that the Polish Lutheran Church had devised in 2002. The preamble explains:

> »The Protestant churches in Poland respect the freedom of conscience and denomination and, regarding questions of education, refer to the idea of educational co-responsibility of family, state and church for the education of the young generation. They view academic religious education as a form of catechistic, ecclesiastical function as well as a form of general education that should support the holistic development of the individual. Through the autonomy granted in academic law regarding the formulation of contents and aims of religious education, the Protestant churches in equal measure consider the theological and pedagogical requirements and acknowledge the correlation between the framework of general education and the framework of the Protestant religious education«.[12]

This example highlights the peculiar departure in the Protestant milieu – the rising realization of ecumenical and societal responsibility and the growing openness for matters of public educational policy. The novel understanding of religious education exemplarily illustrates the new per-

---

[12] Translated from *Podstawa programowa nauczania religii ewangelickiej w szkołach podstawowych, gimnazjalnych i ponadgimnazjalnych*, Warsaw 2008, 5–6 [Framework for Protestant religious education in primary and secondary schools].

ception of educational problems in central and Eastern European Protestantism. Religious teaching is being developed by the Protestant churches with a multi-dimensional consciousness and a holistic responsibility, shaping its own profile at the same time. For Protestant minority churches, religious education becomes a process of faith dissemination as well as a form of their own legitimacy in society by as much as possible acknowledging the full spectrum of educational duties.

From the Protestant perspective, the accumulated educational understanding is relevant in matters of general pedagogics and educational policy. It links the concern for holistic education with the emancipatory interest of modern society. Today's decision makers in educational policy, however, orient themselves on the standards of European political mainstream with its qualification framework and its standardization and efficiency principles. The Protestant discourse on faith and religious education should in this sense become primarily relevant as discourse on education itself. Only then does the Protestant minority perspective have a chance to be noticed in contemporary central and Eastern European societies.

Béla Harmati

Kirchliche Schulen in evangelischer Verantwortung

Ungarn nach dem Ende des Kommunismus

1 Hintergrund: 1945–1990

Die mitteleuropäischen Länder waren zusammen mit den anderen Gebieten Europas vom Zweiten Weltkrieg zutiefst betroffen. Es gab maßloses Elend, Verwüstung, ethnische Säuberungen und geistige Lethargie. Dann kam die kommunistische Diktatur mit sowjetischer militärischer Unterstützung, und Ungarn fand sich in der sog. »Zweiten Welt«, inmitten der Auseinandersetzungen des Kalten Krieges. Erst nach jahrzehntelanger »babylonischer« Gefangenschaft haben Volk und Kirchen 1989/90 in den ehemaligen sozialistischen Ländern Freiheit erlangt.[1]

1.1 Zwangsumbildung der Gesellschaft: 1948–1989

Die sozialistische Gesellschaftsordnung bedeutete nicht nur die Verstaatlichung der Landgüter (1945), die Aufhebung der kirchlichen Stiftungen, der geistlichen Orden und Diakonissenmutterhäuser, sondern auch die Verstaatlichung der kirchlichen Schulen (1948) und die Verhaftung von kirchlichen Amtsträgern, die gegen diese Verstaatlichung protestierten, wie z. B. der lutherische Bischof Lajos Ordass und Kardinal József Mindszenty. Die Kommunistische Partei und die Regierung versuchten, eine totale und umfassende »Ideologiebildung« zu organisieren, und die Kirchen wurden als eine subversive Kraft angesehen. Zwar gab es auch Ver-

---

[1] Vgl. zur Thematik: M. Walker, The Cold War and the Making of the Modern World. London 1993; H. Vorster (Hg.), Ökumene in Ungarn, der Tschechoslowakei und Polen, 1992; M. Greschat / W. Loth, Die Christen und die Entstehung der Europäischen Gemeinschaft, 1994; M. Tomka, Changes in the Structure of Denominations in East and Central Europe (Review of Sociology 22, 1996, 88–103).

träge zwischen dem Staat und den Kirchen (1948–1950), die auf der Grundlage der Trennung von Staat und Kirche Angelegenheiten von beiderseitigem Interesse in Form eines »Modus vivendi« regelten; die Kirchen bekamen eine »bestimmte Freiheit unter Bewachung« (Staatssekretariat für Kirchenfragen und Geheimpolizei).

1948: Schulen aus kirchlichem Besitz verstaatlicht		insgesamt im Lande[2]
- Kindergärten	202	1246
- Grundschulen/Volksschulen	4262	7016
- Mittelschulen	197	555
- Gymnasien	87	173
- Hochschulen	30	42

Es gab eine große innenpolitische Zielsetzung der Partei, die Zwangsumbildung und Umerziehung des Volkes von »religiösem Aberglauben« zur »wissenschaftlichen Weltanschauung«, manchmal mit Terror und Gewalt, wie es die Jahre bis zur Revolution 1956 zeigten. Später kam die eingebildete Überlegenheit des Dialogs zwischen Christen und Marxisten, wie es von Milan Machovec formuliert wurde:

> »Der Marxismus betrachtet die Geschichte der Religion [...] als Kerker vieler wertvoller und wichtiger philosophischer, ethischer und ›existenzieller‹ Fragen, die aus diesem Kerker befreit werden müssen [...]«.[3]

Was für eine Ideologie mehrere Generationen über Kirche und Religion erlernen sollten, haben die Professoren Tomka und Zulehner treffend dargestellt: »[...] die Religion ein falsches Bewußtsein und ein Irrtum sei, welche

- die Menschen durch ihre Jenseitsverheißungen vom richtigen, diesseitigen Handeln abhalte;
- historisch überwiegend Schaden verursacht habe;
- jeder Entwicklung entgegenstehe, heute aber endgültig überholt sei;
- doch zusätzlich dazu auch noch ausbeuterische Klasseninteressen (und die Eigeninteressen des Klerus) vertrete;

2 Statisztikai Évkönyv (in: Beszélő, 27. April 1991), 11.

3 M. Machovec, Marxismus und dialektische Theologie, Zürich 1965, 12.

- vor allem eine reine Privatsache sei, eine individuelle Entscheidung in den Tiefen der Seele, die nichts mit den öffentlichen Verhalten und schon gar nichts mit dem Leben der Gesellschaft zu tun habe, zumindest nicht legitimerweise«.[4]

Eine Bestandsaufnahme über Religiosität im Sozialismus sollte aber nicht nur die individuellen oder internen Dimensionen, sondern auch die Fragen der gesellschaftlichen Relevanz und der Identität eines Volkes in Bezug auf Kirche oder Religion aufarbeiten.

Zur gleichen Zeit ist von Soziologen die quasi-religiöse Struktur des Marxismus aufgespürt worden. »Schon Anfang der fünfziger Jahre konnte man bei Toynbee eine Aufzählung der pseudoreligiösen Elemente im Marxismus finden: die Prozessionen von einst durch Demonstrationen abgelöst, die heiligen Ikonen durch die Bilder der Regierenden ersetzt, [...] bei der säkularisierten Eschatologie der Himmel auf Erden verwirklicht [...] kraft der Werke des Menschen, [...] es gab eine bestimmte Jugendweihe, eine sozialistische Namensgebung und Eheschließung, usw.«[5]

1.2 VERGANGENHEITSBEWÄLTIGUNG UND NEUORIENTIERUNG: 1989–1990

Die Situation der Wende trug die Zeichen eines christlichen Aufbruchs. Die politische und wirtschaftliche Umstrukturierung bedeutete den Abbau der Grenzsperren zu Österreich und die Öffnung der Grenzen für die DDR-Flüchtlinge, die Umwertung der Ereignisse 1956 von »Konterrevolution« zur Revolution und zum Volksaufstand. Die Sozialistische Arbeiterpartei verzichtete auf ihre in der Verfassung verankerte Führungsrolle und das Land organisierte sich als eine parlamentarische Mehrparteiendemokratie.[6] Ein neues Religionsgesetz wurde vom Parla-

---

4 M. TOMKA / P. M. ZULEHNER, Gott nach dem Kommunismus – Religion in den Reformländern Ost(Mittel)Europas, 1999, 59.

5 G. KRUSCHE, Civil Religion und Kirche in der DDR (epd-Dokumentation 18/1987, 24f); O. KLOHR, Naturwissenschaft, Religion und Kirche, 1958; W. ZADEMACH (Hg.), Reich Gottes für diese Welt – Theologie gegen den Strich, 2001.

6 G. DALOS, Ungarn vom Roten Stern zur Stephanskrone, 1997; J. PUNGUR, The Churches in Communist Hungary 1948–1990, Calgary 1994; V. VAJTA, Die »diakonische Theologie« im Gesellschaftssystem Ungarns, 1987.

ment verabschiedet (24. Januar 1990), unter Beibehaltung der Trennung von Kirche und Staat, aber mit Gewährung freier Religionsausübung für alle Bürger und unter Abschaffung der Staatskirchenverträge von 1948 und 1950. Das Staatssekretariat für Kirchenfragen wurde aufgelöst. Es gab die erste freie Parlamentswahl seit 44 Jahren (März 1990) und die Regierung verhandelte mit den Kirchen über die Rückgabe des verstaatlichten Kirchenbesitzes (Juli 1991). Viele von staatlich weggenommenen Schulen, Gymnasien, Universitäten und Einrichtungen, diakonischen Anstalten wurden neu eröffnet. Die Sowjetische Armee verließ 1991 das Land und Ungarn trat aus dem Warschauer Pakt aus. 1994 wurde das Land Mitglied der NATO und 2004 Mitglied der Europäischen Union. Die Kirchen bekamen Zugang zu den Massenmedien und die gesellschaftsdiakonischen Dienste (Flüchtlingshilfe, Suchtkranke, usw.) wurden in ökumenischer Zusammenarbeit erweitert (Ökumenisches Hilfswerk). Es gab eine zunehmende Anzahl der Taufen auch bei Erwachsenen, Bewegungen zur Vertiefung der Spiritualität, liturgische Erneuerung, Jugendbegegnungen und Evangelisationen, neue ausländische Partnerkirchenkontakte, Gründung eines protestantischen kirchlichen Theaters und eines römisch-katholischen Radios.

Es gab auch Auseinandersetzungen bei der Beurteilung der Religiosität der Bevölkerung. Einerseits könnten wir von einem Hunger nach Transzendenz sprechen. Dies bedeutet aber nicht, dass wir einem Hunger nach der Kirche als Institution begegnen. Es gab verschiedene religiöse Elemente, die in Form volkskirchlicher Tradition, im Verhältnis zwischen Kirche und Nation und als Tiefenstrukturen von Grundwerten lebendig waren, wie z. B. Wiederbelebungsversuche eines religiös-chauvinistischen Nationalismus. Andererseits haben wir die Erfahrungen, wie weit und tief die Ergebnisse der marxistisch-atheistischen Umerziehung waren. Die Herrschaft der kommunistischen Partei von rund vierzig Jahren hat die früher starke Rolle der Religion in der Gesellschaft wesentlich geschwächt. Es wäre aber falsch und einseitig, für die Situation die politische Macht allein verantwortlich zu machen. Der sozioökonomische Prozess der Modernisierung und die Herrschaft des Parteistaates wirkten zusammen. Auch die heutige zunehmende Säkularisierung der westlichen europäischen Staaten benötigt eine sorgfältige Untersuchung. Daneben können wir feststellen, dass die Kirche durch die starken und oft gewalttätigen Verfolgungen gestärkt wurde und die Situation zur

Oppositionsbildung inmitten der sozialistischen Gesellschaft beitragen konnte.[7]

2 Minoritätsprotestantismus mit Mangel an Arbeitskräften

Ein wichtiger Faktor zur Wahrung protestantischer Identität ist das evangelische Schulsystem gewesen. Es hat dazu beigetragen, dass sich unsere Minoritätskirche zu einer schöpferischen Minderheit entwickelte. 1930 betrug der evangelisch-lutherische Bevölkerungsanteil 6,1 %, die Absolventen von Hochschulen und Universitäten waren aber zu 12,3 % lutherisch. Auf diesem Hintergrund ist zu verstehen, dass wir nach der Wende unbedingt die traditionsreichen, aber eben verstaatlichten Gymnasien zurückbekommen wollten. Wir mussten in 1989 vom Nullpunkt an starten.

Nach den Angaben der Volkszählung 2001 haben wir die folgende Situation:

Bevölkerung:	10 198 315
Römisch- und griechisch-katholisch	54,5 %
Reformiert	15,9 %
Evangelisch-lutherisch	3,0 %
Jüdisch	0,1 %
Andere Konfessionen und Religionen	1,1 %
Keine Zugehörigkeit, religionslos	14,5 %
Keine Antwort	10,1 %
Unbekannt	0,7 %

Die Protestanten, die reformierte und die evangelisch-lutherische Kirche, sind 18,9 % der Bevölkerung. Zwar gibt es auch Mammutgemeinden mit

7 E. Weingartner (Hg.), Church Within Socialism – Church and State in East European Socialist Republics, Rome 1976; P. Mojzes, Christian-Marxist Dialogue in Eastern Europe, Minneapolis 1981; H.-J. Joppien (Hg.), Der Ökumenische Rat der Kirchen in den Konflikten des Kalten Krieges, 2000; B. Harmati, Die heutige Situation der Evangelisch-lutherischen Kirche in Ungarn – Mit Blick auf Kirchen der zentraleuropäischen Staaten (in: Die Kirchen der Gegenwart 1, Bensheimer Hefte 107, 2007), 125.

mehreren Tausend Mitgliedern in Gegenden, wo die in Ungarn sehr blutige Gegenreformation keinen festen Fuß fassen konnte, doch haben wir Gebiete mit Diasporagemeinden, wo manchmal eine stärkere Mutterkirchgemeinde mehrere kleinere Filialgemeinden verwaltet.

Die Vereinbarungen zwischen den Kirchen und der Regierung von 1948 und 1950 haben gewisse Bewegungsfreiheit für die Kirchen gegeben. Diese Vereinbarungen waren keine traditionellen Konkordate, sondern eher Übereinkünfte in Angelegenheiten der beiderseitigen Interessen. Der Staat setzte die Summe des finanziellen Zuschusses für die Bezahlung der Mitarbeiter und der Erhaltungskosten für das Eigentum der Kirchen fest. Religionsunterricht wurde außerhalb des Stundenplans der öffentlichen Schulen zugelassen, und die einzelnen Kirchen durften auch Mittelschulen haben, acht Gymnasien für die Römisch-katholische und ein Gymnasium für die Reformierte Kirche. Der Evangelisch-lutherischen Kirche wurden die im Abkommen 1948 zugelassenen zwei Gymnasien 1952 weggenommen. Die kirchliche Arbeit wurde auf die lokale Gemeindeebene eingeschränkt und die landesweiten kirchlichen Organisationen verboten. Die Leiter der lokalen und territorialen Parteiapparate haben alles versucht, die kirchliche Tätigkeit und den Religionsunterricht zu behindern. Man brauchte eine amtliche Bewilligung für Renovierungsarbeiten, zur Vervielfältigung der Gemeinderundbriefe und der Texte für den Unterricht. Eine relative Freiheit genossen Gottesdienste und Veranstaltungen in der Sakristei. So ist es verständlich, dass man neben dem schulischen Religionsunterricht mehr und mehr Raum für Kindergottesdienst, Sonntagsschule und Konfirmandenunterricht gesucht hat. Die Frage »kirchliche Unterweisung oder schulischer Unterricht?« wurde eindeutig mit Betonung und Praxis der kirchlichen Unterweisung beantwortet.

Am schmerzlichsten berührte 1989 die Kirchen der Mangel an Arbeitskräften. Die Kirchen haben versucht, eigene Möglichkeiten für Ausbildung von Religionspädagogen finden, aber früher mussten die kirchlichen theologischen Fakultäten gegen staatliche Personaleinschränkungen kämpfen. Ein Beispiel: Im Jahre 1959 bei Einführung von Bischof Zoltán Káldy hatte die Evangelisch-lutherische Kirche 430 Pfarrer und Pfarrerinnen. Im Jahre 1987 bei Bischof Béla Harmatis Dienstanfang gab es nur 253 Pfarrer und Pfarrerinnen. Die große kirchengeschichtliche Aufgabe war für die Kirchen in Ungarn die Pfarrer- und Pädagogenausbildung parallel zur Wiedereröffnung der alten Schulen und Ausbildungsinstitute ganz neu zu organisieren.

Wahrscheinlich ist es nicht nur für Ungarn, sondern für alle früheren sozialistischen Länder gültig, dass wir Nachholbedarf in Basiswissen über Religion und Kirche feststellen können. Ganze Generationen haben gar nichts oder nur Schlechtes über die »klerikale Ideologie« gehört. Religionsunterricht bedeutete in den neuen kirchlichen Schulen, dass die Eltern oft mit den Kindern zusammen näher zur Kirchgemeinde gekommen sind und sich in vielen Fällen zur Erwachsenentaufe meldeten. Die ungarischen Kirchen haben viel Hilfe und Unterstützung für die Neuorganisation des kirchlichen Lernsystems von den Partnerkirchen in Deutschland, Österreich, den Niederlanden und in der Schweiz bekommen. Wegweisende Mitarbeit war möglich in Organisationen wie der InterEuropäischen Kommission für Kirche und Schule (ICCS) und dem Internationalen Verband Evangelischer Erzieher (IV). Unser Ziel war, dass die »europäische Strategie für intelligentes, nachhaltiges und integratives Wachstum - EU 2020« Religion und Kirche nicht nur aus pragmatischen politischen Gründen auf »eine kulturelle Gegebenheit« reduzieren sollte. Man kann sich heute kaum vorstellen, was für eine große Möglichkeit damit gegeben ist, dass wir nach Jahrzehnten ohne Ausreisegenehmigung jetzt Schulpartnerschaften mit Deutschland in Nürnberg, Erfurt, Neuendettelsau, mit Schweden und Holland und auch mit den Vereinigten Staaten in Amerika wahrnehmen können.

Heute haben wir das folgende Bild von Schulen in Ungarn:[8]

	Insgesamt in Ungarn	in kirchlicher Trägerschaft
Kindergärten	2216	134
Grundschulen	2081	183
Fachschulen	317	24
Fachmittelschulen	412	28
Gymnasien	410	103

Die Zahl von Schulen und Kindergärten in kirchlicher Trägerschaft nimmt weiterhin zu.

[8] I. Balla / J. Lannert, A közoktatás finanszírozásának lehetséges megoldásai. TÁRKI-TVDok 2010.

Der Prozess der Rückgabe der Schulen und anderer Institute war kein Triumphzug. Es gab in Streik tretende Lehrkräfte und Eltern, Pressekampagnen gegen die Kirche und auch Ungeduld und falsche kirchliche Überlegenheit auf der anderen Seite. Jede Schule hat ihre eigene Geschichte. Es war aber wichtig, dass die Kirchen die Schulen nicht auf einmal mit einem Schlag, sondern stufenweise, Jahr für Jahr und nach nötigen Verhandlungen vorsichtig voranschreitend zurückbekommen haben.

Nach dem sehr liberalen Religionsgesetz von 1990 waren rund 200 angemeldete religiöse Gemeinschaften als »Kirchen« registriert. Manche davon haben es dabei nur auf die Steuerfreiheit abgesehen. Das Parlament hat im Juli 2011 ein neues Religionsgesetz verabschiedet, und die Bedingungen für eine Kirchengründung sind seit Januar 2012 viel schärfer.

Religionsunterricht ist in den kirchlichen Schulen obligatorisch und konfessionell. In den nichtkirchlichen Schulen können die Eltern ihre Kinder für konfessionellen Unterricht anmelden. Für die nicht angemeldeten Kinder gibt es das Fach Ethik und Geschichte der Religionen. Die einzelnen Kirchen haben administrative Ämter und Institute für Koordinierung, pädagogische und wissenschaftliche Begleitung der Schulen und sorgen für Weiterbildung der Lehrkräfte.

3 Evangelische Schulen in der Gegenwart

Seit 1989 ist die Frage immer wieder gestellt worden: worin unterscheidet sich eine konfessionelle Schule von einer staatlichen oder städtischen Schule?

3.1 Lehrpläne und Religionsunterricht

Die in den lutherischen Schulen verwendeten Lehrpläne sind grundsätzlich dieselben wie in den staatlichen Schulen. Diese Übereinstimmung ist auch die Voraussetzung, dass die Schulen dieselbe finanzielle Unterstützung vom Staat bekommen wie die nichtkirchlichen Einrichtungen. Die von den Kirchen übernommenen Schulen haben jedoch die Möglichkeit, Religion als Pflichtfach in den Stundenplan einzubauen. In staatlichen Schulen gibt es zwar oft die Möglichkeit, am Religionsunterricht teilzunehmen, dieser ist hier aber ausschließlich der kirchlichen Initiative überlassen und findet außerhalb des Stundenplans am Nachmittag – oft ohne offizielle Leistungsbewertung und nicht einmal in schulischen Räumen – statt. In kirchlichen Einrichtungen dagegen ist den Eltern und SchülerInnen von Anfang an klar, dass Religion ein Fach wie jedes andere ist: in den Stundenplan eingebaut mit Anwesenheitspflicht, mit Noten bewertet – im Gymnasium auch als Abiturwahlfach angeboten. Der Religionsunterricht wird meistens in Kleingruppen, in konfessioneller Aufteilung gehalten. SchülerInnen, die nicht der lutherischen Kirche angehören, können den Unterricht der eigenen Konfession besuchen. Konfessionslose SchülerInnen haben entweder die freie Wahl oder besuchen den lutherischen Religionsunterricht. In vielen Schulen wird auch eine Andacht – meistens am Montag in der ersten Stunde – gehalten, wo die SchülerInnen, wie in jeder Stunde, nicht fehlen dürfen.

3.2 Auswahl der Lehrkräfte

Was die Stellenbesetzungen betrifft, sind die einzelnen Schulen frei – jedoch ist es üblich, neben den professionellen Qualitäten auch die aktive Kirchenzugehörigkeit zu prüfen. Vorrang haben – bei gleicher fachlicher Eignung – bei der Auswahl die zur lutherischen Kirche gehörenden oder zumindest in einer Kirche engagierten Lehrkräfte. Es ist aber nicht nötig, einen Abschluss an einer kirchlichen Universität oder Hochschule zu haben.

In Schulen, die mit den LehrerInnen aus vormaliger staatlicher Trägerschaft übernommen worden sind, haben die Lehrkräfte die Möglichkeit, weiter in der Schule zu arbeiten, auch wenn sie keine religiöse-kirchliche Bindung haben. Erwartet wird hier allerdings, dass sie trotzdem am schulischen Leben – auch an Veranstaltungen wie Schulgottesdiensten oder Andachten – teilnehmen und die Werte der Schule akzeptieren.

Die Person des Direktors, der Direktorin muss in der letzten Wahlphase vom Landespresbyterium genehmigt werden; so hat die Kirche letztendlich auch Einfluss auf die Weiterentwicklung der eigenen Schulen.

3.3 Nachfrage

Was die Nachfrage betrifft, gibt es einen großen Unterschied zwischen Schulen mit großer lutherischer Tradition und solchen, die neu übernommen wurden – möglicherweise in einer Stadt, wo eine große Auswahl von Schulen zur Verfügung steht. So kommt es vor, dass in einzelnen

Schulen ein Aufnahmegespräch entscheidend ist. Da in den meisten Schulen die SchülerInnen mit lutherischer Konfession in der Minderheit sind, werden solche Kinder bei der Auswahl bevorzugt; natürlich sind aber Kinder mit anderer oder ganz ohne konfessioneller und religiöser Zugehörigkeit willkommen, falls sie gegenüber den Werten der Schule offen sind und die damit verbundenen Pflichten akzeptieren.

Eine Nachwirkung des Sozialismus ist, dass die Schule von den Eltern keinerlei religiöse Bindung erwarten kann; vielmehr sind die Eltern von lutherischen Schulen eine wichtige Zielgruppe der missionarischen Tätigkeit der Kirche. Viele Eltern haben erst durch ihre Kinder die Möglichkeit, mit der Kirche erstmals in ihrem Leben oder nach einer langen Pause Kontakt aufzunehmen. Daraus ergeben sich auch Beispiele, wo mit dem Kind auch die Eltern getauft werden. Das ist besonders dort der Fall, wo Kinder bereits vom Kindergarten an eine kirchliche Einrichtung besuchen können und die Bindung zur Kirchengemeinde Schritt für Schritt aufgebaut werden kann.

3.4 Qualität der kirchlichen Schulbildung

Die berühmteste Schule der lutherischen Kirche ist wohl das Gymnasium Fasor – eine Schule, aus deren Schülern zahlreiche Nobelpreisträger hervorgegangen sind. Eine lutherische Schule zu besuchen war immer schon mit einem gewissen Qualitätsanspruch verbunden und die Leistungen der SchülerInnen, auch im ungarischen Gesamtvergleich, sind gut. In den letzten Jahren hat aber die Kirche nicht nur traditionsreiche gute Schulen vom Staat übernommen, sondern auch solche, die eine durchschnittliche Ausbildungsqualität haben, als Schulen für SchülerInnen mit Lernschwächen gelten oder sich für die Integration von schwächeren Kindern einsetzen. Zum kirchlichen Bildungsauftrag gehört nicht nur die Bildung von Elite, sondern auch die Förderung von Benachteiligten.

3.5 Finanzierung kirchlicher Schulen

Die Finanzierung von kirchlichen Schulen (falls sie bestimmte Kriterien erfüllen) erfolgt hauptsächlich durch den Staat. Dessen Subventionen sollen die Betriebskosten, die Gehalts- und Fortbildungskosten und alle soziale Unterstützungen für SchülerInnen decken (wie z. B. gratis Lehrbücher und Mittagessen zum ermäßigten Preis für Kinder, die zwei oder mehr Geschwister haben oder in sozial schwachen Familien leben.) Die

Kirche hat die finanzielle Verantwortung für die Instandhaltung und Renovierung der Schulgebäude und unterstützt Sommerangebote der Schulen, z. B. SchülerInnenfreizeiten mit Fremdsprachenunterricht u. ä. Die Lutherische Kirche in Ungarn verwendete im Jahr 2011 ca. 0,5% des Gesamtbudgets für diesen Zweck.

Noch zu erwähnen ist, dass wir auch ein paar sogenannte »ökumenische Schulen« haben, die von zwei oder drei Konfessionen getragen sind. Die Entwicklung favorisiert aber sowohl früher als auch heute das Konfessionsschulsystem.

4 Gesellschaft, Kirche und Religion

Ein Rätsel ging von Mund zu Mund in Ungarn nach der Wende. Die Frage: was ist das Schlimmste im Kommunismus? Die Antwort: das Schlimmste ist, was danach kommt, ein Durcheinander und Gewirr! Die frühere kommunistische Elite als Chamäleon hat wichtige und lukrative Positionen der Gesellschaft nach 1990 erobert. Die sozialistische-kommunistische Erbschaft ist sehr bestimmend: große Staatschuld, Korruption, nachteilige und hasserfüllte Auseinandersetzungen in der Gesellschaft unter den politischen Parteien, ökonomische Krise, Arbeitslosigkeit, wobei uns ein schwacher Trost ist, dass aus anderen Staaten der Welt gleichfalls vielen schlechten Nachrichten zu hören sind. Bedrückend ist die spirituelle Armut und Hoffnungslosigkeit. Immer mehr Familien, Ehen, Beziehungen scheitern, und in einer Schulklasse finden sich kaum Kinder, die mit Mutter und Vater zusammen in einer Familie leben. Eine gewisse Hoffnung können wir heute darin bekommen, dass das wahrhaftige Ende des Kommunismus, also die wirkliche Wende in Ungarn jetzt mit den Parlamentswahlen 2010 mit der schweren Niederlage der postkommunistischen Parteien gekommen ist.

Wie, auf welche Weise kann die heutige ungarische Gesellschaft die Expansionspolitik der Kirchen in Fragen der Erziehung, Bildung, Übernahme der Schulen wahrnehmen?

Drei gesellschaftliche Verhaltensformen können wir heute unterscheiden:

Die erste Gruppe ist jene, bei der die schon der sozialistischen Vergangenheit zugehörende Ablehnung der Kirche manchmal mit hartnäckigem Widerstand gegen Religion verbunden ist. Diese Kräfte sind heute schon gesellschaftlich zurückgedrängt.

Die zweite Gruppe ist größer und religiös-kirchlich motiviert. Hier finden wir die traditionellen Christen, die Mitglieder der pietistischen Erweckungsbewegungen und die Elternbeiräte der Schulen. Bei einer Konsultation 1989 darüber, was eine kirchliche Schule ist, kam die Idee auf, dass die SchülerInnen mit dem Abitur auch bestätigt bekommen sollten, dass sie alle bekehrte Gläubige sind. Ob wir wohl so ein Zeugnis nach Abschlussprüfung des Theologiestudiums ausfertigen könnten? In dieser Gruppe kann man eine echte wahrgenommene Religiosität von der kirchlichen Praxis mit Gebet, Bibellese und Kirchgang und feste christliche Glaubenspositionen finden. Zur gleichen Zeit sind die früheren Erfahrungen der Verfolgung und Benachteiligung im Sozialismus sehr lebendig geblieben.

Die dritte Gruppe ist leider die größte. Es ist offensichtlich, dass Säkularisierung, Unkenntnis und Gleichgültigkeit gegenüber Kirche, Gottesdienst, Liturgie, Ökumene im Wachsen sind. Die ungarische Bevölkerung ist weiterhin noch »homo religiosus« mit »Hunger nach Transzendenz«, das heißt, sie sucht etwas als spirituelle Stütze und Zuflucht, aber viele sind »auf eigene Weise« religiös. Hier kommen nicht nur die verschiedenen Weltreligionen, Sekten, quasi-religiöse Vorstellungen ins Bild, sondern auch die oft illusionsraubenden Erfahrungen mit der »Volkskirche«.

Wahrscheinlich werden wir heute keinem Irrtum verfallen, wenn wir in der ungarischen Gesellschaft solche postmodernen Züge feststellen, von denen wir beim französischen Philosophen Jean-François Lyotard lesen.[9] Es gibt eine Distanzierung von jeglicher Form der Fortschrittgläubigkeit des Kommunismus, »die Autorität der Ideologien ist zugunsten kleinerer Sinnfragmente zersplittert«. In dieser Situation haben die kirchlichen Schulen eine gut verstandene Pädagogik der Kommunikation nötig. Die Kirchen in Ungarn bilden weiterhin wichtige Komponenten und Faktoren des Lebens der Gesellschaft. Unsere Schulen bedeuten einen sehr wichtigen Wirkungsbereich für Mission. Die kirchliche Unterweisung in den Gemeinden und in den Schulen ist dazu da, eine biblische und zur gleichen Zeit moderne Gotteserfahrung und Kirchenerfahrung erschaffen.

---

9 J.-F. Lyotard, Das postmoderne Wissen, 1986.

Béla Harmati

Church schools under Protestant stewardship

Hungary after the end of communism

1 Background: 1945–1990

Central European countries were, together with other European areas, deeply affected by World War II. There was immeasurable misery, devastation, ethnic cleansing and spiritual lethargy. As Hungary came under communist dictatorship with Soviet military support, it found itself in the so-called »Second World«, amidst the conflicts of the Cold War. Only after decades of »Babylonian« captivity did people and churches in the former socialist states achieve freedom in 1989/90.[1]

1.1 Forced re-education for society: 1948–1989

The socialist social order did not only mean the nationalization of estates (1945), abolition of church foundations, clerical orders and diaconal mother houses, but also the nationalization of church schools (1948) and the detention of church office holders who protested against these measures, such as the Lutheran Bishop Lajos Ordass and Cardinal József Mindszenty. The Communist Party and the government tried to organize a complete and all-encompassing »ideological education«, and churches were seen as a subversive force. There were, however, contracts between the state and the churches (1948–1950) that managed matters of mutual interest based on the division of state and church in the shape of a *modus*

[1] Cf. on the subject: M. Walker, *The Cold War and the Making of the Modern World* (London 1993); H. Vorster (Ed.), *Ökumene in Ungarn, der Tschechoslowakei und Polen* (Frankfurt/Main 1992); M. Greschat / W. Loth, *Die Christen und die Entstehung der Europäischen Gemeinschaft* (Stuttgart 1994); M. Tomka, Changes in the Structure of Denominations in East and Central Europe, in *Review of Sociology 22*, 1996, 88-103.

vivendi; the churches received a »certain freedom under supervision« (the Public Office for Ecclesiastical Affairs and the Secret Police).

1948:	Nationalized church schools	total (nationwide)[2]
- Nurseries	202	1246
- Primary schools	4262	7016
- Secondary (middle) schools	197	555
- Grammar (high) schools	87	173
- Colleges / Universities	30	42

The big domestic objective of the Party was the compulsory re-education of the nation from ›religious superstition‹ to »scientific ideology«, sometimes enforced with terror and violence (in the years before the 1956 revolution). This was followed by the conceited superiority of the dialogue between Christians and Marxists, as expressed by Milan Machovec:

> »Marxism views the history of religion [...] as imprisonment of many a valuable and important philosophical, ethnical and ›existential‹ questions which have to be liberated from this prison [...]«[3]

What kind of ideology several generations had to learn about church and religion has been aptly described by professors Tomka and Zulehner: »... religion is a false consciousness and a misapprehension which
- would, through its promises of a hereafter, keep people from righteous, secularistic action;
- had historically caused great harm;
- would be opposed to any development, and now definitely obsolete;
- would additionally represent exploitative class interests (and the clergy's own interest);
- and would, above all things, be a purely private matter, an individual decision in the depths of the soul, that has nothing to do with public behaviour and especially not with the life of society, at least not in a legitimate way«.[4]

---

2 From Statisztikai Évkönyv, in *Beszélő*, 27 April 1991, 11.

3 M. MACHOVEC, *Marxismus und dialektische Theologie* (Zurich 1965), 12

4 M. TOMKA/ P.M. ZULEHNER, *Gott nach dem Kommunismus - Religion in den Reformländern Ost (Mittel)Europas* (Ostfildern 1999), 59.

Taking stock of the religiosity in socialism should not only deal with individual or internal dimensions but also with questions of social relevance and national identity with regards to church and religion. At the same time, sociologists traced the quasi-religious structure of Marxism. »At the beginning of the fifties, one could already find a listing of pseudo-religious Marxist elements in Toynbee; the processions of yore replaced by protests, the holy icons by images of those in government, [...] through a secularized eschatology of the heavens realized on earth [...] due to man's work, [...] there was a certain youth dedication, a socialistic name giving and marriage ceremony etc.«[5]

1.2 Dealing with the past and reorientation: 1989–1990

The fall of the Iron Curtain had the signs of a Christian departure. The political and economical restructuring meant open borders to Austria and for GDR refugees, the re-evaluation of the 1956 events from »counter-revolution« to revolution and national uprising. The Socialist Workers' Party relinquished its constitutionally anchored leading role and the nation organized itself as a parliamentary multiparty democracy.[6] A new religious law was adopted by Parliament (24th January 1990), retaining the church/state division but granting free practice of religion for all citizens, and abolishing the contracts between church and state that had been in place during 1948–1950. The Public Office for Ecclesiastical Affairs was dissolved. The first free parliamentary election for 44 years was held in March 1990, and the government negotiated the restoration of nationalized church assets (July 1991). Many of the schools, universities and institutions that had been taken away by the state were reopened. In 1991, the Soviet Army pulled out of the country and Hungary left the Warsaw Pact. In 1994, the country became a NATO member and joined

---

[5] G. Krusche, Civil Religion und Kirche in der DDR in *epd-Dokumentation* 18/1987, 24–25; O. Klohr, *Naturwissenschaft, Religion und Kirche* (Berlin 1958); W. Zademach (Ed.), *Reich Gottes für diese Welt – Theologie gegen den Strich* (Waltrop 2001).

[6] G. Dalos, *Ungarn vom Roten Stern zur Stephanskrone* (Frankfurt/ Main 1997); J. Pungur, *The Churches in Communist Hungary 1948–1990* (Calgary 1994); V. Vajta, *Die »diakonische Theologie« im Gesellschaftssystem Ungarns* (Frankfurt/ Main 1987).

the European Union in 2004. Churches were able to access mass media, and socio-diaconal services (refugee relief, addiction service etc.) were extended through ecumenical collaboration (Ecumenical Relief). There was an increase in the number of baptisms (including adult baptisms), spiritual immersion and liturgical renewals, youth movements and evangelizations, new foreign partner church contacts, formation of a protestant church theatre and of a Roman Catholic radio station.

However, there were conflicts in the assessment of the population's religiosity as well. On one hand, we could talk about a hunger for transcendence, but this does not mean that we encounter a hunger for church as an institution. There were different religious elements which were alive in the shape of people's church tradition, in the relationship between church and nation and as underlying structures of fundamental values, e.g. resuscitation attempts of a religious-chauvinistic nationalism. On the other hand we have experienced how deep and far-reaching the results of Marxist-atheist re-education were. The approximately forty-year-long regime of the Communist Party has considerably weakened the formerly strong role of religion in society. However, it would be wrong and lopsided to blame the political power structure alone for this situation. The socio-economic process of modernization and the rule of the party state influenced went hand in hand. The current increasing secularism of the western European states also demands a thorough analysis. Furthermore we can ascertain that the church has been strengthened through intense and often violent persecutions and that this situation could be conducive for opposition building within the socialist society.[7]

---

[7] E. Weingartner (Ed.), *Church Within Socialism – Church and State in East European Socialist Republics* (Rome 1976); P. Mojzes, *Christian-Marxist Dialogue in Eastern Europe* (Minneapolis 1981); H.-J. Joppien (Ed.), *Der Ökumenische Rat der Kirchen in den Konflikten des Kalten Krieges* (Frankfurt/ Main 2000); B. Harmati, Die heutige Situation der Evangelisch-lutherischen Kirche in Ungarn – Mit Blick auf Kirchen der zentraleuropäischen Staaten, in *Die Kirchen der Gegenwart vol. 1*, ed. M. Plathow (Göttingen 2007), 125.

2 Minority Protestantism with insufficient manpower

The Protestant school system has been an important factor in the protection of Protestant identity. It has contributed to the development of our minority church to a creative minority. In 1930, the Lutheran proportion of the population was 6.1% while 12.3% of university alumni were Lutheran. It is therefore understandable that after the fall of the Iron Curtain we wanted to return to schools that were rich in tradition but, as it happened, nationalized. In 1989 we had to start from zero.

According to the census 2001 we find ourselves in the following situation:

Population:	10,198,315
- Roman and Greek Catholic	54.5 %
- Reformed	15.9 %
- Lutheran	3.0 %
- Jewish	0.1 %
- Other confessions and religions	1.1 %
- No affiliation, non-religious	14.5 %
- No answer	10.1 %
- Unknown	0.7 %

Protestants – the Reformed and the Lutheran Church – make up 18.9% of the population. There are indeed »mammoth communities« counting several thousands of members, which formed in regions where the sometimes very bloody counter-reformation was not able to gain ground; but we do have areas with Diaspora communities, where a major mother church administrates several smaller branches. The arrangements between the churches and the government from 1948 to 1950 gave churches a certain leeway. Rather than being traditional concordats, they were agreements regarding mutual interests.

The state determined the sum of the subsidy for staff payment and maintenance costs for the churches' property. Religious education was allowed outside of the state schools' curriculum, and individual churches were further permitted to have secondary schools – eight for the Roman Catholic and one for the Reformed Church. In 1952, the Lutheran Church's two secondary schools that had been approved in the 1948 agreement were taken away, church work was restricted to the local parish and nationwide organizations were disallowed. The leaders of the local and territorial party apparatus tried everything to obstruct church activities and religious education. An official permit was needed for renovation work, for copying of church circulars or educational material; church services and events in the sacristy enjoyed relative freedom. It is therefore understandable that in addition to religious education in the classroom, more space for children's services, Sunday school and confirmand tuition was looked for. The question »Church schooling or academic education?« was clearly answered with an emphasis on and practice of church tuition.

In 1989, churches were most painfully affected by the lack of manpower. They tried to find their own means for the training of religious educators, but back then, the church's theological faculties had to fight staff restrictions imposed by the state. An example: in 1959, at the time of Bishop Zoltán Káldy's inauguration, the Lutheran Church had 430 pastors, whereas in 1987, when Bishop Béla Harmati started his office, there were only 253 pastors. The big historical task for the churches in Hungary was to completely re-organize the training for pastors and pedagogues in parallel to restarting former schools and educational institutes.

It is probably true not only for Hungary but for all former socialist countries that we have some catching-up to do in terms of basic knowledge about religion and church. Whole generations have heard nothing about or only negative references to »clerical ideology«. Religious education in new church schools meant that parents, together with their children, often took an interest in the church community, which in turn led to many adults coming forward for baptism. Hungarian churches received a lot of help and support for the re-organization of their church education system from partner churches in Germany, Austria, the Netherlands and Switzerland. Groundbreaking work could be done in organizations such as the InterEuropean Commission on Church and School (ICCS) and the International Association for Christian Education (IV). It was our goal that the »European strategy for smart, sustainable and inclusive growth – EU 2020« should not reduce religion and church »to a cultural condition« only out of pragmatism. Nowadays, after decades without travel permits, it is hard to imagine the immense opportunities we can now realize through partner schools in Germany (Nuremberg, Erfurt and Neuendettelsau), Sweden, the Netherlands as well as the USA.

This is the picture we have of schools in Hungary today:[8]

	Total in Hungary	under church administration
- Nurseries	2216	134
- Primary schools	2081	183
- Technical colleges	317	24
- Specialized secondary schools	412	28
- Grammar schools	410	103

The number of schools and nurseries under church administration continues to grow.

The restoration process for schools and other institutes was no triumphal procession! There were teachers and parents on strike and smear campaigns against the Church on one side as well as impatience and wrong clerical superiority on the other side. Every school has its own story! However, it was important that the churches got the schools back not at once but in stages, year by year, after necessary negotiations and careful treading.

After the very liberal religious law of 1990, approximately 200 religious communities were registered as »churches«. Many of them only asked for tax exemption. In July 2011, the parliament adopted a new religious law, and the conditions for the establishment of a church are much harder from January 2012.

Religious education in church schools is obligatory and confessional. In non-church schools, parents can enrol their children for confessional lessons. Children who are not enrolled receive education in ethics and the history of religions. Individual churches have administrative offices and institutes for coordination, provide pedagogic and scientific support for schools, and arrange vocational training for teachers.

[8] I. BALLA / J. LANNERT, A közoktatás finanszírozásának lehetséges megoldásai. TÁRKI-TVDok 2010.

3 Protestant schools today

Since 1989 the following question has repeatedly been asked: what makes a denominational school stand out from a state or city school?

3.1 Curricula and religious education

The syllabus used in Lutheran schools is fundamentally the same as in state schools. This concurrence is also the condition under which schools receive the same subsidy as secular institutions. However, schools that have been taken over by churches can potentially include religion as an obligatory subject in their syllabus. In state schools it is often possible to attend religious education, but it is up to the church's initiative and scheduled for the afternoon, outside the curriculum – often without assessment and not even in the school building. In church institutions, on the other hand, parents and children know from the start that religious education is a subject like any other: built into the curriculum with compulsory attendance and asses with grades, and offered as an A-level subject in higher secondary schools. Lessons take place in small groups divided by denomination; students who do not belong to the Lutheran Church are able to attend lessons for their own confession. Non-denominational students may choose to join any denominational group or attend the Lutheran class. Many schools have Monday morning devotions, which, too, need to be attended by all students.

3.2 Selection of teaching staff

With regards to filling vacancies, schools may decide for themselves; it is, however, common practice to consider active church membership in addition to professional teaching qualities. In the event of equal qualifications, teaching staff who belong to the Lutheran Church or are at least engaged in church activities would be prioritized, but they do not have to have graduated from a church-run university or Higher Education Institution.

In schools that have been taken over from the state together with the staff, teachers can continue working in the school even if they do not have a religious or church affiliation. However, it is expected that they participate in school activities such as services or devotions and accept the school's ethic values.

The head teacher has to be authorized by the Synod Council in the last stage of the selection; hence the Church can effectively influence the development of their own schools.

3.3 Demand

In terms of demand, there is a big difference between schools with long Lutheran tradition and those that have been newly taken over – possibly in a city with a large choice of schools. An admissions interview can therefore be decisive in individual schools. As pupils of the Lutheran confession are a minority in most schools, they are being favoured during the selection process, but children of other denominations, or of no confession or religious affiliation at all, are of course welcome, provided they are open to the school's values and accept the duties involved.

As a consequence of socialism, the school cannot expect any kind of religious affiliation from the parents; in fact, the parents of students attending Lutheran schools are an important target group in the missionary work of the Church. Many parents are only able to engage with the church through their children; for some of them, it may be the first time in their lives, others may renew contact after a long break. This can result in examples where parents are being baptized together with the child, especially in cases where children can attend a church institution from nursery age onwards and the bond to the church is being built up step by step.

3.4 Quality of church schooling

The most famous school of the Lutheran Church is probably the *Gymnasium Fasor* – a school that has educated several Nobel Prize winners. Attending a Lutheran school has always been associated with a certain quality, and the achievements of students compare well with the rest of the country. In recent years, the church has not only taken over prestigious schools that are rich in tradition but also those with an average educational quality or even schools for children with learning disabilities or those that champion the integration of academically weaker children. The church's educational mission does not stop with the elite; it also includes the facilitation and support of the disadvantaged.

3.5 Funding of church schools

The funding of church schools (if they fulfil certain criteria) is mainly handled by the state. Subsidies should cover the running costs, salaries and training expenses as well as all social support services for students (e.g. free school books and reduced lunch costs for children with two or more siblings or those who live in socially disadvantaged families). The Church has the financial responsibility for the maintenance and renovation of the school building and supports the summer activities of the schools such as students' time off with foreign language lessons. In 2011, the Lutheran Church in Hungary used approximately 0.5% of its annual budget for this purpose.

Finally, we also have some so-called »ecumenical schools« that are carried by two or three denominations. However, history has always favoured – and still does so today – the denominational school system.

4 Society, church and religion

A conundrum made the rounds in Hungary after the fall of the Iron Curtain. The question: what is the worst thing about communism? The answer: the worst thing is what follows afterwards, chaos and confusion! After 1990, the former communist elite have, Chameleon-like, gained important and lucrative positions in society. The socialist-communist inheritance is very determinant: large national debt, corruption, harm- and hateful disputes in society between political parties, economical crisis, unemployment – it is a small consolation that many other countries have just the same bad news. Equally depressing is the spiritual poverty and hopelessness. More and more families, marriages, relationships falter, and there is hardly a classroom where children live as a family with both their mother and father. The decisive defeat of the post-communist parties in the 2010 parliamentary elections has now finally heralded the real end of communism and therefore the real turning point, so there may yet be hope.

How, in what way can today's Hungarian society realize the expansion politics of the churches in matters such as upbringing, education, taking-over of schools?

Today, we can distinguish three societal patterns of behaviour:

The first behavioural group rejects church based on the socialist history, sometimes with additional persistent resistance against religion. These forces have already been pushed into the background of society.

The second group is larger and religiously motivated. Here we find traditional Christians, members of pietist revival movements and those in parents' associations in schools. During a consultation in 1989 which looked at features of a church school, the idea was raised of issuing students with a certificate that attests they are converted believers when they leave school. Maybe we could issue a similar certificate after the final examination in theological studies? In this group one can find a real perceived religiosity of church practice with prayer, Bible study, church going and firm Christian belief. At the same time, prior experiences of persecution and disadvantage under socialism have been kept alive.

The third group is unfortunately the largest. It is obvious that secularization, ignorance, indifference towards church, service, liturgy and ecumenism is growing. The Hungarian population continues to remain »homo religious« with »hunger for transcendence«; in other words, people seek something as spiritual aid and shelter, but many are religious »in their own way«. This is where not only the different world religions, sects and quasi-religious agendas come in, but also the often disillusioning experiences of the »people's church«.

We probably wouldn't be wrong if we observed tendencies in Hungarian society such as those described in the French philosopher Jean-François Lyotard's *Postmodern Condition.*[9] There is an alienation from any form of communism's belief in progress, the authority of ideologies shattered in favour of smaller fragments of sense. In these circumstances, church schools would benefit from well-understood communication pedagogics. The churches in Hungary continue to form important components and factors of societal life. Our schools represent a very important area for mission. Ecclesiastical education in parishes and schools is there to create a biblical and simultaneously modern experience of God and the Church.

---

[9] J.-F. Lyotard, *The Postmodern Condition: A Report on Knowledge* (Manchester 1986).

Stefan Myrskog

The Rights of girls and boys in the church[1]

The Evangelical Lutheran Church of Finland on its way towards a participatory society

For some years now children's rights have been high up on the agenda both in the Evangelical-Lutheran Church of Finland and in the Finnish society as a whole. We have seen a new consciousness about the needs and rights of the younger generation. This has led to a new activity on how the work among children and youth should be carried out.

The focus in this essay is on a project called *The rights of girls and boys in the church.* It was launched in autumn 2008 by the Evangelical-Lutheran Church of Finland. The central idea was to find out how the rights of girls and boys are realized in the church and how the realization of these rights could be improved both in the church and in the Finnish society. The project deals with both structural issues and practice.

The intention within the church was also to strengthen its networking with the Finnish Government through its Child and Youth Policy Programme 2007-2011 as well as with a variety of organizations aimed to promote the welfare of children, youth and families.

1 Children in the church – from passive members to participants

The beginnings of the Christian formation in Finland are rooted in the teachings on baptism. From the times of the reformer Mikael Agricola (ca 1510–57) the Evangelical-Lutheran Church of Finland played the role of educator. Many generations were brought up on teaching in homes, churches and confirmation classes. With the help of basic Christian literature as the Bible, the hymnbook and the catechism the youth learned to read and at the same time the church's message was rooted in their lives.[1]

In 1869 the state overtook the administration over the schools but religious education still had a fortunate position. Biblical history and catechism reading were among the central topics within the religious education.[2]

The church continued with the confirmation training which can be seen as its only youth work until 1888. That year many Christian youth associations where born and at the turn of the century Christian youth work was run by these associations.[3] This was also a turbulent time when many questioned the church, its world view and work.[4]

Soon after the independence 1917 the country run into a civil war that divided the people into a red and a white block with the church strongly connected with the white. The consequences of the war lasted long.[5] The years of war 1939–1945 with their many difficulties and the Soviet Union as a common enemy were in many ways a uniting factor although the time was harsh.[6]

Little by little the parishes got involved with the new form of work with children and youth carried out by the organizations. The education of youth leaders for the church started 1949 and a few years later the building of camp centres started in many parishes. These centres have had a great impact on the work with children and youth in Finland.[7]

Today the church works on a wide level with an extensive network in society. This includes many independent Christian organizations operating within the church. Many of the methods developed in the 20th century are still in use. A glance at the statistics (2009) will give us a clue where the religious formation in the church stands today.

---

1 E. KALLINEN / T. HUTTUNEN, Ennen meitä – 100 vuotta kristillistä nuorisotyötä, in: *Nuorisotyön käsikirja*, ed. T. Paananen / H. Tuominen (Helsinki 2005), 295.

2 G. O. ROSENQVIST, *Finlands kyrka i det senaste halvseklets brytningstider* (Åbo 1946), 127–132; W. SCHMIDT, *Finlands kyrka genom tiderna* (Stockholm 1940), 257.

3 KALLINEN/HUTTUNEN (see fn. 1), 296.

4 ROSENQVIST (see fn. 2), 115.

5 KALLINEN/HUTTUNEN (see fn. 1), 298.

6 Op. cit., 301.

7 Op. cit., 302.

The Evangelical-Lutheran Church of Finland is a folk church with 79.7% of the whole population as its members.[8] This means that a great deal of the population has some kind of connection to the church, even if they do not necessarily attend church very often.

About one third (32%) of the church budget was aimed at the work with children and youth.[9] The church has a total of 21,598 employees of which 4,046 are working with this age group.[10] The church has considered it important to allocate resources to this field.

Of all the children born in Finland 80.2% were baptized into the Evangelical-Lutheran Church, which gives a total of 48,494 baptisms.[11] This indicates that the church still has a good base in reaching its members already through baptism talks.

The church meets children and teenagers in many different ways. 23,318 children between 4–10 years took part in Sunday school, daytime clubs for preschool boys and girls gathered 43,110 participants, family clubs reached 1.2 million, morning and afternoon activities for schoolchildren were joined by 798 in the morning and 10,755 in the afternoon. And not to forget open house type of meetings, youth services, scouting etc.[12] For example about 70% of the Finnish scouts have their base in a local parish.[13]

In the religious education in school students are divided according to their own religion. Religious practice is not allowed in the religion class, but the students get a good platform from where they can explore their religious thinking. School services held in church are still quite popular even though attending is optional.

Confirmation training still attracts teenagers and 83.6% of the 14–15 year olds attended confirmation training. Including those who are confirmed later the percentage rises to 87.6%.[14] This means that the church

---

8 *Kirkon tilastollinen vuosikirja 2009/Statistisk årsbok för kyrkan* (Helsinki 2010), 12.

9 Op. cit., 169.

10 Op. cit., 24–30.

11 Op. cit., 15.

12 Op. cit., 85.

13 *Kyrkostyrelsens cirkulär* No. 10/2011.

14 *Kirkon tilastollinen vuosikirja 2009*, 85.

still has a good opportunity to meet teenagers with its ethics and beliefs. The confirmation work is popular and many of the confirmed carry on and participate in the education of Young Confirmed Volunteers (YCV) that most congregations offer in their youth-work.[15]

Little by little the formation of faith has moved from a view on children as passive members to a vision on children as participants in the church.

Today the church stands in a fork with two road signs. One says *order* and the other one *participation*. The road of order indicates a way where things happen systematically and correct. While the road of participation asks: what can become of us when we walk together?[16] According to its strategy the Evangelical-Lutheran Church of Finland has chosen the way of participation. The strategy is called *Our Church a participatory community*.

2 The rights of girls and boys in the church

We live in a time when many people question the church and its teachings. We see the statistics go down little by little.

In autumn 2010 about 40,000 members left church. The church's image-crisis started after a TV debate on homosexuality. The programme was about homosexual rights in society and stirred much attention. The main theme was whether homosexuals have the right to get married in church and to get the blessing for their partnership. It also posed the question of who can speak on behalf of the church.[17]

The great number of people that left church in such a short time was something of a shock and shows have fragile the basis for a (folk-) church can be in an individualistic and pluralistic society.

---

15 See e.g. J. Porkka, Av dina egna ska du höra det […] Unga frivilliga ledare i konfirmandarbetet, in *Mellom pietisme og pluralitet – konfirmasjonsarbeid i fire nordiske land i et empirisk perspektiv*, red. B. Krupka / I. Reite (Oslo 2010), 72–88; *Kirkon tilastollinen vuosikirja 2009*, 85.

16 K. Virtanen, Lapsi ja osallisuuden kirkko, in *Näyn & kuulun*, ed. S. Nurmi / K. Rantala (Helsinki 2011), 79–80.

17 *Kyrkans fyra årstider*, ed. Kyrkans informationscentral (Helsinki 2011), 9.

When this happened the church was in the process of dealing with the rights of girls and boys in the church. These events confirmed how important it is that church members are being seen and heard and able to participate in the daily life of the parish. What if the church had taken this issue more seriously earlier?

The rights of girls and boys in the church is a project on a more structural level and »was born« within the Kirnu, a co-operative network run by four service organizations together with the Church Council.[18]

The word participation is central in this thinking and most likely the only way forward for the formation of faith in the church. With this project the church wants to create models and tools as a help to really see and treat children as full members and participants. This thinking came into the Finnish confirmation training curriculum in 2001, although it was worked out in many parishes long before that.[19]

Through participation people grow and mature, become seen and heard, involved in the community. And when children can fully participate in the church, something happens with the church too. It becomes more open, friendly and alive.

It is stated in the project plan[20] that the project goes hand in hand with the Governments child and youth policy programme[21] and that it is in line with the values of childhood and youth stated in this programme.[22] Furthermore it sees the responsibility for the wellbeing of children, youth

---

18 These are The Finnish Evangelical Lutheran Parishes' Centre for Child Work (*Seurakuntien lapsityön keskus*), Christian Association for Boys and Girls in Finland (*Poikien ja tyttöjen keskus*), The Evangelical Lutheran Youth Centre in Finland (*Nuorten keskus*), The Finnish Evangelical Lutheran Mission (*Suomen lähetysseura*) and two members from the Church Council of the Evangelical-Lutheran Church of Finland.

19 *Elämä - usko - rukous. Rippikoulusuunnitelma* 2001 (Suomen ev.-lut. Kirkon kirkkohallituksen julkaisuja 2001:10) Helsinki (Kirkkohallitus).

20 *Tyttöjen ja poikien oikeudet kirkossa 2009-2011.* Seurakunnalliset palvelujärjestöt toteuttamassa lapsi- ja nuorisopolitiikan kehittämisohjelmaa. Hankesuunnitelma 25.11.2009.

21 *The Finnish Government's Child and Youth Policy Programme 2007-2011.* Publications of the Ministry of Education, Finland 2008:21.

22 Particularly parts 7.1., 7.5., 7.7., 7.10., 4.2., 4.3. and 4.4.

and their families as vitally important. The project is also sponsored by the Ministry of Education and Culture.

Four areas were selected for the project: 1) The celebration of the Convention on the Rights of the Child that took place in November 2009 with a lot of festivities. 2) The church elections in November 2010 where 16-year olds could vote for the first time. 3) Steps of improvement in taking the child's perspective in decision making at all levels in the church, *Seen and heard*. 4) A multicultural programme called *Monesa*. In the following I will give a brief examination of what has happened in the four areas so far.

2.1 Celebrating the 20th anniversary of the Convention of the Rights of the Child

The Convention of the Rights of the Child was adopted and opened for signature, ratification and accession by the United Nation General Assembly resolution 44/25 of 20 November 1989. The path to the Convention was long and slow but today it is the most widely ratified human rights treaty. Somalia and the United States are the only countries that have not yet ratified it but have signed it, indicating their support. Built on varied legal systems and cultural traditions, the Convention is a universally agreed set of non-negotiable standards and obligations.[23]

One of the goals for the project was to make this document known all over Finland. The strategy was to put up a media campaign and to celebrate 20th November, the day of the Child convention. The festivity-year was carried out in a network with the Government authorities, different organizations and the Evangelical-Lutheran Church of Finland. The cooperation between these and the improvement of children's rights built the base for the whole project on the rights of girls and boys in the church.[24]

A lot of happenings where carried out throughout the year and many young and old became involved. A possibility of making agreements between adults and children was introduced. The simplest agreement could for example be on spending more time together. The archbishop promised to promote that the work and administration of the church is evaluated

---

[23] www.unicef.org.

[24] *Tyttöjen ja poikien oikeudet kirkossa 2009-2011.*

and kept up with what implications the church's doing and deciding has on children's life. A school class in Teuva made an agreement with their homes on basic security and with the school on friendship.

A delegation of children reached President Tarja Halonen with a verdict on children's rights to faith and religion. Children's parliament in Finland had a session in the Finlandia hall and concerts were held in churches and schools all over the country. A seminar on the Convention of the rights of the child was arranged for those who work with children and youth in the church.

2.2 THE FIRST TIME – PARISH ELECTIONS 2010

The second focus was on the parish elections that took place on November 14/15 2010. Parish elections are local elections, organized every four years. Members of the parish board are elected in these elections. In parishes belonging to a parish union, the elected become members of a parish council or a joint parish board. It is, in other words, a central tool in maintaining the church democracy.

This was the first time 16-year olds had the opportunity to vote in parish elections in the Evangelical-Lutheran Church of Finland. The criterion was that the person had turned 16 by the first day of election and was a member of the church. The person did not have to be confirmed. To be a candidate you still have to be 18 and confirmed.

A lot of preparations had been brought out before the elections and the expectations were high. Would the youth take part in the elections or would they ignore the whole thing? This election was also seen as a test and a guide for future elections (communal and parliament) in the country, and in this respect the elections were closely followed by the authorities.

The aim was to elect people – of all ages, in different life situations, representing different fields – to bring their experience and vision for the use of the parish. The increase of young adults among the elected was especially hoped for.

Due to many reasons the participation was higher than in the previous elections, 2006.[25] 17% used their possibility to influence the deci-

[25] For example as a response to the TV debate mentioned above (p. 176) thousands

sion-making in the church. Of the 16-17 year olds 15.3% took part in the election and 8.5% of the elected candidates were under 30 years.[26]

The goal concerning the first-timers using their vote was satisfactorily fulfilled but the percentage of elected candidates under 30 years was seen as too low. Here are still much to be done in coming elections.

2.3 Seen and heard

The programme *Seen and heard* deals with the providing of tools to secure the participation and the rights of the child in the church and its parishes. It is carried out in different ways and here we will look at two of them.

In November 2009 the General Synod made a decision and asked the Church Council to prepare a proposal for changing the church law by putting up an *Assessment on the rights of the child* to be used on all levels in the church's decision making bodies and administration, and to prepare practical instructions on the Assessment on the rights of the child to be used in the work and administration in the parishes.[27] Likewise the General Assembly sent an *initiative on increasing the participation of the youth* to the Church Council for preparation.[28]

The assessment on the rights of the child stresses that it is important to, and this already in the planning stage, think about and analyze what implications the action has on children. Here it is important to listen to the children and their parents.

Observing the child perspective is built on common obligations and statutes where the child's best is the purpose, for example the Finnish

---

left the church whereas others saw the elections as a way to influence in the church and decided to take part.

[26] *Kirkon tiedotuskeskus.*

[27] Suomen evankelis-luterilaisen kirkon Kirkolliskokous Pöytäkirja, Syysistuntokausi 2009 I kirja (Helsinki 2010), §47 and Suomen evankelis-luterilaisen kirkon Kirkolliskokous keskustelupöytäkirja, Syysistuntokausi 2009 (Helsinki 2010), §47.

[28] Suomen evankelis-luterilaisen kirkon Kirkolliskokous Pöytäkirja, Syysistuntokausi 2009 I kirja (Helsinki 2010), §24 and Suomen evankelis-luterilaisen kirkon Kirkolliskokous keskustelupöytäkirja, Syysistuntokausi 2009 (Helsinki 2010), §24.

youth law (72/2006) and the United Nations Convention on the Rights of the Child.

Building on baptism and the teachings of Jesus the church has to see the children as valid members that have to be seen, heard and allowed to participate in their parish and church. Another central question is what implication a child friendly church will have on the elder members. What can we learn from the children?

The Church Council is also asked to work out practical instructions on how to deal with the assessment on the rights of the child in the parishes' activity and administration. *The children have the right to be heard and to be able to participate in the activities in the parish* the general committee declares.[29] This does not mean that children will take part in decision making but that they are given the possibility to improve the decision making in areas that affect them. At the time of this essay the Church Council is working on the proposal.

According to this a diploma *The seen and heard trumpet* has been published. It is a diploma the congregations can earn when they fulfil the criteria for being child-friendly. The parish is recommended to ask itself ten questions to see if it is child-friendly or not. The questions function as a door into this thinking.

The questions are: Are the voices of children and youth heard? Is there room/space to grow here? May one grow in peace here? Are all respected here? Are things considered from the family's point of view? Are there enough of good adults? Does the employer remember the priority of the child's best? Do all sorts of families get support? Do you stay in contact with others doing the same work? Do you consider everyone below 18 years as children?

The Increasing of the youth's participation is a way to strengthen the membership in the church through the participation in the decision-making in parish and church. The possibility for the 16 year olds to vote was a step in the right direction.

But the Church Synod also gave the Church Council the task to give

---

[29] Yleisvaliokunnan mietintö 11/2009 edustaja-aloitteesta 5/2009, joka koskee Lapsen oikeuksia ja lapsivaikutusten arviointia kirkossamme, asianumero 2009-00269. Liite VI.E.11/09.

a proposal on how to do this. The task is threefold and consists of: 1) Including an obligation to listen to the youth and let them participate in the decision-making. 2) Mapping out models for youth participation in the parish and to give examples on how it can be done. 3) Make an investigation on possibilities for founding a youth church council and its right to make initiatives to the General Synod.[30] In the diocese of Porvoo - which is the diocese for the Swedish-speaking in Finland - such a youth church council exists since 1968 and has been of great inspiration in the youth work.

At the time of this essay these initiatives lies with the Church Council for preparation and will be brought back to the General Assembly when ready.

2.4 Monesa

Monesa is a shortening for *monenlaisia ja samanarvoisia*, meaning »manifold but with the same value«. In 2006 the Finnish Lions organization had a fund, collecting money for a project called *The participation of children and youth in the immediate and local community*, a project led by the department for education and youth work, a unity within the Church Council. Later this project became part of *the rights of girls and boys in the Church.*[31]

The focus has been on integration of children - moving to Finland from abroad - into the Finnish youth-community. The goals put up for this work was to a) support children and youth in their participation and growing into a multicultural society, b) develop the skills of the employees for this work and c) look for and develop new models for increasing the participation of children and youth.[32]

Different projects were carried out on a local basis, e. g. a club for 6-10 years old Russian speaking girls. Other groups focused on basketball or floorball. One project dealt with dialogue between religions on a

---

30 Yleisvaliokunnan mietintö 6/2009 edustaja-aloitteesta 6/2009, joka koskee nuorten osallisuuden vahvistamista kirkossamme. Liite VI.E.6/09.

31 Monesa - monenlaisia ja samanarvoisia. Kirkon lapsi- ja nuorisotyön monikulttuurisuus- ja osallisuuskasvatuksen kehittämisprojektin loppuraportti in *Minutes from Kirkon kasvatuksen ja nuorisotyön neuvottelukunta* 4/2010. Liite IV.

32 Op. cit.

daily basis. Another organized a school camp in the wilds to help immigrant children get acquainted to the Finnish nature etc.

Trainings on different levels have also been arranged. The need of training in multiculturalism and religious dialogue is increasing all the time and the church has good prerequisites to be active in this field.[33]

SUMMARY

The rights of girls and boys in the church has started a process within the church. It is still too early to draw any further conclusions on what impact the project will have on the Christian formation. But it has increased the theological work on children and there is hope that the focus on participation will lead to a more child friendly church.

The celebrating of the Convention of the rights of the Child engaged on a broad level and the happenings were reported in the media all over the country.

The parish elections showed that young people are interested in religious matters and want to participate and influence the parish decisions. The media campaign was visible and the possibility to vote in schools, supermarkets and other places of easy access turned out to be a smart strategy.

The Church Council is working on the proposal of how to see and hear children and youth in the church. *Monesa* came to a close and can be seen as a step forward in the church's multicultural work and in finding models for this. Also a lot of material with ideas and guidelines are being prepared and will provide good help in taking steps forward.

Children and youth have the right to safety and wellbeing, to faith and encounter with the holy. In the church children have a natural place and their rights need to be guarded. Caring for children's rights is the obligation of all adults. And this is especially important for decision makers on different levels in church and society.

---

33 Op. cit.

Stefan Myrskog

Die Rechte von Mädchen und Jungen in der Kirche

Die Evangelisch-Lutherische Kirche Finnlands auf dem Weg zu einer partizipativen Gemeinschaft

Sowohl in der Evangelisch-Lutherischen Kirche Finnlands als auch insgesamt in der finnischen Gesellschaft stehen Kinderrechte bereits seit einigen Jahren ganz oben auf der Agenda. Wir haben ein neues Bewusstsein für die Bedürfnisse und Rechte der jüngeren Generation erlebt. Dies brachte in einer neuen Arbeitsgruppe Überlegungen hervor, wie die Arbeit mit Kindern und Jugend durchgeführt werden sollte.

Der Schwerpunkt in diesem Aufsatz liegt auf dem *Die Rechte von Mädchen und Jungen in der Kirche* benannten Projekt. Es wurde im Herbst 2008 von der Evangelisch-Lutherischen Kirche Finnlands gestartet. Der Kerngedanke hierbei war herauszufinden, wie die Rechte von Mädchen und Jungen in der Kirche umgesetzt werden und wie die Realisierung dieser Rechte innerhalb der Kirche und der finnischen Gesellschaft verbessert werden könnte. Das Projekt beschäftigt sich sowohl mit strukturellen Fragen als auch mit der Praxis.

Es war ebenfalls die Intention innerhalb der Kirche, ihre Vernetzung mit der finnischen Regierung durch ihr Kinder- und Jugendpolitik-Programm 2007–2011 sowie mit einer Vielzahl an Organisationen, die das Wohl von Kindern, Jugendlichen und Familien fördern wollen, zu stärken.

1 Kinder in der Kirche – von passiven Mitgliedern zu Mitwirkenden

Die Anfänge der christlichen Bildung in Finnland wurzeln in den Lehren über die Taufe. Seit den Tagen des Reformers Mikael Agricola (ca. 1510–1557) hatte die Evangelisch-Lutherische Kirche Finnlands die Rolle des Erziehers inne. Viele Generationen wuchsen mit Hausunterricht,

Unterricht in Kirchen und Konfirmationsklassen auf. Mit Hilfe der grundlegenden christlichen Literatur wie der Bibel, dem Gesangbuch und dem Katechismus, lernte die Jugend zu lesen, und gleichzeitig wurde die Botschaft der Kirche in ihrem Leben verankert.[1]

1869 übernahm der Staat die Verwaltung der Schulen, doch religiöse Bildung hatte weiterhin eine günstige Stellung. Das Lesen biblischer Geschichte und des Katechismus gehörten zu den zentralen Themen innerhalb religiöser Erziehung.[2]

Die Kirche fuhr mit dem Konfirmationsunterricht fort, was als ihre einzige Jugendarbeit bis 1888 angesehen werden kann. In jenem Jahr entstanden viele christliche Jugendverbände, und zur Jahrhundertwende wurde die christliche Jugendarbeit von diesen Verbänden geleitet.[3] Dies war auch eine turbulente Zeit, in der viele die Kirche, ihre Weltsicht und ihr Werk in Frage stellten.[4]

Bald nach der Unabhängigkeit von 1917 stürzte das Land in einen Bürgerkrieg, der die Bevölkerung in einen roten und einen weißen Block spaltete, wobei die Kirche stark mit dem weißen verbunden war. Die Folgen des Krieges währten lange.[5] Die Kriegsjahre 1939–1945 mit ihren vielen Schwierigkeiten und die Sowjetunion als gemeinsamer Feind waren auf viele Weise ein einigender Faktor, obgleich die Zeiten rau waren.[6]

Nach und nach engagierten sich die Gemeinden für die neue Form der Arbeit mit Kindern und Jugendlichen, die von den Organisationen geleistet wurde. Die Ausbildung von Jungscharleitern für die Kirche begann 1949, und wenige Jahre später begann der Aufbau von Jugendlagerzentren in vielen Gemeinden. Diese Zentren haben eine große Auswirkung auf die Arbeit mit Kindern und Jugendlichen in Finnland gehabt.[7]

---

1 E. Kallinen / T. Huttunen, Ennen meitä – 100 vuotta kristillistä nuorisotyötä (in: Nuorisotyön käsikirja, hg. v. T. Paananen / H. Tuominen, Helsinki 2005), 295.

2 G. O. Rosenqvist, Finlands kyrka i det senaste halvseklets brytningstider, Åbo 1946, 127–132; W. Schmidt, Finlands kyrka genom tiderna, Stockholm 1940, 257.

3 Kallinen/Huttunen (s. Anm. 1), 296.

4 Rosenqvist (s. Anm. 2), 115.

5 Kallinen/Huttunen (s. Anm. 1), 298.

6 A. a. O., 301.

7 A. a. O., 302.

Heute arbeitet die Kirche auf breiter Ebene mit einem weitläufigen Netzwerk in der Gesellschaft. Das schließt viele unabhängige christliche Organisationen ein, die innerhalb der Kirche operieren. Viele der im 20. Jahrhundert entwickelten Methoden werden weiterhin angewandt. Ein Blick auf die Statistik (2009) vermittelt uns einen Eindruck davon, wo die Glaubensbildung heutzutage steht.

Die Evangelisch-Lutherische Kirche Finnlands ist eine Volkskirche, der 79,7 % der Gesamtbevölkerung angehören.[8] Das bedeutet, dass ein Großteil der Einwohner irgendeine Art von Verbindung zur Kirche hat, auch wenn sie nicht unbedingt sehr oft den Gottesdienst besuchen.

Etwa ein Drittel (32 %) des Kirchenbudgets ist der Kinder- und Jugendarbeit gewidmet.[9] Die Kirche verfügt über insgesamt 21 598 Mitarbeiter, von denen 4046 mit dieser Altersgruppe arbeiten.[10] Die Kirche erachtet es als wichtig, Ressourcen in diesem Bereich zur Verfügung zu stellen.

Von allen in Finnland geborenen Kindern wurden 80,2 % evangelisch-lutherisch getauft, was insgesamt 48 494 Taufen ergibt.[11] Dies weist darauf hin, dass die Kirche noch immer eine gute Basis darin besitzt, ihre Mitglieder bereits durch Taufgespräche zu erreichen.

Die Kirche begegnet Kindern und Teenagern auf viele verschiedene Arten. 23 318 Kinder zwischen 4–10 Jahren besuchten den Kindergottesdienst, Tagesgruppen für Vorschulkinder zählten 43 110 Teilnehmer, Eltern-Kind-Gruppen erreichten 1,2 Millionen, Morgen- und Nachmittagsaktivitäten für Schulkinder wurden morgens von 798 und von 10 755 am Nachmittag besucht. Nicht zu vergessen sind offene Treffen, Jugendgottesdienste, die Pfadfinder etc.[12] Beispielsweise haben etwa 70 % der finnischen Pfadfinder ihre Basis in einer örtlichen Gemeinde.[13]

Im schulischen Religionsunterricht sind die Schüler nach ihrer Religionszugehörigkeit aufgeteilt. Religionsausübung ist im Unterricht nicht

---

8 Kirkon tilastollinen vuosikirja 2009/Statistisk årsbok för kyrkan, Helsinki (Kirkkohallitus) 2010, 12.

9 A. a. O., 169.

10 A. a. O., 24–30.

11 A. a. O., 15.

12 Kirkon tilastollinen vuosikirja 2009, 85.

13 Kyrkostyrelsens cirkulär Nr. 10/2011.

gestattet, doch die Schüler erhalten eine gute Grundlage, von der aus sie ihr religiöses Denken erkunden können. Schulgottesdienste in der Kirche sind weiterhin recht beliebt, obwohl der Besuch freiwillig ist.

Der Konfirmandenunterricht zieht noch immer Teenager an, und 83,6% der 14–15 jährigen besuchten den Konfirmandenunterricht. Inklusive jener, die später konfirmiert werden, steigt der Prozentsatz auf 87,6.[14] Das bedeutet, dass die Kirche noch immer eine gute Möglichkeit besitzt, Teenagern mit ihrer Ethik und ihren Überzeugungen zu begegnen. Die Konfirmandenarbeit ist beliebt, und viele der Konfirmierten machen weiter und partizipieren von den Bildungsangeboten der Young Confirmed Volunteers (YCV), die die meisten Kirchengemeinden in ihrer Jugendarbeit anbieten.[15]

Nach und nach hat sich die Glaubensbildung von einer Sicht der Kinder als passiven Mitgliedern hin zu einer Sichtweise von Kindern als Mitwirkenden in der Kirche bewegt.

Heute steht die Kirche an einer Weggabelung mit zwei Schildern. Eines besagt *Ordnung* und das andere *Partizipation.* Der Weg der Ordnung bezeichnet einen Weg, auf dem Dinge systematisch und nach kirchlichem Herkommen geschehen. Während der Weg der Partizipation fragt: was kann aus uns werden, wenn wir miteinander reden?[16] Laut ihrer Strategie hat die Evangelisch-Lutherische Kirche Finnlands den Weg der Partizipation gewählt. Die Strategie heißt *Our Church a participatory community (Unsere Kirche, eine partizipative Gemeinschaft).*

---

14 Kirkon tilastollinen vuosikirja 2009, 85.

15 S. z. B. J. Porkka, Av dina egna ska du höra det [...] Unga frivilliga ledare i konfirmandarbetet (in: B. Krupka / I. Reite [red.], Mellom pietisme og pluralitet – konfirmasjonsarbeid i fire nordiske land i et empirisk perspektiv, Oslo 2010, 72–88); Kirkon tilastollinen vuosikirja 2009, 85.

16 K. Virtanen, Lapsi ja osallisuuden kirkko (in: Näyn & kuulun, hg. v. S. Nurmi / K. Rantala, Helsinki 2011), 79 f.

2 Die Rechte von Mädchen und Jungen in der Kirche

Wir leben in einer Zeit, in der viele Menschen die Kirche und ihre Lehren infrage stellen. Und wir erleben, wie die Statistiken nach und nach sinken.

Im Herbst 2010 traten etwa 40 000 Mitglieder aus der Kirche aus. Die Imagekrise der Kirche begann nach einer Fernsehdebatte über Homosexualität. Das Programm beschäftigte sich mit Homosexuellenrechten in der Gesellschaft und erregte viel Aufmerksamkeit. Hauptfrage war, ob Homosexuelle das Recht hätten, kirchlich zu heiraten und den Segen für ihre Partnerschaft zu bekommen. Die Sendung warf auch die Frage auf, wer im Namen der Kirche sprechen kann.[17]

Die große Zahl an Menschen, die in so kurzer Zeit aus der Kirche austraten, war ein Schock und zeigt, wie fragil die Basis für eine (Volks-) Kirche in einer individualistischen und pluralistischen Gesellschaft sein kann.

Als dies geschah, befand sich die Kirche im Prozess der Beschäftigung mit den Rechten von Mädchen und Jungen in der Kirche. Diese Ereignisse bestätigten, wie wichtig es ist, dass die Kirchenmitglieder im Blick bleiben und gehört werden und in der Lage sind, am alltäglichen Leben der Gemeinde teilzunehmen. Was wäre gewesen, wenn die Kirche dieses Thema schon früher ernster genommen hätte?

Die Rechte von Mädchen und Jungen in der Kirche ist ein Projekt auf eher struktureller Ebene und wurde innerhalb der Kirnu »geboren«, einem kooperativen Netzwerk, das von vier Serviceorganisationen zusammen innerhalb des Kirchenrates betrieben wird.[18]

Das Wort Mitwirkung ist innerhalb dieses Denkens von zentraler Bedeutung und höchstwahrscheinlich der einzige Weg vorwärts für die

---

[17] Kyrkans fyra årstider, Helsingfors (Kyrkans informationscentral) 2011, 9.

[18] Das sind das Zentrum für Kinderarbeit der finnischen evangelisch-Lutherischen Gemeinden (*Seurakuntien lapsityön keskus*), der Christliche Verein für Jungen und Mädchen in Finnland (*Poikien ja tyttöjen keskus*), das Evangelisch-Lutherische Jugendzentrum in Finnland (*Nuorten keskus*), die finnische Evangelisch-Lutherische Mission (*Suomen lähetysseura*) und zwei Mitglieder des Kirchenrats der Evangelisch-Lutherischen Kirche Finnlands.

Glaubensbildung in der Kirche. Mit diesem Projekt möchte die Kirche Modelle und Werkzeuge als Hilfsmittel gestalten, um Kinder wirklich als volle Mitglieder und Mitwirkende zu sehen und zu behandeln. Dieser Gedanke wurde 2001 in den Lehrplan des Finnischen Konfirmandenunterrichts aufgenommen, obwohl er in vielen Gemeinden lange davor ausgearbeitet worden war.[19]

Durch Partizipation wachsen und reifen Menschen, werden gesehen und gehört und in die Gemeinschaft miteinbezogen. Und wenn Kinder vollständig in der Kirche mitwirken können, geschieht auch etwas mit der Kirche. Sie wird offener, freundlicher und lebendiger.

Im Projektplan[20] wird erklärt, dass das Projekt Hand in Hand mit dem Programm für Kinder- und Jugendpolitik der Regierung geht[21] und dass es mit den Werten von Kindheit und Jugend, die in jenem Programm konstatiert werden, übereinstimmt.[22] Außerdem erachtet es die Verantwortung für das Wohl von Kindern, Jugendlichen und ihren Familien als äußerst wichtig. Das Projekt wird auch durch das Ministerium für Bildung und Kultur gesponsert.

Vier Bereiche wurden für das Projekt ausgewählt: 1) Die Feier des Übereinkommens über die Rechte des Kindes, die im November 2009 mit vielen Festivitäten stattfand. 2) Die Kirchenwahlen im November 2010, bei denen 16jährige zum ersten Mal wählen konnten. 3) Schritte zur Verbesserung der Berücksichtigung der Kindesperspektive in Entscheidungsfindungen auf allen Ebenen der Kirche, *Gesehen und gehört.* 4) Ein multikulturelles Programm namens *Monesa*. Im Folgenden gebe ich einen kurzen Überblick darüber, was bisher in den vier Bereichen passiert ist.

---

19 Elämä – usko – rukous. Rippikoulusuunnitelma 2001 (Suomen ev.-lut. Kirkon kirkkohallituksen julkaisuja 2001:10) Helsinki (Kirkkohallitus).

20 Tyttöjen ja poikien oikeudet kirkossa 2009–2011. Seurakunnalliset palvelujärjestöt toteuttamassa lapsi- ja nuorisopolitiikan kehittämisohjelmaa. Hankesuunnitelma 25.11.2009.

21 The Finnish Government's Child and Youth Policy Programme 2007–2011. Publikationen des Bildungsministeriums, Finnland 2008:21.

22 Insbesondere die Teile 7.1. 7.5. 7.7. 7.10. 4.2. 4.3. und 4.4.

2.1 Feier des 20-jährigen Jubiläums des Übereinkommens über die Rechte des Kindes

Das Übereinkommen über die Rechte des Kindes wurde durch die Resolution 44/25 der Generalversammlung der Vereinten Nationen vom 20. November 1989 verabschiedet und zur Unterzeichnung, Ratifizierung und Inkraftsetzung vorgelegt. Der Weg zum Übereinkommen war lang und langwierig, doch heute ist es das am verbreitetste ratifizierte Menschenrechtsabkommen. Somalia und die Vereinigten Staaten sind die einzigen Länder, die es noch nicht ratifiziert, jedoch unterzeichnet haben, womit sie ihre Unterstützung andeuten. Aufgebaut auf verschiedenartigen Rechtssystemen und kulturellen Traditionen, ist das Übereinkommen eine universal vereinbarte Reihe von nicht verhandelbaren Standards und Verpflichtungen.[23]

Eines der Ziele des Projekts war es, dieses Dokument in ganz Finnland bekannt zu machen. Die Strategie war, eine Medienkampagne durchzuführen und den zwanzigsten November, den Tag der Kinderkonvention, zu feiern. Das Festjahr wurde in einem Netzwerk mit den Regierungsbehörden, verschiedenen Organisationen und der Evangelisch-Lutherischen Kirche Finnlands begangen. Die Zusammenarbeit zwischen jenen und die Verbesserung der Rechte von Kindern bildeten die Grundlage für das gesamte Projekt zu Rechten von Mädchen und Jungen in der Kirche.[24]

Über das ganze Jahr hinweg wurden viele Veranstaltungen durchgeführt, und viele Junge sowie Alte waren einbezogen. Eine Möglichkeit zum Treffen von Vereinbarungen zwischen Erwachsenen und Kindern wurde vorgestellt. Die einfachste Vereinbarung könnte beispielsweise sein, mehr Zeit miteinander zu verbringen. Der Erzbischof versprach, die Evaluierung von Arbeit und Administration der Kirche und die Rückmeldung darüber, welche Folgen die Aktivitäten und Entschlüsse der Kirche für das Leben von Kindern haben, voranzutreiben. Eine Schulklasse in Teuva traf mit ihren Elternhäusern eine Vereinbarung zur elementaren Sicherheit und mit der Schule eine Freundschaftsvereinbarung.

Eine Delegation von Kindern suchte Präsidentin Tarja Halonen mit einem Wahrspruch über Kinderrechte in Bezug auf Glauben und Religion

---

23 www.unicef.org.

24 Tyttöjen ja poikien oikeudet kirkossa 2009–2011.

auf. Das Kinderparlament in Finnland hatte eine Sitzung in der Finlandia-Halle, und es wurden Konzerte in Kirchen und Schulen im ganzen Land veranstaltet. Für jene, die mit Kindern und Jugendlichen in der Kirche arbeiten, wurde ein Seminar über das Übereinkommen über die Rechte des Kindes organisiert.

2.2 Das erste Mal – Gemeindewahlen 2010

Der zweite Schwerpunkt lag auf den Gemeindewahlen, die am 14. und 15. November 2010 stattfanden. Gemeindewahlen sind örtliche Wahlen, die alle vier Jahre abgehalten werden. Mitglieder des Gemeindevorstands werden hierbei gewählt. Die Gewählten aus Gemeinden, die zu einem Gemeindeverbund gehören, werden Mitglieder eines Gemeinderates oder eines gemeinsamen Gemeindevorstands. Anders gesagt handelt es sich um ein zentrales Werkzeug zur Wahrung der Demokratie in der Kirche.

2010 hatten 16jährige zum ersten Mal die Möglichkeit, an den Gemeindewahlen teilzunehmen. Kriterium war, dass man am ersten Tag der Wahl 16 geworden und Mitglied der Kirche war. Man musste nicht konfirmiert sein. Um sich als Kandidat wählen zu lassen, muss man jedoch weiterhin 18 und konfirmiert sein.

Viele Vorbereitungen waren vor den Wahlen getroffen worden, und die Erwartungen waren hoch. Würden die Jugendlichen an den Wahlen teilnehmen oder würden sie das Ganze ignorieren? Diese Wahl wurde im Land auch als Test und Wegweiser für zukünftige Wahlen angesehen (Kommunal- und Parlamentswahlen), und in dieser Hinsicht wurden die Wahlen vonseiten des Staates genau verfolgt.

Ziel war es, Menschen aus allen Altersgruppen, in unterschiedlichen Lebenssituationen und aus verschiedenen Bereichen zu wählen und ihre Erfahrung und Vision zum Nutzen der Gemeinde einzusetzen. Es wurde insbesondere ein Zuwachs junger Erwachsener unter den Gewählten erhofft.

Aus vielerlei Gründen war die Beteiligung höher als in der vorherigen Wahl von 2006.[25] 17 % nutzten ihre Möglichkeit, die Entscheidungsfin-

[25] Zum Beispiel traten Tausende als Reaktion auf die oben (S. 188) erwähnte Fernsehdebatte aus der Kirche aus, während andere die Wahlen als Weg zur Geltendmachung von Einfluss in der Kirche sahen und sich daher beteiligten.

dung innerhalb der Kirche zu beeinflussen. Von den 16–17jährigen nahmen 15,3 % an der Wahl teil und 8,5 % der gewählten Kandidaten waren unter 30 Jahre alt.[26]

Das Ziel betreffend der Erstwähler wurde zufriedenstellend erreicht, doch der Prozentsatz gewählter Kandidaten unter 30 wurde als zu niedrig erachtet. Hier muss bei kommenden Wahlen noch viel getan werden.

2.3 Gesehen und gehört

Das Programm *Gesehen und gehört* beschäftigt sich mit der Bereitstellung von Instrumenten, um die Mitwirkung und die Rechte des Kindes in der Kirche und ihren Gemeinden sicherzustellen. Es wird auf verschiedene Arten durchgeführt, und wir werden uns hier zwei davon genauer ansehen.

Im November 2009 traf die Generalsynode eine Entscheidung und bat den Kirchenrat, einen Antrag zur Änderung des Kirchenrechts auszuarbeiten, indem eine *Erhebung zu den Rechten des Kindes* erstellt wurde, die auf allen Ebenen innerhalb der entscheidungstragenden Gremien der Kirchgemeinden und der Kirchenleitung mit dem Ziel angewendet werden sollte, praktische Instruktionen zur *Erhebung der Rechte des Kindes* zu erarbeiten, die in der Gemeindearbeit und -leitung genutzt werden sollten.[27] Ebenso sandte die Generalversammlung ein *Begehren zur Steigerung der Mitwirkung von Jugendlichen* zur Erarbeitung an den Kirchenrat.[28]

Die Erhebung zu den Rechten des Kindes betont, dass es wichtig sei, und zwar schon in der Planungsphase, darüber nachzudenken und zu analysieren, welche Auswirkungen eine Handlung auf Kinder hat. Hierbei ist es wichtig, den Kindern und ihren Eltern zuzuhören.

---

[26] Kirkon tiedotuskeskus.

[27] Suomen evankelis-luterilaisen kirkon Kirkolliskokous Pöytäkirja, Syysistuntokausi 2009 I kirja, Helsinki 2010, § 47 und Suomen evankelis-luterilaisen kirkon Kirkolliskokous keskustelupöytäkirja, Syysistuntokausi 2009, Helsinki 2010, § 47.

[28] Suomen evankelis-luterilaisen kirkon Kirkolliskokous Pöytäkirja, Syysistuntokausi 2009 I kirja, Helsinki 2010, § 24 und Suomen evankelis-luterilaisen kirkon Kirkolliskokous keskustelupöytäkirja, Syysistuntokausi 2009, Helsinki 2010, § 24.

Die Wahrnehmung der Kinderperspektive baut auf gemeinsamen Verpflichtungen und Statuten auf, deren Anliegen das Wohl des Kindes sind, z. B. das finnische Jugendgesetz (72/2006) und das UN-Übereinkommen über die Rechte des Kindes.

Aufbauend auf die Taufe und die Lehren Jesu muss die Kirche Kinder als vollwertige Mitglieder ansehen, die gesehen und gehört werden müssen, und denen es ermöglicht werden muss, in Gemeinde und Kirche mitzuwirken. Eine weitere zentrale Frage ist, welche Auswirkungen eine kinderfreundliche Kirche auf die älteren Mitglieder haben wird. Was können wir von den Kindern lernen?

Der Kirchenrat ist auch angehalten, praktische Anweisungen auszuarbeiten, wie man mit der Erhebung der Rechte des Kindes in den Gemeindeaktivitäten und der Gemeindeleitung verfahren soll. Der Generalausschuss erklärt: »Kinder haben das Recht, gehört zu werden und in der Lage zu sein, an den Aktivitäten innerhalb der Gemeinde mitzuwirken«.[29] Das bedeutet nicht, dass Kinder an Entscheidungen teilnehmen, aber dass ihnen die Möglichkeit gegeben wird, die Entscheidungsfindung in Bereichen, die sie betreffen, zu verbessern. Zur Zeit der Entstehung dieses Aufsatzes arbeitet der Kirchenrat an dem Antrag.

Dementsprechend ist ein Zertifikat mit dem Titel *Die gesehene und gehörte Trompete* ins Leben gerufen worden. Es ist ein Zertifikat, das die Kirchengemeinden erhalten können, wenn sie die Kriterien für Kinderfreundlichkeit erfüllen. Es wird der Gemeinde empfohlen, sich zehn Fragen zu stellen, um herauszufinden, ob sie kinderfreundlich ist oder nicht. Die Fragen dienen als Einstieg in diese Denkweise.

Sie lauten: Werden die Stimmen von Kindern und Jugendlichen gehört? Gibt es hier Raum um sich zu entwickeln? Kann man sich hier in Frieden entwickeln? Werden alle respektiert? Werden Dinge aus Sicht der Familie betrachtet? Gibt es genügend zuverlässige Erwachsene? Berücksichtigt der Arbeitgeber die Priorität des Kindeswohls? Werden alle Arten von Familien unterstützt? Bleibt man in Kontakt mit anderen, die dieselbe Arbeit verfolgen? Wird jeder unter 18 Jahren als Kind betrachtet?

---

[29] Yleisvaliokunnan mietintö 11/2009 edustaja-aloitteesta 5/2009, joka koskee Lapsen oikeuksia ja lapsivaikutusten arviointia kirkossamme, asianumero 2009-00269. Liite VI.E.11/09.

Die Steigerung der Mitwirkung von Jugendlichen ist ein Weg, die Mitgliedschaft in der Kirche durch Partizipation in Entscheidungsprozessen innerhalb von Gemeinde und Kirche zu stärken. Die Möglichkeit für 16jährige zu wählen, war ein Schritt in die richtige Richtung.

Doch die Kirchensynode betraute den Kirchenrat auch mit der Aufgabe, einen Vorschlag abzugeben, wie dies zu bewerkstelligen sei. Die Aufgabe ist dreifach und besteht aus: 1) Einarbeitung einer Verpflichtung, der Jugend zuzuhören und sie an Entscheidungsfindungen teilnehmen zu lassen. 2) Entwurf von Modellen für die Partizipation der Jugend in der Gemeinde und Anführung von Beispielen wie dies realisiert werden kann. 3) Recherche nach Möglichkeiten der Gründung eines Jugendkirchenrates und seinem Recht, Begehren an die Generalsynode zu richten.[30] Im Bistum Porvoo – dem Bistum für die schwedischsprachigen Finnen – existiert solch ein Jugendkirchenrat seit 1968 und ist seither eine große Inspirationsquelle für die Jugendarbeit.

Zur Zeit der Entstehung dieses Aufsatzes, liegt die Ausarbeitung dieser Initiativen beim Kirchenrat und wird beizeiten bei der Generalversammlung vorgebracht werden.

2.4 Monesa

Monesa ist eine Kurzform für *monenlaisia ja samanarvoisia*, was bedeutet »vielfältig, doch mit gleichem Wert«. Im Jahr 2006 stiftete der Finnische Lions-Club einen Fonds, in dem Geld für ein Projekt namens *Die Mitwirkung von Kindern und Jugendlichen in der unmittelbaren und örtlichen Gemeinschaft* gesammelt wurde, ein von der Abteilung für Bildung und Jugendarbeit geleitetes Projekt, einer Einheit innerhalb des Kirchenrates. Später wurde dieses Projekt Teil der *Rechte von Mädchen und Jungen in der Kirche*.[31]

Der Schwerpunkt lag bisher auf der Integration von Kindern, die von außerhalb nach Finnland ziehen, in die finnische Jugendgesellschaft. Die

---

30 Yleisvaliokunnan mietintö 6/2009 edustaja-aloitteesta 6/2009, joka koskee nuorten osallisuuden vahvistamista kirkossamme. Liite VI.E.6/09.

31 Monesa – monenlaisia ja samanarvoisia. Kirkon lapsi- ja nuorisotyön monikulttuurisuus- ja osallisuuskasvatuksen kehittämisprojektin loppuraportti, in: Minutes from Kirkon kasvatuksen ja nuorisotyön neuvottelukunta 4/2010. Liite IV.

für diese Arbeit aufgestellten Ziele waren a) Kinder und Jugendliche bei ihrem Mitwirken an einer multikulturellen Gesellschaft und dem Hineinwachsen in diese Gesellschaft zu unterstützen, b) die Kompetenzen der Mitarbeiter für diese Arbeit zu entwickeln und c) nach neuen Modellen zur Steigerung der Mitwirkung von Kindern und Jugendlichen zu suchen und diese zu entwickeln.[32]

Verschiedene Projekte wurden auf lokaler Ebene durchgeführt, beispielsweise ein Club für 6–10jährige russischsprachige Mädchen. Andere Gruppen konzentrierten sich auf Basketball oder Hockey (Floorball). Ein Projekt beschäftigte sich täglich mit dem tagesaktuellen Dialog zwischen Religionen. Eine andere organisierte ein Schullager in der Natur, um Immigrantenkindern dabei zu helfen, die finnische Landschaft kennenzulernen etc.

Ebenso sind Schulungen auf verschiedenen Ebenen gestaltet worden. Der Bedarf an Schulung im Bereich Multikulturalität und religiösem Dialog nimmt stetig zu, und die Kirche besitzt gute Voraussetzungen, um in diesem Bereich aktiv zu sein.[33]

Zusammenfassung

Die Rechte von Mädchen und Jungen in der Kirche hat einen Prozess innerhalb der Kirche eingeleitet. Es ist noch zu früh, weitere Schlüsse darüber zu ziehen, welche Auswirkung das Projekt auf die christliche Bildung haben wird. Doch es hat die theologische Arbeit zu Kindern vermehrt, und es besteht Hoffnung, dass der Schwerpunkt auf Partizipation zu einer kinderfreundlicheren Kirche führt.

Die Feier des Übereinkommens über die Rechte des Kindes beschäftigte auf breiter Ebene und es wurde im ganzen Land in den Medien über die Ereignisse berichtet.

Die Gemeindewahlen zeigten, dass junge Menschen sich für religiöse Themen interessieren und an den Gemeindeentscheidungen teilnehmen und sie beeinflussen wollen. Die Medienkampagne war sichtbar und die

[32] A. a. O.

[33] A. a. O.

Möglichkeit, in Schulen, Supermärkten und an anderen, leicht zugänglichen Orten zu wählen, erwies sich als eine geschickte Strategie.

Der Kirchenrat arbeitet an dem Vorschlag, wie Kinder in der Kirche sicht- und hörbar gemacht werden können. *Monesa* kam zu einem Abschluss und kann als Schritt vorwärts in der multikulturellen Arbeit der Kirche und auf der Suche nach Modellen dafür gesehen werden. Eine Fülle an Materialien mit Ideen und Richtlinien wird ebenfalls ausgearbeitet und wird eine gute Hilfe beim Fortschritt in diese Richtung bieten.

Kinder und Jugendliche haben das Recht auf Sicherheit und Wohlergehen, auf Glauben und Begegnung mit dem Heiligen. Kinder haben in der Kirche einen natürlichen Platz, und ihre Rechte müssen beschützt werden. Es ist die Verpflichtung aller Erwachsenen, sich um die Rechte von Kindern zu kümmern. Und das ist besonders wichtig für Entscheidungsträger auf verschiedenen Ebenen in Kirche und Gesellschaft.

Thomas Schlag

Zwischen Sonntagsschule und nicht-konfessionellem Religionsunterricht

Das neue religionspädagogische Gesamtkonzept im Kanton Zürich

1 Gesellschaftliche und kirchliche Wandlungsprozesse

Welche Konsequenzen hat es für eine evangelische Volkskirche und das kirchliche Gemeindeleben, wenn der staatliche Religionsunterricht keinen Ort religiöser Vertrauensbildung mehr darstellt? Worauf soll kirchliches Handeln noch aufbauen, wenn religiöse Bildung an der Schule bewusst überkonfessionell, neutral und primär sachorientiert erteilt wird? Und wie soll Beheimatung im evangelischen Glauben geschehen, wenn nicht nur die Schule, sondern auch das Elternhaus als Orientierungsinstanz in diesen Fragen mehr und mehr ausfällt? Zudem ist zu fragen, wie damit umzugehen ist, dass die reformierte Kirche in der Schweiz möglicherweise in den kommenden Jahrzehnten unweigerlich ärmer, älter und kleiner wird?[1]

Der Vision eines intensiven und umfassenden kirchlichen Sozialisationsangebots in der reformierten Landeskirche des Kantons Zürich liegen konkrete und zweifelsohne prekäre Erfahrungen solcher Veränderungen zugrunde: Der Religionsunterricht in der Grundschule und an der weiterführenden Volksschule wurde durch verschiedene bildungspolitische Grundsatzentscheidungen der letzten Jahre bewusst so konzipiert, dass alle Versuche der Beheimatung in einer bestimmten religiösen Tradition nicht mehr möglich sind.

---

[1] Vgl. J. Stolz / E. Ballif, Die Zukunft der Reformierten. Gesellschaftliche Megatrends. Kirchliche Reaktionen, Zürich 2010.

Als ein »Religionsunterricht für alle« wird dieser aktuell flächendeckend nur noch durch staatlich aus- und weitergebildete Lehrkräfte erteilt, die das obligatorische Fach »Religion und Kultur« religiös neutral erteilen und dabei vor allem die wesentlichen Gehalte und Traditionen der fünf Weltreligionen vermitteln sollen. Lehrkräfte, die ihre Kompetenzen am Ort theologischer Fakultäten oder kirchlicher Ausbildungseinrichtungen erworben haben, sollen aus programmatischen Gründen nicht mehr am Ort der öffentlichen Schule eingesetzt werden, weil man diesen nicht die offiziell notwendige und vermeintlich mögliche religiöse Neutralität zutraut. Doch dies ist nicht der einzig und vermutlich nicht einmal der primäre Grund für den religionspädagogischen Aufbruch der reformierten Landeskirche im Kanton Zürich.

Denn verschiedene demoskopische Umfragen der letzten 40 Jahre zeigen, dass in den Elternhäusern ein starker religiöser Traditionsabbruch zu verzeichnen ist: In der Stadt Zürich sank der Anteil der Evangelisch-Reformierten von 53 % im Jahr 1970 auf 30,3 % im Jahr 2000 – Tendenz weiter fallend. Insgesamt hat sich in der Eidgenossenschaft der Anteil von Kindern zwischen 0 und 9 Jahren ohne religiöse Zugehörigkeit zwischen 1970 und 2000 verzehnfacht. Als genereller Trend für die Schweiz wird von religionssoziologischer Seite aus konstatiert, dass traditionelle christliche Religiosität an Wichtigkeit verliert, Fundamentalismen, Spiritualisierung und religiöse Pluralität etwas an Boden gewinnen.[2] So gilt auch für den schweizerischen Kontext, dass der Plausibilitätsverlust der Familienreligiosität die wichtigste Ursache »für den derzeitigen manifesten Verlust an Christlichkeit und Kirchenbindung unter der nachwachsenden Generation«[3] darstellt. Bis auf die monetäre Basis – immerhin bezahlen im Kanton Zürich Unternehmen noch indirekte Kirchensteuer – wackelt in der klassischen Volkskirche vieles, was sich nicht zuletzt an der Präsenz der nachwachsenden Generation bei

---

2 Vgl. M. Baumann / J. Stolz, Religiöse Vielfalt in der Schweiz: Zahlen, Fakten, Trends (in: dies. (Hg.), Eine Schweiz – viele Religionen. Risiken und Chancen des Zusammenlebens, 2007), 63f.

3 F.-X. Kaufmann, Die Entwicklung von Religion in der modernen Gesellschaft (in: K. D. Hildemann (Hg.), Religion – Kirche – Islam. Eine soziale und diakonische Herausforderung, 2003), 28.

gottesdienstlichen und kirchengemeindlichen Angeboten etwa im Bereich der Jugendgruppen und Jugendarbeit deutlich zeigt.

Allerdings wird nach wie vor festgehalten, dass für die Mehrheit der Bevölkerung die Verbindung mit einer Tradition oder Religionsgemeinschaft immer noch einen Bestandteil ihrer gesellschaftlichen und persönlichen Identität darstellt: »Die Religion ist heute gleichzeitig eine private und eine öffentliche Angelegenheit«, wobei »die individuelle und kollektive Bildung des religiösen Selbst in einem gesellschaftlichen Kontext statt[findet], in dem die Zugehörigkeit zu einer Glaubensgemeinschaft für die Mehrheit der Bevölkerung eine Bedeutung behält«.[4] Dies zeigt sich nicht zuletzt an der jährlichen Anzahl der Konfirmandinnen und Konfirmanden, die nach wie vor auf hohem Niveau stabil ist und in der Regel etwa 60% bis 80% der in Frage kommenden reformierten Jugendlichen umfasst.[5]

Zugleich gilt außerdem – und daran kann die kirchliche Arbeit mit Kindern anknüpfen: »Dem Glauben entspricht auf einer grundsätzlichen Ebene nicht das Nicht-Glauben, vielmehr die existenzielle Frage nach dem Glauben – in der Schwebe allerdings. Diese Einstellung ist nicht Vorstufe zur Aufkündigung sämtlicher religiöser Ressourcen, vielmehr [...] eine Erwartungshaltung, eine unabgeschlossene Suche ausserhalb des durch die religiösen Organisationen abgesteckten Rahmens«.[6]

Insofern stellt die kirchliche Initiative eines religionspädagogischen Gesamtkonzepts (im Folgenden: *rpg*) im Kanton Zürich nicht einfach ein luxuriöses »Sonder-Angebot« dar, sondern markiert eine bewusste bildungspolitische Strategie angesichts der angedeuteten aktuellen Entwicklungen bzw. eine durchaus positive und kreative ultima ratio angesichts der konstatierten Traditionsabbrüche bzw. der zu befürchtenden Konsequenzen einer theologisch inhaltsärmer werdenden Volkskirche sowie eines sich ausdünnenden Gemeindelebens.

---

4 C. Bovay / R. Broquet, Religionslandschaft in der Schweiz. Bundesamt für Statistik, Neuchâtel 2004, 9.

5 Vgl. T. Schlag / R. Voirol-Sturzenegger (Hg.), Konfirmationsarbeit im Kanton Zürich. Erkenntnisse – Herausforderungen – Perspektiven, 2010.

6 R. J. Campiche, Die zwei Gesichter, Faszination und Entzauberung, Zürich 2004, 128 Zur Interpretation A. Dubach / B. Fuchs, Ein neues Modell von Religion. Zweite Schweizer Sonderfallstudie – Herausforderung für die Kirchen, 2005.

2 »Von der Wiege […]« – Zum Profil kirchlicher Sozialisation im Kanton Zürich

Im Jahr 2004 wurde nach einem ausführlichen Konsultations- und Partizipationsprozess das *rpg* von der Synode der Evangelisch-reformierten Landeskirche des Kantons Zürich verabschiedet.[7] Dadurch wurde ein weitreichendes – und notabene verpflichtendes bzw. verbindliches! – Angebot kirchlicher Bildungsarbeit in den Kirchgemeinden implementiert, durch das aktuelle gesellschaftliche und innerkirchliche Herausforderungen sowie Veränderungen familiärer Lebenslagen besser als bisher aufgenommen und bearbeitet werden sollten. Durch die Etablierung des *rpg* wollte man in der reformierten Landeskirche des Kantons Zürich in eigenständiger Weise an ähnliche Intentionen und entsprechende Bildungsangebote anderer schweizerischer Landeskirchen aus den letzten Jahren anknüpfen.[8] Damit verband und verbindet sich die Grundidee, die bisherigen kirchlichen Angebote wie etwa die klassische Sonntagsschule (wo sie überhaupt noch existiert), zwar nicht einfach aufzulösen, aber doch neben diese Art freiwilliger Angebote ein klar strukturiertes und über die einzelnen Gemeinden hinweg mehr oder weniger gleichermaßen zu etablierendes Konzept einzuführen.

Entstanden ist dabei unter der Überschrift »aufwachsen – aufbrechen« ein Konzept, das eine kirchliche Angebotsstruktur für Heranwachsende von der Geburt bis ins junge Erwachsenenalter umfasst: Das *rpg* will Kindern für ihr Aufwachsen Heimat bieten und Jugendliche für den Aufbruch in ein selbst verantwortetes (Glaubens-)leben kompetent machen. Dafür sollen kirchliche Lebensräume eröffnet werden, in denen sich die Kinder und Jugendlichen als Persönlichkeiten und bedeutsame Glieder der Gemeinde wahrnehmen können. Durch eine erkennbare und gestaltbare »Kirche am Ort« sowie vertraute Gesichter und Räume soll Kindern und Jugendlichen Heimat geboten werden. Das *rpg* ist insofern

---

[7] Vgl. zum Hintergrund und Profil, www.rpg-zh.ch.

[8] Vgl. Reformierte Kirchen Bern – Jura – Solothurn (Hg.), Wegleitung für die Kirchliche Unterweisung vom 14.2.1994 (Stand am 21.2.2000), Bern 2000; Reformierte Landeskirche Aargau (Hg.), Projekt Pädagogisches Handeln, Bulletin Nr. 15 v. 30. August 1996; Evangelische Landeskirche des Kantons Thurgau (Hg.), Konzept und Verordnung »Kirche, Kind und Jugend«, Frauenfeld 1999.

ganzheitlich und intergenerationell ausgerichtet. Religiöses Lernen wird verstanden als Lernen *aus Erfahrungen, in Beziehungen* und *durch Übernahme* von Verantwortung. Mit und durch religiöse Inhalte sollen in altersspezifischer Weise Entwicklungsschritte gefördert werden, die im *rpg* in folgendem Sinn ausdifferenziert sind: Sich selber finden - In Beziehung leben - Seine Wurzeln kennen - Seinen Glauben ausdrücken - Seinen Blick weiten - Verantwortlich handeln. Damit steht dieses Konzept für eine deutlich erkennbare Gesamttendenz der Stärkung reformierter Identität in den deutschschweizerischen Kirchen. Man kann auch generell formulieren: gerade weil in der Schweiz die Basis für einen schulischen Religionsunterricht flächendeckend nicht mehr allzu lange selbstverständlich gegeben sein wird, sind hier gegenwärtig in verschiedenen Landeskirchen aufwendige Initiativen im Gange. Zugleich zeigen sich im *rpg* verschiedene kantonale Spezifika, etwa im Blick auf die rechtliche Verankerung, die Finanzierungsmöglichkeiten sowie die Intensität der Ausbildung und Durchführung des »Zürcher Modells«; auf diese soll hier, um Profil, Chancen und Risiken eines solchen kirchlichen Neuaufbruchs besser einschätzen zu können, kurz eingegangen werden.

Das *rpg* unterteilt das religionspädagogische Handeln in die vier Phasen der Vorschulzeit (Geburt bis 8 Jahre), der Primarschulzeit (8 bis 12 Jahre), der Zeit bis zur Konfirmation (12 bis 16 Jahre), sowie der Zeit des jungen Erwachsenseins (16 bis 25 Jahre).

Ziel dieser vier Phasen ist es, die Heranwachsenden familiennah und altersgerecht im Glauben beheimaten und im Leben begleiten zu können. Jede der vier Phasen ist von einer spezifischen Ausdrucksform besonders geprägt:

- In der Vorschulzeit werden die Kinder an das *Feiern* herangeführt.
- In der Primarschulzeit bildet das *Lernen* den Schwerpunkt: dieses geschieht nicht nur im wöchentlichen Unterricht, sondern auch an Projekttagen oder in so genannten »Lagern«, d. h. Jugendfreizeiten oder anderen projektförmigen Aktivitäten.
- In der Zeit vor der Konfirmation kommt das *Teilen* besonders zum Zug. Begegnung und Gemeinschaft stehen in dieser Phase im Mittelpunkt.
- Die Zeit nach der Konfirmation wird als besondere Zeit des *Gestaltens* verstanden. Die Jugendlichen bestimmen zum großen Teil selber, wie ihr weiterer religiöser Weg in und mit der Kirche bzw. ihrer Gemeinde aussehen soll und mündig gestaltbar ist.

Mit dem *rpg* wird nicht alles ganz neu gemacht, sondern eher werden die bisher schon bestehenden kirchlichen Angebote unter einer nun klarer erkennbaren Gesamtstruktur zusammengeführt. So umfasste der kirchliche Religionsunterricht in der Primarschulzeit schon bisher 30 Stunden (à 60 min) in der dritten Klasse. Er soll innerhalb von 10 Jahren etappenweise ausgebaut werden und zwar mit 30 Stunden in der zweiten, 30 Stunden in der vierten und als letzte Etappe 30 Stunden in der fünften bis siebten Klasse. Dazu kommt der bereits bestehende Konfirmations-Unterricht in der neunten Klasse, der 72 Stunden umfasst.

Der Besuch dieser insgesamt 192 Stunden kirchlichen Religions- und Konfirmationsunterrichts gilt nach Abschluss der Einführung des *rpg* als Voraussetzung für die Zulassung zur Konfirmation und muss deshalb von Kindern, die sich am Ende des 9. Schuljahrs konfirmieren lassen möchten, besucht werden.[9]

Im Anschluss an die kirchenrechtliche Verankerung dieses verbindlichen Angebots sollen die Gemeinden diese Struktur in ihrer Arbeit implementieren und unter Verwendung der eigens dafür ausgearbeiteten Lehrmittel anbieten.

---

[9] Vgl. dazu die entsprechenden Bestimmungen: »Die Kirchgemeinden führen verbindliche und freiwillige religionspädagogische Angebote. Der Kirchenrat legt die Themen der verbindlichen religionspädagogischen Angebote gemäß den Beschlüssen der Kirchensynode fest« (Art. 70); »Kinder bis acht Jahre werden in die Grundformen des Glaubens und ins Kirchenjahr eingeführt. Kindern von acht bis zwölf Jahren wird ein vertieftes Grundwissen über den Glauben vermittelt. Sie werden angeleitet, für den Glauben Sprache und Ausdruck zu finden. Die verbindlichen religionspädagogischen Angebote für Kinder von acht bis zwölf Jahren umfassen mindestens 120 Stunden, unterteilt in mindestens 30 Stunden je in der zweiten, dritten und vierten sowie 30 Stunden von der fünften bis siebten Klasse. Kinder- und jugendgemäße Gottesdienste sind Bestandteil der Angebote« (Art. 71); »Jugendliche von zwölf Jahren bis zur Konfirmation werden auf der Suche nach einem mündigen Glauben und nach einem Leben in christlicher Verantwortung begleitet. Die verbindlichen religionspädagogischen Angebote für Jugendliche von zwölf Jahren bis zur Konfirmation umfassen mindestens 72 Stunden« (Art. 72), Kirchenordnung der Evangelisch-reformierten Landeskirche des Kantons Zürich, in: Antrag und Bericht des Kirchenrates an die Kirchensynode betreffend neue Kirchenordnung vom 9. April 2008.

Nach Schätzungen der verantwortlichen landeskirchlichen Abteilung »Pädagogik und Animation« haben inzwischen ca. 90% der insgesamt ca. 150 reformierten Gemeinden im Kanton Zürich den Unterricht für die vierte Klasse eingeführt. Der Zweit-Klass-Unterricht ist gegenwärtig von ca. 20% der Gemeinden eingeführt. Im Sommer 2011 tritt das *rpg* in seine nächste Ausbauetappe, die Angebote für die 5.–7. Klassenstufe. Geplant ist, dass das gesamte Konzept bis zum Jahr 2016 so ausgebaut ist, dass dafür die entsprechenden Lehrmittel vorliegen und die notwendigen Lehrkräfte in ausreichender Zahl ausgebildet sind.

Der zeitliche Umfang, die ausführlichen Lehrmittel sowie die detaillierte Aus- und Weiterbildung in diesem Bereich machen deutlich, dass die Zürcher Landeskirche hier nicht einfach nur ein Bildungs-Projekt auf Zeit anstoßen wollte, sondern tatsächlich eine umfassende Sozialisations-Initiative angestoßen hat. Auch die finanzielle und personelle Ressourcenzuteilung mit immerhin mehreren Millionen Franken pro Jahr und mehr als 600 Stellenprozent belegen dies in eindrücklicher Weise.

3 Zeichenhafte Wirklichkeit – Konkretionen des Konzepts

Die umfangreichen Lehrmittel, die jeweils als Schülerbuch und als Arbeitshilfe (letztere mit einem Umfang von insgesamt über 1300 Seiten!) für den 2.–, 3.–, 4.– sowie jüngst den 5.–7. Klass-Unterricht erschienen sind.[10] entsprechen mit ihren insgesamt 20 Themeneinheiten dem Rahmenplan des *rpg*. Diese sind aufgeteilt in:

- 2. Schuljahr: »Wir gehören zusammen« – »Die Kirche – ein besonderes Haus« – »Advent, Weihnachten und die Kindheit von Jesus« – »Biblische Wandergeschichten« – »Gottes schöne Welt«;
- 3. Schuljahr: »Taufe« – »Das Unservater« – »Abendmahl« – »Pfingsten«;
- 4. Schuljahr: »Forschungsprojekt Bibel« – »Urgeschichten – Urwahr-

[10] Evangelisch-reformierte Landeskirche des Kantons Zürich (Hg.), minichile. Wir gehören zusammen. Arbeitshilfe und Schülerbuch 2. Schuljahr; 3. Klass-Unti. Wir leben Kirche. Arbeitshilfe und Schülerbuch 3. Schuljahr; Club 4. Wir entdecken die Bibel. Arbeitshilfe und Schülerbuch 4. Schuljahr. Zürich 2008; JuKi. Wir glauben in Vielfalt. Arbeitshilfe 5.–7. Schuljahr, Zürich 2011.

heiten« – »Leben im Vertrauen auf Gott« – »Wer ist Jesus?« – »Unsere Kirche lebt mit Symbolen«.
- 5.–7. Schuljahr: »Der Prophet Jeremia« – »Paulus – Leben als Christ, als Christin« – »Die Zürcher Reformation« – »Weltweite Kirche – weltweite Solidarität« – »Begegnungen mit anderen Lebenswelten« – »Lebensbilder bieten Orientierung«.

Durch die einzelnen Themeneinheiten zieht sich in den Arbeitshilfen dabei die einheitliche Struktur einer theologischen und religionspädagogischen Einführung, einer tabellarischen Übersicht über den Unterrichtsverlauf bzw. mögliche Unterrichtsabläufe in 90minütigen und alternativ 45minütigen Sequenzen, weiteren Hintergrundinformationen für die Lehrperson, etwa zur Auslegung des Bibeltextes, zur Theologie und Geschichte des Themas und den vorgeschlagenen Materialien sowie Hinweise zur vertiefenden Lektüre. Beigegeben sind in der Regel ausführliche Materialblätter.

Die Schülerbücher enthalten neben vielfältigen Illustrationen und Texten insbesondere auch viele »leere Seiten«, die im Lauf der Unterrichtseinheiten auf eigenständige und kreative Weise gestaltet werden sollen. Großes Gewicht wird auch auf das gemeinsame Singen und Beten gelegt, so dass sich in den Materialien auch eine Vielzahl von Liedern und Gebeten finden. Ziel ist es hier durchaus, dass diese Lieder und Gebete auch auswendig gelernt werden sollen. Großes Gewicht wird zudem auf handlungsorientierte und gestalterische Zugänge zu den einzelnen Themen gelegt. So finden sich vielfältige Anregungen für eigene Rollenspiele und die Entwicklung von kleineren Theaterszenen, Sprechmotetten oder auch die bildnerische Gestaltung der thematisierten Geschichten und Symbole.

Eine Besonderheit des *rpg* ist seine Sicht auf die Unterschiede in der Entwicklung von Jungen und Mädchen. Das Konzept sieht deshalb auch geschlechtergetrennte Sequenzen vor. Hinsichtlich der pädagogischen Perspektive ist zu erwähnen, dass kirchliche religiöse Bildung, wie sie das *rpg* vorsieht, keine Unterschiede zwischen Bildungsniveaus macht. In den strukturierten Bildungsangeboten des *rpg* soll somit »religiöse Bildung für alle« geschehen, d. h. für diejenigen, die der reformierten Kirche zugehören – notabene ist dafür nach reformiertem kirchenrechtlichem Verständnis nicht in erster Linie die Taufe das entscheidende Kriterium, sondern schlicht die Eintragung der Kinder in das entsprechende

Einwohnermelderegister bzw. die entsprechender Erklärung bzgl. der konfessionellen Zugehörigkeit.

Unter dem Horizont von Kirche als Gemeinschaft der Gläubigen spielen die Sakramente Taufe und Abendmahl in allen Phasen eine wichtige Rolle. Durch die intensive Thematisierung sollen die Kinder verschiedene Zugänge zu diesen sichtbaren Zeichen des Glaubens und der Zuwendung Gottes kennenlernen. Zudem soll durch diese Themen und das entsprechende Feiern von Tauf- und Abendmahlsgottesdiensten schon früh ein Kontaktnetz von Kindern und Eltern zur Kirche sowie zwischen den Eltern und ihren Kindern geknüpft werden. Ausdrücklich thematisiert werden Taufe und Abendmahl insbesondere im 3.-Klass-Unterricht. Die Kinder sollen sich im Erinnern der Taufe und im Mitfeiern des Abendmahls als von Gott angenommen wissen und zugleich lernen, dass diese Gaben Gottes auch für ihr Verhältnis zu ihren Mitmenschen relevant sind. So soll in der 4. Klasse das Abendmahl als christliches Symbol des Teilens gefeiert werden, wobei die Jugendlichen diese Feiern mitgestalten können und sollen. Diese Begegnung mit den Sakramenten mit allen Sinnen wird zugleich als Grundlage für ein späteres mündiges Bekenntnis und die Übernahme von Verantwortung in der Kirche angesehen. Insbesondere diese diakonische Dimension erfährt in der Arbeitshilfe für die 5.–7. Klasse vielfältige Konkretionen, zum einen durch die Aufnahme biblischer und kirchengeschichtlicher Vorbilder, die sich gegen Ungerechtigkeit und Not gewandt haben, zum zweiten durch die Initiierung konkreter diakonischer Projekte im eigenen gemeindlichen Sozialraum, zum dritten durch die Präsentation vorbildhafter, für Gerechtigkeit und Solidarität eintretender Personen des Glaubens wie Florence Nightingale, Albert Schweitzer oder Martin Luther King.

Generell zeigt sich in den ausgearbeiteten Unterrichtsplänen und den vorgeschlagenen Unterrichtsverläufen immer wieder die Absicht, religiöse Themen und Inhalte mit den jeweils entwicklungspsychologisch geprägten Vorstellungs- und Wahrnehmungsmöglichkeiten der Kinder so zu verknüpfen, dass der Unterricht als lebensbezogen und lebensrelevant empfunden werden kann; der Wechsel zeigt sich hier sowohl in den Themen, Aufgabenstellungen wie auch in den Illustrationen der jüngst erschienenen Arbeitshilfe für die 5.–7. Klasse.

4 »Von Zürich lernen [...]«? – Perspektiven des rpg für andere kirchliche Kontexte

Insbesondere angesichts der genannten bildungspolitischen, aber auch der finanziellen Voraussetzungen im Kanton Zürich lässt sich die Situation kaum einlinig auf die Verhältnisse in deutschen Landeskirchen oder in anderen europäischen Ländern übertragen. In Deutschland kann aufgrund der verfassungsrechtlichen Garantie des Religionsunterrichts (Art 7,3 GG) nach wie vor davon ausgegangen werden, dass im schulischen Religionsunterricht Begegnungen mit evangelischer Glaubenstradition möglich sind und identitätsstiftende Effekte wirksam werden – ganz abgesehen davon, dass hier das kirchliche Personal (noch) seinen selbstverständlichen Ort im Schulleben hat. Insofern scheint es auf den ersten Blick weder notwendig noch sinnvoll, dort ein ähnlich intensives religionspädagogisches Gesamtkonzept aufzulegen wie dies in Zürich und anderen schweizerischen Landeskirchen der Fall ist. In anderen Regionen dürfte es an Möglichkeiten einer vergleichbaren Anschubfinanzierung und breiten personellen Ausstattung schlichtweg fehlen, so dass zu fragen ist, ob andernorts ähnlich umfangreiche Investitionspakete überhaupt geschnürt werden können. Es ist aber auch die Frage, ob solche überhaupt geschnürt werden müssten oder ob nicht auch ganz andere regionale Modelle einer innovativen und partizipativen Glaubensbildung denkbar sind. Auch ist es aus organisatorischen und theologischen Gründen nicht unproblematisch, ein Unterrichtsprogramm über viele Jahre zur Voraussetzung für die Konfirmation zu machen, wie dies in Zürich nicht ohne elterliche Widerstände geschieht. Wie sich der verbindliche Charakter und der notwendige hohe investive Einsatz sowohl im Blick auf finanzielle wie auch auf personelle Ressourcen auswirken wird, ist gegenwärtig Gegenstand einer in Kürze abgeschlossenen Dissertation.[11]

Der immer wieder gegenüber dem *rpg* geäußerte Einwand, dass man sich damit gleichsam in die kirchliche Nische zurückziehe und damit auf schweizerischem Boden nichts anderes als eine Christenlehre in

[11] Vgl. R. Voirol-Sturzenegger, Religiöse Bildung im Lebenslauf. Religionspädagogische Perspektiven zum Kompetenzerwerb im Kindesalter. Evaluationsstudie zum Religionspädagogischen Gesamtkonzept (rpg) der Evangelisch-reformierten Landeskirche des Kantons Zürich.

neuem Gewand betreibe, greift allerdings kaum. Denn angesichts der genannten bildungspolitischen Entwicklungen ist eine Rückkehr in den Bereich der öffentlichen Schule so für die Kirchen schlichtweg nicht denkbar oder absehbar. Insofern ist eine solche kreative Ultima Ratio bildungsorientierten Gemeindeaufbaus mehr als zeitgemäß.

Grundsätzlich ist gleichwohl zu betonen, dass die Nachhaltigkeit des *rpg* im Sinn religiöser und kirchlicher Sozialisationseffekte noch keineswegs eindeutig ist. So wird zukünftig intensiver zu untersuchen sein, welche Effekte das *rpg* für die Kinder tatsächlich zu gewinnen vermag – ähnliche Konzepte anderer Landeskirchen, die dort bereits länger etabliert sind, wie etwa die so genannte Kirchliche Unterweisung im Kanton Bern, könnten hier durchaus in eine Vergleichsstudie einbezogen werden.

5 Fazit

Gleichwohl lassen sich aufgrund bisheriger kleinerer Studien und Beobachtungen folgende Perspektiven des *rpg* für kirchliche Sozialisationsstrategien und eine beheimatende »Entwicklungsarbeit« auch für andere kirchliche Kontexte gewinnen.

Das besondere Profil des *rpg* zeigt sich ohne Frage in dem vielfältigen Versuch, Bildungsinhalte nicht nur intensiv zu bearbeiten (was die detaillierten Hinweise in den Lehrmitteln eindrücklich zeigen!), sondern diese auch mit Fragen der persönlichen und gemeinschaftlichen Spiritualität der Kinder zu verbinden. Insbesondere durch die Verknüpfung von biblischen Texten und Traditionen, Liedern, der eigenen Auseinandersetzung mit christlichen Symbolen sowie dem gemeinsamen Feiern werden die meisten Kinder diese Zeit mit Sicherheit nicht lediglich als einen schulischen Religionsunterricht im kirchlichen Raum wahrnehmen, sondern tatsächlich als besondere Form individuellen religiösen Erlebens empfinden. Durch die vielfältigen methodischen Zugangsweisen zu einzelnen Themen »mit allen Sinnen« bzw. die Eröffnung religiöser Vollzüge und Symbolisierungen dürfte das *rpg* nicht nur in erheblicher Weise zur religiösen Identitätsbildung und persönlichen Beheimatung im evangelischen Glauben beitragen, sondern auch für nachhaltige positive Effekte bei den Kindern sorgen.

Damit soll nun nicht gesagt sein, dass daran der spätere Konfirmandenunterricht automatisch anknüpfen kann und er es – bzw. seine Verantwortlichen – damit später prinzipiell leichter als bisher haben wird. Aber mindestens steht doch zu vermuten, dass die Jugendlichen, die das *rpg* bis zur Konfirmation durchlaufen haben und dabei positive Erfahrungen gemacht haben, auch in einer größeren Selbstverständlichkeit und einer grundsätzlich positiven Grundhaltung in ihr Konfirmandenjahr gehen werden – abgesehen von dem im gelingenden Fall vorhandenen Vertrautsein mit einzelnen Personen der Kirchengemeinde sowie dem Gemeindeleben bis hin zum Kirchenraum selbst.

Auch die im Unterrichtsmaterial vielfach vorliegenden Versuche, religiöse Inhalte auf ihre ethischen Implikationen hin durchzubuchstabieren, machen deutlich, dass das *rpg* keineswegs eine kirchliche Bildung im engeren Sinn eines »intra muros« intendiert. Indem die Kinder für eigene Verantwortung, Empathie und diakonisches Helfen ebenso wie eigene Schuld und eigenes Vergeben-können sensibilisiert werden, wird im *rpg* eine ethische Dimension klar erkennbar und damit evangelische Bildung auch in ihrer öffentlichen »Außenwirkung« verdeutlicht.

Die Intensität des kirchlichen Bildungsangebots *rpg* macht augenfällig, dass diese Arbeit weder primär von den Pfarrerinnen und Pfarrern noch allein von engagierten Eltern getragen werden kann. Vielmehr setzt das *rpg* bewusst auf eine stärkere Verantwortungsübernahme professionell ausgebildeter und auch entsprechend bezahlter Katechetinnen und Katecheten. Dies ist nun nicht einfach als notgedrungene Arbeitsentlastung der Pfarrer zu verstehen, sondern vielmehr als Ausdruck für eine sinnvolle Ausweitung innerkirchlicher professioneller Partizipation zu begreifen. Insofern kann das *rpg* auch andere Landeskirchen und Gemeinden grundsätzlich für die notwendige und theologisch konsequente stärkere Partizipation von KatechetInnen am gemeindlichen und gottesdienstlichen Leben sowie die stärkere Vernetzung kirchlicher Berufsgruppen sensibilisieren.

Durch die anvisierte Integration der Eltern insbesondere in die gottesdienstliche Praxis ergibt sich ein kaum zu überschätzender gemeindeaufbaurelevanter Effekt. Indem die Kinder an vielen Stellen des Unterrichts zudem dazu ermutigt werden, ihre kreativen Zugänge zu einzelnen Themen immer auch mit ihren Eltern zu kommunizieren, werden diese bewusst in die religiösen Entwicklungen ihres Kindes involviert und dazu herausgefordert, auch ihre eigenen religiösen Fragen wieder intensiver zu reflektieren.

Insofern stellt das *rpg* – über alle religionspädagogischen Intentionen *für die Kinder bzw. für jedes einzelne Kind* hinaus – zugleich einen bemerkenswerten, innovativen Versuch intergenerationeller evangelischer Bildung *in und mit der ganzen Gemeinde* dar, den es auch andernorts aufmerksam wahrzunehmen lohnt.

Thomas Schlag

Between Sunday School and Non-Confessional Religious Education

The new comprehensive plan for religious education in the Canton of Zurich

1 Changes in process in society and church

What are the consequences for a protestant folk church (*Volkskirche*) and its congregational life when state religious education no longer offers a place to build religious trust? What can the church's activity still build upon when religious education in the school is consciously supra-confessional, neutral and primarily factually oriented? And how can people find a home in Christian faith when not only the school but the parental home as well is becoming less and less a source of orientation in such questions? It must also be asked, how are we to cope with the fact that possibly in the coming years the Reformed church in Switzerland will unavoidably become poorer, older and smaller?[1]

It is the specific experience of such undeniably precarious changes that underlies the vision of an intensive and comprehensive church provision for socialization in the Reformed church of the Canton of Zurich: religious education in the primary and secondary state schools has been consciously so conceived through various fundamental decisions about educational policy in recent years that any attempt to root children in a particular religious tradition was no longer possible.

Across the board »religious education for all« is now only given by state-trained and qualified teachers who teach the compulsory subject of »religion and culture« in a religiously neutral way, and in it are supposed above all to mediate the essential contents and traditions of the

[1] Cf. J. Stolz / E. Ballif, *Die Zukunft der Reformierten. Gesellschaftliche Megatrends. Kirchliche Reaktionen* (Zürich 2010); about the broader practical-theological challenges cf. T. Schlag, *Öffentliche Kirche* (Zürich 2012).

five world religions. On programmatic grounds, teachers who have acquired their competence at such places as theological faculties or church educational institutions should no longer be used on the public school scene because they are not trusted to have the officially necessary and allegedly possible religious neutrality. Yet this is not the only - and one may suspect not even the primary - reason for this new departure in religious education on the part of the Reformed church of The Canton of Zurich.

Various demographic surveys in the last forty years have shown that in parental homes an acute breakdown of religious tradition is to be registered: In the city of Zurich the proportion of Reformed Protestants sank from 53% in 1970 to 30.3% in the year 2000 - tendency further sinking. Altogether in the Swiss Federation the proportion of children up to 9 years old without any religious adherence increased ten times between 1970 and 2000. Religious sociology detects a general trend in Switzerland for traditional Christian religiosity to lose its importance while fundamentalisms. spiritualization and religious pluralism are gaining some ground.[2] Thus it also holds good for the Swiss context that the loss in the plausibility of family religiosity represents the main cause »of the currently manifest loss of Christianity and the bond to the church in the rising generation«.[3] Apart from the financial basis - after all, companies in the Canton of Zurich still pay indirect church tax - much is becoming shaky in the folk church, as is not least clearly apparent in the degree of presence of the rising generation at worship and other services offered by the church congregations, e.g. youth groups and youth work.

Certainly it is still to be observed that for the majority of the population the bond to a tradition or religious community remains a constitutive element of social and personal identity: »Religion is today a private and a public affair«, whereby »the individual and collective formation of the

---

2 Cf. M. Baumann / J. Stolz, Religiöse Vielfalt in der Schweiz: Zahlen, Fakten, Trends, in IDEM (ed.), *Eine Schweiz - viele Religionen. Risiken und Chancen des Zusammenlebens* (Bielefeld 2007), 63–64.

3 F.-X. Kaufmann, Die Entwicklung von Religion in der modernen Gesellschaft, in *Religion - Kirche - Islam. Eine soziale und diakonische Herausforderung*, ed. K. D. Hildemann (Leipzig 2003), 28.

religious self takes place in a social context in which belonging to a community of faith retains significance for the majority of the population«.[4] This is shown not least in the annual number of confirmands, which remains stable at a high level and as a rule comprises some 60 % to 80 % of the young Reformed people who come in question.[5]

At the same time it is also the case – and church work with children can connect with this: »At a fundamental level the alternative to faith is not non-faith, rather the existential question about faith – in the balance, admittedly. This attitude is not the prelude to abandoning all religious resources, rather [...] a posture of expectation, an unfinished search outside the framework marked off by the religious organizations«.[6]

To this extent the church's initiative for a comprehensive plan for religious education (*religionspädagogisches Gesamtkonzept*, hereafter: *rpg*) in the Canton of Zurich does not merely represent the luxury of a »special offer«, but marks a deliberate strategy for educational policy in view of the current developments indicated or a thoroughly positive and creative *ultima ratio* in view of the observed breakdown of tradition or the consequences to be feared from a folk church's becoming poorer in theological content as well as from a thinning of congregational life.

2 »From the Cradle [...]« – on the profile of church socialization in the Canton of Zurich

Rpg was approved by the Synod of the Reformed Church of the Canton of Zurich in 2004 following an extensive process of consultation and participation.[7] Thus was implemented a far-reaching – and, n. b., compulsory or obligatory – provision for church educational work in the congrega-

[4] C. Bovay / R. Broquet, *Religionslandschaft in der Schweiz. Bundesamt für Statistik* (Neuchâtel 2004), 9.

[5] Cf. T. Schlag / R. Voirol-Sturzenegger (ed.), *Konfirmationsarbeit im Kanton Zürich. Erkenntnisse – Herausforderungen – Perspektiven* (Zurich 2010).

[6] R. J. Campiche, *Die zwei Gesichter, Faszination und Entzauberung* (Zurich 2004), 128. On the interpretation A. Dubach / B. Fuchs, *Ein neues Modell von Religion. Zweite Schweizer Sonderfallstudie – Herausforderung für die Kirchen* (Zurich 2005).

[7] On background and profile cf. www.rpg-zh.ch.

tions, through which it was intended to take up and process current challenges in society and church and changes in situations of family life better than in the past. Through the establishment of *rpg* it was the desire of the Reformed Church in the Canton of Zurich to connect in its own with similar intentions and corresponding educational provisions of other Swiss folk churches in recent years.[8] Connected with this was and is the basic idea, certainly not simply to dissolve existing church provisions like the classical Sunday school (where it even still existed), yet to introduce alongside this type of voluntary arrangement a clearly structured conception to be established more or less evenly over and above the individual congregational level.

Thus there emerged under the title »Growing up - new departures« a plan comprehending a church structure providing for the youth from birth to early adulthood: *rpg* aims to offer children a home to grow up in and to make young people competent to move on into their own responsible life (of faith). For this, church living spaces are to be opened up in which children and young people can find themselves as personalities and significant members of the congregation. Through a recognizable and malleable »local church« as well as familiar faces and spaces children and young people are to find a home. To this extent *rpg* is extended holistically and inter-generationally. Religious learning is understood as learning *from experiences, in relationships* and *through taking on responsibility.* With and through religious contents developmental steps appropriate to the children's ages are to be encouraged, which *rpg* distinguishes in the following sense: finding oneself - living in relationship - knowing one's roots - expressing one's faith - widening one's vision - acting responsibly. With this, the plan reflects a clearly recognizable general tendency towards the strengthening of Reformed identity in the German Swiss churches. This can also be generally formulated: precisely because in Switzerland the basis for universal school religious education will not for much longer be self-evident, there are at present

---

8 Cf. Reformierte Kirchen Bern - Jura - Solothurn (ed.), *Wegleitung für die Kirchliche Unterweisung vom 14.2.1994* (Position of 21 Febr 2000); Reformierte Landeskirche Aargau (ed.), *Projekt Pädagogisches Handeln, Bulletin Nr. 15,* 30 August 1996; Evangelische Landeskirche des Kantons Thurgau (ed.), *Konzept und Verordnung »Kirche, Kind und Jugend«* (Frauenfeld 1999).

extensive initiatives under way in various Swiss cantonal churches. At the same time *rpg* shows various cantonal specifics, for example with regard to the legal basis, the possibilities for financing and the intensity of the extension and carrying-through of the »Zurich model«; these should be dealt with briefly here in order to enable a better estimate of the profile, opportunities and risks of such a new departure by the church.

Rpg divides the activity of religious education into four stages: pre-school (birth to the 8th year), primary school (8–12 years), the period till confirmation (12 to 16 years) and young adulthood (16 to 25 years).

The aim of these four phases is to make the young people at home in faith in a way that is close to the family and appropriate to their age and to accompany them in their lives. Each of the four phases is specially marked by a particular form of expression:

- In the pre-school period children are introduced to *celebrating*.
- In the primary school period the emphasis is on *learning*: this takes place not only in weekly classes but also in project days or so-called »camps«, i. e. youth retreats or other project-shaped activities.
- In the period before confirmation *sharing* comes especially to the fore. In this phase meeting and community stand in the centre.
- The period following confirmation is understood as a special time of *shaping*. The young people largely determine for themselves how their further religious path in and with the church or congregation should look and how it can be shaped on their own responsibility.

Rpg does not make everything quite new; rather the already existing church provisions are integrated in what is now a more clearly discernible overall structure. Thus church religious education in the primary school already previously included 30 hours (of 60 minutes) in the 3rd class. This should now be extended in stages within ten years to include 30 hours in the 2nd, 30 hours in the 4th and, as the last stage, 30 hours in the 5th till 7th class. To this is added the already existing preparation for confirmation in the 9th class, which amounts to 72 hours.

Attendance at these (in all 192) hours of church religious and confirmation classes will count after the introduction of *rpg* has been completed as the condition for admission to confirmation, and is therefore obligatory for children who wish to let themselves be confirmed at the end of the 9th class.[9]

Following the anchoring of this obligatory provision in the law of the church, the congregations are to implement this structure in their work and provide it, using the special teaching materials developed for it.

According to estimates of the church department responsible for »Education und Animation«, some 90% of the roughly 150 Reformed congregations in the Canton of Zurich have in the meantime introduced the programme for the 4th class. The teaching in the 2nd class has at present been introduced in about 20% of the congregations. In the summer of 2011 *rpg* enters its next stage of expansion, the programme for the 5th to 7th class level. It is planned that the total concept will be so far advanced by 2016 that by then all the required teaching materials are available and the necessary teachers trained in adequate numbers.

The time-scale, the extensive teaching materials and the detailed training and further education in this area make it clear that the Zurich Cantonal Church was not aiming only to begin a temporary educational project but to set a comprehensive socialization initiative under way. This is also impressively confirmed by the extent of financial and personal resources assigned, after all several million Swiss francs per year.

---

[9] Cf. on this the corresponding regulations: »The church congregations offer obligatory and voluntary provisions for religious education. The central church administration determines the themes of the obligatory provision for religious education according to the resolutions of the church synod« (Art. 70); »Children up to 8 years are introduced to the basic forms of the faith and the church year. A deepened basic knowledge of the faith is mediated to children from 8 to 12 years. They are helped to find language and expression for faith. The obligatory provision of religious education for children from 8 to 12 years comprises at least 120 hours, divided into a minimum of 30 hours in the 2nd, 3rd and 4th as well as 30 hours in the 5th to 7th class. Services suitable for children and young people are part of the provision« (Art. 71); »Young people from 12 years to confirmation are accompanied on the search for their own mature faith and a life in Christian responsibility. The obligatory provision of religious education for young people from 12 years to confirmation comprises at least 72 hours« (Art. 72), Kirchenordnung der Evangelisch-reformierten Landeskirche des Kantons Zürich, in *Antrag und Bericht des Kirchenrates an die Kirchensynode betreffend neue Kirchenordnung,* 9 April 2008.

3 Reality in Sketches – Making the Concept Concrete

The comprehensive teaching materials which have appeared in the form of school books and teaching materials (the latter running altogether to 1300 pages!) for the 2nd, 3rd, 4th and most recently the 5th to 7th class[10] correspond with their total of 20 thematic units to the *rpg* framework plan. These are divided into:

- 2nd school year: »We belong together« – »The Church – a Special House« – »Advent, Christmas and Jesus' Childhood« – »Biblical Stories of Pilgrimage« – »God's Beautiful World«;
- 3rd school year: »Baptism« - »The Lord's Prayer« – »Holy Communion« – »Pentecost«;
- 4th school year: »Study Project Bible« - »Primal Histories – Primal Truths« – »Living in Trust in God« – »Who is Jesus?« – »Our Church lives with Symbols«;
- 5th-7th school year: »The Prophet Jeremiah« – »Paul – Life as a Christian« – »The Zurich Reformation« – »Worldwide Church – Worldwide Solidarity« – »Meeting other Living Worlds« – »Models for Life offer Orientation«.

Throughout the individual thematic units the additional materials follow the regular pattern of a theological and religious educational introduction, an tabular overview of the ways the course runs or could run in units of 90 minutes or alternatively 45 minutes, further background information for the teacher, e.g. on the interpretation of a biblical passage or on the theology and history of a theme or on the recommended materials as well as suggestions for reading. Usually detailed information sheets are included.

In particular the school books also contain, alongside many kinds of illustration and text, many »empty pages« as well, which are meant to be filled in independent creative work during a course unit. Great emphasis

---

[10] Evangelisch-reformierte Landeskirche des Kantons Zurich (ed.), *minichile. Wir gehören zusammen. Arbeitshilfe und Schülerbuch 2. Schuljahr; 3. Klass-Unti. Wir leben Kirche. Arbeitshilfe und Schülerbuch 3. Schuljahr; Club 4. Wir entdecken die Bibel. Arbeitshilfe und Schülerbuch 4. Schuljahr* (Zurich 2008); *JuKi. Wir glauben in Vielfalt. Arbeitshilfe 5.-7. Schuljahr* (Zurich 2011).

is placed on singing and praying together, and so in the materials numerous songs and prayers are also to be found. The aim here is certainly that these songs and prayers should also be learnt by heart. Much weight is also placed on creative, action-oriented approaches to the individual themes. So many suggestions are to be found for making up role games and developing little theatre scenes, speech choir motets or pictorial representation of the stories and symbols thematized.

A special feature of *rpg* is its view of the developmental differences between boys and girls. So the planning also visualizes sequences separated by gender. With respect to the educational perspective it should be mentioned that church religious education as envisaged in *rpg* makes no difference between different educational levels. So the structured educational provision in *rpg* is meant to realize »religious formation for all«, i. e. for all who belong to the Reformed church – note that for this Reformed understanding of the rules of church membership it is not primarily baptism which is the decisive criterion, but simply the entering of the children in the relevant register at the registry office or the equivalent declaration of confessional adherence.

Within the horizon of the church as the community of believers the sacraments of baptism and the Lord's Supper play an important part in all phases. Through the intensive thematization the children should learn to know various approaches to these visible signs of the graciousness of God and of faith. Additionally, through these themes and the corresponding celebrations of services of baptism and communion a contact network should early be established between children, parents and the church as well as between the parents and their children. Baptism and communion are expressly thematized in the courses for the 3rd class. In the remembering of baptism and sharing in the celebration of communion the children should know themselves as accepted by God and learn at the same time that these gifts of God are also relevant for their behaviour towards their fellow human beings. So in the 4th class communion is to be celebrated as a Christian symbol of sharing, whereby the young people can and should join in shaping the celebration. Meeting the sacraments in this way with all their senses is seen at the same time as the foundation for a later mature confession and the assumption of responsibility within the church. This particular diaconal dimension is made specific in many ways in the teaching aids for the 5th–7th class, first by taking up examples in the Bible and the history of the church of those who set themselves against injustice and need, second through initiating specific diaconal projects in the social space of their own congregation, and third through the presentation of exemplary persons of faith who strove for justice and solidarity, such as Florence Nightingale, Albert Schweitzer or Martin Luther King.

In general the developed teaching plans and the recommended pattern of the classes repeatedly show the intention to link religious themes and contents with the children's capacities to imagine and realize as marked by developmental psychology in such a way that the teaching can be felt to be related to life and relevant to it; the transition is to be seen here both in the themes and tasks as also in the newly published working materials for the 5th–7th class.

4 »Learning from Zurich […]?« – RPG perspectives for other church contexts

Particularly in view of the conditions in The Canton of Zurich, those of educational policy mentioned above, but also the financial, the situation can hardly be transferred one-to-one to the circumstances in the German *Landeskirchen* or in other European countries. In Germany it can still be assumed in view of the constitutional guarantee of religious education (Art 7,3 of the German *Grundgesetz*) that in religious education in schools meetings with the Protestant tradition of faith will be enabled and their influence be effective in forming identity – quite apart from the fact that there church staff (still) have their self-evident place in school life. To that extent is seems at a first glance neither necessary nor sensible to lay out a similarly intensive overall plan as is the case in Zurich and other Swiss cantonal churches. In other regions the possibilities for comparable start-up financing and the corresponding equipping of personnel are likely to be simply missing, so that it must be asked whether elsewhere similar extensive investment packets could be made up at all. But the question is also whether such packets must be provided at all or whether quite different regional models for an innovative and participatory formation of faith are not thinkable. For organizational and theological reasons it is also not unproblematic to make a programme of teaching over many years the precondition for confirmation, as is happening in Zurich, not without parental resistance. What effects the obligatory character and the high investment commitment required will have on both financial and personal resources is currently the subject of a dissertation to be completed shortly.[11]

However, the objection repeatedly voiced against *rpg*, that it means a retreat at the same time into the niche of the church and so practices on Swiss territory nothing other than Christian doctrine in a new dress, scarcely holds up. For in view of the developments in educational policy that have been mentioned, a return by the churches on these terms to the field of the public school is neither conceivable nor foreseeable. To this extent this kind of creative *ultima ratio* of educationally oriented congregational development is more than suitable for the times.

In principle it must be stressed at the same time that the lasting potential of *rpg* in the sense of achieving religious and church socialization is as yet by no means clear. So in the future it will need to be more intensively studied what effects *rpg* is actually able to achieve for the children – similar conceptions which have already been longer established in other cantonal churches, such as what is called »Church Instruction« in Berne Canton, can here certainly be drawn into a comparative study.

5 Conclusion

At the same time smaller-scale studies and observations allow the following perspectives to be gained on *rpg* for church socialization and a home-making »development work« for other church contexts as well.

The particular profile of *rpg* shows itself unquestionably in the attempt in various ways not only to work intensively on the contents to be taught and learned (which the detailed references in the teaching materials impressively demonstrate!), but also to relate them to the personal and group spirituality of the children. Particularly through the connect-

[11] Cf. R. Voirol-Sturzenegger, *Religiöse Bildung im Lebenslauf. Religionspädagogische Perspektiven zum Kompetenzerwerb im Kindesalter. Evaluationsstudie zum Religionspädagogischen Gesamtkonzept (rpg) der Evangelisch-reformierten Landeskirche des Kantons Zürich.*

ing of biblical texts and traditions, songs, personal reflection on Christian symbols and shared celebration, most children will certainly not see this time simply as school religious education in church but really take it as an improved form of individual religious experience. Through the multifarious methodical approaches to individual themes »with all the senses« and the opening of religious performances and symbolizations, *rpg* may be expected not only to contribute significantly to the formation of religious identity and personal belonging in protestant faith, but also to lasting positive effects in the children.

This is not to say that later confirmation classes can automatically connect up with *rpg* or that confirmation work – or those responsible for it – will necessarily have it easier than before. But one can at least suspect that young people who have gone through *rpg* up to confirmation, and experienced it in a positive way, will also go into the confirmation year with a greater sense that it is natural and with a fundamentally positive attitude – quite apart from the familiarity, when all goes well, with individual persons in the church congregation, the congregational life and the church building itself.

The repeated efforts in the teaching material to spell out the ethical implications of religious topics also make it apparent that *rpg* in no way envisages a church formation that is narrowly *intra muros*. Insofar as children become sensitized to their own responsibility, to empathy and diaconal assistance as well as personal guilt and forgiveness, an ethical dimension in *rpg* will become clearly recognizable and clearly reveal the public »external working« of protestant formation.

The intensity of the church's educational provision in *rpg* makes it obvious that this work can neither be carried primarily by the ministers alone nor only by engaged parents. *Rpg* assumes a wider taking on of responsibility by professionally trained and correspondingly paid catechists. This is not simply to be understood as relieving ministers of work because necessity compels it, but rather as representing a meaningful extension of professional participation within the church. To this extent *rpg* could in principle also make other cantonal churches and congregations aware of the greater, necessary and theologically consistent involvement of catechists in congregational life and liturgy as well as a stronger interlinking of different professional groups in the church.

The envisaged integration of parents, particularly in church services, has an effect in building up the congregation which can hardly be overestimated. Because at many stages in the programme children are encouraged to communicate their creative approaches to themes to their parents as well, these become consciously involved in the religious development of their children and so challenged to reflect again more deeply on their own religious questions. Thus over and above all religious educational intentions *for the children or for each individual child, rpg* also represents a remarkable innovative experiment in protestant formation across the generations *in and with the entire congregation* which will be worth observing attentively elsewhere as well.

Ermanno Genre

BETWEEN ROMAN CATHOLIC CONFESSIONALISM AND RELIGIOUS PLURALITY

The experiences of the Waldensian Church in Italy

Christian religious education is always something which takes place in a specific context, which, in turn, affects its orientation. In Italy the context in which Protestantism finds itself, in its diverse denominational affiliations, has always been strongly influenced by the invasive presence of the Roman Catholic Church: a presence which renders the recognition of the existing religious pluralism in the political, social and cultural life of the country very difficult. Within the history of modern Italy, this presence has always placed itself in competition with the State; indeed, at times it sees itself as an alternative to the Italian State (the voice which is heard from Saint Peter's sometimes seems even to be an ›anti-state‹). As a consequence, Italy's various governments, be they right or left of centre, have never known how to emancipate themselves from the power of the Catholic Church and have always sought a form of political-religious legitimacy. This »power-presence« has found its way fundamentally into the world of education, which is the field with which we are occupied today. As a consequence, as we shall see, the position taken by Protestants in Italy regarding religious culture and religious education in school, home and church, has always had to reckon with an incomplete religious freedom, dependent on the will of the majority church, which today presents itself officially as »the« Church and is treated as such by the mass media.

Despite the great changes which have taken place over the last 20–30 years, with immigration and evolving culture, contemporary religious sociology in Italy offers the Catholic Church support for this self-comprehension. 90% of Italy's 60 million citizens remain formally tied to Catholicism, whilst the numbers adhering to historic Protestantism remain around 50,000. But the archipelago of Italian religion is much more varied and uneven: Orthodox churches (perhaps 1 million members),

Pentecostal churches (400–500,000?), evangelical churches constituted by immigrant communities (perhaps 100,000), the Jewish community (30,000), Muslims (around 1 million), Buddhists (100,000) and others beside. Every faith community seeks to educate the next generation within its own orbit. However, in contrast to other European countries, in the Italian state schools, the Catholic faith is the only one which is taught – and at the expense of all the country's tax-payers! This teaching starts in the Primary School and continues throughout the Middle and Senior Schools, and is therefore part a child's education before, during and after the religious teaching which occurs in the local church setting.

In the first part of this paper, I will briefly seek to present the *status quaestionis* relating to the teaching of religion in Italian state schools, and that will require some historical and legal background to the problem, demonstrating the contradictions within Italian law regarding religion; there will then follow a presentation of the position taken by Italian Protestants in defense of religious liberty and their proposal for religious education for all children which presents religion as an historical and social phenomenon[1] In the second part of, I shall attempt to outline the position taken by the Waldensian and Methodist Churches regarding religious education, which makes a complete distinction between the catechism, undertaken within the church, and religion seen as a cultural phenomenon, which, they believe, is a proper part of public education and which ought to be studied by all, regardless of religious affiliation.

I A controversial citizenship

Well before its birth (17 March 1861), Italy was destined to be Roman Catholic. When King Carlo Alberto gave civil and political rights to Waldensians and Jews in 1848, the Statute issued by the Piedmont kingdom left no doubt as to the religious situation: »The Roman, Catholic and Apostolic Religion is the only Religion of the State. Other existing faiths

[1] I should point out that this proposal is relatively recent, following on from the revision of the Concordat in 1984. Prior to that date, Italian Protestants could only ask for permission to absent themselves from Catholic Religion classes, and sit outside in the corridors.

are tolerated in conformity with the Law« (art. 1). Upon the unification of Italy, Piedmontese statutes became the Constitution of the new Kingdom and article 1 was not altered. Religious communities other than the Catholic Church (i. e. Waldensian and Jewish) were »tolerated«. The ›Letters Patent‹ of 1848, conceded to the Waldensians, affirm that: »The Waldensians are allowed to enjoy all the civil and political rights of our subjects, to frequent the schools, including the University, and to attain to all academic grades. However, there will be no change to the laws regarding the exercise of their worship and the schools which they maintain«.[2] In 1848, in the Piedmontese (Waldensian) valleys, there were 169 schools, with 4479 pupils,[3] schools run by the local churches and financed in large part by the Committees set up by sister churches in Scotland, England, the Netherlands and Switzerland. Thanks to the initiative taken by an English Anglican, Charles Beckwith, the network of elementary schools had been increased and now every mountain hamlet had access to one. It goes without saying that the Bible had a central place in the education of the children. So even though the Waldensians lacked any recognition of religious liberty, the fact that they could maintain an autonomous network of schools meant that they could defend their cultural and religious identity.

Following the unity of Italy in 1861, and the end of the temporal power of the Popes when Rome was taken in 1871, the Italian Parliament decided in 1873 to suppress – with the evident satisfaction of the Catholic Church – the state Theological Faculties. In the Jubilee year of the united Italian state (1911) Parliament decided that the state should take over the schools, which for the most part had until then been monopolized by the Catholic Church and, in particular, the Jesuits. With the arrival of Fascism, Mussolini entrusted the Ministry of Public Instruction to Giovanni Gentile and in 1923 there were the reforms to state schools which carry his name. Gentile had affirmed that »the Catholic religion must be taught to every Italian child in the same way as he is taught the language of Italian authors«.[4] This entailed the introduction of Catholic religious

2 A. Armand Hugon, *Storia dei valdesi/2* (Torino 1974), 300.

3 V. Vinay, *Storia dei valdesi/3* (Torino 1980), 188.

4 E. Butturini, *La religione a scuola. Dall'Unità ad oggi* (Brescia 1987), 72.

instruction into all primary schools, something which previously had been left to local councils to decide. Mussolini defined Gentile's reforms as »the most fascist of reforms«[5] and from that moment on, the teaching of the Catholic faith became obligatory in primary schools, and it was considered »the foundation and crown of elementary schooling« (article 3 of the 1923 Act). The intertwining of Fascism and the Catholic Church led also to the imposition of the crucifix in all state schools. A question arose as to whether the old established Waldensian schools in Piedmont also had to put a crucifix on the wall and, after a long discussion with the Minister of Public Instruction, the Waldensian Moderator (Léger) managed to agree a compromise by which a picture of »Jesus blessing the children« could be affixed instead.

Following the Concordat between Mussolini and the Vatican in 1929, the 1848 Statute remained in force and the Catholic religion remained the »state religion«.

2 Old Concordat and New: the Politics of the ›Gattopardo‹[6]

The revision of the Concordat in 1984 was intended to ›update‹ the relationship between Church and State in the light of the innovations enacted by the Second Vatican Council, and put an end to the Catholic Church's status as ›state religion‹. Once again, however, the Vatican was able to dictate it own law. As of 1984, there is no longer any ›state religion‹ in Italy, but in all respects Italy continues to be a ›Roman Catholic State‹, just as it was in the past. Today this reality is obvious to all: at state functions there are cardinals and bishops – even sometimes the Pope – seated on the front row. Their presence contradicts the principle of the secular state, but it indicates the reality of Catholic religious teaching in the state schools.

---

5 N. Pagano, *Religione e libertà nella scuola. L'insegnamento della religione cattolica dallo Statuto albertino ai giorni nostri* (Torino 1990), 40.

6 A reference to the novel of the same name by Giuseppe Tomasi di Lampedusa and the famous quotation from that book: »It is necessary that things change in order that they remain the same«.

The Catholic *Magisterium* conducting the negotiations with the Italian state which led to the new Concordat refused to consider the position taken by those Catholics who, following Vatican II, were ready to enact a new form of religious education in the schools, a form which would have taken note both of the religious pluralism now existing in Italy and of the modern methods of teaching religion in schools. These voices, coming from the catholic grass-roots, from illustrious pedagogues and from politicians (even Christian Democrats), wished to start up a dual track approach: in parallel with the teaching of the Catholic faith, they wished to see the introduction of non-confessional religious teaching, obligatory for all pupils. This ›middle way‹ was rejected by the Catholic *Magisterium*, immovably fixed to a confessionalist approach.[7] On 18 February 1984, the ›Villa Madama Accords‹ were signed, and the subsequent new agreement on religious education now read as follows:

> »The Italian Republic, recognizing the value of religious culture and taking account of the Catholic principles which are part of the Italian people's historic patrimony will continue to ensure the teaching of the Catholic religion within every level of the state schools (below university level) as a fundamental aim of public instruction. In respect of freedom of conscience, and of the educational duty of parents, everyone is guaranteed the right to choose whether or not to make use of this teaching [...]« (art. 9, para. 2).

In other words, Catholic Religious Teaching is optional but religious education teachers are appointed by the local bishop and paid by the state. And what about those who are not Catholic?

If article 7 of the Italian Constitution maintains the 1929 Concordat with its privileged position for the Catholic Church, article 8 affirms that »all religious confessions are equally free before the law«. Non-Catholic confessions have »the right to organize themselves according to their own statutes« and their »relationship with the state will be governed by Agreements (›*Intese*‹).« Immediately following the approval of the new

---

7 Cf. P. Scoppola, Un'improbabile religione nelle strettoie del Concordato e delle riforme scolastiche, in *Religione e scuola, a. XII*, n. 10, 1985; L. Prenna (ed.), *Assicurata ma facoltativa. La religione incompiuta nella scuola italiana* (Roma 1997).

Concordat, the first ›agreement‹ was signed with a non-Catholic religious confession: the Waldensian Church, represented by the *Tavola valdese* (the executive organ of the Waldensian Church). How did the Waldensians and Methodists set about addressing the issue of religious education? Not knowing how the negotiations regarding the new Concordat would end up, they had made a clear distinction between the field of catechetical teaching, which is rightly carried out by the churches, and the task of the modern school: offering to all students an understanding of religious culture. Their history and their culture meant that they could not agree to any confessional teaching in state schools – and the same could be said for Jewish communities as well. At the same time, however, the Waldensians recognized the importance of the school as a place of religious education. But how could this be achieved, given that the Catholic Church refused to back down on confessional teaching? Articles 9 and 10 of the state's Agreement with the Waldensian Church were constructed on the basis of articles 3, 8 and 33 of the Italian Constitution, that is in a position declaredly ›anti-Concordat‹, which the Waldensians hoped would make progress in the Italian Parliament. It was not to be. The Agreement with the Waldensians, which might have been an indication to Italy of a way forward for non-confessional religious education, was discussed and approved by Parliament only *after* the new Concordat was agreed, and consequently its non-confessional approach was deemed inapplicable to the majority Catholic Church.

The events which followed from this have demonstrated the difficulty the Italian state and its education system now finds itself in, trying to maintain the ›equal dignity‹ of all sides, and avoid any discrimination against students in religious matters, whilst the Catholic *Magisterium* remains deaf to every request to revise the 1984 accords. For there is now not only the question of Italy's increasing religious pluralism, which needs to be addressed by new legal norms: there is also the situation within state schools. One single statistic indicates the problem: in almost all schools in north and central Italy, 50% and more of pupils leave the classroom when the religious education teacher comes in. But according to the Accords, the teacher must continue, even if there is only one pupil present. This statistic reveals the total educational failure of Catholic religious education in state schools, for at the very moment when a maturing student should be entering critically into debate concerning the reality of religious faith and exchanging views with others in the classroom, the classroom is left half-empty!

3 The content of the ›Agreement‹ with the Waldensian Church concerning religious education

The position of the ›Agreement‹ with the Waldensians regarding religious culture and religious teaching in schools is contained in articles 9 and 10 of that Agreement. Article 9 reads as follows: »The Italian Republic recognizes that the *Tavola*, in its conviction that religious education of children and youth are the specific responsibility of the family and the churches, does not ask permission to teach its catechism or doctrine, or hold religious services within state schools.«

But in that the Italian Republic »guarantees the teaching of the Catholic faith in all state schools, it recognizes the right of pupils in state schools to absent themselves from the practice and teaching of religion, either through a declaration by them (if over the age of consent) or their parents or guardians.«

In conclusion, it is provided by law that »in classes where pupils have declared that they wish to withdraw from religious teaching and practices, there will not be other subjects taught, nor shall these things take place at such times as might have deleterious or discriminatory effects upon those pupils.«

Here the intention was to make a clear distinction between the role of the family and the church on the one hand, and that of the school on the other; and, following on from that, to refuse to propose its own religious teaching within the state school. On its part, the State recognized the right of Waldensian pupils to absent themselves from Catholic religious education.

Article 10, on the other hand, was intended to show the willingness of the Waldensian churches to enter into a partnership with the schools in a non-confessional spirit.

> »The Italian republic, in guaranteeing that the state schools should be centres of cultural, social and civic promotion, open to all components of society, guarantees to those churches represented by the *Tavola* the right to respond

> to any requests coming from pupils, their family or educational institutions, regarding studies of the reality of religion and its implications. The ways in which this will take place are left to the educational institutions included in this Agreement. The financial burden of such activity will be carried by the church organizations concerned.«

These indications of willingness to engage culturally with the state schools were virtually annulled in the moment »alternative activities« (not foreseen in the Waldensian Agreement) were introduced, following the revision of the Concordat. In effect, these »alternatives« (deliberately?) avoided the issue raised by article 10 of the Waldensian Agreement.[8] These »alternative« activities have never achieved a didactic value equal to Catholic religious education, and many families of children who have withdrawn from Catholic religious education have protested in court that this produces a form of discrimination. It also has to be recognized that many non-Catholic families decide to include their children in the Catholic religious education lessons, simply because they occur during the »normal« school hours.

In the last few years, it has become very apparent that both the Concordat agreements and the Agreements with the other faiths no longer respond adequately to the needs of a rapidly changing educational situation, following immigration and other social and cultural changes in Italy. Religious discourse now takes place in a global context; Italy is a pluralistic society; and future generations will only be formed within the context of a common European citizenship, determined to defeat the racism, xenophobia and anti-semitism which are growing amongst us, if the teaching of religious education within the schools changes to become something held in common by all, and taught according to standard educational models and practices.[9] This vision is broadly shared by Italian

---

[8] G. Long, *Le confessioni religiose »diverse dalla cattolica«* (Bologna 1991), 184.

[9] An ecumenical proposal in this sense is made by E. Genre / F. Pajer, *L'Unione Europea e la sfida delle religioni. Verso una nuova presenza della religione nella scuola* (Torino 2005), 103 ff. The first part of this text is the translation of: »*Giving Europe a Heart and Soul*«*. A Christian Vision for Education in Europe's Schools. A Discussion Report of a Working Group of the Intereuropean Commission on Church and School* (Münster 2003).

Protestants, by many Catholics, and by many who belong to no religious community, convinced that religious culture ought to have a place within state education. The only Senior School run by the Waldensian Church, the *Collegio valdese* at Torre Pellice, has within its five-year curriculum an obligatory programme on the History of Religions, which is quite separate from their confessional connection, and this happens with the full backing of students and their families.

4 Non-Confessionalism, religious pluralism and the state school

This concluding section, which will be in two parts, could have been placed at the beginning of this paper, in that it puts the question of Christian faith in the context of today's world, characterized as it is by the legal claims of non-confessionalism in a democratic State, and the religious pluralism of Italian society, both of which are ›official policy', but are contradicted by the facts on the ground. For brevity's sake, I will propose two theses, followed by a brief comment. The general approach which I will propose is broadly supported, not only within Italian Protestantism, but also by those who have no denominational affiliation, and by a growing number of Catholics, including teachers of religion, who believe that confessional teaching within state education is anachronistic.[10]

In the legal framework of a modern democratic non-confessional State, the diverse religions and confessions ought not to use state schools for the teaching of their particular religion (which is the fruit of agreements belonging to other times). The non-confessional and democratic state ought to guarantee religious freedom and religious expression for all citizens. This requires a conception of non-confessionalism which ensures that in the school there should be teaching for all pupils concerning the religious reality, within the prospect of a common European citizenship.

Within Europe's Latin countries, the concept of non-confessionalism expresses a fundamental principle: that of religious freedom within a

[10] In addition to the text cited at fn. 9 (see the attached bibliography), there are numerous other texts from Catholic authors which follow a similar approach.

pluralist and multi-religious society. However, this is a concept which the Italian Catholic Church – being the overwhelming majority – has great difficulty in practicing, because respecting non-confessionalism would involve the renouncing of numerous privileges – something which Vatican II itself proposed (*Gaudium et Spes*, para 76). Following the Council, non-confessionalism within society ceased to be considered a danger to the Catholic Church and its Institutions, and the last two Popes have integrated this into their political thought, interpreting the idea by calling for a »healthy non-confessionalism«, that is, something which corresponds to a vision given by the *Magisterium*. But this leads to the conclusion that the health of non-confessionalism must depend for its existence on an ecclesiastical *placet*.

In 2008, the Council of Europe published a ›White Paper‹ on Intercultural Dialogue: »Living Together as Equals in Dignity«.[11] From this paper, the Protestant sociologist Jean-Paul Willaime picked up the idea of »pluralism, tolerance and intercultural dialogue«,[12] underlining the dynamic action which occurs when diverse subjects meet. European pluralism, which is characterized by intelligent dialogue, is based, he says, on three fundamental principles:

1. a principle of liberty. That is to say, liberty of conscience and of thought which includes the freedom to have or not have one's own religion, the freedom to practice it, and also the freedom to change religion if that is a person's wish;
2. a principle of non-discrimination. The equality of rights and responsibilities beyond any religious or philosophical label implies that these shall not be grounds for discrimination;
3. a principle of reciprocal independence of the political and the religious. The reciprocal autonomy of politics and religion is applied to various models of separation/co-operation which regulate the relationship be-

[11] The text is available on internet. There are various relevant documents which have been elaborated during the last few years amongst the differing nations. I would point, for example, to *Toledo Guiding Principles on teaching about religions and beliefs in public schools*, ed. OSCE/ ODIHR (Warsaw 2007) (English and Spanish editions).

[12] J.-P. Willaime, *Le retour du religieux dans la sphère publique. Vers une laïcité de reconnaissance et de dialogue* (Lyon 2008), 39 ff.

tween States and religions (Concordats, Accords between political and religious authorities etc.).[13]

Naturally, these programmatic lines must find their place in the differing national contexts. And it is precisely the contextualization which becomes problematic because the majority-minority religious relationship influences the national legislative formulations.

As I said above, the Italian reality is even more complex than that of other countries, because the stated claims of pluralistic principles do not correspond to the reality on the ground. Although Italian society is largely secularized, this Italian secularization differs from that in other parts of Europe in that it has not produced a pluralistic approach, and Italian public institutions remain strongly marked by a Catholic confessional presence in all its aspects.[14] The presence of the Vatican State at the heart of the nation represents in itself an open wound in the exercise of pluralism.

In the ›White Paper‹, the concept of »equal dignity between partners in dialogue« was proposed as a principle and as a method, beyond the factors of majority-minority relationships. The Council of Europe's initiative came as a real challenge for the diverse religious communities which participate in this dialogue, because there exists no effective »equal dignity« between them. And this is true in the first instance for the Christian Churches which today attempt to enter into dialogue with other religions, yet are not able to recognize each other as sister churches with equal dignity.

5 Transmission of the faith: responsibility of the school or of the church?

The churches and religious communities ought to support public education and collaborate with it, so that it may carry out its job of presenting the religious situation in the plurality of its expressions, taking into ac-

13 Op. cit., 64–65.

14 Cf. P. Bellini, Tra due Italie, in *Quaderni laici, supplemento*, ottobre 2010, Torino, 5ff.

count the particular situation in each region. The churches and religious communities, taking into account the teaching of religious culture to all children given by state education, have the task of proposing, within their own environments, particular catechetical courses set within their own traditions, leading to the transmission of the faith.

In several European countries, Protestant churches also carry out confessional teaching within the state schools, paid for by the government (e.g. in Germany and in Alsace), or paid for by the churches themselves (e.g. in Eastern Europe). Here, however, we are not talking about catechetical activity – either Protestant or Catholic – but an opening up of space to discuss religious reality in general. That said, the teaching continues to be presented in a confessional manner, as though nothing had changed in society from the time these ›concordat‹ arrangements were first arrived at centuries ago. And this creates numerous problems today, be they concerning the Christian message, which cannot be reduced to the ›confessionalism‹ of one or other church, when it ought to be presented in the state school as ›religious culture‹, or be they arising out of the reality of other religions and confessions which have not been included in the various concordats and agreements with the State. This clear distinction between the role of the school and that of the individual churches and religious communities ought not to give occasion to any ›opposition‹ between school and religious communities; indeed it is right that there should be a variety of ways in which this distinction might be seen and expressed in a positive way. At the same time, however, it is necessary that the churches and religious communities assume responsibility for the transmission of their own beliefs and that this should not be a role undertaken by state education. To do otherwise would be a double betrayal: betrayal of the mission of the church, and betrayal of the true role of state education. For this reason, the distinction of roles, aims and content remains fundamental.

In their reality of being a small minority, sparsely spread around the country, the Italian Protestants, and the Waldensians in particular, have always underlined the importance of maintaining a strong link between the development of citizenship and the development of discipleship, between the school and the church; yet if at one time school and church were closely tied, almost in a symbiotic relationship – and incidentally, we might remember that the state school system in the United States of

America emerged from the Sunday Schools – today things are different. The question remains an open one: how shall we educate and develop disciples who will be responsible citizens?[15]

From what we have said so far, it seems clear that for Italian Protestantism (but the same applies throughout Latin Europe), the education of new generations in the faith cannot take place within state education – which, if it applies itself seriously to the task in hand, must deal with religious culture – but only within the churches, with their particular catechisms. We have already said that we are not talking about ›opposition‹ between *education in religious culture and church catechism*. The religious education, for which state schools are responsible, is fundamental to any understanding of the religious pluralism in which we live, and it would be a sign of cultural and spiritual blindness if Christians thought that they could or ought to do without it. The catechism which points people towards the faith is a *different* matter, which is not exhausted by, nor should it be confused with, education in religious culture. Any Christian church which thinks that it is today still possible to use the state schools in order to transmit Christian culture has probably not come to terms with the reality of postmodern culture and, above all, is not giving a clear, credible sign of the vocation to which it is called. It is clear that, between school and church, there must be contiguity and reciprocal questioning, but this must be on the understanding that in a modern, democratic state the Christian church can no longer be the only interlocutory, but must be one among several; and it is precisely this enlarging of the horizons, this pluralism in religious reality, to which state education must learn to react in a way which respects the religious liberty of all. Without doubt, to the small, scattered Protestant churches, a school which is for all and in which the diverse religions were experienced by pupils, teachers and families would be an advantage. The Christian church would rediscover, within its own life, a sense of proclaiming the Gospel in a multifaceted society where all learn mutual respect, because only so may we live in the dimension of ›engagement‹ and not ›battle‹.

The Federation of Protestant Churches in Italy (FCEI), to which the Waldensian, Methodist, Lutheran and Baptist Churches, and the Salvation

---

15 Cf. E. Genre, *Cittadini e discepoli. Itinerari di catechesi* (Torino 2000), 53 ff.

Army, belong, has its own Education Service, which supplies common programmes for the education of children (the Lutherans have their own material in German language), and with the magazine ›Sunday School‹ the various problems and possibilities involved in educating future generations in the faith are addressed. In the last few years within the Waldensian and Methodist Churches the question has been raised as to the significance of Baptism, Confirmation and the Lord's Supper within the context of an inter-generational catechism, something which requires experiment and study. In 2010, the Waldensian Synod sent to the local churches a report from a Study Commission on this theme, in which, amongst other things, the following was included:

> »Today the paths which bring people to Christian faith do not always follow the logical order which Protestant Churches practiced in times past. In many of our churches, people arrive at Christian faith as adults, often alone; sometimes the decision to declare their faith publicly is subordinated to the need not to create incomprehension in their families; sometimes, for a whole variety of reasons, people who grew up in Protestant families participate actively in the life of the church without ever asking for Confirmation or Baptism. It is in this context of diverse paths to faith that the church announces the Gospel and receives it in Word and Sacraments. In this way, the church finds itself walking a continuous catechetical path, where faith is expressed in various ways as the congregation receives and lives the proclamation of the Gospel. In this context of continuous, intergenerational catechism, we find the possibility of child participation at the Lord's Supper.
>
> And here we find a question which, today, presents itself for reflection across the spectrum of Protestant Churches: how do we deal with the situation in which non-baptized persons come forward for the Lord's Supper? Are we justified in refusing them? Within the context of faith, does insistence on Baptism as a *sine qua non* for participation at the Supper make any sense? And where it is felt possible to welcome non-baptized believers (be they children, adolescents or adults) to the table, what motivation lies behind such a decision? Some Reformed churches believe that, given the strong cultural and social changes taking place in our own times, it might be possible to invert the traditional order and begin a path of faith with participation at the Lord's Supper leading later to Baptism. We, like them, think that, whilst maintaining as our primary reference the traditional order, it might be possible to follow this educational path, always assuming that the supporting pedagogical, theological and ecclesiological motivations are evident, and on condition that

> the churches which practice this model know how to offer adequate catechetical courses. We do not believe that such a willingness should in any way place in question or compromize our ecumenical relationships with those churches which cannot accept such a move«.

These questions are present and debated in many Protestant churches and involve the very identity of Protestantism in its fundamental theological and ecclesiological understandings. These are not, therefore, questions which arise only within the small, scattered churches in Latin Europe, but need to be addressed by all those Protestant churches which adhere to the Leuenberg Agreement. The exchanging of the various experiences and evaluations which flow from this cannot but be beneficial to one and all, in the various contexts of our daily lives.

Ermanno Genre

Zwischen Römisch-Katholischem Konfessionalismus und religiöser Pluralität

Die Erfahrungen der Waldenserkirche in Italien

Christliche religiöse Erziehung ist immer etwas, das in einem spezifischen Kontext stattfindet, der sich wiederum auf ihre Orientierung auswirkt. In Italien ist der Kontext, in dem sich der Protestantismus in seinen diversen konfessionellen Zugehörigkeiten wiederfindet, stark durch die invasive Präsenz der römisch-katholischen Kirche beeinflusst: eine Präsenz, die es sehr schwierig macht, den bestehenden religiösen Pluralismus im politischen, sozialen und kulturellen Leben des Landes zu erfassen. In der Geschichte des modernen Italiens hat sich diese Präsenz immer in Wettstreit mit dem Staat begeben; tatsächlich betrachtet sie sich selbst zuweilen als eine Alternative zum italienischen Staat (die Stimme, die aus dem Petersdom zu hören ist, scheint sogar ein »Anti-Staat« zu sein). Als Folge davon haben Italiens unterschiedliche Regierungen, seien sie rechts oder Mitte-links, nie gewusst, wie sie sich von der Macht der katholischen Kirche emanzipieren sollten, und immer eine Form der politisch-religiösen Legitimität gesucht. Diese »Macht-Ausstrahlung« hat ihren Weg grundlegend in die Welt der Bildung gefunden, dem Feld, mit dem wir uns hier beschäftigen. Wie wir sehen werden, musste als Folge davon die Position, die von Protestanten in Italien bezüglich Religionskultur und religiöser Bildung in Schule, Zuhause und Kirche vertreten wird, immer mit einer unvollständigen Religionsfreiheit rechnen, abhängig vom Willen der Mehrheitskirche, die sich heutzutage offiziell als »die« Kirche präsentiert und auch als solche von den Massenmedien behandelt wird.

Trotz der großen Veränderungen, die über die letzten 20, 30 Jahre stattgefunden haben, mit Immigration und sich weiterentwickelnder Kultur, bietet die gegenwärtige Religionssoziologie in Italien der römisch-katholischen Kirche Unterstützung für diese Selbstauffassung. 90 % von Italiens 60 Millionen Einwohnern bleiben formal an den Katholizismus gebunden, während die Zahlen, die sich an den historischen Protestantismus halten, bei ungefähr 50 000 bleiben. Doch die religiöse Landschaft Italiens ist weitaus vielfältiger und uneinheitlich: orthodoxe Kirchen (vielleicht 1 Million Mitglieder), Pfingstkirchen (400–500 000?), evangelikale Kirchen, die von Immigrantengruppen gegründet wurden (vielleicht 100 000), die jüdische Gemeinschaft (30 000), Muslime (etwa 1 Million), Buddhisten (100 000) und andere daneben. Jede Glaubensgemeinschaft strebt danach, ihre nächste Generation innerhalb ihrer eigenen Einflusssphäre zu unterrichten. Allerdings ist in den italienischen staatlichen Schulen, im Gegensatz zu anderen europäischen Ländern, der katholische Glaube der einzige, der unterrichtet wird – und das auf Kosten aller Steuerzahler des Landes! Dieser Unterricht beginnt in der Grundschule und geht weiter durch die Mittelschulen und höheren Schulen, und ist somit Teil der Bildung eines Kindes vor, während und nach dem Religionsunterricht, der im Rahmen der Ortsgemeinde stattfindet.

Im ersten Teil dieses Beitrags werde ich kurz versuchen, den *status quaestionis* in Bezug auf die Vermittlung von Religion an staatlichen Schulen in Italien vorzustellen, und das erfordert, etwas in die historischen und rechtlichen Hintergründe einzuführen, um die Widersprüche innerhalb des italienischen Rechts bezüglich Religion zu demonstrieren; es folgt dann eine Darstellung der Position, welche die italienischen Protestanten zur Verteidigung der Religionsfreiheit einnehmen, und ihres Antrags auf Religionsunterricht für alle Kinder, der Religion als ein historisches und soziales Phänomen darstellt.[1] Im zweiten Teil möchte ich versuchen, die Position der Waldenser und der methodistischen Kirche in Bezug auf den Religionsunterricht zu skizzieren, die eine vollständige Unterscheidung macht zwischen dem Katechismusunterricht, der innerhalb der Kirche abgehalten wird, und Religion, die als kulturelles Phänomen betrachtet wird und, wie sie glauben, zur öffentlichen Bildung gehört und von allen erlernt werden sollte, unabhängig von der Religionszugehörigkeit.

---

[1] Ich sollte darauf hinweisen, dass dieser Antrag relativ neu ist, entstanden aus der Revision des Konkordats von 1984. Davor konnten italienische Protestanten nur um Erlaubnis bitten, dem katholischen Religionsunterricht fernzubleiben und draußen auf den Korridoren zu sitzen.

1 Ein kontroverses Bürgerrecht

Weit vor seiner Geburt (17. März 1861) war es Italien bestimmt, römisch-katholisch zu sein. Als König Karl Albert den Waldensern und Juden 1848 Bürgerrechte und politische Rechte gab, ließ das vom Königreich Piemont erlassene Statut keinen Zweifel über die Religionssituation: »Die Römisch-Apostolische Katholische Religion ist die alleinige Religion des Staates. Andere existierende Glaubensrichtungen werden in Übereinstimmung mit dem Gesetz toleriert« (Art. 1). Durch die Vereinigung Italiens wurden piemontesische Statute zur Konstitution des neuen Königreichs, und Artikel 1 wurde nicht geändert. Andere Religionsgemeinschaften als die römisch-katholische Kirche (z. B. Waldenser und jüdische Gemeinschaften) wurden »toleriert«. Der ›offene Brief‹ von 1848, der den Waldensern zugestanden wurde, bekräftigte: »Den Waldensern ist es gestattet, alle bürgerlichen und politischen Rechte unserer Staatsbürger zu genießen, die Schulen, inklusive der Universität, zu besuchen und alle akademischen Grade zu erlangen. Es wird jedoch keine Veränderung der Gesetze bezüglich der Ausübung ihrer Gottesdienste und der Schulen, die sie unterhalten, geben«.[2] 1848 gab es in den piemontesischen (waldensischen) Tälern 169 Schulen mit 4479 Schülern,[3] die von örtlichen Kirchen geleitet wurden und zum großen Teil von den Gremien finanziert wurden, die von Schwesterkirchen in Schottland, England, den Niederlanden und der Schweiz eingerichtet worden waren. Dank der Initiative eines englischen Anglikaners, Charles Beckwith, war das Netzwerk der Grundschulen vergrößert worden, und jedes Bergdörfchen hatte nun Zugang zu einer. Es versteht sich von selbst, dass die Bibel eine zentrale Stellung in der Erziehung der Kinder hatte. Obwohl die Waldenser also keine Anerkennung der Religionsfreiheit genossen, bedeutete die Tatsache, dass sie ein autonomes Netzwerk an Schulen betreiben konnten, dass sie ihre kulturelle und religiöse Identität verteidigen konnten.

Als Folge der Vereinigung Italiens 1861 und dem Ende der weltlichen Macht des Papstes nach der Eroberung Roms 1871 entschloss sich das italienische Parlament 1873 – zur offensichtlichen Zufriedenheit der rö-

---

2 Übersetzt nach: A. Armand Hugon, Storia dei valdesi/2, Turin 1974, 300.

3 V. Vinay, Storia dei valdesi/3, Turin 1980, 188.

misch-katholischen Kirche – die staatlichen theologischen Fakultäten abzuschaffen. Im Jubiläumsjahr des vereinten italienischen Staates (1911) entschied das Parlament, dass der Staat die Schulen übernehmen sollte, die zum größten Teil bis dahin von der römisch-katholischen Kirche monopolisiert waren, und hier besonders von den Jesuiten. Mit dem Aufkommen des Faschismus wies Mussolini das Ministerium für Volksbildung Giovanni Gentile zu, und 1923 fanden die Reformen an staatlichen Schulen statt, die seinen Namen tragen. Gentile hatte bekräftigt, dass »die katholische Religion jedem Kind auf die Weise gelehrt werden muss, wie die Sprache italienischer Schriftsteller gelehrt wird.«[4] Dies brachte die Einführung katholischen Religionsunterrichts an allen Grundschulen mit sich, etwas, das bisher in der Entscheidungsmacht von Gemeinderäten gelegen hatte. Mussolini definierte Gentiles Reformen als »die faschistischste aller Reformen«[5] und von da an wurde die Vermittlung des katholischen Glaubens an Grundschulen verpflichtend und wurde aufgefasst als »das Fundament und die Krönung der Grundschulerziehung« (Artikel 3 des Gesetzes von 1923). Die Verflechtung von Faschismus und römisch-katholischer Kirche führte auch zu der Anbringung des Kreuzes in allen staatlichen Schulen. Dabei kam die Frage auf, ob die alten, bestehenden Waldenserschulen in Piemont ebenfalls ein Kreuz an die Wand hängen müssten, und nach einer langen Diskussion mit dem Minister für Volksbildung schaffte es der Vermittler der Waldenser (Léger), sich auf einen Kompromiss zu einigen, wonach stattdessen ein Bild von »Jesus, wie er die Kinder segnet« aufgehängt werden konnte.

Im Anschluss an das Konkordat zwischen Mussolini und dem Vatikan von 1929, blieb das 1848er Statut in Kraft, und die katholische Religion blieb »Staatsreligion«.

---

4 Übersetzt nach: E. Butturini, La religione a scuola. Dall'Unità ad oggi, Brescia 1987, 72.

5 Übersetzt nach: N. Pagano, Religione e libertà nella scuola. L'insegnamento della religione cattolica dallo Statuto albertino ai giorni nostri, Turin 1990, 40.

2 Altes und neues Konkordat: die Politik des ›Gattopardo‹ (Leopard)[6]

Die Revision des Konkordats im Jahr 1984 sollte die Beziehung zwischen Kirche und Staat im Lichte der Innovationen, die vom Zweiten Vatikanischen Konzil verfügt worden waren, ›aktualisieren‹ und dem Status der katholischen Kirche als »Staatsreligion« ein Ende setzen. Der Vatikan war jedoch abermals in der Lage, sein eigenes Gesetz zu schreiben. Seit 1984 gibt es keine »Staatsreligion« in Italien mehr, aber Italien bleibt in jeder Hinsicht ein »römisch-katholischer Staat«, genau wie in der Vergangenheit. Heute ist diese Gegebenheit für jeden offensichtlich: Kardinäle und Bischöfe – manchmal sogar der Papst – sitzen bei Staatsakten in der vordersten Reihe. Ihre Anwesenheit widerspricht dem Prinzip des säkularen Staates, aber sie verdeutlicht die Gegebenheit katholischen Religionsunterrichts an den staatlichen Schulen.

Das katholische *Magisterium,* das die Verhandlungen mit dem italienischen Staat führte, die zum neuen Konkordat führten, lehnte es ab, die Position jener Katholiken zu berücksichtigen, die nach dem Zweiten Vatikanischen Konzil bereit waren, eine neue Form des Religionsunterrichts in den Schulen zu beschließen; eine Form, die sowohl dem religiösen Pluralismus, der nun in Italien existierte, als auch den modernen Lehrmethoden im schulischen Religionsunterricht Beachtung geschenkt hätte. Diese Stimmen der katholischen Basis, von berühmten Pädagogen und von Politikern (sogar Christdemokraten) wünschten den Start einer zweispurigen Herangehensweise: parallel zum Unterricht im katholischen Glauben wünschten sie sich die Einführung eines nicht-konfessionellen Religionsunterrichts, der für alle Schüler verpflichtend sein sollte. Dieser »Mittelweg« wurde vom katholischen *Magisterium* abgelehnt, das starr einem konfessionalistischen Ansatz anhing.[7] Am18. Februar 1984 wurden die »Abkommen von Villa Madama« unterzeichnet

---

[6] Eine Bezugnahme auf den gleichnamigen Roman von Giuseppe Tomasi di Lampedusa und das berühmte Zitat aus jenem Buch: »Wenn wir wollen, dass alles so bleibt, wie es ist, dann ist es nötig, dass sich alles verändert.«

[7] Vgl. P. Scoppola, Un'improbabile religione nelle strettoie del Concordato e delle riforme scolastiche (Religione e scuola, a. XII, n. 10, giugno 1985); L. Prenna (Hg.), Assicurata ma facoltativa. La religione incompiuta nella scuola italiana, Rom 1997.

und die folgende neue Vereinbarung über den Religionsunterricht lautet jetzt wie folgt:

> »Die Italienische Republik wird in Anerkennung des Werts der Religionskultur und unter Berücksichtigung der katholischen Prinzipien, die Teil des historischen Erbes des italienischen Volkes sind, weiterhin die Vermittlung der katholischen Religion in jeder Stufe der staatlichen Schulen (unterhalb des Universitätsniveaus) sicherstellen, als ein grundlegendes Ziel der Volksbildung. Hinsichtlich der Gewissensfreiheit und der erzieherischen Pflicht von Eltern, wird jedem das Recht zugesichert, zu wählen, diesen Unterricht in Anspruch zu nehmen oder nicht [...]« (art. 9, para. 2).

Mit anderen Worten, katholischer Religionsunterricht ist optional, aber Religionslehrer werden vom örtlichen Bischof ernannt und vom Staat bezahlt. Und was ist mit jenen, die nicht katholisch sind?

Wenn Artikel 7 der italienischen Verfassung das Konkordat von 1929 mit seiner privilegierten Stellung für die katholische Kirche beibehält, so bekräftigt Artikel 8, dass »alle religiösen Bekenntnisse gleichermaßen frei vor dem Gesetz sind.« Nicht-katholische Konfessionen besitzen »das Recht, sich nach eigenen Satzungen zu organisieren« und ihre »Beziehung mit dem Staat wird durch Übereinkommen geregelt (›*Intese*‹).« Sofort nach Bewilligung des neuen Konkordats wurde die erste ›Übereinkunft‹ mit einer nicht-katholischen Denomination unterzeichnet: die Waldenserkirche, repräsentiert durch die *Tavola valdese* (dem Exekutivorgan der Waldenserkirche). Wie sind die Waldenser und Methodisten das Thema Religionsunterricht angegangen? Ohne zu wissen, wie die Verhandlungen bezüglich des neuen Konkordats ausgehen würden, hatten sie eine klare Unterscheidung getroffen zwischen dem Bereich des Katechismusunterrichts, der zu Recht von den Kirchen durchgeführt wird, und der Aufgabe der modernen Schule: allen Schülern ein Verständnis der Religionskultur zu bieten. Geschichte und Kultur von Waldensern und Methodisten bedeuteten, dass sie keinesfalls konfessionellem Unterricht an staatlichen Schulen zustimmen konnten – und dasselbe ließe sich auch für die jüdischen Gemeinden sagen. Gleichzeitig erkannten die Waldenser jedoch die Bedeutung der Schule als einem Ort der religiösen Bildung. Doch wie konnte dies erreicht werden, angesichts der Tatsache, dass die römisch-katholische Kirche sich weigerte, bei konfessionellem Unterricht einzulenken? Die Artikel 9 und 10 des staatlichen

Abkommens mit der Waldenserkirche waren auf der Grundlage der Artikel 3, 8 und 33 der italienischen Verfassung aufgebaut, also in einer erklärten »Anti-Konkordats«-Position, von der die Waldenser hofften, dass sie sich im italienischen Parlament weiterentwickeln würde. Es sollte nicht sein. Das Abkommen mit den Waldensern, das für Italien ein Zeichen für einen Vorwärtsschritt nicht-konfessionellen Religionsunterrichts hätte sein können, wurde vom Parlament erst diskutiert und verabschiedet, *nachdem* man sich über das neue Konkordat einig war, und folglich wurde sein nicht-konfessioneller Ansatz als unanwendbar für die katholische Mehrheitskirche erachtet.

Die Ereignisse, die daraus folgten, haben die Schwierigkeit demonstriert, in der sich der italienische Staat und sein Bildungssystem nun befinden, indem sie versuchen, die »gleichwertige Achtung« aller Seiten zu wahren und jegliche Diskriminierung von Schülern in religiösen Belangen zu vermeiden, während das katholische *Magisterium* für jedes Gesuch, die Abkommen von 1984 zu revidieren, taub bleibt. Denn es besteht nun nicht nur die Frage von Italiens wachsendem religiösen Pluralismus, die von neuen Rechtsnormen angesprochen werden muss: es gibt auch die Situation in den staatlichen Schulen. Eine einzige Statistik deutet das Problem an: in beinahe allen Schulen in Nord- und Mittelitalien verlassen 50% der Schüler oder mehr den Klassenraum, wenn der Religionslehrer kommt. Doch laut den Abkommen muss der Lehrer fortfahren, auch wenn nur ein Schüler anwesend ist. Diese Statistik enthüllt das völlige erzieherische Versagen des katholischen Religionsunterrichts an staatlichen Schulen, denn genau in dem Moment, wenn ein reifender Schüler kritisch in die Diskussion über die Realität religiösen Glaubens eintreten und Ansichten mit den anderen in der Klasse austauschen sollte, ist das Klassenzimmer halbleer.

3 Der Inhalt der ›Übereinkunft‹ mit der Waldenserkirche bezüglich des Religionsunterrichts

Artikel 9 und 10 der »Übereinkunft« mit den Waldensern enthalten ihre Position in Bezug auf Religionskultur und Religionsunterricht an Schulen. Artikel 9 lautet wie folgt: »Die Italienische Republik respektiert, dass die *Tavola*, in ihrer Überzeugung, dass religiöse Erziehung von Kindern und Jugendlichen der spezifische Verantwortungsbereich der Familie und der Kirche ist, nicht um Erlaubnis ansucht, ihren Katechismus oder ihre Lehre an staatlichen Schulen zu unterrichten oder dort Gottesdienste abzuhalten.«

Doch insofern als die Italienische Republik »den Unterricht im katholischen Glauben an allen staatlichen Schulen garantiert, gesteht sie das Recht von Schülern in staatlichen Schulen zu, von der Praxis und dem Unterricht von Religion fernzubleiben, entweder durch eine Erklärung ihrerseits (wenn sie über dem Mündigkeitsalter sind) oder ihrer Eltern oder Vormünder.«

Schließlich ist es gesetzlich vorgesehen, dass »in Klassen, in denen Schüler erklärt haben, dass sie wünschen, sich vom Religionsunterricht und Religionsausübung abzumelden, weder andere Fächer unterrichtet werden noch diese Dinge zu solchen Zeiten stattfinden, dass es schädliche oder diskriminierende Wirkungen auf jene Schüler haben könnte.«

Hier war beabsichtigt, einen klaren Unterschied zu machen zwischen der Rolle der Familie und der Kirche auf der einen Seite und derjenigen der Schule auf der anderen; und daraus folgte die Weigerung, ihren eigenen Religionsunterricht in der staatlichen Schule zu beantragen. Für seinen Teil räumt der Staat den waldensischen Schülern das Recht ein, sich vom katholischen Religionsunterricht abzumelden.

Artikel 10 sollte andererseits die Bereitschaft der Waldensergemeinden zeigen, eine Partnerschaft mit den Schulen in nicht-konfessionellem Geiste einzugehen.

> »Indem sie garantiert, dass die staatlichen Schulen Zentren kultureller, sozialer und ziviler Förderung sein sollen, die offen für alle Teile der Gesellschaft sind, garantiert die Italienische Republik jenen Gemeinden, die durch die *Tavola* repräsentiert werden, das Recht auf jegliche Anfragen von Schülern, deren Familie oder Bildungsinstitutionen bezüglich Studien zur Realität der Religion und ihren Implikationen. Die Art und Weise, wie dies geschieht, ist den von diesem Abkommen betroffenen Erziehungseinrichtungen überlassen. Die finanzielle Last solcher Tätigkeit wird von den betroffenen Kirchenorganisationen getragen.«

Diese Erklärung der Bereitschaft, sich kulturell bei den staatlichen Schulen zu engagieren, wurde praktisch in dem Augenblick annulliert, in dem im Zug der Revision des Konkordats »alternative Aktivitäten« (die im »Waldenser-Abkommen« nicht vorgesehen waren) eingeführt wurden. Faktisch vermieden diese »Alternativen« (absichtlich?) das Thema, das von Artikel 10 des Waldenser-Abkommens aufgebracht worden war.[8] Diese »alternativen« Aktivitäten haben niemals einen didaktischen Wert erlangt, der dem katholischen Religionsunterricht gleichkommt, und viele Familien von Kindern, die sich aus dem katholischen Religionsunterricht zurückgezogen haben, haben vor Gericht Beschwerde eingereicht, dass dies eine Form der Diskriminierung erzeugt. Es muss ebenfalls erkannt werden, dass sich viele nicht-katholische Familien entschließen, ihre Kinder in die katholischen Religionsstunden zu schicken, einfach, weil sie während der »normalen« Unterrichtszeit stattfinden.

In den letzten Jahren ist sehr deutlich geworden, dass sowohl die Konkordatsabkommen als auch die Abkommen mit den anderen Religionen nicht länger adäquat auf die Bedürfnisse einer sich rasant verändernden Bildungssituation eingehen, die sich aus der Immigration und anderen sozialen und kulturellen Wandlungen in Italien ergibt. Religiöser Diskurs findet nun in einem globalen Kontext statt; Italien ist eine pluralistische Gesellschaft; und zukünftige Generationen werden nur innerhalb des Rahmens einer gemeinsamen europäischen Staatsbürgerschaft geformt, die entschlossen ist, unter uns wachsenden Rassismus, Fremdenfeindlichkeit und Antisemitismus zu besiegen; wenn die Vermittlung des Religionsunterrichts in den Schulen zu etwas wird, das von allen gemeinsam abgehalten und nach Standard-Erziehungsmodellen und Praktiken unterrichtet wird.[9] Diese Vision wird weitgehend von italienischen Protestanten, von vielen Katholiken und von vielen geteilt, die keiner Religionsgemeinschaft angehören und überzeugt sind, dass Religionskultur einen Platz in der staatlichen Bildung haben sollte. Die einzige von der Waldenserkirche geführte höhere Schule, das *Collegio valdese* bei Torre Pellice, hat in ihrem fünfjährigen Lehrplan ein verpflichtendes

---

8 G. Long, Le confessioni religiose »diverse dalla cattolica«, Bologna 1991, 184.

9 Ein ökumenischer Vorschlag in diesem Sinne wird gemacht von E. Genre / F. Pajer, L'Unione Europea e la sfida delle religioni. Verso una nuova presenza della religione nella scuola, Turin 2005, 103 ff. Der erste Teil dieses Textes ist die Übersetzung von »Giving Europe a Heart and Soul«. A Christian Vision for Education in Europe's Schools. A Discussion Report of a Working Group of the Intereuropean Commission on Church and School, Münster 2003.

Lehrprogramm über die Geschichte der Religionen, das weit über ihre konfessionelle Bindung hinausweist, und dies findet mit der vollständigen Unterstützung der Schüler und ihrer Familien statt.

4 Nicht-Konfessionalismus, religiöser Pluralismus und die staatliche Schule

Dieser abschließende Abschnitt, der sich in zwei Teile gliedert, hätte auch an den Beginn dieses Beitrags gestellt werden können, da er die Frage christlichen Glaubens in den Kontext der heutigen Welt stellt, wie sie charakterisiert ist durch die gesetzlichen Ansprüche der Nicht-Konfessionalität in einem demokratischen Staat und den religiösen Pluralismus der italienischen Gesellschaft, welche beide »offizielle Politik« sind, jedoch durch die Fakten vor Ort konterkariert werden. Im Sinne der Kürze werde ich zwei Thesen aufstellen, gefolgt von einem kurzen Kommentar. Der generelle Ansatz, den ich vorschlagen möchte, wird nicht nur im italienischen Protestantismus weitgehend unterstützt, sondern auch von jenen, die ohne Religionsbekenntnis sind und von einer wachsenden Zahl von Katholiken, darunter auch Religionslehrer, die glauben, dass konfessioneller Unterricht in der staatlichen Bildung anachronistisch ist.[10]

Im rechtlichen Rahmen eines modernen, demokratischen, nicht-konfessionellen Staates sollten die verschiedenen Religionen und Konfessionen nichtstaatliche Schulen für den Unterricht ihrer spezifischen Religion (die die Frucht von Einigungen sind, die in andere Zeiten gehören) benutzen. Der nicht-konfessionelle und demokratische Staat sollte allen Bürgern Religionsfreiheit und freie Religionsausübung garantieren. Dies erfordert ein Konzept von Nicht-Konfessionalismus, das sicherstellt, dass es in den Schulen Unterricht für alle Schüler geben sollte, der die religiösen Gegebenheiten umfasst, mit dem Ausblick auf ein gemeinsames europäisches Bürgerrecht.

---

[10] Zusätzlich zu dem in Anm. 9 zitierten Text (siehe Bibliographie im Anhang), gibt es zahlreiche andere Texte von katholischen Autoren, die einem ähnlichen Ansatz folgen.

Innerhalb von Europas südlichen Ländern, drückt das Konzept des Nicht-Konfessionalismus ein fundamentales Prinzip aus: das der Religionsfreiheit innerhalb einer pluralistischen und multireligiösen Gesellschaft. Dies ist jedoch ein Konzept, das für die römisch-katholische Kirche – als überwiegende Mehrheit – schwer zu praktizieren ist, weil die Anerkennung von Konfessionslosigkeit die Aufgabe zahlreicher Privilegien mit sich bringen würde – etwas, welches das 2. Vatikanische Konzil selbst vorschlug (*Gaudium et Spes*, Abs. 76). Nach dem Konzil wurde Konfessionslosigkeit in der Gesellschaft nicht länger als Gefahr für die römisch-katholische Kirche und ihre Institutionen angesehen, und die letzten zwei Päpste haben das in ihr politisches Denken integriert, indem sie die Idee durch die Forderung nach einem »gesunden Nicht-Konfessionalismus« interpretierten, das heißt, etwas, das einer Vision entspricht, die vom *Magisterium* vorgegeben wurde. Doch dies führt zu dem Schluss, dass das Befinden des Nicht-Konfessionalismus für seine Existenz von einem kirchlichen *placet* abhängen muss.

2008 veröffentlichte der Europarat eine Diskussionsschrift über interkulturellen Dialog: »Living Together as Equals in Dignity«.[11] Aus diesem Papier griff der evangelische Soziologe Jean-Paul Willaime die Idee von »Pluralismus, Toleranz und interkulturellem Dialog«[12] auf, und unterstrich den dynamischen Akt, der einsetzt, wenn unterschiedliche Personen aufeinandertreffen. Er sagt, europäischer Pluralismus, der sich durch intelligenten Dialog auszeichnet, basiere auf drei grundlegenden Prinzipien:

1. ein Prinzip der Freiheit. Das bedeutet Gewissensfreiheit und Gedankenfreiheit, die die Freiheit einschließt, seine eigene Religion zu haben oder nicht zu haben, die Freiheit, sie zu praktizieren, und auch die Freiheit, die Religion zu wechseln, wenn dies Wunsch der Person ist;

---

[11] Der Text ist im Internet abrufbar. Es gibt verschiedene relevante Dokumente, die während der letzten Jahre unter den unterschiedlichen Nationen ausgearbeitet worden sind. Ich würde, zum Beispiel, verweisen auf *Toledo Guiding Principles on teaching about religions and beliefs in public schools*, ed. OSCE/ODIHR, Warschau 2007 (Englische und spanische Ausgabe).

[12] Übersetzt nach: J.-P. Willaime, Le retour du religieux dans la sphère publique. Vers une laïcité de reconnaissance et de dialogue, Lyon 2008, 39ff.

2. ein Prinzip der Gleichbehandlung. Die Gleichheit der Rechte und Verantwortungen jenseits jeglicher religiöser oder philosophischer Kennzeichen besagt, dass sie nicht Gründe für Diskriminierung sein sollen;
3. ein Prinzip wechselseitiger Unabhängigkeit vom Politischen und Religiösen. Die wechselseitige Autonomie von Politik und Religion wird auf verschiedene Modelle von Trennung/Kooperation angewandt, die die Beziehung zwischen Staaten und Religionen regeln (Konkordate, Abkommen zwischen politischen und religiösen Institutionen etc.).[13]

Natürlich müssen diese programmatischen Linien ihren Platz in den unterschiedlichen nationalen Kontexten finden. Und genau die Kontextualisierung ist es, die problematisch wird, denn die religiöse Mehrheits-Minderheits-Beziehung beeinflusst die nationalen Gesetzesformulierungen.

Wie oben gesagt, ist die italienische Sachlage sogar noch komplexer als in anderen Ländern, weil die genannten Ansprüche pluralistischer Prinzipien nicht mit der Realität vor Ort übereinstimmen. Obwohl die italienische Gesellschaft großenteils säkularisiert ist, unterscheidet sich diese Säkularisierung von jener in anderen Teilen Europas darin, dass sie keinen pluralistischen Ansatz erzeugt hat, und italienische öffentliche Institutionen sind weiterhin stark durch eine katholisch-konfessionelle Präsenz in all ihren Aspekten gekennzeichnet:[14] Die Präsenz des Vatikanstaats im Herzen der Nation repräsentiert an sich eine offene Wunde für die Ausübung des Pluralismus.

Im »Weißbuch« wurde das Konzept von »gleichwertiger Achtung zwischen Dialogpartnern« als ein Prinzip und eine Methode jenseits von Mehrheit-Minderheits-Beziehungen vorgeschlagen. Die Initiative des Europarates stellte eine echte Herausforderung für die verschiedenen Religionsgemeinschaften dar, die an diesem Dialog teilnehmen, denn es besteht keine effektive »gleichwertige Achtung« zwischen ihnen. Und das gilt an allererster Stelle für die christlichen Kirchen, die heutzutage versuchen, in einen Dialog mit anderen Religionen zu treten, aber nicht in der Lage sind, sich gegenseitig als Schwesterkirchen mit gleicher Achtung anzuerkennen.

---

13 A. a. O., 64 f.

14 Vgl. P. Bellini, Tra due Italie (Quaderni laici, supplemento, ottobre 2010), 5 ff.

5 Glaubensvermittlung: Verantwortung der Schule oder der Kirche?

Die Kirchen und Religionsgemeinschaften sollten die öffentliche Bildung unterstützen und mit ihr zusammenarbeiten, sodass sie ihre Aufgabe der Darstellung der religiösen Situation in der Pluralität ihrer Ausdrucksformen ausführen kann, wobei sie die jeweilige Situation in jeder Region berücksichtigt. Kirchen und Religionsgemeinschaften, die dem durch die staatliche Bildung vermittelten Unterricht von Religionskultur für alle Kinder Rechnung tragen, haben die Aufgabe, innerhalb ihrer eigenen Umgebung bestimmte Katechismuskurse anzuregen, die ihrer eigenen Tradition verhaftet sind und zur Vermittlung des Glaubens führen.

In einigen europäischen Ländern und Regionen führen evangelische Kirchen auch konfessionellen Unterricht an staatlichen Schulen durch, der von der Regierung (z. B. in Deutschland und im Elsass) oder von den Kirchen selbst (z. B. in Osteuropa) finanziert wird. Hier sprechen wir allerdings nicht von Katechismusunterricht – sei es evangelischer oder katholischer – sondern von der Eröffnung eines Raumes, um die religiöse Sachlage im Allgemeinen zu diskutieren. Abgesehen davon wird der Unterricht weiterhin in konfessioneller Weise abgehalten, als ob sich seit der Zeit, in der man sich vor Jahrhunderten zum ersten Mal auf diese ›Konkordats‹-Arrangements einigte, nichts in der Gesellschaft geändert hätte. Und das erzeugt heutzutage zahlreiche Probleme, sowohl in Bezug auf die christliche Botschaft, die nicht auf den ›Konfessionalismus‹ der einen oder anderen Kirche reduziert werden kann, wenn sie in der staatlichen Schule als ›Religionskultur‹ vorgestellt werden sollte, als auch als Folge der Realität anderer Religionen und Konfessionen, die nicht in die verschiedenen Konkordate und Abkommen mit dem Staat aufgenommen wurden. Diese klare Trennung zwischen der Rolle der Schule und derjenigen der einzelnen Kirchen und Religionsgemeinschaften sollte nicht Anlass geben für eine ›Opposition‹ zwischen Schule und Religionsgemeinschaften; es ist in der Tat richtig, dass es eine Vielfalt an Formen gibt, wie man diese Unterscheidung positiv sehen und ausdrücken könnte. Gleichzeitig ist es jedoch notwendig, dass die Kirchen und Religionsgemeinschaften Verantwortung für die Vermittlung ihrer eigenen Glaubensinhalte übernehmen und dies nicht eine Rolle sein sollte, die von der staatlichen Bildung übernommen wird. Das Gegenteil zu tun wäre ein doppelter Verrat: Verrat der Bestimmung der Kirche und Verrat der wahren Rolle der staatlichen Bildung. Aus diesem Grund bleibt die Trennung von Rollen, Zielen und Inhalten elementar.

In ihrer Lage als kleine Minderheit, die im Land verstreut ist, haben die italienischen Protestanten, und besonders die Waldenser, die Bedeutung unterstrichen, eine starke Verknüpfung zwischen der Entwicklung einer Bürgerschaft und der Entwicklung einer Nachfolge, zwischen Schule und Kirche aufrechtzuerhalten; doch wenn Schule und Kirche einmal eng verbunden waren, fast in einer symbiotischen Beziehung – und nebenbei könnten wir uns daran erinnern, dass das staatliche Schulsystem in den USA aus den Sonntagsschulen entstand – sind die Dinge heute anders. Die Frage bleibt offen: Wie sollen wir Schüler erziehen und bilden, die verantwortungsbewusste Bürger sein werden?[15]

Aus dem, was wir bisher erörtert haben scheint klar hervorzugehen, dass die Bildung nachfolgender Generationen im Glauben für den italienischen Protestantismus (doch dasselbe gilt in ganz Südeuropa) nicht innerhalb der staatlichen Bildung stattfinden kann – die sich, wenn sie sich der vorliegenden Aufgabe ernsthaft widmet, mit Religionskultur auseinandersetzen muss – sondern nur innerhalb der Kirchen mit ihren jeweiligen Katechismen. Wir haben bereits gesagt, dass wir nicht von »Opposition« zwischen *Unterricht in Religionskultur und Kirchenkatechismus* sprechen. Der Religionsunterricht, für den staatliche Schulen verantwortlich sind, ist grundlegend für jedes Verständnis des religiösen Pluralismus, in dem wir leben, und es wäre ein Zeichen kultureller und spiritueller Blindheit, wenn die Christen denken würden, dass sie ohne ihn auskommen könnten oder sollten. Der Katechismus, der die Menschen zum Glauben hinwendet, ist eine *andere* Angelegenheit, die weder von Bildung in Religionskultur ausgeschöpft wird noch mit ihr verwechselt werden sollte. Jede christliche Kirche, die glaubt, dass es heutzutage noch immer möglich ist, die staatlichen Schulen zu nutzen, um christliche Kultur zu vermitteln, hat sich womöglich noch nicht mit der Realität der postmodernen Kultur auseinandergesetzt und gibt vor allem kein klares, glaubhaftes Zeichen der Berufung, zu der sie aufgerufen ist. Es ist klar, dass es zwischen Schule und Kirche unmittelbare Nähe und

---

15 Vgl. E. Genre, Cittadini e discepoli. Itinerari di catechesi, Turin 2000, 53 ff.

wechselseitige Infragestellung geben muss, doch das muss auf der Auffassung beruhen, dass die christliche Kirche in einem modernen, demokratischen Staat nicht mehr länger der einzige Gesprächspartner sein kann, sondern einer unter mehreren sein muss; und es ist genau diese Horizonterweiterung, dieser Pluralismus in der religiösen Realität, auf den die staatliche Bildung lernen muss in einer Art zu reagieren, die die Religionsfreiheit aller respektiert. Zweifelsohne wäre eine Schule für alle, in der die Schüler, Lehrer und Familien die verschiedenen Religionen erfahren, für die kleinen, verstreuten evangelischen Kirchen von Vorteil. Die christliche Kirche würde in ihrem eigenen Leben ein Gefühl der Verkündigung des Evangeliums wiederentdecken, in einer facettenreichen Gesellschaft, in der alle gegenseitigen Respekt lernen, weil wir nur so in der Dimension von »Bindung« leben können und nicht von »Kampf«.

Der Bund evangelischer Kirchen in Italien (FCEI), zu dem die Waldenser, Methodisten, Lutheraner und Baptisten sowie die Heilsarmee gehören, hat einen eigenen Bildungsdienst, der öffentliche Programme für die Ausbildung von Kindern bereitstellt (die Lutheraner haben ihr eigenes Material in deutscher Sprache), und mit dem Magazin ›Sunday School‹ werden die verschiedenen Probleme und Möglichkeiten angesprochen, die in den Glaubensunterricht der zukünftigen Generationen eingeschlossen sind. In den letzten Jahren wurde in den Waldenserkirchen und den methodistischen Kirchen die Frage nach der Bedeutung von Taufe, Konfirmation und Abendmahl im Kontext eines intergenerationellen Katechismus gestellt, etwas, das Experimente und Untersuchungen erfordert. 2010 sandte die Waldensersynode einen Bericht einer Studienkommission über dieses Thema an die Ortsgemeinden, der, unter anderem, folgendes beinhaltete:

> »Heutzutage folgen die Wege, die die Menschen zum christlichen Glauben führen, nicht immer der logischen Ordnung, die evangelische Kirchen in vergangener Zeit praktizierten. In vielen unserer Gemeinden kommen die Menschen als Erwachsene zum christlichen Glauben, und oft allein; manchmal wird die Entscheidung, ihren Glauben öffentlich zu erklären, dem Bedürfnis untergeordnet, Verständnislosigkeit in ihren Familien hervorzurufen; manchmal nehmen Menschen, die in evangelischen Familien aufwuchsen, aus einer ganzen Vielzahl an Gründen aktiv am Leben der Kirche teil, ohne jemals nach einer Konfirmation oder Taufe zu fragen. Es ist dieser Kontext verschie-

dener Glaubenswege, in dem die Kirche das Evangelium verkündet und es in Wort und Sakrament empfängt. Auf diese Weise findet sich die Kirche selbst auf der Wanderschaft auf einem kontinuierlichen, katechetischen Weg, auf dem Glauben auf unterschiedliche Weisen ausgedrückt wird, während die Gemeinde die Verkündigung des Evangeliums empfängt und lebt. In diesem Kontext eines kontinuierlichen, generationsübergreifenden Katechismus finden wir die Möglichkeit der Teilnahme von Kindern am Abendmahl.
Und hier stoßen wir auf eine Frage, die sich heute zur Reflexion im gesamten Spektrum evangelischer Kirchen anbietet: Wie gehen wir mit der Situation um, in der ungetaufte Personen zum Abendmahl kommen? Sind wir berechtigt sie abzulehnen? Ergibt das Beharren auf der Taufe als *sine qua non* für die Teilnahme am Abendmahl innerhalb des Glaubenskontexts irgendeinen Sinn? Und welche Motivation liegt dort hinter der Entscheidung, wo es als möglich empfunden wird, ungetaufte Gläubige (seien sie Kinder, Jugendliche oder Erwachsene) am Tisch zu begrüßen? Manche reformierte Kirchen glauben, dass es angesichts der starken kulturellen und sozialen Veränderungen unserer Zeit möglich sein könnte, die traditionelle Ordnung umzudrehen und einen Glaubensweg mit der Teilnahme am Abendmahl zu beginnen, der später zur Taufe führt. Wie sie, glauben wir, dass es möglich sein könnte, während wir die traditionelle Ordnung als unsere erste Referenz beibehalten, diesem Bildungsweg zu folgen, immer vorausgesetzt, dass die tragenden pädagogischen, theologischen und ekklesiologischen Motivationen klar sind, und unter der Bedingung, dass die Kirchen, die dieses Modell anwenden, wissen, wie sie adäquate Katechismuskurse anbieten können. Wir glauben nicht, dass eine solche Bereitschaft unsere ökumenischen Beziehungen mit jenen Kirchen, die einen solchen Schritt nicht akzeptieren können, auf irgendeine Weise infrage stellt oder beeinträchtigt.«

Diese Fragen sind in vielen evangelischen Kirchen präsent und werden debattiert, und sie schließen die eigentliche Identität des Protestantismus in ihren grundlegenden theologischen und ekklesiologischen Verständnissen mit ein. Sie sind daher keine Fragen, die sich nur innerhalb von kleinen, verstreuten Kirchen in Südeuropa ergeben, sondern müssen von all jenen evangelischen Kirchen thematisiert werden, die sich an die Leuenberger Konkordie halten. Der Austausch von unterschiedlichen Erfahrungen und Beurteilungen, die hieraus entspringen, kann nur in den verschiedenen Kontexten unseres täglichen Lebens für alle miteinander förderlich sein.

III
Konkretionen und Lernorte

Neil Thorogood

At home With God: Education in the family as a faith issue

Introduction

As I write this one of our sons, aged 12, is bouncing on the trampoline in our garden. This is one of the most precious parts of his day. He describes it as »having my own mind.« It's a workout for his body, mind and spirit. I wonder if it isn't one of his ways of praying, as nourishing as any ancient daily office?

Or eavesdrop on »John«, aged 6, talking about how he sees God:

> »With my mind and with my eyes. Sometimes I feel […] um […] I am in a place with God in heaven and I'm talking to Him […] And um there's room for us all in God. He's […] God […] well, He's in all of us […] He's everything that's around us. He's that microphone […] He's that book. He's even […] He's sticks. He's paint […] He's everything around us. And, inside our heart. Heaven. By the way, have you seen *Indiana Jones and the Temple of Doom*?«[1]

What it is to journey with children and young people! So what might it mean for us to help them encounter the living God whose children they truly are? What might it mean for us to let them help us as adults and as the church to encounter God?

In this chapter I want to explore something of how the home and family can be a setting for the nurturing of faith. Space constrains me to focus upon sharing with children and young people, for whom parents and their closest carers can powerfully influence their conceptions of

---

1 Quoted in R. Nye, Spirituality, in *Through the Eyes of a Child. New insights in theology from a child's perspective*, ed. A. Richards / P. Privett (London 2009), 68–84, 68.

God and thus the ways in which faith might grow.[2] Other chapters deserve to be written to help us reflect upon faithful discipleship in other forms of home, with those who are single or with couples who do not have children for example, but my task here is more limited.

THE HOME IN CONTEXT

Across Europe and the rest of the world there are unknown millions of happy homes in which children are cherished, supported and understood. When asked what makes their lives good the most common response from children and young people across the UK echoed this 13-year-old boy: »[…] a family to love and care about them and to help them with their problems.«[3]

But home can hurt. Stopping children having a good life can be: »[…] the home being rubbish and people that harm you with their words and actions.«[4] Annual UNICEF reports paint the terrible global picture of young lives lost and threatened through poverty, violence, exploitation, sickness and neglect.[5] Families are struggling across the globe.

Families are also diverse and changing. In 2009 about half of Europe's population lived in homes with dependent children; in Bulgaria, Estonia, France, Slovenia and Sweden the majority of live births were to unmarried couples and lone parents.[6] The number of marriages continued to

---

2 Whilst the interpretations are varied the evidence for such formational influence is growing. See E. CALDWELL, *Making a Home for Faith. Nurturing the Spiritual Life of your Children.* (Rev. ed. Cleveland 2007), 13–19, 35–36; D. HAY / R. NYE, *The Spirit of the Child.* (Rev. ed. London/Philadelphia 2006), 54; G. KNIGHT / J. KNIGHT, *Called by Mind and Spirit. Crossing the Borderlands of Childhood* (London / New York 2010), 59–63; R. NYE, *Children's Spirituality. What it is and why it matters* (London 2009), 11.

3 L. POPLE, *The Good Childhood Inquiry. What children told us* (London, undated report), 4. Over 18.000 contributions provided the evidence, from respondents aged 3–21, gathered from 2005–2007.

4 A 13-year-old girl, op. cit., 5.

5 UNICEF, *The State of the World's Children.* http://www.unicef.org/sowc/.

6 European Commission, *The Social Situation in the European Union 2009,*

fall whilst divorce rates more than doubled between 1970 and 2009 across Europe.[7] In the UK the number of lone parents doubled from 1961 to 1981 and doubled again between 1981 and 2009.[8] There were 1.8 million families headed by a lone mother and 0.2 million by a lone father in the UK in 2009.[9] Families come in many forms today.

Families face, even in the rich world, many pressures.[10] Contemporary society is often described as »toxic« for childhood.[11] The UK's Good Childhood Enquiry highlighted excessive individualism as poisoning children's experience of life.[12] For Europe's religious families there are added challenges as we experience decline in institutional religion with faith privatized, ignored or derided.[13] Mounting evidence suggests that, as the church becomes less and less a plausible home, increasing numbers of Europe's young people are tailoring their own, eclectic, spirituality set free from tradition and congregation.[14]

THEOLOGICAL PERSPECTIVES UPON FAITH IN THE FAMILY

What, then, of the church's resources for framing, encouraging and sustaining parents and carers in our shared journey with children and young people? Childhood and family turn out to be significantly neglected topics

Eurostat, 2010, 209. Available to download at http://epp.eurostat.ec.europa.eu/portal/page/portal/product_details/publication?p_product_code=KE-AG-10-001.

7 Op. cit., 207–208.

8 M. HUGHES, *UK Social Trends*. London (Office for National Statistics) 2010, number 40, 15.

9 Op. cit., 16.

10 UNICEF, *Child Poverty in Perspective. An Overview of Child Well-being in Rich Countries*, Florence (UNICEF Innocenti Research Centre) 2007. Britain was worst.

11 CALDWELL (see fn. 2), 48.

12 R. LAYARD / J. DUNN, *A Good Childhood. Searching for Values in a Competitive Age* (London 2009), 6.

13 HAY/NYE (see fn. 2), 33-48. Their research highlights children's fears that any public expression of faith will be ridiculed, 127, 147, 149.

14 Op. cit., 161–162.

for theology.[15] The predominant theological motif, in the Western church, has been to see children as adults-in-the-making who need to be taught enough before they can know God.[16]

But more recently childhood has attracted increasing theological interest with a willingness to see spirituality as children experience it, and to appreciate how children's insights can add to adults' faith.[17]

David Jensen's theology of childhood offers an evocative example of such fresh insights.[18] He takes as starting point Israel's embrace of children within the covenant which points to children as signs of blessing.[19] In Jesus' encounters with children they become, in their vulnerability, models inviting adults to become vulnerable and thus closer to the God.[20] Drawing upon Calvin's sense of God adopting us as God's own children, Jensen writes: »Adopted by God, children are entrusted to our care and vulnerable to the world. In acts of care, moreover, we rediscover the fragility of life itself [...] Chosen by God, children are created in the image of God. Living in God's image, children are metaphors of openness to the One who created each of us differently.«[21] In our homes children help us to share vulnerability-in-relationship.

More recently, Jensen has sought to articulate what this means for parents and carers in the home.[22] He continues to explore adoption: »In Ephesians, the image of adoption portrays the church's relationship to

---

15 M. BUNGE, The Vocation of Parenting. A Biblically and Theologically Informed Perspective, in *Understanding God's heart for Children. Toward a Biblical Framework*, ed. D. McConnell et al. (Colorado Springs et. al. 2007), 51–65, 53.

16 D. JENSEN, *Graced Vulnerability. A Theology of Childhood* (Cleveland 2005), 8–10. For excellent summaries of the few key theologians' reflections upon childhood and families see M. BUNGE, *The Child in Christian Thought* (Grand Rapids / Cambridge 2001).

17 *Through the Eyes of a Child* (see fn. 1), 68.

18 JENSEN, *Graced Vulnerability* (see fn. 16).

19 Op. cit., 2–4, 17–19.

20 Op. cit., 20–44.

21 Op. cit., 47.

22 D. JENSEN, Adopted into the Family. Toward a Theology of Parenting, in *Journal of Childhood and Religion 1/2*, 2010, 1–15. Available online at http://www.childhoodandreligion.com/JCR/Volume_1_(2010)_files/JensenApril2010.pdf.

God in Christ [...] Christians become partakers of the covenant extended to Israel because God adopts us as God's own. In the new family inaugurated in Jesus Christ, adoption – not biology – makes the difference [...] Christian parenting regards all children – whether they share DNA or not – as adoptive children.«[23] Thus children are gifts to their parents and carers and vice versa. He concludes: »All who parent care for adoptive children because children are given to parents. Parents offer hospitality to children for a time so that they, in turn, might provide hospitality to others. Children belong not first and foremost to parents, but to God.«[24]

Jensen's sense of mutual discovery resonates with evidence of children's capacity to experience God. Göte Klingberg identified a real sense of God in studies of Swedish children aged 9–13.[25] Kalevi Tamminen, working in Finland, found that 60% of 11-year-olds and 80% of 7-year-olds spoke of their awareness of God's presence; only 30% of adults did.[26] But, as these results suggest, this spiritual capacity may decline as we age. Studies in Germany, by Theophil Thun and Maria Bindl, and more recent work by Leslie Francis and Rebecca Nye in the UK, affirm this sense that children's religious awareness, if not encouraged, can be entirely lost by adolescence.[27] Nye concludes: »[...] [a] way of interpreting the plight of spirituality is to see the process of induction into post-Enlightenment European culture as suppressing or even repressing the natural spiritual awareness of children.«[28]

Faith can grow, and it can wither, as we age. Erik Erikson and then James Fowler have been influential in identifying faith's evolutions with different ages and life stages.[29] John Westerhoff's adaptation of Fowler

---

23 Op. cit., 8–9.

24 Op. cit., 15.

25 G. KLINGBERG, A Study of Religious Experience in Children from 9 to 13 Years of Age, in *Religious Education 54*, 1959, 211–216.

26 K. TAMMINEN, *Religious Development in Childhood and Youth. An Empirical Study* (Helsinki 1991).

27 HAY/NYE (see fn. 2), 55–57, 63–107.

28 Op. cit., 57.

29 E. ERIKSON, *Childhood and Society* (New York ²1963); J. FOWLER, *Stages of Faith* (New York 1980); see also his *Faith Development and Pastoral Care* (Philadelphia 1987).

allows faith's development to be more fluid and unpredictable; earlier experience is not replaced but built upon. Westerhoff uses the growth of tree rings as his analogy[30]. Experienced faith (pre-school and early childhood) is the heart for all that will grow around it. Faith is found through enacting what the child experiences, observes, copies and experiments with. Affiliative faith (in adolescence) involves belonging to an identifiable community rooted in an authoritative story (the Gospel) and being encouraged to feel faith as much as think about it. If the needs of affiliative faith are met searching faith can grow (late adolescence) with critique of community and authoritative stories, much experimentation, but also a deep desire for personal decision and commitment. All three rings can continue to be present as a fourth may grow around them; owned faith sees conversion (either gradual or dramatic) and is the adult experience of making faith our own.

Many adults, Westerhoff suggests, never move beyond affiliative faith: »Owned faith, personal identity, is God's intention for every person. To reach owned faith (our full potential) is a long pilgrimage in which we need to be provided with an environment and experiences that encourage us to act in ways that assist our expansion of faith.«[31] How might this be?

RESPONDING IN FAITHFULNESS

One size will never fit all. Families are gloriously diverse and unruly. Everyone is unique and precious. Faith is a personal pilgrimage into relationship with God and the world, which can ebb and flow in different ways at different speeds for each of us. So appropriate responses to resourcing the home as a place of faithfulness will embrace diversity and cherish adaptability. Here we can only glimpse some ways to do so.

A strong theme in the recent literature is of encouraging parents and carers to let faith be simply part of the fabric of the daily routine. Many writers list requirements for an »ideal« Christian home.[32] Westerhoff help-

---

30 J. WESTERHOFF, *Will Our Children Have Faith?* (rev. ed. Harrisburg 2000), 87–99.

31 Op. cit., 96.

32 BUNGE, *The Vocation of Parenting* (see fn. 15), 59–63, is one example.

fully tries to keep his list minimal and thus less likely to induce guilt: feel comfortable retelling Bible stories;[33] create rituals around celebrations and meals and pray together; talk honestly without the need to find answers when questions leave us silenced; share in service to others.[34]

From 1990 onwards my ecclesial home, the United Reformed Church, has deployed a *Charter for Children in the Church* which offers tantalizing invitations and challenges applicable to the family's faith journey even though couched in congregational terms. It drew some of its inspiration from the UK Government's Children Act of 1989 which highlighted the spiritual dimensions of children, primarily in the context of social care policy but with a much wider influence that fostered a more holistic approach to children's work generally. The *Charter*, which has since become available as a wall calendar and discussion resource, reads:

1. Children are equal partners with adults in the life of the church.
2. The full diet of Christian worship is for children as well as adults.
3. Learning is for the whole church, adults and children.
4. Fellowship is for all – each belonging meaningfully to the rest.
5. Service is for children to give, as well as adults.
6. The call to evangelism comes to all God's people of whatever age.
7. The Holy Spirit speaks powerfully through children as well as adults.
8. The discovery and development of gifts in children and adults is a key function of the church.
9. As a church community we must learn to do only those things in separate age groups which we cannot in all conscience do together.
10. The concept of the ›Priesthood of all Believers‹ includes children.[35]

These are powerful pointers which encourage a deep sense of shared pilgrimage across the generations. Taken seriously they can foster an attitude that opens the home and family to the delight and risk of growing in faith together.

---

[33] J. Westerhoff, *Bringing Up Children in the Christian Faith* (San Francisco 1980), 37. G. Pritchard, *Offering the Gospel to Children* (New York 2008), 33, highlights the need to explore scripture's heights and depths and not stick with familiar or »easy« texts – we all need the full biblical diet.

[34] Westerhoff (see fn. 33), 44, 47, 51.

[35] J. Sutcliffe, *Tuesday's Child. A Reader for Christian Educators* (Birmingham 2001), 174–176.

The Christian year with its sweeping drama of redemption history deployed through liturgy offers incredible treasures to carry into the home. I know of congregations that celebrate Advent with a model Mary, Joseph and donkey travelling from home to home as that ancient journey to Bethlehem is recreated again; biblical narrative incarnated on the family dining table. Gretchen Pritchard is one of many writers offering ideas for creatively marking the Christian year in a congregational context but with the tantalizing possibility of a merging of what is happening in worship and what might be continued in the home. »The church's year, with its lucid yet subtle arrangement of fasts and feasts, of penitence, preparation, and praise, its synthesis of Scripture and salvation history with the life of Jesus, our own lives, and the rhythms of the natural seasons, can provide a backdrop of extraordinary richness for children's spiritual and emotional lives – as it does, of course, for many adults. And yet it has been terribly underused by those who teach and write for children in the church, and by Christian families.«[36]

So Pritchard offers a diverse range of resources keyed into the liturgical calendar to resource the retelling of the Christian story so that it might be made tangible and experiential. She offers material for Christmas pageants and marking Epiphany through exploring the ancient traditions of the Jesse Tree, for Palm Saturday prayer walks and material for Corpus Christi and All Saints' Day.[37] Whilst, frustratingly for our study, she does not open up ways in which these materials could be adapted to use in the home, her interest in the significance of the home as the focus for marking and passing on the Jewish liturgical year is provocative.[38] The overarching Christian story, retold each year through the liturgical seasons, offers tremendous potential for local adaptation. Most congregations, I suspect, have their own familiar ways of marking these unfolding moments of collective memory. Why not let this be increasingly so in our homes? Congregations may well put extra effort into encouraging attendance at special festival services. Why not equally resource and inspire families to make these seasons live in their front rooms and on their dining tables?

---

36 PRITCHARD (see fn. 33), 73.

37 Op. cit., 80–135.

The *Mothers Union*, an international Christian charity supporting families, offers material for download keyed to the Christian year.[39] *GodVenture* is one of countless independent organizations publishing engaging materials to help fund the journey at home.[40] Responding to need expressed by families the Roman Catholic Bishops' Conference of England and Wales established *Home is a Holy Place* with resources to encourage parents and carers to celebrate the holiness of the everyday.[41] The UK Methodist Church offers an example of a denominational website with dedicated resources for parents, often keyed into the liturgical seasons.[42] The challenge is not finding material but finding material that chimes with our needs, personalities, theologies and resources. The challenge is finding the good stuff! One of the best things a church might do is point us in the right direction.

A widely appreciated resource across churches in many countries is *Godly Play*. It offers great potential for the home. Rich in theology and pedagogy, it is a way of opening up the fullness of the Bible through the power of story and play.[43] The work of Jerome Berryman in the US, it is rooted in the insights into creative education pioneered by Maria Montessori in Italy (1907 onwards), Jean Piaget in Switzerland, and Sofia Cavalletti in Italy (1954 onwards).[44]

> »In Godly Play, the invitation is given not for play in general but for play with the language of God and God's people: our sacred stories, parables, liturgical actions and silences. Through this powerful language, through our wondering, through the community of players gathered together, we hear the deepest invitation of all: an invitation to come play with God.«[45]

---

38 Op. cit., 75.

39 http://www.themothersunion.org.

40 See especially the Our Family sticker book. http://www.GodVenture.co.uk.

41 http://www.homeisaholyplace.org.uk.

42 http://www.childrenandyouth.org.uk/parents.

43 J. Berryman, *The Complete Guide to Godly Play*. Vol. 1 (Denver 2007), 18-19.

44 Op. cit., 86–107. See also S. Cavalletti, *The Religious Potential of the Child. 6 to 12 Years Old* (Chicago 2002).

45 Berryman (see fn. 43), 12.

Through careful retelling of scripture without using a written text but instead using objects such as wooden figures and fabrics to bring the words to life participants are encouraged to wonder about the story and its meanings and to sit quietly with it broken open in their midst. This leads into creative response and shared meals, fostering rich encounters with others and with God.[46] The aim of *Godly Play* is to develop a habit of wondering such that the world and the Bible are encountered constantly as sources of fresh insight into self, life and faith. The journey with God comes alive, rather than degenerating into a series of fixed lessons to be digested and concepts to be learned.[47]

Whilst designed primarily for a group setting, *Godly Play* can be translated into the home.[48] It offers a commitment to scripture as God's living Word and taps into the creativity and community that enables all sorts of people to celebrate the Bible as a treasury of encounters with God. It is well resourced and thoughtfully presented in ways that offer a deep theological foundation upon which to discover faith together.

> »Godly Play helps resacralize the everyday things of the world, such as bread, wine, candles, oil, wood, linens and clay. Godly Play reteaches a sacramental worldview in a society that is so often utilitarian and materialistic […] Godly Play offers a contemporary and child-accessible version of the ancient spiritual practice of *lectio divina*: holy reading, wondering and responding to the Bible's sacred stories. Instead of analyzing God's word, the children meditate in an artistic and kinesthetic way. Godly Play helps children know God and the Bible instead of simply knowing *about* God or *about* the Bible. Godly Play teaches that everything in God's creation is charged with the possibility of holiness, including each of us, and that we are in relationship with everything in Creation. There is no sacred versus the profane; all ground is holy ground […] Godly Play gives us time to see God in the center of daily life and to reflect on what time is for.«[49]

---

46 Op. cit., 12–17, 51–74. See also Nye, *Children's Spirituality* (see fn. 2), 38–39, 66–69, 76–81.

47 Op. cit., 38.

48 Berryman (see fn. 43), 81.

49 Op. cit., 18–19.

Part of the power of *Godly Play*, and of many of the approaches we are exploring, is the ways in which we adults can find ourselves transformed through sharing with children and young people in journeys of faith. *Godly Play* encourages us to trust in the powerful presence of the Holy Spirit as we dwell together, often in silence or without a pre-planned outcome, upon a story as we let it seep into us. »The ability to sit back, to allow people to discover their own learning, to learn the art of sitting comfortably with silence and non-action is hard, but productive.«[50]

The formation of faith in the family has a growing place in the European ecumenical agenda and there are significant networks involved in campaigning for it and resourcing it. In the UK churches are working against the continuing use of corporal punishment, which is not yet illegal in the home, and other violence against children and thus fostering a safer place for children's flourishing.[51] In 2009 the conference of the Consultative Group on Ministry among Children (a network of Churches Together in Britain and Ireland) explored *Faith at Home* as a central topic for ecumenical consideration.[52] The European Conference on Christian Education gathers practitioners for conferences every three years. The 2010 meeting in France included major presentations on passing on faith in the family which touched upon many of our themes, highlighting the extent to which the home is seen as a context rich in both potential and challenge as Christians seek to live faithfully into the future.[53] The ecumenical conversation about passing on faith in the home is an important part of the church's responses to the culture we live in and the world that is shaping new generations. It is a conversation that deserves to be widely noticed, affirmed and critiqued so that we build upon and nurture the best resources and insights.

The challenges are many. But so, too, are the resources and conversation partners helping us share faith in our homes. As a Christian parent

---

50 *Through the Eyes of a Child* (see fn. 1), 113.

51 http://www.churchesfornon-violence.org/index.html. Follow links to the powerful Coventry Charter developed from 2006 onwards opposing violence against children. See also the wide network, including many churches, of the Children Are Unbeatable! Alliance, http://www.childrenareunbeatable.org.uk.

52 http://www.cgmcontheweb.com.

53 http://www.ecceweb.org.

I don't need a vast programme. I do need to feel that the journey within our home is cherished as much as part of God's realm as any Sunday's service. I don't need to be made to feel guilty by a church that insists that passing on faith in the home is my duty and my Christian obligation. I know the call of duty and feel the obligation. What I need is a deep sense that the church shares my longing and hope for our children, and that it understands the fragility and pressure, the possibility and creativity, of the home as a place of faith.

Neil Thorogood

Zu Hause mit Gott: Erziehung in der Familie als eine Glaubensfrage

Einleitung

Während ich dies schreibe, hüpft einer unserer Söhne, zwölf Jahre alt, auf dem Trampolin im Garten herum. Das ist einer der kostbarsten Momente seines Tages. Er beschreibt es als »meinen eignen Geist« zu haben. Es ist ein Training für seinen Körper, Geist und Seele. Ich frage mich, ob es nicht eine seiner Arten des Betens darstellt, so nährend wie irgendein altertümliches tägliches Offizium?

Oder belauschen wir den sechsjährigen »John«, der darüber spricht, wie er Gott sieht:

> »Mit meinem Geist und mit meinen Augen. Manchmal fühle ich mich [...] äh [...] an einem Ort im Himmel mit Gott und ich rede mit Ihm [...] Und, ähm, es ist Platz für uns alle in Gott. Er ist [...] Gott [...] naja, Er ist in uns allen [...] Er ist alles, das um uns herum ist. Er ist dieses Mikrofon [...] Er ist das Buch dort. Er ist sogar [...] Er ist Stöcke. Er ist Farbe [...] Er ist alles um uns. Und in unseren Herzen. Der Himmel. Übrigens, hast Du *Indiana Jones und der Tempel des Todes* gesehen?«[1]

Was es heißt, mit Kindern und jungen Menschen zu reisen! Was kann es also für uns bedeuten, ihnen zu helfen, dem lebendigen Gott zu begegnen, dessen Kinder sie wahrhaftig sind? Was kann es für uns bedeuten, sie uns als Erwachsene und als Kirche helfen zu lassen, Gott zu begegnen?

---

1 Zitiert in R. Nye, Spirituality (in: A. Richards / P. Privett, Through the Eyes of a Child. New insights in theology from a child's perspective, London 2009, 68–84), 68.

In diesem Beitrag möchte ich untersuchen, wie Heim und Familie ein Rahmen für die Pflege des Glaubens sein können. Aus Platzgründen beschränkt sich mein Fokus auf den gemeinsamen Austausch mit Kindern und jungen Menschen, für die ihre Eltern und die nächsten Bezugspersonen ihre Vorstellungen von Gott und somit auch die Art und Weise, auf die Glauben wachsen kann, stark beeinflussen können.[2] Es bedarf anderer Beiträge, um uns dabei zu helfen, über gläubige Nachfolge in anderen Formen des Zuhause nachzudenken, zum Beispiel mit jenen, die Singles sind, oder mit Paaren, die keine Kinder haben, doch meine Aufgabe hier ist begrenzter.

Das Zuhause im Kontext

Europaweit und im Rest der Welt gibt es Millionen unbekannte glückliche Zuhause, in denen Kinder geliebt, gefördert und verstanden werden. Auf die Frage, was ihr Leben gut macht, gibt dieser dreizehnjährige Junge die gängigste Antwort von Kindern und Jugendlichen in Großbritannien wieder: »[…] eine Familie, die man lieben kann, um sich um sie zu sorgen und ihr bei ihren Problemen zu helfen.«[3]

Doch Zuhause kann wehtun. Was Kinder davon abhält, ein gutes Leben zu haben kann sein: »[…] dass das Zuhause Mist ist und Menschen, die dich mit ihren Worten und Handlungen verletzen.«[4] Jährliche UNICEF-Berichte malen das entsetzliche globale Bild junger Leben, die verloren und bedroht sind durch Armut, Gewalt, Ausbeutung,

---

2 Während die Interpretationen vielfältig ausfallen, wachsen die Belege für so einen formenden Einfluss. S. E. Caldwell, Making a Home for Faith. Nurturing the Spiritual Life of your Children, Cleveland 2007, 13–19, 35f; D. Hay / R. Nye, The Spirit of the Child, London / Philadelphia 2006, 54; G. Knight / J. Knight, Called by Mind and Spirit. Crossing the Borderlands of Childhood, London / New York 2010, 59–63; R. Nye, Children's Spirituality. What it is and why it matters, London 2009, 11.

3 L. Pople, The Good Childhood Inquiry. What children told us, London o. J., 4. Über 18.000 Beiträge von Befragten im Alter zwischen 3 und 21, gesammelt von 2005–2007, lieferten die Belege.

4 Ein dreizehnjähriges Mädchen, a. a. O., 5.

Krankheit und Vernachlässigung.[5] Familien in der ganzen Welt tun sich schwer.

Familien sind auch unterschiedlich und verändern sich. 2009 lebte etwa die Hälfte der Bevölkerung Europas in Familien mit abhängigen Kindern; in Bulgarien, Estland, Frankreich, Slowenien und Schweden betraf die Mehrheit der Lebendgeburten unverheiratete Paare und Alleinerziehende.[6] Die Zahl der Eheschließungen fiel weiter, während sich die Scheidungsraten in Europa zwischen 1970 und 2009 mehr als verdoppelten.[7] In Großbritannien verdoppelte sich die Zahl der Alleinerziehenden von 1961 bis 1981 und erneut zwischen 1981 und 2009.[8] Es gab hier im Jahr 2009 1,8 Millionen Familien mit alleinerziehenden Müttern und 0,2 Millionen mit alleinerziehenden Vätern.[9] Familien treten heutzutage in vielen Formen auf.

Auch in der wohlhabenden Welt stehen Familien vor vielen Belastungen.[10] Die moderne Gesellschaft wird häufig als »schädlich« für die Kindheit beschrieben.[11] Die *Good Childhood Inquiry* im UK zeigte auf, dass exzessiver Individualismus die Lebenswahrnehmung von Kindern vergiftet.[12] Für Europas religiöse Familien bestehen zusätzliche Herausforderungen, da wir einen Niedergang innerhalb der institutionellen Religion erleben, indem Glaube privatisiert, ignoriert oder verlacht wird.[13]

---

[5] UNICEF, The State of the World's Children. http://www.unicef.org/sowc/

[6] Europäische Kommission, The Social Situation in the European Union 2009, Eurostat, 2010, 209. Zum Download abrufbar unter http://epp.eurostat.ec.europa.eu/portal/page/portal/product_ details/publication?p_product_code=KE-AG-10-001.

[7] A. a. O., 207 f.

[8] M. Hughes, UK Social Trends. London (Office for National Statistics) 2010, Nr. 40, 15.

[9] A. a. O., 16.

[10] UNICEF, Child Poverty in Perspective. An Overview of Child Well-being in Rich Countries, Florence (UNICEF Innocenti Research Centre) 2007. Großbritannien schnitt am schlechtesten ab.

[11] Caldwell (s. Anm. 2), 48.

[12] R. Layard / J. Dunn, A Good Childhood. Searching for Values in a Competitive Age, London 2009, 6.

[13] Hay/Nye (s. Anm. 2), 33–48. Ihre Untersuchung hebt die Angst von Kindern

Zunehmende Belege legen nahe, dass steigende Zahlen von Europas Jugendlichen sich ihre eigene, eklektische Spiritualität, frei von Tradition und Kongregation, maßschneidern, da die Kirche immer weniger ein glaubwürdiges Zuhause wird.[14]

Theologische Perspektiven auf Glauben in der Familie

Wie steht es dann mit den Ressourcen der Kirche für die Bildung, Ermutigung und Unterstützung von Eltern und Bezugspersonen in unserer gemeinsamen Reise mit Kindern und jungen Menschen? Kindheit und Familie erweisen sich für die Theologie als signifikant vernachlässigte Themen.[15] Es ist das vorherrschende theologische Motiv in der westlichen Kirche gewesen, Kinder als Erwachsene-im-Werden zu betrachten, die genügend gelehrt werden müssen, bevor sie Gott kennen können.[16]

Doch in jüngerer Zeit ist die Kindheit auf verstärktes theologisches Interesse gestoßen, mit einer Bereitschaft, Spiritualität so zu sehen, wie Kinder sie erfahren, und zu verstehen, wie die Einblicke von Kindern zum Glauben von Erwachsenen beitragen können.[17]

David Jensens Theologie der Kindheit bietet ein evokatives Beispiel für solch frische Einblicke.[18] Er nimmt Israels Aufnahme von Kindern innerhalb des Bundes als Ausgangspunkt, die auf Kinder als Zeichen der Segnung hindeutet.[19] In Jesu Begegnungen mit Kindern werden sie,

---

hervor, dass irgendein öffentlicher Ausdruck ihres Glaubens lächerlich gemacht werden könne, 127, 147, 149.

[14] A. a. O., 161f.

[15] M. Bunge, The Vocation of Parenting. A Biblically and Theologically Informed Perspective (in: D. McConnell u.a (Hgg.), Understanding God's heart for Children. Toward a Biblical Framework, Colorado Springs u. a. 2007, 51–65), 53.

[16] D. Jensen, Graced Vulnerability. A Theology of Childhood, Cleveland 2005, 8–10. Für exzellente Zusammenfassungen der wenigen Überlegungen zu Kindheit und Familien von Schlüsseltheologen siehe M. Bunge, The Child in Christian Thought, Grand Rapids / Cambridge 2001.

[17] Richards/Privett (s. Anm. 1), 68.

[18] Jensen, Graced Vulnerability (s. Anm. 16).

in ihrer Verletzlichkeit, zu Vorbildern, die Erwachsene einladen, verletzlich zu werden und so näher zu Gott zu sein.[20] Indem er sich auf Calvins Auffassung von Gott, der uns als Gottes eigene Kinder annimmt, stützt, schreibt Jensen: »Angenommen von Gott, werden Kinder unserer Obhut anvertraut und sind der Welt gegenüber verwundbar. Darüber hinaus entdecken wir in Handlungen der Fürsorge die Zerbrechlichkeit des Lebens selbst wieder [...] Auserwählt von Gott, sind Kinder nach dem Bilde Gottes geschaffen. Als Ebenbild Gottes lebend, sind Kinder Metaphern der Offenheit für den Einen, der jeden von uns verschieden geschaffen hat.«[21] In unserem Zuhause helfen uns Kinder, Verletzbarkeit in einer Beziehung zu teilen.

In jüngerer Zeit hat sich Jensen bemüht auszudrücken, was dies für Eltern und Bezugspersonen zu Hause bedeutet.[22] Er fährt fort, die Adoption zu untersuchen: »In Epheser stellt das Bild der Annahme an Kindes statt das Verhältnis der Kirche zu Gott in Christus dar [...] Christen werden zu Teilnehmern am Bund, der bis nach Israel hinreicht, denn Gott nimmt uns als sein Eigen an. In der neuen, in Christus geweihten Familie, macht Adoption - nicht Biologie - den Unterschied aus [...] Christliche Elternschaft betrachtet alle Kinder - egal, ob sie DNS teilen oder nicht - als Adoptivkinder.«[23] Daher sind Kinder Geschenke an ihre Eltern und Fürsorger und umgekehrt. Jensen schlussfolgert: »Alle, die ein Kind erziehen, sorgen für Adoptivkinder, denn Kinder werden Eltern geschenkt. Eltern bieten Kindern eine Zeit lang Gastfreundschaft an, damit sie wiederum anderen Gastfreundschaft geben können. Kinder gehören nicht in erster Linie den Eltern, sondern Gott.«[24]

Jensens Wahrnehmung gemeinsamer Entdeckung findet seinen Nachhall in Belegen für die Fähigkeit von Kindern, Gott zu erfahren. In Unter-

[19] A. a. O., 2-4, 17-19.

[20] A. a. O., 20-44.

[21] A. a. O., 47.

[22] D. Jensen, Adopted into the Family. Toward a Theology of Parenting (Journal of Childhood and Religion, 1.2, 2010, 1-15). Online verfügbar unter: http://www.childhoodandreligion.com/JCR/Volume_1_(2010)_files/JensenApril2010.pdf.

[23] A. a. O., 8 f.

[24] A. a. O., 15.

suchungen mit schwedischen Kindern zwischen 9 und 13 Jahren identifizierte Göte Klingberg einen realen Sinn für Gott.[25] Der in Finnland arbeitende Kalevi Tamminen fand heraus, dass 60% der Elfjährigen und 80% der Siebenjährigen von ihrem Gewahrsein der Präsenz Gottes sprachen; von den Erwachsenen taten dies nur 30%.[26] Doch diese spirituelle Fähigkeit kann, wie diese Ergebnisse nahelegen, mit dem Altern nachlassen. Studien von Theophil Thun und Maria Bindl in Deutschland und aktuellere Arbeiten von Leslie Francis und Rebecca Nye in Großbritannien bestätigen diese Auffassung, dass das religiöse Bewusstsein von Kindern, wenn es nicht bestärkt wird, im Jugendalter vollständig verloren gehen kann.[27] Nye folgert: »[…] [eine] Möglichkeit zur Interpretation der Notlage von Spiritualität ist es, den Einführungsprozess in die nachaufklärerische europäische Kultur als Unterdrückung oder sogar Verdrängung des natürlichen spirituellen Bewusstseins von Kindern anzusehen.«[28]

Glaube kann wachsen, und er kann verkümmern, wenn wir altern. Erik Erikson und dann James Fowler sind maßgebend für die Identifizierung der Entwicklungen des Glaubens in verschiedenen Altern und Lebensstadien gewesen.[29] John Westerhoffs Adaptierung von Fowler erlaubt der Glaubensentwicklung, fließender und unvorhersehbar zu sein; frühere Erfahrungen werden nicht ersetzt, sondern auf ihnen aufgebaut. Westerhoff verwendet das Wachstum von Jahresringen als seine Analogie.[30] Erlebter Glaube (in Vorschulalter und früher Kindheit) ist das Herz all dessen, was darum wachsen wird. Glaube wird gefunden, indem man darstellt, was das Kind erlebt, beobachtet, nachahmt und womit es experimentiert. Affiliativer Glaube (Glauben als Zugehörigkeitsgefühl) (im Jugendalter) bedeutet, zu einer erkennbaren Gemeinschaft zu gehören,

---

25 G. Klingberg, A Study of Religious Experience in Children from 9 to 13 Years of Age (Religious Education 54, 1959, 211–216).

26 K. Tamminen, Religious Development in Childhood and Youth. An Empirical Study, Helsinki 1991.

27 Hay/Nye, 55-57, 63–107.

28 A. a. O., 57.

29 E. Erikson, Kindheit und Gesellschaft, [14]2005; J. Fowler, Stufen des Glaubens, 2000; s. auch ders., Glaubensentwicklung – Perspektiven für Seelsorge und kirchliche Bildungsarbeit, 1989.

30 J. Westerhoff, Will Our Children Have Faith? Harrisburg 2000, 87–99.

die in einer verbindlichen Geschichte (dem Evangelium) verwurzelt ist, und ermutigt zu werden, den Glauben ebenso sehr zu fühlen, wie man darüber nachdenkt. Wenn die Bedürfnisse affiliativen Glaubens erfüllt werden, kann suchender Glaube wachsen (späte Jugend) mit Kritik an Gemeinschaft und autoritativen Geschichten, viel Experimentierfreude, aber auch einer tiefen Sehnsucht nach persönlicher Entscheidung und Hingabe. Alle drei Ringe können weiterhin bestehen, während ein vierter um sie herum wachsen kann; eigener Glaube erfährt eine Wandlung (entweder schrittweise oder dramatisch) und ist die erwachsene Erfahrung davon, Glaube zu unserem Eigen zu machen.

Westerhoff meint, dass viele Erwachsene niemals über affiliativen Glauben hinausgelangen: »Eigener Glaube, persönliche Identität, ist Gottes Vorsatz für jeden Menschen. Eigenen Glauben (unser volles Potenzial) zu erlangen, ist eine lange Pilgerschaft, während der wir ein Umfeld und Erfahrungen benötigen, die uns ermutigen, auf Weisen zu handeln, die unsere Entfaltung des Glaubens fördern.«[31] Wie könnte dies möglich sein?

Im Glauben reagieren

Es wird nie eine Einheitsgröße für alle geben. Familien sind herrlich verschieden und nicht in ein Raster zu pressen. Jede ist einzigartig und wertvoll. Glaube ist eine persönliche Pilgerreise in eine Beziehung mit Gott und der Welt, die für jeden von uns in verschiedene Richtungen mit unterschiedlichen Geschwindigkeiten abebben und strömen kann. Adäquate Reaktionen auf die Ausstattung des Zuhauses als einen Ort der Treue werden daher Vielfalt begrüßen und Anpassungsfähigkeit pflegen. Hier können wir nur einen flüchtigen Blick auf ein paar Wege zu diesen Zielen werfen.

Eine gewichtige Thematik in der aktuellen Literatur handelt davon, Eltern und Bezugspersonen zu ermutigen, Glaube einfach einen Teil der Struktur des Tagesablaufes sein zu lassen. Viele Autoren listen Erfordernisse für einen »idealen« christlichen Haushalt auf.[32] Hilfreicher Weise

31 A. a. O., 96.

32 Bunge, The Vocation of Parenting (s. Anm. 15), 59–63, ist ein Beispiel dafür.

versucht Westerhoff, seine Liste minimal zu halten und lässt sie somit weniger wahrscheinlich Schuldgefühle erzeugen: fühlt euch wohl dabei, biblische Geschichten nachzuerzählen;[33] kreiert Rituale um Feste und Mahlzeiten und betet zusammen; sprecht offen miteinander, ohne das Bedürfnis, Antworten zu finden, wenn uns Fragen zum Schweigen bringen; habt teil am Dienst für andere.[34]

Ab 1990 hat meine kirchliche Heimat, die United Reformed Church, eine *Charter für Kinder in der Kirche* eingesetzt, die verlockende Einladungen und Herausforderungen bietet, die man für die Glaubensreise der Familie anwenden kann, obwohl sie in Gemeindebegriffen formuliert sind. Sie ließ sich teilweise vom Kindergesetz der britischen Regierung von 1989 inspirieren, hauptsächlich im Kontext der Sozialfürsorgepolitik, aber mit weiterem Einfluss, der eine ganzheitlichere Einstellung zur Arbeit mit Kindern im Allgemeinen förderte. Die *Charter*, die seither als Wandkalender und Diskussionsressource erhältlich ist, lautet:

1. Kinder sind gleichwertige Partner von Erwachsenen im Kirchenleben.
2. Das vollständige Spektrum christlicher Religion ist sowohl für Kinder als auch Erwachsene gedacht.
3. Lernen gilt für die ganze Kirche, Erwachsene und Kinder.
4. Gemeinschaft ist für alle – jeder ist von Bedeutung für die Übrigen.
5. Sowohl Kinder als auch Erwachsene können der Gemeinde dienen.
6. Der Ruf zur Nachfolge kommt zu allen Angehörigen von Gottes Volk, jedweden Alters.
7. Der Heilige Geist spricht machtvoll sowohl durch Kinder als auch durch Erwachsene.
8. Die Entdeckung und Entwicklung von Begabungen bei Kindern und Erwachsenen ist eine Schlüsselfunktion der Kirche.
9. Als Kirchengemeinschaft müssen wir lernen, nur jene Dinge in getrennten Altersgruppen durchzuführen, die wir nicht nach bestem Wissen und Gewissen zusammen tun können.

---

[33] J. WESTERHOFF, Bringing Up Children in the Christian Faith, San Francisco 1980, 37. G. PRITCHARD, Offering the Gospel to Children, New York 2008, 33, hebt die Notwendigkeit hervor, die Höhen und Tiefen der Schrift zu erkunden, und sich nicht an bekannte oder »einfache« Texte zu halten – wir brauchen alle die ganze biblische Kost.

[34] WESTERHOFF, 44, 47, 51.

10. Das Konzept des »Priestertums aller Gläubigen« schließt auch Kinder mit ein.[35]

Dies sind wirkmächtige Anhaltspunkte, die ein tiefgehendes Gefühl einer gemeinsamen Pilgerreise über alle Generationen hinweg bestärken. Wenn man sie ernst nimmt, können sie eine Grundhaltung fördern, die das Zuhause und die Familie für die Freude und das Wagnis öffnen, gemeinsam im Glauben zu wachsen.

Das Kirchenjahr mit seinem beeindruckenden Drama der Erlösungsgeschichte, die durch die Liturgie entfaltet wird, bietet unglaubliche Schätze, die für das Zuhause übernommen werden können. Ich weiß von Gemeinden, die den Advent mit Modellen von Maria, Joseph und einem Esel feiern, von Haus zu Haus ziehen, und so die historische Reise nach Betlehem nachstellen; eine biblische Erzählung, verkörpert am Esstisch der Familie. Gretchen Pritchard ist eine von vielen Autorinnen, die Ideen dafür anbietet, das Kirchenjahr im Gemeindekontext kreativ kenntlich zu machen, doch mit der verlockenden Möglichkeit einer Vereinigung von dem, was im Gottesdienst geschieht und was zu Hause fortgeführt werden könnte. »Das Kirchenjahr, mit seiner deutlichen, jedoch subtilen Gliederung von Fastenzeiten und Festen, von Buße, Vorbereitung und Lobpreis, seiner Synthese von Schrift und Heilsgeschichte mit dem Leben Jesu, unserem eigenen Leben und dem Rhythmus der natürlichen Jahreszeiten, kann einen Hintergrund außergewöhnlicher Reichhaltigkeit für das spirituelle und emotionale Leben von Kindern bilden – so wie es das natürlich für viele Erwachsene tut. Und doch wurde es von jenen, die für Kinder in der Kirche lehren und schreiben, und von christlichen Familien in erschreckendem Maß zu wenig genutzt.«[36]

Daher bietet Pritchard eine vielseitige Auswahl an Ressourcen, die auf den liturgischen Kalender abgestimmt sind, um die Wiedererzählung der christlichen Geschichte mit den nötigen Mitteln auszustatten, so dass sie greif- und erfahrbar gemacht werden kann. Pritchard bietet Material für Weihnachtsspiele und um Epiphanias durch die Erkundung der alten Traditionen der Wurzel Jesse (Jes. 11,1 ff.) kenntlich zu machen, für Palm-

35 J. Sutcliffe, Tuesday's Child. A Reader for Christian Educators, Birmingham 2001, 174–176.

36 Pritchard, 73.

sonntag-Gebetsgänge und Material für Fronleichnam und Allerheiligen.[37] Während sie, zum Leidwesen unserer Studie, keine Wege aufzeigt, auf denen diese Materialien für die Verwendung zu Hause übernommen werden könnten, ist ihr Interesse an der Bedeutsamkeit des Zuhauses als dem Mittelpunkt für die Kennzeichnung und Tradierung des jüdischen Kirchenjahres anregend.[38] Die allumfassende christliche Geschichte, die jedes Jahr durch die liturgischen Jahreszeiten hindurch wieder erzählt wird, bietet enormes Potential für eine heimische Adaptierung. Ich vermute, dass die meisten Gemeinden ihre eigenen vertrauten Weisen pflegen, diese sich entfaltenden Momente des kollektiven Gedächtnisses kenntlich zu machen. Warum lassen wir dies nicht auch zunehmend in unserem Zuhause so sein? Es mag gut sein, dass Gemeinden zusätzliche Mühe in die Förderung spezieller Festgottesdienste stecken. Warum sollte man nicht ebenso Familien mit den Mitteln ausstatten und sie inspirieren, diese Festzeiten in ihren Wohnzimmern und an ihren Esstischen leben zu lassen?

Die Mothers' Union, eine internationale, christliche Wohlfahrtsorganisation zur Unterstützung von Familien, bietet Downloadmaterial an, das auf das christliche Kirchenjahr abgestimmt ist.[39] *GodVenture* ist eine von zahlreichen unabhängigen Organisationen, die ansprechende Materialien veröffentlichen, um dabei zu helfen, die Reise zu Hause zu unterstützen.[40] Indem sie auf einen von Familien geäußerten Bedarf reagierte, hat die Katholische Bischofskonferenz von England und Wales *Das Heim ist ein heiliger Ort* eingeführt, mit Ressourcen, die Eltern und Bezugspersonen darin ermutigen, die Heiligkeit des Alltags zu feiern.[41] Die Methodistische Kirche in Großbritannien bietet ein Beispiel für eine konfessionelle Website mit zweckbestimmten Ressourcen für Eltern, die oft auf die liturgischen Jahresabschnitte abgestimmt sind.[42] Nicht das Finden von Material ist die Herausforderung, sondern Material zu finden, dass

37 A. a. O., 80–135.

38 A. a. O., 75.

39 http://www.themothersunion.org.

40 Siehe dazu besonders das Our Family Sticker-Buch. http://www.GodVenture.co.uk

41 http://www.homeisaholyplace.org.uk.

42 http://www.childrenandyouth.org.uk/parents.

mit unseren Bedürfnissen, Persönlichkeiten, Theologien und Ressourcen harmoniert. Die Herausforderung ist es, das gute Material zu finden! Eines der besten Dinge, die eine Kirche tun könnte, ist es, uns den richtigen Weg zu weisen.

Eine kirchenübergreifend weithin geschätzte Ressource ist in vielen Ländern das *Godly Play*. Es bietet großes Potenzial für zu Hause. Reich an Theologie und Pädagogik stellt es eine Art dar, die Fülle der Bibel durch die Kraft von Geschichte und Spiel zu öffnen.[43] Als Arbeit von Jerome Berryman in den USA, hat es seine Wurzeln in den Erkenntnissen über kreative Erziehung, der von Maria Montessori in Italien (ab 1907), Jean Piaget in der Schweiz und Sofia Cavalletti in Italien (ab 1954) der Weg bereitet wurde.[44]

> »Bei Godly Play wird die Einladung nicht für das Spielen im Allgemeinen ausgesprochen, sondern für das Spielen mit der Sprache Gottes und seines Volkes: mit unseren biblischen Geschichten, Gleichnissen, liturgischen Handlungen und mit der stillen Einkehr. Durch diese kraftvolle Sprache, durch ein ergründendes Gespräch, durch die Gemeinschaft der versammelten Spieler hören wir die tiefgreifendste aller Einladungen – eine Einladung zum Spiel mit Gott.«[45]

Durch gewissenhaftes Wiedererzählen der Schrift und ohne dabei einen geschriebenen Text, sondern Objekte wie Holzfiguren und Textilien zu benutzen, um die Worte zum Leben zu bringen, werden die Teilnehmer ermuntert, über die Geschichte und ihre Bedeutungen nachzudenken und still mit dieser Geschichte, die offen in ihrer Mitte vor ihnen liegt, dazusitzen. Dies führt zu kreativer Resonanz und einem gemeinsamen Fest, was reichhaltige Begegnungen mit anderen und mit Gott fördert.[46] Das Ziel von *Godly Play* ist die Entwicklung einer Gewohnheit des Nachdenkens, sodass man der Welt und der Bibel stets als Quellen neuer Er-

---

43 J. Berryman, Godly Play. Bd. 1: Einführung in Theorie und Praxis, 2006, 21f.

44 A. a. O., 110-131. S. auch S. Cavalletti, The Religious Potential of the Child. 6 to 12 Years Old, Chicago 2002.

45 Berryman, 21.

46 A. a. O., 21–26, 77–99. Siehe auch Nye, Children's Spirituality (s. Anm. 2), 38f, 66–69, 76–81.

kenntnis über sich selbst, das Leben und den Glauben begegnet. Die Reise mit Gott wird lebendig, anstatt dass sie zu einer Reihe festgesetzter Lektionen und Konzepte verkommt, die geistig verarbeitet und gelernt werden müssen.[47]

Obwohl primär für einen Gruppenrahmen entwickelt, lässt sich *Godly Play* zu Hause umsetzen.[48] Es bietet ein Bekenntnis zur Schrift als lebendiges Wort Gottes und macht sich Kreativität und Gemeinschaft nutzbar, was es allen Arten von Menschen ermöglicht, die Bibel als einen Schatz an Begegnungen mit Gott zu feiern. Es ist gut aufbereitet und sorgfältig in einer Weise präsentiert, die ein tiefgründiges theologisches Fundament bietet, auf dem der Glaube zusammen entdeckt werden kann.

> »Godly Play trägt dazu bei, die alltäglichen Dinge um uns herum wieder zu heiligen, zum Beispiel Brot, Wein, Kerzen, Öl, Holz, Leinen und Lehm. Godly Play lehrt uns die Rückkehr zu einer sakramentale Weltsicht in einer Gesellschaft, die sich allzu oft nur am Nutzen und an materiellen Werten orientiert [...] Godly Play bietet eine zeitgemäße und kindgerechte Spielart der uralten geistlichen Praxis der *Lectio divina*: betendes Lesen und Ergründen der heiligen Geschichten der Bibel und Reagieren darauf. Statt Gottes Wort zu analysieren, meditieren es die Kinder durch Kreativität und Bewegung. Godly Play verhilft Kindern dazu, Gott und die Bibel *kennenzulernen*, statt etwas *über* Gott oder über die Bibel zu *wissen*. Godly Play lehrt, dass allem in Gottes Schöpfung die Möglichkeit innewohnt, heilig zu sein, einschließlich uns selbst, und dass wir mit allem in der Schöpfung in Beziehung stehen. Es gibt nicht ›das Heilige‹ im Gegensatz zum ›Weltlichen‹, alles ist heiliger Boden [...] Godly Play [gibt uns] Zeit, Gott im Zentrum unseres Alltags zu sehen und darüber nachzudenken, wozu Zeit da ist.«[49]

Teil der Kraft von *Godly Play* und von vielen der Ansätze, die wir untersuchen, sind die Weisen, in denen wir Erwachsene uns durch das Teilhaben mit Kindern und jungen Menschen auf Reisen des Glaubens verändert wiederfinden. *Godly Play* ermutigt uns, auf die machtvolle Präsenz des Heiligen Geistes zu vertrauen, wenn wir uns zusammen, oft in Stille

---

47 NYE, 38

48 BERRYMAN, 105f.

49 A. a. O., 27–29.

oder ohne ein vorausgeplantes Resultat, mit einer Geschichte befassen, indem wir sie in uns hineinsickern lassen. »Die Fähigkeit sich zurückzulehnen, Menschen ihr eigenes Wissen entdecken zu lassen, und die Kunst des bequemen Sitzens in Stille und Untätigkeit zu lernen, ist schwer, aber produktiv.«[50]

Die Glaubensbildung in der Familie hat einen wachsenden Platz in der europäischen ökumenischen Agenda, und es sind maßgebliche Netzwerke darin involviert, sich dafür stark zu machen und mit den notwendigen Mitteln auszustatten. In Großbritannien arbeiten Kirchen gegen die fortlaufende Anwendung körperlicher Züchtigung, die innerhalb der Familie noch immer nicht illegal ist, und andere Formen der Gewalt gegen Kinder, und sie fördern so einen sichereren Ort für das Gedeihen von Kindern.[51] 2009 untersuchte die Konferenz des Beraterkreises zum Dienst an Kindern (ein Netzwerk von *Churches Together in Britain and Ireland*) den Glauben zu Hause als ein zentrales Thema für die ökumenische Betrachtung.[52] Die European Conference on Christian Education (ECCE) versammelt alle drei Jahre Fachleute auf Konferenzen. Das Treffen 2010 in Frankreich bot wesentliche Vorträge zur Tradierung von Glauben in der Familie, die viele unserer Themen berührten und das Ausmaß hervorhoben, in welchem das Zuhause als ein sowohl an Potenzial und Herausforderung reich gesehener Kontext gesehen wird, indem Christen sich bemühen gläubig in die Zukunft zu gehen.[53] Der ökumenische Dialog über die Tradierung des Glaubens zu Hause ist ein wichtiger Teil der Reaktionen der Kirchen auf die Kultur, in der wir leben, und die Welt, die neue Generationen prägt. Es ist ein Dialog der es verdient, weithin beachtet, bekräftigt und rezensiert zu werden, damit wir darauf aufbauen und die besten Ressourcen und Einsichten entwickeln können.

Es gibt viele Herausforderungen. Doch ebenso gibt es auch viele Ressourcen und Dialogpartner, die uns helfen, Glauben in unserem Zuhause

---

50 Richards/Privett (s. Anm. 1), 113

51 http://www.churchesfornon-violence.org/index.html. Folgen Sie dem Link zur einflussreichen, ab 2006 entwickelten Coventry Charter gegen Gewalt an Kindern. Siehe auch das breite Netzwerk, darunter viele Kirchen, der *Children Are Unbeatable! Alliance*, http://www.childrenareunbeatable.org.uk.

52 http://www.cgmcontheweb.com.

53 http://www.ecceweb.org.

zu teilen. Als ein christlicher Elternteil benötige ich kein enormes Programm. Ich muss fühlen können, dass die Reise innerhalb unseres Heims ebenso viel als Teil des Reiches Gottes geschätzt wird wie irgendein Sonntagsgottesdienst. Ich muss mich nicht durch eine Kirche schuldig fühlen, die darauf besteht, dass die Tradierung von Glauben zu Hause meine Pflicht und meine christliche Schuldigkeit sei. Ich kenne den Ruf der Pflicht und fühle die Schuldigkeit. Was ich brauche, ist eine tiefe Empfindung, dass die Kirche meine Sehnsucht und Hoffnung für unsere Kinder teilt, und dass sie die Zerbrechlichkeit und den Druck, die Möglichkeit und Kreativität des Zuhauses als einem Ort des Glaubens begreift.

Friedrich Schweitzer / Wolfgang Ilg / Henrik Simojoki

Konfirmandenarbeit – zum eigenen Glauben finden

Ein kirchliches Angebot für Jugendliche in europäischer Perspektive

Zu den zentralen Arbeitsfeldern der Glaubensbildung, auf die sich der vorliegende Band bezieht, gehört in der evangelischen Tradition in wichtigen Hinsichten der Konfirmandenunterricht bzw. die Konfirmandenarbeit, wie dieses Arbeitsfeld heute bezeichnet wird. Ihre Wurzeln reichen weit zurück in die Geschichte des Christentums. Heute nehmen jedes Jahr mehrere Hunderttausend Jugendliche an der Konfirmandenarbeit teil – allein in den sieben europäischen Ländern, die sich an einer aktuellen Studie zur Konfirmandenarbeit beteiligten, sind es jährlich ca. 500 000 Konfirmandinnen und Konfirmanden.[1] Vielfach wird die Konfirmation im Jugendalter als ein charakteristisches Merkmal evangelischer Kirchen wahrgenommen. In dieser Sicht gehört die Konfirmation zum Evangelischsein unverzichtbar mit hinzu.

Durch die bereits genannte aktuelle empirische Untersuchung zur Konfirmandenarbeit in Europa ist dieses Arbeitsfeld in eine verstärkt internationale und zugleich ökumenische Perspektive gerückt. Vor allem erlauben die bei der Untersuchung gewonnenen empirischen Befunde auch verlässlichere Aussagen zur Bedeutung der Konfirmandenarbeit und der Konfirmation für Jugendliche.

In diesen Zusammenhang gehört auch die Wiederentdeckung der Bedeutung der Konfirmandenarbeit für die Gesellschaft insgesamt. Jugendliche erhalten hier Gelegenheit, sich mit prosozialen Einstellungen, mit Werten und Normen auseinanderzusetzen. Nicht zuletzt kommen sie mit oft nur wenige Jahre älteren Ehrenamtlichen zusammen und erfahren,

---

[1] F. Schweitzer / W. Ilg / H. Simojoki (Hg.), Confirmation Work in Europe: Empirical Results, Experiences and Challenges. A Comparative Study in Seven Countries, Gütersloh 2010.

dass ehrenamtliches Engagement eine wichtige und attraktive Möglichkeit darstellt. So gesehen ist Konfirmandenarbeit ein wichtiger Bereich non-formaler Bildung, sowohl für die Kirche als auch für die Gesellschaft.

Verweist die Geschichte auf eine erstaunliche Kontinuität und Stabilität der Konfirmandenarbeit, so sind doch auch weitreichende Herausforderungen im Blick auf die Zukunft nicht zu übersehen. Es versteht sich offenbar keineswegs von selbst, dass sich dieses Angebot auch in Zukunft als stabil erweisen wird, jedenfalls nicht ohne weiteres im Blick auf die Beteiligung der Jugendlichen.

Unsere Beschreibungen im Folgenden beziehen sich insbesondere auf diejenigen Länder, die an der Untersuchung zur Konfirmandenarbeit in Europa teilgenommen haben, also auf Dänemark, Deutschland, Finnland, Norwegen, Österreich, Schweden und die Schweiz. Nur für diese Länder bzw. für die evangelischen Kirchen dort liegen verlässliche empirische Angaben sowie aktuelle Länderberichte vor.

1 Konfirmandenarbeit in Europa – ein erfolgreiches Angebot evangelischer Kirchen für Jugendliche

Historisch gesehen gehen Konfirmandenarbeit und Konfirmation zurück auf die Taufriten der Alten Kirche.[2] Damals wurden die rituellen Handlungen, die heute als Konfirmation bezeichnet werden, direkt im Kontext der Taufe vollzogen, also nicht als ein selbstständiger Ritus. Erst im Mittelalter gewann die Konfirmation als Firmung diese Stellung und nahm eine sakramentale Bedeutung an, die ihr in der römisch-katholischen Kirche noch heute zukommt. Auf die sakramentale Deutung richtete sich die Kritik der Reformatoren, die dafür keine biblische Grundlage erkennen konnten. Das Hauptziel der Reformatoren bestand darin, dass alle Glieder der Kirche den christlichen Glauben verstehen sollten. Der Glaube der Kirche galt ihnen nicht mehr als ausreichend. Deshalb wurde

[2] Zur Geschichte der Konfirmation und des Konfirmandenunterrichts vgl. K. Frör (Hg.), Confirmatio. Forschungen zur Geschichte und Praxis der Konfirmation, 1959 sowie G. Adam, Der Unterricht der Kirche. Studien zur Konfirmandenarbeit, 1980.

eine katechetische Unterweisung eingeführt. Bereits im 16. Jahrhundert führten einzelne Reformatoren wie besonders Martin Bucer in Straßburg auch einen neuen Ritus ein, der mit katechetischen Elementen und einer persönlichen Segnung am Ende der Unterweisung stand. In flächendeckender Weise wurde die Konfirmation aber in vielen Ländern nicht vor dem 18. Jahrhundert eingerichtet, wobei kirchliche (Frömmigkeits-)Bewegungen ebenso eine Rolle spielten wie die Aufklärung mit ihren Anstößen für persönliche Reife und Autonomie.

Besonders in den letzten 50 Jahren hat sich eine wichtige Erneuerung und Reform der Konfirmandenarbeit vollzogen, worauf schon die begriffliche Umstellung von Konfirmandenunterricht auf Konfirmandenarbeit verweist. Leitend ist nicht mehr das Modell der traditionellen Unterweisung und des Auswendiglernens. Stattdessen beruft man sich vielfach auf Erfahrungen aus der christlichen Jugendarbeit, mit kreativen Methoden, Orientierung an den Jugendlichen und Möglichkeiten für aktive Partizipation. In der Regel sind die Konfirmandinnen und Konfirmanden zwischen 13 und 15 Jahre alt. In der Vergangenheit lag die Aufgabe des Unterrichts allein beim Pfarrer. Inzwischen beruht die Konfirmandenarbeit auf einer breiten Mitarbeiterschaft, zu der neben den Pfarrerinnen und Pfarrern und anderen Hauptamtlichen auch Ehrenamtliche zählen, vor allem Jugendliche und junge Erwachsene.

Die Dauer der Konfirmandenarbeit ist von Land zu Land unterschiedlich. Gemeinsam ist allen Modellen das Anliegen, ausreichend Gelegenheit für eine ausgedehnte und gründliche Einführung in den Glauben und das Leben der Kirche sowie für die Auseinandersetzung vorzusehen.

Unterschiede treten bei der didaktischen Gestaltung auf. In manchen Kirchen, beispielsweise in Dänemark, steht die Konfirmandenarbeit der traditionellen Schule näher als der Jugendarbeit, und auch der Bezug zur Gemeinde wird unterschiedlich stark wahrgenommen und ausgestaltet. Ein weiterer Unterschied betrifft die Bedeutung von Organisationsmodellen, die Übernachtungen einschließen – eine Möglichkeit, die am stärksten in Schweden und Finnland genutzt wird. In Finnland werden fast in allen Gruppen Camps oder ähnliche Veranstaltungen mit einer Dauer von etwa einer Woche durchgeführt, in vielen anderen Ländern sind eher kürzere Freizeiten, beispielsweise am Wochenende, üblich, manche Länder verzichten bislang noch ganz auf solche intensiven Phasen mit der Konfirmandengruppe.

Dass durchweg eine auf den christlichen Glauben und die eigene Lebensorientierung bezogene Bildung mit der Konfirmandenarbeit verbunden ist, macht deutlich, dass wir es hier mit einem non-formalen Bereich der Bildung zu tun haben. Die in den letzten Jahren zu konstatierende (Wieder-)Entdeckung der Bedeutung dieser Art von Bildung sollte deshalb auch die Konfirmandenarbeit einschließen.[3] Deren im Verhältnis zur Schule ergänzende, sich vom schulischen Religionsunterricht durch einen stärkeren Gemeinde- und Praxisbezug unterscheidende Bedeutung wird schon seit langem erkannt. Angesichts der in der westlichen Welt weit verbreiteten Tendenzen einer religiösen Individualisierung und einer religiösen Sozialisation, die ein Verhältnis zur Kirche nicht mehr ohne weiteres einschließt, gewinnt dieser Aspekt weiter an Bedeutung.

In den meisten hier vorgestellten Ländern oder Kirchen nehmen fast alle evangelischen Jugendlichen an der Konfirmandenarbeit teil. Insofern zählt die Konfirmandenarbeit auch quantitativ gesehen zu den wichtigsten Bereichen non-formaler Bildung in der Gesellschaft. Allerdings gehört die Entwicklung der Beteiligungsraten auch zu den Herausforderungen, auf die im letzten Abschnitt des vorliegenden Beitrags noch genauer einzugehen sein wird.

2 Konfirmandenarbeit in Europa in empirischer Perspektive – ein ökumenisches Projekt

Im Jahr 2010 konnten die Ergebnisse der ersten internationalen empirischen Untersuchung zur Konfirmandenarbeit in Europa vorgelegt werden. Sie wurde von dem 2007 gegründeten *International Network for Research and Development of Confirmation and Christian Youth Work* in den oben genannten sieben europäischen Ländern bzw. Kirchen durchgeführt. Erstmals konnten hier in repräsentativer Weise sowohl die Pfarrerinnen und Pfarrer als auch die anderen Hauptamtlichen sowie die ehrenamtlichen Mitarbeiterinnen und Mitarbeiter, vor allem aber die Jugendlichen selbst und zum Teil auch die Eltern einbezogen werden.

---

3 Vgl. G. BRENNER (Hg.), deutsche jugend. Schwerpunktheft Jugend und Religion – Konfirmandenarbeit. Ausgabe 9/2010.

2.1 DIE ERSTE INTERNATIONALE STUDIE ZUR KONFIRMANDENARBEIT IN EUROPA

Durchgeführt wurde die Studie zwischen 2006 und 2010. Die Erhebungen fanden 2007/2008 statt. Mit den knapp 20000 beteiligten Jugendlichen zählt die Studie zu den großen Jugenduntersuchungen in Europa. Nachfolgende Tabelle gibt Auskunft über die Beteiligungsverhältnisse:

Tabelle: Anzahl der Befragten in den einzelnen Ländern

Land	Gesamt	DE	AT	CH	DK	FI	NO	SE
Gemeinden	943	635	29	39	34	107	65	34
Konfirmanden	19445	11513	540	598	1193	2176	2343	1082
Mitarbeitende	2386	1601	118	64	46	212	130	215
Eltern	6909	5788	240	246	-	-	635	-
zum Vergleich: Anzahl der Konfirmierten pro Jahr	*467195*	*262194*	*3169*	*4075*	*50452*	*58624*	*42587*	*46094*

Die Untersuchung basiert auf zwei Messzeitpunkten – einer Befragung in den ersten Monaten der Konfirmandenzeit sowie einige Woche vor der Konfirmation.

Hinsichtlich der Aktivitäten in der Konfirmandenzeit ergibt sich ein Bild, das ebenso von Gemeinsamkeiten wie Unterschieden geprägt ist. So schließt die Konfirmandenzeit beispielsweise in Deutschland knapp 43 Treffen ein, während es in Österreich und Finnland weniger als 14 sind. Auf die Unterschiede bei den Camps wurde bereits hingewiesen. Nachfolgende Tabelle stellt die einzelnen Angaben zusammen:

Tabelle: Aktivitäten in der Konfirmandenzeit in den sieben Ländern

	Gesamt	DE	AT	CH	DK	FI	NO	SE
Anzahl aller Treffen der Gesamtgruppe (ohne »normale« Gottesdienste)	35,79	42,86	13,71	29,57	25,67	13,93	15,94	
»Normale« Unterrichtsstunden (ohne Ausflüge, Aktionen usw.): insg. … Zeitstunden (à 60 Min.)	47,06	45,74	21,89	30,06	38,25	68,85	15,57	
Anzahl von »Konfi-Tagen« mit mind. 3 Stunden Dauer (z.B. Konfi-Samstag)	3,07	3,21	1,96	2,71	2,36		2,36	
Anzahl der Ausflüge (mind. 3 Stunden Dauer)	1,01	1,02	0,75	1,49	1,29	0,68	1,18	
Freizeiten, Camps und Lager: insg. … Übernachtungen	3,98	3,26	2,61	2,71	0,48	7,96	1,58	11,08
Gemeindepraktikum: … Stunden pro Konfirmand	2,14	2,27	1,04	1,74	0,93 [0,70]		2,29	
Sonstiges: … mal in der Konfi-Zeit	1,51	1,42	0,43	2,31	1,17		3,20	
Gemeinsame Aktivitäten mit der kirchlichen Jugendarbeit am Ort (falls vorhanden): … Treffen/Aktionen	1,96	2,1	1,04	0,40	0,85		1,98	

Wo keine Angabe steht, war die entsprechende Frage in diesem Land nicht im Fragebogen enthalten.

2.2 BEDEUTUNG DER KONFIRMANDENARBEIT FÜR DIE JUGENDLICHEN UND FÜR IHREN GLAUBEN

Zu den beeindruckendsten Befunden gehören die hohen Zustimmungswerte, welche die Konfirmandenarbeit bei den Jugendlichen erzielt. Im Durchschnitt der beteiligten Länder sind 72 % der Konfirmanden mit ihrer Konfirmandenzeit insgesamt zufrieden. Die Werte für das Gefühl der Gemeinschaft, die Zufriedenheit mit dem Hauptverantwortlichen für die Konfirmandenarbeit sowie für die Camps liegen noch einmal deutlich höher. Umgekehrt erreichen Gottesdienste sowie Andachten in der Gruppe deutlich weniger Zustimmung. Nachfolgende Tabelle gibt einen nach Ländern differenzierten Überblick:

Tabelle: Zufriedenheit mit verschiedenen Aspekten der Konfirmandenzeit in den sieben Ländern

Zufriedenheit mit	Total	DE	AT	CH	DK	FI	NO	SE
Konfi-Zeit insgesamt	**72%**	67%	68%	66%	63%	87%	72%	88%
Spaß	**68%**	72%	76%	70%	43%	65%	53%	88%
Themen	**58%**	49%	48%	52%	66%	81%	60%	76%
Gemeinschaft	**77%**	71%	69%	73%	83%	88%	82%	86%
Pfarrer(in)/Konfi-Hauptverantwortliche(r)	**76%**	72%	76%	74%	72%	84%	76%	87%
andere Mitarbeiterinnen und Mitarbeiter	**72%**	69%	70%	66%	60%	84%	65%	89%
Gottesdienste	**52%**	47%	47%	43%	44%	73%	52%	65%
Freizeit/Rüstzeit/Lager	**77%**	73%	69%	76%	66%	86%	76%	91%
Andachten	**52%**	43%	40%	40%	46%	77%	50%	72%
Musik/Lieder/Singen	**60%**	51%	48%	44%	55%	84%	58%	80%

Auch im Blick auf die Glaubensbildung gibt die Studie wichtige Aufschlüsse. An erster Stelle zeigt sie, dass sich die an der Konfirmandenarbeit beteiligten Jugendlichen in ihrem Glauben keineswegs sicher sind. Beispielsweise stimmen zu Beginn der Konfirmandenzeit im Durchschnitt nur 42% der befragten Jugendlichen der Aussage zu, dass Gott die Welt geschaffen habe. An ein Leben nach dem Tod glauben 50%, während nur 45% davon überzeugt sind, dass Jesus von den Toten auferstanden ist. Die größte Zustimmung erfährt mit 57% der Glaube an Gott.[4]

Die Befragung wenige Wochen vor der Konfirmation erbrachte in fast allen Fällen eine Zunahme bei den Zustimmungswerten, wobei die Zunahmen allerdings gering ausfallen. Am stärksten sind sie bei der Aussage, dass man (jetzt) wisse, was zum christlichen Glauben gehört, sowie beim Interesse an der Teilnahme an einer christlichen Jugendgruppe nach der Konfirmation.[5] Schon für die Motivation zur Teilnahme an der Konfirmandenzeit spielt die eigene Taufe in der Kindheit eine vergleichsweise wichtige Rolle für die Jugendlichen.

2.3 Bedeutung der Konfirmandenarbeit für die Kirche

Theologisch gesehen gibt es nach wie vor eine sehr enge Verbindung zwischen der Konfirmandenarbeit und dem Kern aller protestantischen Theologie: Der persönliche Glaube spielt in den Erwartungen der Konfirmanden wie auch der Haupt- und Ehrenamtlichen eine wichtige Rolle. In der Konfirmandenarbeit verbindet sich das Interesse am Glauben mit anderen Motiven eher jugendkultureller Art, wobei die unterschiedlichen Motive für die Jugendlichen selbst hier nicht miteinander konkurrieren, d.h. sie sind ihnen gleichermaßen wichtig. Gerade dort, wo die Konfirmandenarbeit den Bedürfnissen und Interessen der Jugendlichen entgegenkommt, fallen, der Einschätzung der Jugendlichen zufolge, auch die Effekte auf den persönlichen Glauben stärker aus.[6]

---

4 Schweitzer/ Ilg/Simojoki (s. Anm. 1), 308.

5 V. Elsenbast / F. Schweitzer / W. Ilg, Similarities and Differences of Confirmation Work in the Seven Countries – First Orientations, in: Schweitzer/Ilg/Simojoki (s. Anm. 1), 212–222, 219f.

6 Vgl. K. Niemelä, Religious Change during Confirmation Time, in: Schweitzer/ Ilg/Simojoki (s. Anm. 1), 244–253.

In der Konfirmandenarbeit präsentiert sich die Kirche der jüngeren Generation. Vielfach waren die Jugendlichen zwar bereits vor der Konfirmandenzeit an kirchlichen Angeboten beteiligt, aber diese Beteiligung blieb insgesamt doch von geringer Intensität. Insofern bietet die Konfirmandenzeit der Kirche die im Lebenslauf ihrer Mitglieder häufig einmalige Chance eines vertieften Kontakts über einen längeren Zeitraum.

Dass diese Chance derzeit noch nicht in ausreichendem Maße genutzt wird und dass hier ein Nachholbedarf besteht, soll wiederum im letzten Teilkapitel dieses Beitrags aufgenommen werden.

2.4 Bedeutung der Konfirmandenarbeit für die Zivilgesellschaft

Auf die Bedeutung der Konfirmandenarbeit im Blick auf die Auseinandersetzung mit für die Gesellschaft wichtigen Werten sowie als Begegnung mit ehrenamtlicher Tätigkeit und möglicherweise als Zugang zu eigenem ehrenamtlichem Engagement wurde bereits hingewiesen. Angesichts dieser Beobachtungen sowie der Tatsache, dass die Bedeutung der Konfirmandenarbeit für die Zivilgesellschaft in der Vergangenheit eher selten wahrgenommen wurde, richtete sich eine Spezialuntersuchung auf eben diesen Beitrag der Konfirmandenarbeit zur Zivilgesellschaft.[7]

Untersucht wurden hier drei Hypothesen:

- dass die Konfirmandenarbeit soziale Interaktion und Partizipation unterstützt;
- dass die Konfirmandenarbeit die Bindung an ethische Werte bei Jugendlichen verstärkt;
- dass Konfirmandenarbeit Jugendliche mit ehrenamtlichem Engagement vertraut macht und sie dafür aktiviert.

Die Befunde unterstützen alle drei Hypothesen, wobei für die verschiedenen Länder bzw. Kirchen Unterschiede festzustellen sind. Insofern ist es auch nach genauerer Prüfung der empirischen Ergebnisse legitim, die Konfirmandenarbeit als non-formale Bildung für die Zivilgesellschaft anzusprechen. Anders gesagt: Von der Konfirmandenarbeit profitiert nicht allein die Kirche, sondern auch die Gesellschaft insgesamt.

---

[7] P. Pettersson / H. Simojoki, Does Confirmation Work Contribute to Civil Society?, in: Schweitzer/Ilg/Simojoki (s. Anm. 1), 265–275.

2.5. Bedeutung der Konfirmandenstudie für die Ökumene

Bereits seit den 1950er Jahren gibt es ökumenische, auf evangelische Kirchen in der ganzen Welt bezogene Gespräche, die sich auf Konfirmandenunterricht und Konfirmandenarbeit beziehen.[8] Zunächst standen dabei Fragen der kirchlichen Lehre und des theologischen Verständnisses der Konfirmandenarbeit im Zentrum. Später ging es verstärkt um pädagogische Fragen sowie um die Möglichkeit, die ökumenische Verständigung auch auf Felder der kirchlichen Praxis zu beziehen sowie von diesen her zu konzipieren.[9]

Die empirische Untersuchung zu Konfirmandenarbeit in Europa knüpft an solche Versuche der ökumenischen Verständigung an und bietet diesen eine erweiterte Grundlage. Im Rahmen des Forschungsprojektes konnte zunächst innerhalb der Forschergruppe eine intensive Form der ökumenischen Zusammenarbeit gepflegt werden. Daran schlossen sich öffentliche Präsentationen in verschiedenen Ländern an. Inzwischen findet die Studie auch Interesse bei weiteren evangelischen Kirchen etwa in Polen und Ungarn sowie über Europa hinaus in den USA. In der römisch-katholischen Kirche wird die Studie als Ausgangspunkt für eigene Untersuchungen zur Firmung genutzt. Im Rahmen eines Dissertationsvorhabens wird eine Vergleichsuntersuchung in der Russisch-Orthodoxen Kirche (Weißrussland) durchgeführt.

Bei all dem zeigt sich, dass das Interesse an internationalem Austausch und an ökumenischen Begegnungen steigt, wenn empirische Befunde zur kirchlichen bzw. christlich-pädagogischen Praxis vorliegen. Darüber hinaus demonstriert die Untersuchung die Bedeutung ökumenischer Zusammenarbeit auch gegenüber Öffentlichkeit und Politik, beispielsweise auf europäischer Ebene.

---

8 Vgl. K. Frör, Internationales Seminar über Fragen der Konfirmation, in: MPTh 50, 1961, 494–503.

9 Lutherischer Weltbund / Abteilung für Mission und Entwicklung, Christliche Erziehung (Hg.): Studie über Konfirmandenarbeit. Berichte aus der ganzen Welt. 4.–8. September 1995, Genf, Schweiz (LWB-Dokumentation 38), Genf 1995. Im Blick auf den Austausch mit der Church of England vgl. Ch. Hill u. a. (Hg.), Bereits erreichte Gemeinschaft und weitere Schritte. 20 Jahre nach der Meissener Erklärung / Communion Already Shared and Further Steps. 20 years after the Meissen Declaration, Frankfurt a. M. 2010, 3–196.

2.6 Offene Fragen – Vorbereitung einer zweiten internationalen Untersuchung

Bei Vorstellungen der Befunde aus der Studie wurden immer wieder auch Fragen aufgeworfen, die von der ersten Untersuchung nicht beantwortet werden. Exemplarisch gehören dazu die Frage nach den Langzeitwirkungen positiver oder negativer Erfahrungen mit Konfirmandenarbeit und Konfirmation, wozu bislang nur erste Ergebnisse aus Finnland verfügbar sind,[10] sowie die Frage nach den Übergängen nach der Konfirmation insbesondere zu (kirchlichem) ehrenamtlichem Engagement. Diese Fragen sind umso brennender, als die Befunde in fast allen beteiligten Ländern durch eigene Publikationen in verschiedenen Sprachen Verbreitung und Aufmerksamkeit gefunden haben.[11]

Mit dem Ziel, zum Reformationsjubiläum 2017 weitere Befunde, die dann auch Vergleiche zulassen, sowie Einsichten zu den offengebliebenen Fragen bieten zu können, wird nun eine zweite internationale Untersuchung zur Konfirmandenarbeit vorbereitet. Über die sieben an der ersten Studie beteiligten Länder bzw. Kirchen hinaus haben die oben genannten Kirchen ihr Interesse angemeldet, und auch die Evangelisch-Methodistische Kirche in Deutschland wird sich beteiligen. In den USA prüfen derzeit verschiedene Kirchen die Möglichkeit einer Beteiligung. Es ist wohl nicht ganz übertrieben, wenn manche Beobachter bereits davon sprechen, dass es ein ökumenisches Unternehmen vergleichbarer Art in der Vergangenheit nur selten gegeben habe.

---

[10] K. Niemelä, Does Confirmation Training Really Matter? A longitudinal study of the quality and effectiveness of confirmation training in Finland, Tampere 2008.

[11] Beispiele: Finnland: T. Innanen / K. Niemelä (Hg.), Rippikoulun todellisuus, Tampere 2009; Dänemark: L. Christensen, Hvad mener konfirmanderne om konfirmationsforberedelsen? (Kritisk Forum for Praktisk Teologi 15, 2009, 15–25); Norwegen: I. M. Høeg, Konfirmasjonstiden har vært bra – jeg har fått litt mer kunnskap og hatt det fint sammen med de andre konfirmantene, in: S. Lægdene (red.), Samfunnet i gudstjenesten (Praktisk-kirkelig årbok 2009, 221–236); B. Krupka, Konfirmasjon som innlemming i kirkens tradisjon: Norske konfirmantmedarbeideres perspektiv på konfirmanttiden, in: A. a. O., 237–254; Skandinavien insgesamt: B. Krupka / I. Reite (red.). Mellom pietisme og pluraliteit. Konfirmasjonsarbeid i fire nordiske land, Oslo 2010; Schweiz: T. Schlag / R. Neuberth / R. Kunz (Hg.), Konfirmandenarbeit in der pluralistischen Gesellschaft, Zürich 2010.

3 Erausforderungen und Chancen für die Zukunft

Die Untersuchung zur Konfirmandenarbeit in Europa hat zahlreiche Aspekte identifiziert, die für die Weiterarbeit in diesem Bereich bedeutsam sind. Sie stellen zugleich Herausforderungen dar, denen diese Arbeit gerecht werden muss, und Chancen, die in Zukunft noch stärker genutzt werden können. Im Folgenden werden fünf solche Aspekte aufgenommen.

Eine erste Beobachtung betrifft die Beteiligungsraten. Nachfolgende Abbildung zeigt die unterschiedlichen Beteiligungsraten für die genannten sieben Länder, jeweils im Vergleich zur Gesamtbevölkerung in diesem Alter:

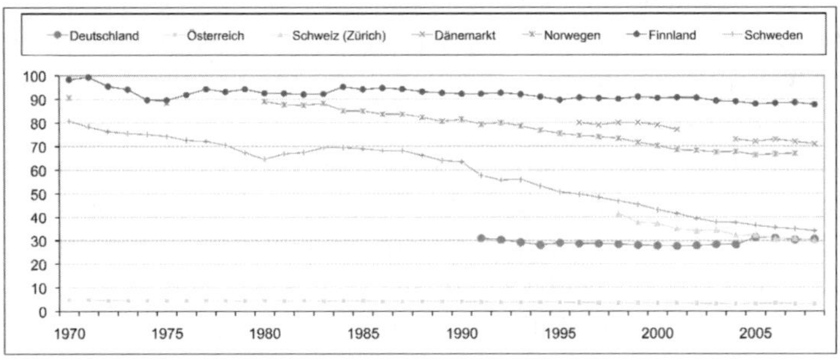

Während für manche Länder wie Deutschland oder Finnland, aber auch Österreich eine große Stabilität über die letzten 40 Jahre hinweg festzustellen ist, sind in anderen Ländern wie vor allem in Schweden, aber auch in Norwegen starke Abbrüche zu verzeichnen. Lag die Beteiligung in Schweden 1970 noch bei mehr als 80 %, so liegt sie jetzt bei etwa 35 %. Dies verweist darauf, dass die Stabilität sich nicht fraglos in die Zukunft hinein fortsetzen muss.

In manchen Ländern ist die Konfirmandenarbeit nur wenig mit anderen Arbeitsfeldern der Kirche vernetzt. Solche Vernetzungen werden nicht einmal mit der Jugendarbeit erreicht, obwohl sich beide Angebote an dieselbe Altersgruppe wenden. In Zukunft sollten Möglichkeiten einer solchen Vernetzung konsequenter genutzt werden, auch um Anschlüsse nach der Konfirmation zu schaffen.

Als neuralgisch zu bezeichnen sind die Erfahrungen der Jugendlichen mit dem Gottesdienst, den sie vielfach in der Konfirmandenzeit besuchen müssen. Der pflichtgemäße Besuch von Gottesdiensten führt in der Regel nicht zu einem positiven Verhältnis dazu.[12] Häufig fällt die Negativwahrnehmung des Gottesdienstes am Ende der Konfirmandenzeit stärker aus als zu Beginn. Dass es auch Ausnahmen von dieser Regel gibt, verweist auf Möglichkeiten einer auch für Jugendliche attraktiven Gottesdienstgestaltung, in der eine weitere Zukunftsaufgabe liegt.

Ein weiteres Problem bezieht sich auf die Deutungskompetenz, die der Kirche von den Jugendlichen (nicht) zugetraut wird. Während der Konfirmandenzeit wächst der Anteil derer, die bezweifeln, dass die Kirche Antworten auf die für sie wichtigen Fragen hat, von 31 % auf 34 %.[13]

Diese Skepsis ist nicht zuletzt vor dem Hintergrund der zunehmenden kulturellen, weltanschaulichen und religiösen Pluralität in westlichen Gesellschaften zu sehen. In einer solchen Situation verstehen sich kirchliche Traditionen nicht mehr von selbst und wird ihre Plausibilität hinterfragt. Beispielsweise wünschen sich die Jugendlichen mehr Beachtung für nicht-christliche Religionen in der Konfirmandenzeit, worauf sich der Unterricht noch zu wenig bezieht.[14]

Sucht man abschließend nach einer Deutungsperspektive, die den Ertrag der Studie ebenso bündelt wie die von ihr markierten Zukunftsaufgaben, so spricht, neben dem Motiv der Gemeinschaft, vieles für die im Titel dieses Aufsatzes gewählte Formulierung »Zum eigenen Glauben finden«. Sie trifft einen der stärksten subjektiven Antriebe zur Teilnahme an der Konfirmandenarbeit, bezieht sich aber, wie wir oben sahen, auch auf einen speziellen Anlass zu Enttäuschungen. Jugendliche wollen während der Konfirmandenzeit zu einem eigenen, begründeten Glauben finden, haben gleichzeitig aber oft das Gefühl, dass das Eigene in der Konfirmandenarbeit zu wenig zur Geltung kommt. Ist dem so, dann stellt sich die Kernherausforderung für die künftige Ausrichtung der Konfirmandenarbeit weitgehend kongruent mit der klassischen theologischen Begründung dieser kirchlichen Bildungsaufgabe dar: Es steht und fällt viel damit, wie es den europäischen Kirchen gelingt, konzeptionell Wege anzubahnen, an denen sich das Eigene am christlichen Glauben öffnen und entfalten kann.

---

12 Vgl. F. Schweitzer / W. Ilg / H. Simojoki, Summary of the Results – Perspectives for the Future, in: Dies. (s. Anm. 1), 278–294, 289.

13 A. a. O., 290 f.

14 A. a. O., 290.

Friedrich Schweitzer / Wolfgang Ilg / Henrik Simojoki

Preparation for confirmation – Finding the way to a faith of one's own

A programme offered by the church for young people in a European perspective

In significant respects in the Protestant tradition one of the central fields of work for the theme of this volume, the formation of faith, is confirmation instruction or, as it is called today, *confirmation work*. Its roots stretch far back in the history of Christianity. Nowadays several hundreds of thousands young people take part in confirmation work – alone in the seven European countries which took part in a recent study on confirmation work there are yearly ca. 500,000 confirmands.[1] In many cases the confirmation of adolescents is perceived as a characteristic feature of Protestant churches. In this view confirmation is an indispensable part of Protestant existence.

This empirical study of confirmation work in Europe has brought the field into an increasingly international and indeed ecumenical perspective. Above all the empirical findings of the study allow more reliable statements on the significance of confirmation work and confirmation for young people.

Related to this is also the rediscovery of the importance of confirmation work for society as a whole. Here young people have the opportunity to come in touch with pro-social attitudes, with values and norms. Not least, they meet volunteers, frequently only few years older than themselves, and discover that voluntary commitment is an important and attractive option. Looked at in this way confirmation work is an important area of non-formal education, both for the Church and for the whole society as well.

---

1 F. Schweitzer / W. Ilg / H. Simojoki (ed.), *Confirmation Work in Europe: Empirical Results, Experiences, and challenges. A comparative Study in Seven Countries* (Gütersloh 2010).

If history shows an astonishing continuity and stability of confirmation work, we cannot fail to see far-reaching challenges for the future. It is by no means to be taken for granted that this programme will prove to be stable in the future as well, at least not necessarily with respect to the participation of the young people.

What we describe in the following relates particularly to those countries which took part in the study of confirmation work in Europe, namely Austria, Denmark, Finland, Germany, Norway, Sweden and Switzerland. Only for these countries or for the Protestant churches there are reliable empirical details and current national reports available.

I Confirmation work in Europe – a successful programme offered by the Protestant churches for young people

Looked at historically, confirmation work and confirmation go back to the baptismal rites of the early church.[2] At that period the ritual actions which are today called confirmation were carried out directly in the context of baptism, i.e. not as an independent rite. Only in the Middle Ages did confirmation achieve this position, acquiring the sacramental significance which is still given to it today in the Roman Catholic Church. The criticism of the Reformers was directed against the sacramental interpretation, for which they could see no biblical basis. The main aim of the Reformers was that all members of the Church should understand the Christian faith. The faith of the Church was no longer enough for them, and consequently a catechetic instruction was introduced. Already in the 16th century individual Reformers such as Martin Bucer in Strasbourg introduced a new rite which, with catechetic elements and a personal blessing, took place at the end of the instruction. Confirmation, however, was not established extensively in many regions and countries until the

---

2 On the history of confirmation and preparation for it cf. K. Frör, *Confirmatio. Forschungen zur Geschichte und Praxis der Konfirmation* (Munich 1959); and G. Adam, *Der Unterricht der Kirche. Studien zur Konfirmandenarbeit* (Göttingen 1980).

18th century, as a result of the influence of (pietistic) movements in the church as well as of the impulses of the Enlightenment for personal maturity and autonomy.

Particularly in the last 50 years, a significant renewal and reform of confirmation work has taken place. The conceptual change from »confirmation instruction« to »confirmation work« already points to this. The guiding model of traditional instruction and learning by rote is no longer decisive. Instead, one frequently draws consciously on experiences from Christian youth work, with creative and youth-oriented methods as well as opportunities for active participation. The confirmands are usually between 13 and 15 years old. In the past their instruction was the responsibility of the pastor alone. In the meantime confirmation work has become the task of a broad staff to which other church employees and volunteers belong alongside the pastor, in particular youth and young adults.

The duration of the confirmation time varies from country to country. Common to all the models is the concern to allow sufficient opportunity for an extended, thorough introduction to the faith and life of the Church, and for discussion.

There are differences in how confirmation work is structured in terms of didactics. In many churches – e. g. in Denmark – confirmation work is closer to the traditional school than to youth work, and the extent varies to which a relationship to the congregation is seen and developed. A further difference relates to the significance of models of organization which include overnight stays – a possibility which is most frequently used in Sweden and Finland. In almost all the groups in Finland camps or other events lasting about a week are undertaken; in many other countries shorter retreats - e. g. for a week-end - are usual, and some countries up to now still abstain completely from such intensive phases with the confirmation groups.

The fact that confirmation work is throughout connected with education related to the Christian faith and young people's personal orientation for life makes it clear that here we have to do with a non-formal area of formation. The (re-)discovery, apparent in recent years, of the significance of this type of education should consequently also include confirmation work.[3] Its significance has long since been recognized as supplementing the school and differering from school religious education through its stronger connection with congregation and praxis. This aspect becomes even more important in view of the widespread tendencies in the western world towards religious individualization and a religious socialization which no longer implicitly includes a relationship to the church.

In most of the countries or churches represented here almost all young Protestants take part in confirmation work. To this extent confirmation work, even seen quantitatively, counts as one of the most important areas of non-formal education in society. Admittedly the development of the degrees of participation also belongs to the challenges which we shall go into in more detail in the last section of this article.

2 Confirmation work in Europe in an empirical perspective – an ecumenical project

The results of the first international empirical study of confirmation work in Europe were able to be presented in 2010. The study was carried out in the seven European countries / churches named above by the *International Network for Research and Development of Confirmation and Christian Youth Work,* founded in 2007. Here for the first time both the ministers and other full-time church employees as well as their voluntary colleagues and in particular the young people themselves and partly even their parents could be included.

2.1 The first international study of confirmation work in Europe

The study was carried out between 2006 and 2010. The data were gathered in 2007/2008. With almost 20,000 young people involved in it the study is one of the largest youth studies in Europe. The following table gives details of the numbers participating:

---

[3] Cf. G. Brenner (ed.), *deutsche jugend. Schwerpunktheft Jugend und Religion – Konfirmandenarbeit,* Issue 9/2010.

Table: Numbers questioned in individual countries

Country	Total	GER	AUS	SWIT	DEN	FIN	NOR	SWE
Congregations	943	635	29	39	34	107	65	34
Confirmands	19445	11513	540	598	1193	2176	2343	1082
Helpers	2386	1601	118	64	46	212	130	215
Parents	6909	5788	240	246	–	–	635	
For Comparison: Confirmands p.A.	*467195*	*262194*	*3169*	*4075*	*50452*	*58624*	*42587*	*46094*

The study is based on a two-step procedure, – with questionnaires in the first months of the confirmation time and then some weeks before confirmation.

A picture emerges of the activities in confirmation work which is characterized by both commonalities and differences. In Germany, for example, the period includes approximately 43 meetings, while in Austria and Finland there are fewer than 14. The differences with the camps have already been mentioned. The following table summarizes the individual details.

Table: Activities during the confirmation courses in the seven countries

	Total	GER	AUS	SWIT	DEN	FIN	NOR	SWE
Number of all meetings of the whole group (apart from »normal« services)	35,79	42,86	13,71	29,57	25,67	13,93	15,94	
»Normal« class hours (excluding excursions, special activities etc): total hours (of 60 min.)	47,06	45,74	21,89	30,06	38,25	68,85	15,57	
No of »confidays« of at least 3 hours (e.g.confi-Saturday)	3,07	3,21	1,96	2,71	2,36		2,36	
No. of excursions (lasting at least 3 hours)	1,01	1,02	0,75	1,49	1,29	0,68	1,18	
Retreats and camps: no. of overnights	3,98	3,26	2,61	2,71	0,48	7,96	1,58	11,08
Practical work in congregations: hours per confirmand	2,14	2,27	1,04	1,74	0,93 [0,70]		2,29	
Other: no of times during course	1,51	1,42	0,43	2,31	1,17		3,20	
Joint activities with the church youth (where it exists): no. of meetings/activities	1,96	2,1	1,04	0,40	0,85		1,98	

A blank space means that in the particular country the question was not included in the questionnaire

2.2 The significance of confirmation work for the young people and their faith

One of the most impressive findings is the high degree of approval that the confirmation work meets among the confirmands. On average in the countries taking part 72 % are satisfied on the whole with their time as confirmands. The percentages for the feeling of fellowship, for satisfaction with those mainly responsible for the confirmation work and for the camps are even clearly higher. Conversely worship services and devotion clearly find less approval. The following table gives an overview differentiated according to the countries.

Table: Satisfaction with various aspects of the confirmation course in the seven countries

Satisfaction with	Total	GER	AUS	SWIT	DEN	FIN	NOR	SWE
Confirmation period as a whole	**72%**	67%	68%	66%	63%	87%	72%	88%
Fun	**68%**	72%	76%	70%	43%	65%	53%	88%
Theme	**58%**	49%	48%	52%	66%	81%	60%	76%
Community	**77%**	71%	69%	73%	83%	88%	82%	86%
Minister/main responsible leader	**76%**	72%	76%	74%	72%	84%	76%	87%
Other helpers	**72%**	69%	70%	66%	60%	84%	65%	89%
Services	**52%**	47%	47%	43%	44%	73%	52%	65%
Retreats/Camps	**77%**	73%	69%	76%	66%	86%	76%	91%
Devotions	**52%**	43%	40%	40%	46%	77%	50%	72%
Music/Songs/Singing	**60%**	51%	48%	44%	55%	84%	58%	80%

The study also provides important information with regard to education in faith. In the first place it shows that the young people taking part in confirmation work are by no means sure of their faith. For example, at the beginning of the confirmation period on average 42 % of the young people questioned agree with the statement that God created the world, 50 % believe in a life after death, while only 45 % are convinced that Jesus has risen from the dead. The greatest agreement was with belief in God, at 57 %.[4]

When the questions were put again a few weeks before confirmation, in almost every case there was an increase in the percentages of assent, although this increase was small. The greatest increase was in the statement that they (now) know what belongs to the Christian faith and in the interest in participation in a Christian youth group after confirmation.[5] Their own baptism in childhood already plays a comparatively important part in young people's motivation to be confirmed.

2.3 The significance of confirmation work for the church

Looked at theologically there is still as formerly a very close connection between confirmation work and the core of all Protestant theology: Personal faith plays an important part in the expectation of the confirmands as also in that of the full-time and voluntary leaders. In confirmation work the interest in faith is combined with other motives which are rather more related to youth culture. Here in the eyes of the young people themselves the different motives are not in competition with one another, i. e. they are equally important to them. Especially where confirmation work meets the needs and interests of the young people they estimate the effects on their personal faith as stronger.[6]

In confirmation work the church presents itself to the younger generation. In many cases the young people have already been involved in

---

4 Schweitzer/Ilg/Simojoki (see fn. 1), 308.

5 V. Elsenbast / F. Schweitzer / W. Ilg, Similarities and Differences of Confirmation Work in the Seven Countries – First Orientations, in Schweitzer/Ilg/Simojoki (see fn. 1), 212–222, 219–220.

6 Cf. K. Niemelä, Religious Change during Confirmation Time, in Schweitzer/Ilg/Simojoki (see fn. 1), 244–253.

church activities before their confirmation time, but this participation remained on the whole less intensive. To this extent the confirmation time offers the church what is often a unique chance in the life of its members for a more intense contact over a longer period of time.

The fact that this opportunity is still not yet sufficiently exploited and that there is a need to catch up here will be taken up again in the last section of this article.

2.4 The significance of confirmation work for civil society

We have already referred to the significance of confirmation work in relation to engaging confirmands with values important to society as well as encountering voluntary work, possibly as an opening to voluntary engagement of their own. In view of these observations and the fact that the significance of confirmation work for civil society was seldom recognized in the past, a special investigation focussed precisely on the contribution of confirmation work to civil society.[7]

The study here examined three hypotheses:

- that confirmation work supports social interaction and participation:
- that confirmation work boosts young people's commitment to ethical values:
- that confirmation work familiarizes young people with voluntary involvement and activates them for it.

The findings support all three hypotheses, although differences can be detected in the different countries/churches. Consequently even after a more precise examination of the empirical results it is legitimate to describe confirmation work as a non-formal education for civil society. In other words: Not only the church but also society as a whole profits from confirmation work.

2.5 The significance of the study on confirmands for the ecumenical movement

Already since the 1950s there have been ecumenical exchanges on confirmation instruction and confirmation work involving Protestant chur-

[7] P. Petterson / H. Simojoki, Does Confirmation Work Contribute to Civil Society?, in: Schweitzer/Ilg/Simojoki (see fn. 1), 265–275.

ches all over the world.[8] Initially questions relating to ecclesial doctrine and the theological understanding of confirmation work were central. Later there was a stronger concern with educational questions and the possibility of relating ecumenical agreement to areas of ecclesial praxis and of conceiving it from that standpoint.[9]

The empirical investigation of confirmation work in Europe takes up such attempts for ecumenical agreement and offers it an extended basis. In the framework of the research project an intense form of ecumenical cooperation could be fostered, initially within the research team itself. Public presentations in various countries followed. In the meantime the study is also finding interest in additional Protestant Churches, e. g. in Poland and Hungary as well as beyond Europe in the USA. In the Roman Catholic Church the study is being used as a starting-point for its own examination of confirmation. Within the frame of a dissertation project a comparative investigation is carried out in the Russian Orthodox Church (Belarus).

In all of this we can see that the interest in international exchange and ecumenical encounters grows when empirical results on church/ Christian educational practice are available. Moreover, the study demonstrates the importance of ecumenical cooperation, also with respect to the general public and politics, for example on a European level.

2.6 Open questions – Preparation for a second international study

In presentations of the findings of the study time and again questions cropped up which were not answered by the first examination. For example, one of these was the question about the long-term effects of

---

[8] Cf. K. Frör, Internationales Seminar über Fragen der Konfirmation, in *Monatsschrift für Pastoraltheologie 50*, 1961, 494–503.

[9] Lutheran World Federation, Departement for Mission and Development Christian Education (ed.), *Confirmation Ministry Study: Global Report, 4–8 September 1995, Geneva, Switzerland* (LWF Documentation 38, Geneva 1995). For the exchange with the Church of England cf. *Bereits erreichte Gemeinschaft und weitere Schritte. 20 Jahre nach der Meissener Erklärung / Communion Already Shared and Further Steps. 20 years after the Meissen Declaration*, ed. Ch. Hill et al (Frankfurt/Main 2010), 3–196.

positive or negative experiences with confirmation work and confirmation, for which until now we only have first results from Finland.[10] Another question was about the transitions after confirmation, particularly to voluntary engagement (in the church). These questions are all the more crucial since the findings have been circulated and found attention in almost all the participating countries in their own publications in various languages.[11]

With the aim of being able to offer for the Reformation Jubilee in 2017 further findings which will then allow comparisons as well as insights for the questions which have remained open, a second international study of confirmation work is now being prepared. In addition to the seven countries or churches which took part in the first study, the churches mentioned above have made their interest known, and the Methodist Church in Germany will also participate. At the moment various Churches in the USA are checking the possibility of taking part. It is probably not saying too much when a number of observers are already saying that only seldom in the past has an ecumenical undertaking of a comparable kind taken place.

---

10 K. Niemelä, *Does Confirmation Training Really Matter? A longitudinal study of the quality and effectiveness of confirmation training in Finland* (Tampere 2008).

11 Examples: Finland: T. Innanen / K. Niemelä (ed.), *Rippikoulun todellisuus* (Tampere 2009); Denmark: L. Christensen, Hvad mener konfirmanderne om konfirmationsforberedelsen?, in *Kritisk Forum for Praktisk Teologi 15*, 2009, 15–25; Norway: I. M. Høeg, Konfirmasjonstiden har vært bra – jeg har fått litt mer kunnskap og hatt det fint sammen med de andre konfirmantene, in *Samfunnet i gudstjenesten. Praktisk-kirkelig årbok*, ed. S. Lægdene, 2009, 221–236. B. Krupka, Konfirmasjon som innlemming i kirkens tradisjon: Norske konfirmantmedarbeideres perspektiv på konfirmanttiden, in: op. cit., 237–254; Scandinavia: B. Krupka / I. Reite (red.), Mellom pietisme og pluraliteit. Konfirmasjonsarbeid i fire nordiske land (Oslo 2010); Switzerland: T. Schlag / R. Neuberth / R. Kunz (ed.), Konfirmandenarbeit in der pluralistischen Gesellschaft (Zurich 2010).

3 Challenges and chances for the future

The study of confirmation work in Europe has identified numerous aspects which are important for further work in this area. At one and the same time they represent challenges to which this work must do justice and chances which could be used to greater effect in the future. Five such aspects are taken up in the following.

A first observation concerns the percentages of participation. The diagram below shows the various ratios of participation for the seven countries named, each in comparison with the total population in this age group:

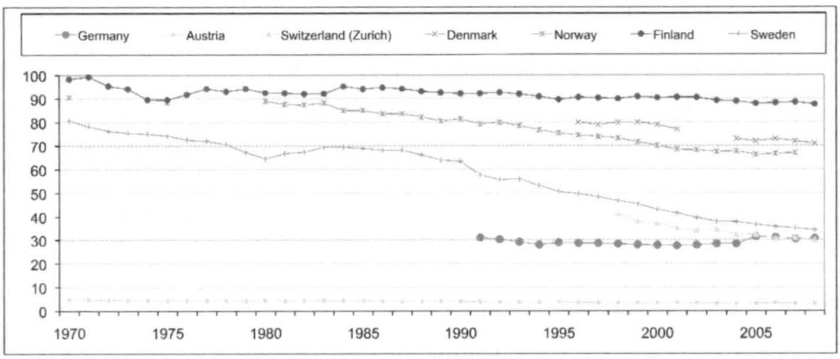

While for several countries, such as Germany or Finland but also Austria, one can discern a high degree of stability over the last 40 years, in other countries, particularly in Sweden but also in Norway, considerable declines are to be registered. While participation in Sweden in 1970 was still more than 80%, it now lies at around 35%. This shows that stability must not necessarily extend without question into the future.

In some of the countries confirmation work is only to a limited extent connected to other fields of work in the church. Such links are not even achieved with youth work, although both offers are aimed at the same age-group. Possibilities of such a connection should be used more consistently in the future – also to create links with the time after confirmation.

The experiences of the young people with the services of worship which they must attend frequently during the period of confirmation work can be described as »troubled«. Dutiful attendance at worship services as a rule does not lead to a positive relationship to them.[12] Frequently the negative perception of the worship service is more pointed at the end of the confirmation period than at the beginning. That there are also exceptions to this rule points to the possibilities of a form of service which is also attractive for young people: here lies a further task for the future.

A further problem relates to the competence of dealing with today's major questions which the young people do (or do not) expect from the church. During the confirmation period the proportion of those who doubt that the Church has answers to the questions which are important to them increases from 31 % to 34 %.[13]

This scepticism can be seen not least against the background of the increasing cultural, ideological and religious pluralism in western society. In such a situation church traditions are not self-explanatory anymore and their plausibility is questioned. For example, young people wish for more consideration of non-Christian religions during the confirmation time. At present the instruction refers too little to these.[14]

If one in the end looks for a perspective of interpretation which focuses the yield of the study in the same way as the tasks for the future which it marks, much speaks, alongside the motif of community, for the formulation in the title of this article – »Finding the Way to a Faith of One's Own. It expresses one of the strongest subjective motives for participation in confirmation work but also refers to, as we saw above, a special cause for disappointments. During the confirmation period young people want to find their way to a well-founded faith of their own, but at the same time often have the feeling that what is their own is not given enough attention. If this is so, the central challenge for the future organization of confirmation work is to a large extent congruent with the classical theological reason for this task of education in the church: Much stands or falls with how successful the European churches are in opening up conceptional ways in which what young people consider their own can flourish in relationship to the Christian faith.

---

[12] Cf. SCHWEITZER/ILG/SIMOJOKI, Summary of the Results – perspectives for the Future,. in: Id. (see fn. 1), 278–294, 289.

[13] Op. cit., 290–291.

[14] Op. cit., 290.

Jytte Lundbak

Ästhetische Bildung

Chöre und die Kirchenmusik – und wie sich hier Glauben vermittelt

Es gab eine Zeit, da setzte die Kirche Normen. Sie war es im Großen und Ganzen, die das Ziel von Bildung und den Weg zu wahrer Bildung bestimmte. Die Menschenauffassung der Kirche dominierte und herrschte fast uneingeschränkt. Die Säkularisierung führte auch zu einem Ende des Bildungsprozesses als einer kirchlichen Aufgabe. Der Bildungsbegriff wurde bis hin zu den 1960ern zum Synonym für bürgerliche Tugenden, die dann während der Zeit des 1960er-Aufruhrs harter Kritik ausgesetzt waren. Die Furcht vor Indoktrinierung und starker Beeinflussung brachte eine Berührungsangst mit sich, die weitgehend hemmend wirkte. Der Bildungsbegriff überlebte nur in der Gestalt von Aus*bildung*.

Erst in moderner Zeit ist es wieder legal geworden, von Bildung zu sprechen. Eine Pädagogik, so der Gedanke, die auf Bildung setzt, vermittelt den Kindern nicht Wissen und Haltungen, sondern sie fordert das Kind mit Wissen und Haltungen heraus. Die Pädagogen wollen dem Kind etwas – sie begeben sich in ein aktives Subjekt-Subjekt-Verhältnis und sehen das Kind als ein aktives und handelndes Subjekt.

Die positive Einstellung zur Bildungstradition bildete die Grundlage eines recht umfassenden musikpädagogischen Projekts innerhalb der Dänischen Volkskirche. In einer Kombination mit dem lutherischen Gedanken: Wir müssen auf dem Gebiet der Musik aufklären und unterrichten – wir müssen lernen, vierstimmig zu singen – denn Musik macht uns zu besseren Menschen und besseren Bürgern.

Innerhalb der letzten 40 Jahre ist die Zahl der Kinder- und Jugendchöre explosiv gestiegen. Die Vereinigung FUK, *Folkekirkens Ungdomskor* [Jugendchöre der Volkskirche] wurde 1968 gestiftet. Sie begann demütig mit etwa zehn Chören als Mitgliedern – und heute hat die Zahl der Mitgliederchöre 500 überschritten.

Die Arbeit hat weitgehend ansteckende Folgen gehabt, so dass das

Singen von Kirchenliedern mit Babys und Chöre für Kleinkinder große Popularität erlangt haben.

1 Singen von Kirchenliedern mit Babys

Das Singen von Kinderliedern mit Babys kam Ende der 1990er Jahre auf. Ein Professor für Musikpädagogik für Kinder und ein Pastor aus Kopenhagen diskutierten die schwierigen Bedingungen für das Singen von Kirchenliedern. Der Gedanke vom Singen von Kirchenliedern mit Babys wurde geboren und fand schnell weite Verbreitung. Googelt man unter dem (dänischen) Stichwort *babysalmesang*, findet man über 50 000 Links. Sehr viele Kirchen haben diesen *babysalmesang* aufgenommen, und allerorten hat man mit diesem Projekt Erfolge verzeichnen können. Auf diese Art und Weise begegnen die Säuglinge schon sehr früh den Kirchenliedern und der Kirche, und das ist natürlich begrüßenswert.

Wenn die Kirchenmusik auf eine langjährige und vornehme Tradition zurückblicken kann, so hat diese Tatsache einen wesentlichen Grund in dem instinktiven Wissen, dass die Musik uns auf eine andere Weise erreichen kann als Worte. Auch anders, als es bei Bildern der Fall ist. Während frühere Epochen von der Musik als einer unerklärlichen Macht fasziniert waren, die in künstlerischen Darstellungen beschrieben worden ist, ist die Gegenwart von der Wissenschaft und dem Glauben an die Wissenschaft geprägt. Wir verlangen Beweise. Daher war es von entscheidender Bedeutung, dass die Gehirnforschung der allerjüngsten Zeit mit der Unterstützung zahlloser wissenschaftlicher Experimente für die Musik gearbeitet hat.

Was wir im Grunde alle wissen, wurde mit neuen schwerwiegenden Argumenten vorgetragen. Das Gehör ist der am frühesten entwickelte Wahrnehmungssinn, und ein 20 Wochen alter Embryo besitzt bereits ein voll entwickeltes Gehör. Der 30 Wochen alte Embryo bewahrt bereits Töne im Gehirn. Das Neugeborene vermag die Stimme seiner Mutter von allen anderen Stimmen zu unterscheiden. Man hat Versuche mit 24 Stunden alten Säuglingen gemacht, die mit großer Sicherheit unter einer größeren Anzahl Frauenstimmen die Stimme ihrer Mutter wählten. Die Registrierung geschieht in einigen der am frühsten entwickelten Bereiche des Gehirns – und sie ist vermutlich ein Urinstinkt, der in der Entwicklungsgeschichte des Menschen schon sehr früh am Überleben der Art mitgewirkt hat.

Im Laufe von nur wenigen Wochen wird der rhythmische Kontakt aufgebaut. Das Laut- und Bewegungsmuster des Kindes ist von einer bestimmten Art, wenn Erwachsene sprechen, und von einem anderen Typ (eifriger), wenn die Erwachsenen eine Pause einlegen. Es spielt sich ein Dialog ab: Der impressive, bei dem das Kind empfängt, und der expressive, bei dem das Kind – mit den Armen und Beinen und Mundbewegungen zu antworten versucht.

Bewiesenermaßen fördert musikalische Aktivität Motorik, Lernvermögen, sprachliches Verstehen, Gleichgewichtssinn, Langzeitgedächtnis, soziale Kompetenzen, Konzentrationsfähigkeit usw.

Stimulierung ist wichtig – das Kind will sich die musikalische Sprache aneignen, unter deren Einwirkung es aufwächst, – ganz genau so, wie es sich die gesprochene Sprache aneignen will. All diese positiven Aspekte werden ausgenutzt, wenn Mutter und Kind am Singen von Kirchenliedern teilnehmen.

Praktisch wird das Singen von Kirchenliedern so organisiert, dass man von einem Kernrepertoire ausgeht, das wiederholt und bearbeitet wird. Baby und Mutter erhalten so Kenntnis von einigen wesentlichen Kirchenliedern. Die Kirchenlieder werden begleitet durch einfache Bewegungen und Tänze, wodurch die Lieder »wahrgenommen« werden. Mutter und Vater lernen (wiederholen) die Lieder und damit auch das Evangelium in einem Lebensabschnitt, in dem sie offen und aufnahmebereit sind (als Folge der noch neuen Elternrolle). Die Babys hören und »fühlen« die Lieder in einem Alter, in dem das Gehör ist (verglichen mit den anderen Wahrnehmungen) schon weitgehend entwickelt ist. Man hört die Lieder in einer Phase ruhiger Gemütlichkeit mit Mutter oder Vater, und die Kirchenlieder verbinden sich mit dem Erlebnis von Geborgenheit und Ruhe. Der lebendige kirchliche Raum spielt eine positive Rolle, und im Innern von Kind und Eltern verbindet er sich mit Größe und Großzügigkeit.

Durch das Singen von Kirchenliedern mit Babys wird der christliche Glaube weitergegeben in einer Sprache und in einer Form (der Musik), die allen Menschen gemeinsam sind. Die Musik ist in hohem Maß das Kommunikationsmittel der Kirche, und sie spielt in der Kirche eine enorme Rolle als Katalysator christlichen Lebens.

2 Chorgesang für Kleinkinder

Der Chorgesang für Kleinkinder ist eine große Herausforderung, aber auch eine einzigartige Möglichkeit, den Kontakt zu den Babys und ihren Familien zu bewahren. Als Ideal sollte die Kirche Angebote für alle Altersgruppen haben. Kleinere Kinder werden selbstverständlich Elternbegleitung nötig haben, aber der Übergang zu nicht-elternbegleitetem Chorgesang ist gleitend. Die Kirchenlieder und Lieder, die im frühesten Babygesang eingeübt sind, bilden die Grundlage und den Kern für die folgende Entwicklung. Wenn die Kinder allein gehen können, kann man die einfachsten Tänze weiterführen und schrittweise kompliziertere Dinge einführen. Ein geflügeltes Wort des Konfuzius lautet: »Erkläre es mir – und ich vergesse. Zeige es mir – und ich behalte es im Gedächtnis. Lass es mich tun – und ich verstehe es!« Diese Regel ist beim Umgang mit Kindern und Musik von entscheidender Bedeutung.

Es darf allerdings nichts geben, was zu schwierig wäre – es muss angenehm und positiv sein, zu singen und zu tanzen; Niederlagen sollten verboten sein. Kirchenlieder mit Kehrreim sind genial – und man kann erste Verse von Kirchenliedern kaum oft genug singen. Die biblische Geschichte der Kirchenlieder kann man in die Einheit einbauen – nicht als endlose Monologe, sondern tropfenweise, und auf lebendige Weise. Man arbeitet vor allem mit Kirchenliedern, die einen Kehrreim enthalten, mit Liedern mit einem Echo und Lieder mit Gebärden. Für Kinder ist ständige Variation wichtig, aber die Freude des Wiedererkennens ist groß, und man kann dieselben Kirchenlieder immer wieder singen. Wenn ein Kind ein Kirchenlied »bekommen« hat, wird dieses Lied zu einem Teil seines künftigen Lebens. Deshalb verlangt die Auswahl eines Repertoires gründliche Überlegungen. Man denke einmal daran, wie es wäre, wenn alle Erwachsenen genauso bewusst daran denken würden, was sie in die Ohren der Kinder stecken, wie daran, was sie in ihre kleinen Münder stecken! – Das Beste ist gerade gut genug – Qualität hat höchsten Rang.

3 Jugendchöre der Volkskirche

Die Jugendchöre der Volkskirche (FUK) sind eine das ganze Land umfassende Organisation für Jungen-, Mädchen- und Jugendchöre, die an einer der Kirchen des Landes wirken oder Kirchenmusik als ihr Hauptinteresse pflegen. Die Organisation umfasst knapp 500 Mitglieder mit zusammen über 10000 Sängern. FUK wurde 1968 gegründet, ironischerweise ausgerechnet in dem Jahr, in dem Institutionen und Traditionen harten Angriffen ausgesetzt waren. Es stellte sich heraus, dass FUK sich zu einem starken Werkzeug für die Bewahrung und Erneuerung der dänischen kirchlichen Tradition entwickeln sollte. Die Vereinigung regte die Bildung von Kinder- und Jugendchören an den Kirchen des Landes an. Sie unterstützt auch heute noch die Arbeit der Kirchenchöre, z. B. durch die Edition von Noten, die Herausgabe des Mitgliederblattes *KortNyt* (Chornachrichten) mit Artikeln für die Chorleiter, durch die Veranstaltung von Treffen und Kursen, sowohl auf lokaler als auch auf Landesebene. Viele Gemeinden unterstützen die Arbeit der Vereinigung durch Kollekten am 3. Sonntag nach Ostern oder bei anderer Gelegenheit. Die gesammelten Mittel werden für die Unterstützung lokaler Arbeit, besonderer Initiativen, der Teilnahme von Chören an Studienreisen u. ä. verwandt.

4 Die Organisation FUK hat einen Plan – einen Lehrplan

Der kirchliche und pädagogische Wert der Kirchenchöre leuchtet unmittelbar ein: hier lernen Kinder und Jugendliche zu singen, sie lernen den Gottesdienst und die Kirchenmusik kennen, und sie erleben in der Chorarbeit eine soziale Gemeinschaft. Die zahlreichen Kinder, die eine Zeit lang einem Kirchenchor angehören, erhalten Kenntnisse von der Kirche und ihrer Botschaft, wie vielen von ihnen sonst nicht zuteilgeworden wären. Auf diese Weise sind die Chöre ein Schlüssel zur Zukunft der Kirche, sie machen einen wichtigen Bereich kirchlicher Kinder- und Jugendarbeit aus. FUKs Lehrpläne sind ein neueres Angebot einer in Stufen gegliederten Chorarbeit mit Material für Gesang, theoretischen Musikunterricht und den Inhalt des Gottesdienstes. Die Chorleiter erhalten Vorschläge für eine durchdachte Entwicklung ihrer Chorarbeit, so dass sie auf verschiedenen Ebenen mit Gesang, theoretischem Musikunterricht und Gottesdienstlehre arbeiten sollen auf der Grundlage ausgewählter Beispiele von Liedern und Chorsätzen. Zu dem Angebot gehört auch die Möglichkeit, dass Chorleiter und Chor sich zu Prüfungen nach jedem Niveau melden können, bei denen sie ihr Können und ihr Wissen unter Beweis stellen können. Die Prüfungen sind nicht als Examina gedacht, sondern vielmehr als gute Gelegenheiten, zu zeigen, wie weit der Chor zu der gegebenen Zeit gekommen ist, und zu einem guten Gespräch mit Lehrern und Prüfern. Hauptabsicht der Lehrpläne ist es, die drei Teile – Gesang, theoretischen Musikunterricht und Gottesdienstlehre – in die allgemeine Chorarbeit zu integrieren. Es geht also nicht um eine besondere zusätzliche Arbeit, beispielsweise in dem Sinne, dass die Chorleiter die pädagogische Arbeit für die Einübung in die christliche Kinderlehre übernehmen sollen, die ja den Eltern, den Pastoren und Gemeindehelfern obliegt. Es geht vielmehr darum, die Chorarbeit variiert und perspektivenreich zu gestalten. Das Buch mit dem Titel »Chormethodik« gibt Beispiele, wie die drei Gegenstände in den Lehrplänen beleuchtet werden können im Zusammenhang mit ausgewählten Liedern und Sätzen. Die Gottesdienstlehre verfolgt das Ziel, die Chorkinder auf den Inhalt ihrer Funktion und auf den Inhalt des Rahmens aufmerksam zu machen, in dem sie arbeiten: Gottesdienst, Kirchenraum, Kircheninventar, Kirchenjahr usw. Der Hauptgesichtspunkt ist dabei, dass ein Chor Teil einer Gemeinde ist, man singt gemeinsam *mit* der Gemeinde, nicht einfach nur *für* die Gemeinde. Es ist eben in erster Linie kein Konzertchor!

Die Lehrpläne kann man auf der Website der FUK finden: www.fuk.dk. Hier findet man auch ergänzende Materialien zu den drei Hauptgebieten.

2007 erschienen zwei Bücher im *Forlag for Dansk Sang*: *Kormetodik. Sang, hørelære og gudstjenestelære med udgangspunkt i FUKs læreplaner* (Chormethodik. Gesang, theoretischer Musikunterricht und Gottesdienstlehre auf der Grundlage von FUKs Lehrplänen) und *Børnekor – en antologi* (Kinderchor – eine Anthologie). 2010 erschien *Spirekor* (Kleinkinderchöre) – *Kormetodik. Sang, hørelære og gudstjenestelære med udgangspunkt i FUKs læreplaner*. Der Kirchenminister ist Schirmherr der Organisation FUK. Im Jahre 2007 erhielt »Jugendchöre der Volkskirche« vom volkskirchlichen Entwicklungsfonds finanzielle Unterstützung in

Höhe von 500.000 Kronen über eine Zeit von drei Jahren für strategische und praktische Entwicklung der Lehrpläne.

5 Wie die Kinder- und Jugendchöre integriert werden und zum Leben und Wachstum der Kirche beitragen können

Die jungen Sänger in kirchlichen Kinder- und Jugendchören werden künftig in den Gemeinden großen Raum einnehmen. Sie werden als Kirchenmusiker, Pastoren, Gemeinderatsmitglieder und gewöhnliche Kirchgänger auftreten. Das Leben und Wachstum der Kirche hängt weitgehend von diesen Sängern ab.

Dieses Postulat formuliere ich ohne Zögern. Ich bin fest davon überzeugt, dass diejenigen, die die Musik der Kirche kennengelernt haben, auch einen Zugang in Richtung auf die Kirche von unschätzbarer Bedeutung bekommen haben. Sie kennen die Rituale, und sie haben gelernt, in die Kirche zu gehen. Wie man auch als Zuschauer eines Badmintonturniers nur begrenzten Gefallen daran hat, wenn man die Regeln nicht kennt, so ist es für einen Außenstehenden auch schwierig, den Gottesdienst (das »Hochamt«!) in der dänischen Volkskirche zu besuchen. Lesungen, Lieder, Rituale und Liturgie machen Sinn für den Eingeweihten und geben Fülle, während andere nur begrenzten Nutzen daraus ziehen können. Der Chorsänger, der eine Reihe von Kirchenliedern gelernt und an vielen Gottesdiensten mitgewirkt hat, hat einen großen Vorsprung, wenn es um das Verstehen des Gottesdienstes geht.

Die Kinder- und Jugendchöre der Volkskirche machen daher einen Eckstein der Kirche der Zukunft aus. Und es ist entscheidend für sie, dass die Arbeit mit den kirchlichen Chören einen hohen Stellenwert hat.

Das Singen von Liedern ist ein Lebensnerv im Gottesdienst. Und der Gottesdienst ist das Fundament der Kirche. Die Kirchenmusik ist eine unerschöpfliche Quelle qualifizierter Angebote, wie man fundamentale Gefühle im Verhältnis zu Gott und den Menschen ausdrücken kann. Die Lieder sind eine Fundgrube – und wenn man einen Vorrat von zentralen Liedern in seinem Gepäck hat, folgt einem viel Christentum auf den Fersen.

Ich hege keinen Zweifel, dass ein markanter Arbeitseinsatz auf dem Gebiet des Liedergesangs für die Kirche eine Notwendigkeit darstellt.

Die Aufgabe ist groß, und sie verlangt einen markanten Einsatz von Organisten, Pastoren, Gemeinderäten und Gemeinden (Eltern). Kinder können Kirchenlieder lernen – Kinder möchten gern Kirchenlieder lernen – aber es stellt hohe Ansprüche, Kirchenlieder zu lernen, und so manche haben keinerlei Voraussetzungen in Bezug auf die klassische Musik. Eine völlig neue Welt muss ihnen eröffnet werden – und das kann eine Aufgabe der Kirche sein. Eine große Aufgabe – aber auch eine große *Möglichkeit.*

Die Möglichkeiten für den Einsatz von Kinder- und Jugendchören in kirchlichem Zusammenhang sind zahlreich. Im Folgenden möchte ich einige Modelle skizzieren:

Kindergottesdienste: Es liegt auf der Hand, einen Kinderchor als festen Bestandteil des Kindergottesdienstes auftreten zu lassen. Der Chor kann den Gottesdienst musikalisch und kirchlich vorbereiten, und der Chor mit den dazugehörigen Familien wird eine »sichere Bank« für den Gottesdienst sein.

Das musikalische Repertoire für einen Kindergottesdienst passt natürlich zu den Fähigkeiten des Chores, und der Chorleiter kann auf vorausgehenden Chorproben den Gottesdienst im Hinblick auf biblische Texte, ein eventuelles Thema usw. (musikalisch) abstimmen. Dabei wird vorausgesetzt, dass Pastor und Chorleiter bei der Planung des Gottesdienstes von Anfang an zusammenarbeiten.

Bei *gewöhnlichen Gottesdiensten* kann der Kinder- und Jugendchor in passendem Umfang mitwirken. Einen vollständig ausgebauten Gottesdienst mit breiter Liederwahl zu gestalten, wird für viele Kinder- und Jugendchöre eine zu schwierige Aufgabe sein. Wenn man aber dafür sorgt, die Liedauswahl früh genug festzulegen und auf die Fähigkeiten der Kinder Rücksicht zu nehmen, kann es sehr sinnvoll sein, den Chor mitwirken zu lassen. Man könnte auch einige geeignete Gottesdienste auswählen, in denen die biblischen Texte (inhaltlich) nicht allzu schwierig sind. Es ist wichtig, den Kinderchor als einen Teil der Gemeinde zu begreifen, und es ist ebenso wichtig, dieses Verständnis an die Chorsänger weiterzugeben.

Kirchliche *Zusammenkünfte und Feste* im Gemeindehaus: Bei allen festlichen Gelegenheiten wird ein musikalischer Beitrag willkommen sein, und es hat einen guten Zweck, den Chor in das Gemeindeleben zu integrieren.

Konfirmandenunterricht, Konfirmandengottesdienste: Pastor und Organist können beim Konfirmandenunterricht mit Gewinn zusammenarbeiten. Für die Konfirmanden wird es anregend wirken, anderen jungen Menschen in der Kirche zu begegnen. Der Chor – oder Teile des Chores – können bei einem Liederabend mitwirken, bei dem Konfirmanden mit ihren Eltern die Lieder lernen, die bei der Konfirmation gesungen werden. Es hat in der Regel seine Wirkung, wenn ein paar Sänger aus dem Chor auftreten und einen Vers allein singen können. Die Texte der Lieder können mit einigen Worten kommentiert werden – so dass der Tag der Konfirmation so als ein gemeinsames Projekt vorbereitet wird.

Musikandachten, Veranstaltungen mit Liedergesang, Konzerte: Je tüchtiger der Chor ist, desto mehr Möglichkeiten für die Verwendung von Chorgesang bieten sich an. Ein Kinder- und Jugendchor muss tüchtig sein, um ein regelrechtes Konzert tragen zu können, aber es ist eine klare Möglichkeit, einen Chor mit einem Auftritt in ein anderes Konzert einzubeziehen. Chorsänger sind oft begeistert, wenn man es ihnen ermöglicht, gemeinsam mit einem Solisten, mit einem Ensemble oder einen Orchester zu singen. Und sie bekommen dadurch ja auch die Möglichkeit, dem Geschenk der Musik durch ihr Ohr zuzuhören und es sich anzueignen.

Für die Integration des Chores in das kirchliche Leben ist es entscheidend, dass Pastoren, Gemeinderäte, Organisten und andere Mitarbeiter darauf achten, den Chor einzubeziehen. Chorsänger möchten genau wie alle anderen Menschen gern geschätzt sein, aus ihrer Gegenwart und ihrem Mitwirken kann man also durchaus »eine Nummer machen«. Auch die Eltern von Chormitgliedern stellen ein Potenzial dar, das man vorteilhaft zu praktischen Aufgaben heranziehen kann.

Für das Wachstum des Chores ist entscheidend, dass man das soziale Element pflegt. Bei den Proben ist zu arbeiten, wenn man Ergebnisse erzielen will; besondere Veranstaltungen sind erforderlich, wo das Soziale im Mittelpunkt steht. FUK veranstaltet in großer Zahl Zusammenkünfte, und man kann auch selbst Chortage, Chorfahrten und Chorlager durchführen. Hierbei wird es sehr wertvoll sein, wenn die Eltern von Chormitgliedern aktiv teilnehmen können, wie es ja auch den Zusammenhalt fördert, wenn Pastor und Gemeinderat einbezogen sind.

6 Erwachsenenchöre

Die zahlreichen positiven Gewinne der Musik gelten für Erwachsene wie für Kinder. Als Erwachsener erlebt man oft, wie bekannte Kirchenlieder sich öffnen und ständig mehr Sinn enthüllen. Es ist stark, wenn sich ein Lied mit einem Alter von mehreren hundert Jahren plötzlich öffnet und etwas Ewiggültiges über das Menschenleben aussagt. Es ist ein großer Trost, wenn man bei einem Begräbnis z. B. das Gefühl hat, dass man auf den Schultern von vielen Generationen vor einem steht. – Man kann beinahe ein Echo hören von ihrem »Ein feste Burg ist unser Gott«.

7 Seniorenchöre

Auch in der Generation der Senioren hat die Kirchenmusik eine zentrale Position. Im Ruhestandsalter hat man oft mehr Zeit, sich zu vertiefen, und es erfordert Zeit, wenn man sich gewichtige kirchenmusikalische Werke anhören will. Das Gehör ist, wie oben bereits erwähnt, unser am frühesten entwickeltes Sinnesorgan, aber ganz allgemein ist es auch das Sinnesorgan, das wir zuletzt verlieren. Man kann also durch Musik Menschen erreichen, zu denen man wegen ihres Alters oder wegen einer Krankheit oder aus anderen Gründen nur schwer Kontakt aufnehmen kann. Die Musik wird zunehmend zu therapeutischen und seelsorgerlichen Zwecken benutzt. Und man entdeckt oft, dass in den guten Liedern, die man einst in seiner Kindheit gelernt hat, noch immer Lebenskraft steckt.

8 Conclusio

In der modernen Zeit spielt die Gehirnforschung eine große Rolle, zahlreiche Untersuchungen zeigen den nützlichen Einfluss der Musik auf die menschliche Psyche. Es ist ein sehr interessanter Forschungsbereich, und viele Menschen finden hier wichtige Argumente. – In Wirklichkeit geht es hier aber um eine uralte menschliche Erfahrung, denn die Musik hat seit undenklichen Zeiten dazu gedient, große Gefühle auszudrücken – im Zusammenhang mit Trauer und Freude, mit Leben und Tod.

Wenn man singt, wird das Zwerchfell betätigt, und man gebraucht dieselben Muskeln, die Weinen und Lachen aus vollem Halse hervorrufen. Man atmet, um zu singen - und man atmet koordiniert bei Chorgesang - man hat also eine geistige Gemeinschaft.

Der Glaube wird von Generation zu Generation vermittelt. Die Vermittlung geschieht auf vielen Wegen, aber die künstlerische/gefühlsmäßige Vermittlung hat großes Gewicht!

„Lieder sind Gedanken, die mit dem Atem herauskommen, wenn von einer großen Kraft bewegt wird und sich nicht mehr mit gewöhnlicher Rede begnügen kann [...]« - so der Inuit-Poet Orpingalik.[1]

»Und nie sich weitet deine Brust / so frei, als wenn du voller Lust / den Schöpfer preist mit Singen« - sang Grundtvig.[2]

Und Luthers Freund und Mitarbeiter Johann Walter beschreibt in dem Gedicht *Lob und Preis der löblichen Kunst Musica* aus dem Jahre1538 die Musik als Schwester der Theologie:

> Sie ist mit der Theologie
> Zugleich von Gott gegeben hie
> Gott hat die Music fein bedeckt
> in der Theologie versteckt
> Er hat sie beid im fried geschmückt
> Das kein der andern ehr verrückt
> Sie sinn in freundschafft nahe verwandt
> Das sie für schwestern wern erkandt.[3]

---

1 Knud Rasmussen, Snehyttens sange (Die Lieder der Schneehütte). Indsamlede grønlandske sange, Kopenhagen 1930.

2 Alt hvad som fuglevinger fik, Dänisches Gesangbuch Nr. 10 (Übersetzung in: Kirchenlieder von NFS Grundtvig in deutscher Sprache, Kopenhagen 1983, Nr. 10).

3 Johann Walter, Sämtliche Werke, Bd. 6, Kassel 1970, 154.

Jytte Lundbak

Aesthetic education

Choirs and church music – and how faith is being conveyed

There was a time when the church set norms. By and large, it was the church that determined the goal of education and the path to true learning. The human perception of church dominated and reigned almost absolute. Secularization however led to the end of the educational process as a church mission. Up until the 1960s, the educational concept was a synonym for middle-class virtues, which were then subject to harsh criticism during the 60s revolts. A fear of indoctrination and strong influence brought a largely restrictive reservation with it. The educational concept only survived in the form of schooling.

Only recently has it become legal again to talk about education. It is thought that pedagogics which focuses on learning does not teach children knowledge and world views, but rather challenges the child with knowledge and world views. Educators want something for the child – they engage in an active subject-subject relationship and view the child as an active and actional subject.

The positive approach to educational tradition formed the foundation of a rather extensive music-pedagogical project within the Church of Denmark, combined with the Lutheran thought that we have to explain and teach music – we have to learn four-part singing – because music makes us better people and better citizens. The number of children and youth choirs has drastically increased during the last forty years.

Paradoxically, the FUK (*Folkekirkens Ungdomskor* = Danish Church Youth Choirs) was founded in 1968, at a point in time when the revolts were just reaching their climax. The organization began demurely with a handful of choirs as members; today, it has more than 500 member choirs.

These activities have widely caught on, and hymn singing with babies and toddlers has gained huge popularity.

1 Hymn singing with babies

Hymn singing with babies started at the end of the 90s. A professor of music pedagogics and a pastor from Copenhagen were discussing the difficult circumstances for the singing of hymns. The thought of hymn singing with babies was born and quickly disseminated. If you type in *babysalmesang* into the Danish Google, over 50,000 links come up. A large number of churches are now engaging in this *babysalmesang*, and success has been noted everywhere. That way, infants experience church hymns and church from a very early age on, which is of course a welcome development.

If church music can look back on a long and noble tradition, it is due to an instinctive knowledge that music can reach us through different ways than words or images can. While in earlier epochs people had been fascinated by music as an inexplicable force described in artistic depictions, at the present time they are affected by science and the belief in science. We demand proof. Therefore it was essential that the most recent brain research had been undertaken with the support of countless scientific experiments into music.

Essentially common knowledge was presented with new profound reasoning. Out of the five senses, hearing is the one that develops first, and a twenty-week-old embryo already possesses a fully developed sense of hearing. At thirty weeks, the embryo is already able to store sounds in the brain. The newborn can distinguish its mother's voice from all other voices. Experiments with one-day-old infants showed that they chose their mother's voice from a larger number of female voices with considerable confidence. The registration happens in one of the cerebral areas that develop first – and is probably a primary instinct that has been involved in the survival of our species from very early on in human history.

Within the space of only a few weeks, the rhythmic contact is built up. The sound and movement pattern of the child shows certain characteristics when adults are speaking and different (more animated) ones when the adults pause. A dialogue forms: impressive dialogue, during which the child receives, and expressive dialogue, during which the child tries to answer with arm, leg and mouth movements. It has been proven that musical activity boosts motor skills, learning ability, linguistic understanding, sense of balance, long-term memory, social competencies, concentration etc. Stimulation is important – the child wants to adopt the musical language it grows up with just as it wants to adopt the spoken language. All these positive aspects are being exploited when both mother and child participate in hymn singing.

In practical terms, hymn singing is organized by starting with a core repertoire that is repeated and worked on. Baby and mother therefore get to know a few essential hymns. The hymns are accompanied by simple movements and dance through which they are »perceived«. Mother and father learn (repeat) the songs and hence also the gospel during a period in their lives when they are open and receptive (due to their new role as parents). The babies hear and »feel« the songs at an age in which the sense of hearing (compared to the other senses) is already largely developed. The tunes are heard in a phase of quiet cosiness with mother or father, and the hymns are linked to the experience of security and peace. The lively church setting plays a positive role, and it merges with greatness and generosity within the parents and the child.

Through hymn singing, the Christian belief is relayed to infants in a language and a form (of music) common to all people. Music is a medium of communication for the church in the highest degree, and plays an enormous role as a catalyst of Christian life.

2 Choral singing for toddlers

Choral singing for toddlers is a big challenge, but also a unique opportunity for keeping in contact with babies and their families. Ideally, the church should offer something for every age group. Smaller children do not necessarily need to be accompanied by their parents, but the transition to choral singing without their parents is gradual. Hymns and songs, which are being practised in the earliest stage of hymn singing with babies, build the foundation and core for further development. Once the children can walk unaided, the simplest dancing can be continued with, and more complicated movements can gradually be added. As Confucius said: »Tell me and I forget. Show me and I remember. Let me do and I understand.« This rule is essential for the interaction with toddlers and music.

However, there must not be anything that is too difficult – singing and dancing has to be pleasant and positive, setbacks should be forbidden (hymns with refrains are perfect) – and one cannot sing the first hymn verses too often. The biblical history of the hymns can be built into the whole; not as endless monologues, but drop by drop, and in a lively manner. The focus is mainly on hymns with a chorus, songs with echoes and songs with gestures. Constant variation is important for children, but the joy of recognition is big, and the same hymns can be sung over and over again. If a child has »received« a hymn, it becomes part of their life. The choice of hymns therefore demands careful consideration. Just think about how it would be if all adults thought that much about what they let their children hear and what they put into their little mouths! The best is just good enough – quality of the highest order.

3 Youth choirs of the Danish Church

The Danish Church Youth Choirs (FUK) is a nationwide organization for boys', girls' and youth choirs that are either active in one of the country's churches or for whom church music is the core interest. The organization counts approximately 500 members with altogether more than 10.000 singers. The FUK was founded in 1968, ironically in the year when institutions and traditions were exposed to harsh attacks. It has since transpired that the FUK would become a strong tool for the preservation and renewal of Danish church tradition. The organization encouraged the formation of children's and youth choirs in the nation's churches and still supports the efforts of church choirs today, for example through the edition of sheet music, the publication of the members' newsletter *KortNyt* (Choir News) with information for the choirmaster, and through arranging meetings and training, locally as well as nationally. Many congregations support the organization's work through collections on the 3rd Sunday after Easter or on other occasions. Whatever has been collected is being used for supporting local work, special initiatives, choirs' participation in study trips or similar pursuits.

4 The FUK has a course – a course of instruction

The ecclesiastic and educational value of church choirs is immediately obvious: it is here where children and young people learn to sing, they are introduced to the church service and to church music, and they experience a social community through choral singing. These many children, who for some time belong to a church choir, gain knowledge of the church and its message which they wouldn't have been granted otherwise. In so doing, choirs are a key to the future of the church; they account for an important part of the church's children and youth work.

The FUK's curricula are a more recent offering of structured choral activities, with materials for song, theoretical music instruction and church service content. Choirmasters receive suggestions for a thought-out development of their choral work, enabling them to work on different levels with song, theoretical music instruction and church service doctrine on the basis of selected examples of songs and choral movements. Further included in the programme is the chance for choirmasters and choirs to take assessments after each level, where they can prove their ability and knowledge. These tests are not designed as exams but rather as good opportunities for showing how far the choir has come at a given point in time, and for a conversation with teachers and assessors.

The primary purpose of the curricula is to integrate the three parts – song, theoretical music instruction and church service doctrine – into the general choral work. The focus is therefore not on additional work, for example in the sense that the choirmasters are to take on an educating role in the children's learning of the Christian faith, which really falls upon the parents, pastors and community helpers. Rather, the goal is to devise choir work in a rich and varied way. The book with the title »Choir methodology« lists examples on how these three subjects can be highlighted in combination with selected songs and movements.

The doctrine of church service aims to make choir children aware of the content of their function and the content of their framework: church service, church space, church inventory, church year etc. The main aspect is to show that the choir is a part of the community; singing *with* the congregation, not just *for* the congregation. Being a performing choir is not its primary function!

The curricula, as well as additional material for the three main subjects, can be found on the FUK's website: www.fuk.dk.

In 2007, two books were published in the *Forlag for Dansk Sang*: *Kormetodik. Sang, hørelære og gudstjenestelære med udgangspunkt i FUKs læreplaner* (Choir methodology. Song, theoretical music instruction and church service doctrine based on the FUK's curricula) and *Børnekor - en antologi* (Children's choir - an anthology). 2010 *Spirekor* (Toddler's choir) came out.

The Minister for Ecclesiastical Affairs of Denmark is protector of the FUK. In 2007, the Danish Church Development Fund awarded the »Danish Church Youth Choirs« financial support amounting to DK 500.000 over three years, for strategic and practical development of the curricula.

5 How the children's and youth choirs are being integrated and how they can add to the life and growth of the church

The young singers in the today's children's and youth choirs of the church will grow up to take up a lot of space in the congregations. They will appear as church musicians, pastors, local council members and ordinary churchgoers. The life and growth of the church is largely down to these singers.

I write this postulate without hesitation. I am certain that for those who have become acquainted with the music of the church, an invaluable window towards the church itself will have opened as well. They know the rituals, and they have learned to attend church. The benefit for a spectator at a Badminton tournament, who does not know the rules, is limited, and it is just as difficult for outsiders to attend a church service (»High Mass«!) in the Danish Church. Readings, hymns, rituals and liturgy make sense for the initiated and give depth, while others can only draw limited use from it. The choir singer who has learned a number of hymns and has participated in many services has a huge head start when it comes to understanding the church service.

The children's and youth choirs of the Danish Church therefore represent a corner stone of the future church. And it is important for them that significant value is placed on work with church choirs.

The singing of hymns is the church service's lifeblood. And the church service is the foundation of the church. Church music is an inexhaustible source of qualified offerings on how to express fundamental feelings in the relationship to God and humans. The songs are a treasure trove – if you have a crop of central songs in your bag, a lot of Christianity will follow hot on your heels.

I do not doubt that a distinct effort in the field of hymn singing is a necessity for the church. The task is big, and it demands considerable effort from organists, pastors, council members and congregations (parents). Children can learn hymns – children like learning hymns – but the bar for learning them is high, and some have no prerequisite whatsoever with regards to classical music. An entirely new world has to be opened up to them, and this can be one of the church's tasks. A big task – but also a big *opportunity*.

The possibilities for the usage of children's and youth choirs in a church context are numerous, and I would like to outline a few models:

Children's services: it is obvious to make the performance of a children's choir an integral part of the children's service. The choir can prepare the service musically and ecclesiastically, and the choir members and their families will be guaranteed attendees of the service.

The musical repertoire for a children's church service matches the musical abilities of the choir, and the choirmaster can introduce the service with regards to Bible passages or a possible theme in the preparatory rehearsals. This assumes that the pastor and the choirmaster start working together in good time when planning the service.

In *ordinary services*, the children and youth choir can contribute to an appropriate extent. Devising a full service with a broad range of hymns will be too difficult a task for many children's and youth choirs. However, if the choice of songs is determined early enough and the abilities of the children are being taken account of, it can be very worthwhile to let the choir participate. Alternatively, suitable services with easier Bible passages could be chosen. It is important to perceive the children's choir as part of the congregation, and it is equally important to pass this understanding on to the singers.

Church *gatherings and festivities* in the parish hall: musical input will be welcome at any festivity, and it is in a good cause to integrate the choir into community life.

Confirmand instruction, confirmand services: pastor and organist can build a mutually profitable working relationship. For the confirmand, it will be stimulating to meet other young people in the church. The choir – or part of the choir – could participate in a recital where confirmands and their parents learn the hymns that are sung during confirmation. The effect is usually achieved when a few singers of the choir perform and are given the opportunity to sing one verse on their own. The lyrics could be accompanied by a few brief comments so that the day of the confirmation is being prepared as a shared project.

Musical devotions, events with song, concerts: the more capable a choir, the more opportunities for the use of choir singing open up. A children's and youth choir has to be proficient in order to carry a proper concert, but it is evident that it is a chance to get involved in another concert with a performance. Choir singers are often thrilled to be singing with a soloist, an ensemble or an orchestra, and they are given the opportunity to listen to and adopt the gift of music through their own ears.

The choir's integration into church life relies on the awareness of pastors, local council members, organists and others involved. Choir singers, like everyone else, like being appreciated, and to all intents and purposes, one can make an »attraction« out of their presence and contribution. Parents of choir members also represent a potential that can be beneficially tapped into for practical purposes.

The social element is crucial in the growth of the choir. Rehearsals need to be taken seriously if results want to be achieved; separate social activities are therefore essential. The FUK organizes a lot of gatherings, and individuals are free to arrange choir days, choir trips or choir camps themselves. The active participation of parents would be especially valuable for the team spirit in these circumstances, as would the integration of the pastor and the local council.

6 ADULT CHOIRS

The many benefits of music apply to adults as well as children. Adults often experience familiar hymns opening themselves up to reveal more meaning. It is powerful if a several-hundred-year-old hymn suddenly stands to unveil an eternal truth about human life, and a big comfort if, for example at a funeral, one has the feeling to stand on the shoulders of many generations. One can almost hear an echo of their »A mighty fortress is our God«.

7 Choirs for the elderly

Church music plays a central role for the elder generation as well. In retirement age, one often has more time to immerse oneself, and it takes time to listen to profound ecclesiastical pieces. The hearing is, as mentioned above, our earliest fully developed sense, but generally also the sensory organ that we lose last. Music can therefore reach people with whom making contact by any other means has become difficult due to illness or old age, and it is also increasingly being used for therapeutic and counselling purposes. And one often discovers that great songs learned in childhood still have vitality in them.

8 Conclusion

Brain research plays a big role in modern times, numerous studies show the beneficial influence of music on the human psyche. It is a very interesting area of research, providing many people with important points and reasonings. – In reality, however, it is about an age-old human experience, because music has been used since time immemorial to express grand feelings linked to grief and joy, life and death.

During singing the diaphragm is used, and the same muscles are activated when we cry or laugh from the top of our lungs. You breathe to sing, and breathing is coordinated in choral song – therefore creating a spiritual community.

Faith is being passed on from one generation to the next. This happens in many different ways, but it is most effective in an artistic / emotional way.

»Songs are thoughts, sung out with the breath when people are moved by great forces and ordinary speech no longer suffices […]« according to the Inuit poet Orpingalik.[1]

1 Knud Rasmussen, Snehyttens sange. Indsamlede grønlandske sange (Copen-

»[...] your breath is always free and strong / when you express yourself in song / in praise of God unending« – sang Grundtvig.[2]

And Luther's friend and colleague Johann Walter describes music as sister of theology in the poem »Lob und Preis der löblichen Kunst Musica« (1538):

> For music and theology
> Were given by God concurrently.
> The former with its lovely sound
> Was in the latter hidden found.
> God let his peace on both arise
> So that each might the other prize.
> To closest friendship they have grown;
> They are as loving sisters known.[3]

---

hagen 1930), quoted after Beverly Cavanaugh, Imagery and Structure in Eskimo Song Texts, in *Canadian Journal for Traditional Music* 1, 1973, 3–25: 3.

2 Alt hvad som fuglevinger fik (All that which soars in upward flight), Danish Hymn Book No. 10 (translation: P. C. Paulsen, P. Balslev-Clausen).

3 Johann Walter, *Lob und Preis der löblichen Kunst Musica* (1538), trans. F. Samuel Janzow, in Carl Schalk, *Music in early Lutheranism* (St. Louis 2001), 189.

Ole Brinth

Das Singen von Kirchenliedern als Glaubenspraxis

Eine Betrachtung über Liedgesang und Ästhetik

Singen und Glauben

Das Singen von Kirchenliedern hat zwei Richtungen: Wir singen aus dem Glauben »heraus« und wir singen uns zugleich in den Glauben hinein. Diese Richtungen hat das Singen von Kirchenliedern mit dem Atmen gemein: wir atmen aus und wir atmen ein – wir singen aus dem Glauben heraus und wir singen in den Glauben hinein. Gesang und Klang, Leben und Glauben sind untrennbar miteinander verbunden.

So sagt der deutsche Liturgiker Rainer Volp in dem neueren Standardwerk:

> »Kein Gottesdienst lässt sich ohne Musik feiern: Alle bestimmten Töne, ja schon der Ton des Redens sind von musikalischer Qualität.«[1]

Geht man von der markanten Formulierung Volps aus, erscheint es als eine ganz einfache Weiterführung des angelegten Gedankens, dass es zwischen Theologie und Musik grundlegende Beziehungen gibt. Ein tieferes Verständnis von Gottesdienst und Gesang von Kirchenliedern stützt sich daher auf grundsätzliche Überlegungen, was die Theologie und die Musik miteinander zu tun haben.

Volps Aussage stellt die Grundlage für den Gedanken dar, dass die Musik vor allem anderen da ist – bevor der Gottesdienst entstehen kann, muss die Musik da sein, da ja die Musik der grundlegende und bildende/schaffende Bestandteil ist.

Dieser Gedanke findet eine Grundlage im Schöpfungsbericht, in dem Gott mit Klang aus dem Nichts schafft: *Gott sagte: »Es werde Licht«.* Ohne das gesprochene Schöpferwort wäre die Welt nicht entstanden.

---

[1] R. Volp, Die Kunst, Gott zu feiern. Liturgik II, 1994, 1032.

Mit den Worten Volps (»[...] ja schon der Ton des Redens sind von musikalischer Qualität«) sind Rede und Musik zwei Seiten ein und derselben Sache und lassen sich nicht voneinander trennen. Wir sind mit den Worten der Bibel im Bilde Gottes geschaffen und verstehen somit Gottes Rede als wesensgleich mit der unsrigen. Ein diesseitiges Verständnis von Gottes Rede ist dadurch mit der Vorstellung von Klang verknüpft.

Mit dem Schöpfungsbericht erkennen wir die Grundsteine im Aufbau der Welt und dem christlichen Verständnis der Welt, und sehen hier, dass Klang und Welt gegenseitig voneinander abhängig sind, und dass die Musik als Werkzeug für den Beginn aller Dinge dasteht.

Denken wir weiter, ist uns klar, dass es nichts – auch nicht die Theologie – gäbe, wenn Gottes Handeln in der Schöpfung nicht geschehen wäre. Die Theologie ruht somit im Grund auf dem Klang – auf dem Gesprochenen und dem Klanglichen, wo beide in untrennbarer Koexistenz mit der Musik stehen. Mit Klang begann alles, und im Lichte des christlichen Schöpfungsberichts ist die Musik als Voraussetzung für alles zu verstehen. In dem Verständnis sollten wir eher von der Beziehung zwischen Musik und Theologie sprechen, wobei der Musik bei Betonung einer »historischen« Reihenfolge der erste Platz gebührt.

Am letzten Tag der Schöpfung setzt Gott den Menschen in die Welt, und er tut es, indem er den Menschen nach seinem eigenen Bilde schafft. Wir sind Gott gleich, in dem Sinne, dass Gott uns nach seinem eigenen Bild geschaffen hat (1. Mos. 1,27). Das Leben gab Gott dem Menschen, indem er den Menschen anblies. Unter allen lebendigen Wesen geschah dies nur für die Menschen. Hiermit wird der Leib in die Welt gesetzt als ein Musikinstrument. Wir sind angeblasen, und wenn man anbläst, ist etwas ins Schwingen und damit in Klang gebracht.

> Es war zu der Zeit, da Gott der Herr Erde und Himmel machte. Und alle die Sträucher auf dem Felde waren noch nicht auf Erden, und all das Kraut auf dem Felde war noch nicht gewachsen; denn Gott der Herr hatte noch nicht regnen lassen auf Erden, und kein Mensch war da, der das Land bebaute; aber ein Nebel stieg auf von der Erde und feuchtete alles Land. Da machte Gott der Herr den Menschen aus Erde vom Acker und blies ihm den Odem des Lebens in seine Nase. Und so war der Mensch ein lebendiges Wesen. (1. Mos. 2,4–7).

Gott blies seinen Odem in die Nase des Menschen, und daraus entstand Leben. Da wurde die Grenze zwischen dem Toten und dem Lebendigen gezogen. Und weiter: da wurde die Grenze zwischen dem Toten und dem Lebendigen im Menschenleben *gesetzt*. Denn: Weil Gott seinen Odem in die Nase des Menschen blies, wurde er zu einem lebendigen Wesen.

Leben und Atem gehören zusammen. Das wissen wir nur allzu gut. Atmen wir nicht, sind wir tot, oder sterben wir.

Leben und Atem sind zusammen gegeben. Die zwei leben zusammen, und hierdurch wird wie eine Lebenslinie ein starkes Band zwischen Körper und Musik geknüpft, zwischen Gott und Musik,
– und darum auch zwischen Theologie und Musik
– oder wenn man so will, zwischen Musik und Theologie.
Vielleicht ist genau hier der Punkt, an diesem Ort in dem chronologischen Schritt, der als Grund gelegt ist, dass es einen Sinn macht, ein beginnendes Changieren zu sehen zwischen:

»Theologie und Musik« gegenüber »Musik und Theologie«.

Das hier vorgelegte Verständnis der Schöpfung gibt uns das Verständnis der Musik als Voraussetzung der Welt und damit die Grundlage für die Feststellung der Reihenfolge. Musik und Theologie, als am meisten logische – ja, vielleicht die einzige logische Folge. Denn: Ohne Klang, ohne Rede, ohne Musik keine Welt, kein Leben und alles in allem dann auch keinerlei Theologie.

Aber gehen wir im Leben und Treiben des Menschen, wie es in den ersten Büchern der Bibel beschrieben ist, wenige Schritte weiter, dann sehen wir: Als der Mensch kam, gab Gott dem Menschen einen Willen, etwas zu tun, und nach eigener Wahl zu unterlassen, etwas anders zu tun.

Gott bittet Adam und Eva sich in Acht zu nehmen und nicht vom Baum der Erkenntnis zu essen. Eva ließ sich von der Schlange locken. Dass es so kommen konnte, baut auf den Menschen, der geschaffen wurde mit einem Willen und einer Fähigkeit zu handeln oder nicht zu handeln. Der Mensch hatte eine Wahl und ließ sich bereden.

Die Wahl – etwas zu tun oder etwas nicht zu tun – ist die Grundlage, die zweite Reihenfolge der beiden Begriffe zu verstehen. Nämlich die Reihenfolge, in der Theologie an der Spitze steht. Also: Theologie – und Musik. Der Mensch kann sich entscheiden zu musizieren oder nicht zu musizieren, und er kann sich auf mancherlei Grundlage entscheiden.

Unter anderem auf einer theologischen Grundlage – dem Verständnis von Gott und dem Gottesverhältnis.

Diese Unterscheidung zwischen den beiden Begriffsreihen tritt uns hier als eine Notwendigkeit entgegen – und wir werden noch darauf zurückkommen.

Musik und Theologie / Theologie und Musik

Gesang und Klang sind als ein fundamentales Element in das Menschenleben eingeschrieben. Schon die Tatsache, dass wir miteinander reden, schafft Klang, wir kennen einander am Klang unserer Rede, und wir reagieren auf den Klang des Gesagten, noch bevor wir den eigentlichen genauen semantischen Inhalt des Gesagten vernehmen. Alle Menschen sind im Klang der Welt dabei – wir hören ihn, und wir tragen zu ihm bei.

Wie einleitungsweise gesagt, hat der Gesang zwei Richtungen: wir singen heraus von dem, worüber wir singen (dem Glauben, der Liebe, dem Vaterland, der Jahreszeit), und wir singen uns hinein in das, worüber wir singen (in den Glauben, das Leben der Liebe, die Lage und Bedeutung des Vaterlandes, die Schönheit oder Wehmut der Jahreszeit usw.).

Der Gesang von Kirchenliedern als kollektive Glaubenspraxis hat dazu zwei weitere Richtungen: Wir singen zu Gott (vertikal), und wir singen miteinander und interagieren kollektiv (horizontal). Die vertikale und die horizontale Dimension schafft jeweils besondere Rahmen für das Verständnis des ästhetischen Ausdrucks und der ästhetischen Aussage.

In der vertikalen Dimension streben wir nach dem Angemessenen im Verhältnis zu Gott, und wir suchen instinktiv, vom Besten und Schönsten zu geben.

In der horizontalen Dimension ist es überaus wichtig zu berücksichtigen, dass wir in der Gemeinschaft sein können und den Glauben durch ästhetische Anforderungen oder Sonderpositionen nicht schwer zugänglich machen, indem wir den Gesang von Kirchenliedern und die Glaubenspraxis in einen engen Rahmen zwängen, der einige Menschen befremden würde.

Betrachten wir den Gesang als das vom Menschen Ausgehende (»[…] wir singen »heraus« über […]«), dann fasst diese Richtung im Gesang

Aspekte sowohl von der vertikalen Dimenison als auch von der horizontalen Dimension zusammen: wir singen gern im ästhetisch Schönen, um Gott vom Besten darzubringen, UND wir singen im ästhetisch Schönen, um das Schöne und damit das Lebenspendende mit unseren Mitsängern in der Gemeinde zu teilen.

Das nach Innen gehende (»wir singen uns in [...] hinein [...]«) prägt demgegenüber unser eigenes Leben und unseren eigenen Glauben. Der Klang und Gesang setzt sich im inneren Glaubensleben in Färbungen, Deutungen des Gesungenen und dadurch als Haltungen und Schaffung von Bildern zu dem Gesungenen.

Das Herausgehende lässt sich vom Hineingehenden nicht trennen. Dasselbe Kirchenlied hat beide Richtungen. Als Sänger in der Gemeinde müssen wir mitsingen können, und zwar in Balance zwischen den beschriebenen vier Richtungen und den sich daraus ergebenden Rücksichten:

HERAUS und HINEIN (wie der Atemzug)

HINAUF (zu Gott) und HIN (zu unserer mitsingenden Glaubensgemeinschaft).

Die musikalische Prägung wird von vielfältigen Faktoren geschaffen.

Elemente der Tradition

Die musikalischen Grundsteine bestehen traditionell aus Melodie, Harmonie und Rhythmus. Das Gepräge einer Liedmelodie lässt sich in einer Betrachtung, die sich ausschließlich auf das tatsächliche Notenbild konzentriert, in einem gewissen Umfang beschreiben. Betrachtet man Liedmelodien der vergangenen vielen Jahrhunderte, wird man die Entwicklung, die hier stattgefunden hat, in groben Strichen skizzieren, indem man die drei Grundparameter zueinander in Beziehung setzt.

Seit dem frühen Mittelalter herrschte der einstimmige gregorianische Gesang vor, und der ist durch Einstimmigkeit und freie Rhythmen gekennzeichnet, die sich nach den Textbetonungen richten. Damit nimmt das Melodische einen dominierenden Platz ein.

Das Melodische erhält mit dem Gemeindegesang und seiner vorherrschenden Funktion seit der Reformation einen klareren rhythmischen Rahmen. Zugleich treten die Melodien immer häufiger in harmonischer

Tracht hervor. Melodie, Rhythmus und Harmonie sind somit alle beteiligt.

Mit dem romantischen Stil gewinnt das Harmonische weiter an Terrain, teils durch farbenreichere Harmonisierungen und teils durch Melodieformen, von denen man sagen kann, dass sie in mancherlei Hinsicht aus einer grundlegenden harmonischen Weiterentwicklung hervorgegangen sind.

Mit dem 20. Jahrhundert gewann der rhythmische Aspekt noch einmal größere Bedeutung, indem Jazz und der afroamerikanische Stilkomplex ihren Einfluss geltend machten.

Man kann in der Musik auf der Grundlage der Balance zwischen Melodie, Harmonie und Rhythmus keine Qualitätsmaße festlegen. Es scheint vielmehr möglich, einem Verständnis von Unterschieden in der Art und Weise der Musik näherzukommen, wie sie das Zusammenspiel von Text und Melodie beeinflusst, und damit auch, wie sie aufseiten der Sänger das Zusammenspiel der Auslegungsmöglichkeiten der gesungenen Texte beeinflusst.

An diesem Punkt sind wir wieder bei den Sachverhalten angelangt, die die Beziehung zwischen Musik und Theologie berühren. Oder vielleicht eher zwischen Theologie und Musik. In einem gottesdienstlichen Zusammenhang ist es in Dänemark üblich, dass der Pastor die Lieder wählt, und rechtlich gesehen hat in Fragen der Melodiewahl der Pastor das letzte Wort. Auf Grund dieser Praxis und dieser Rechtslage hat allein der Pastor die übergeordnete und letztliche Verantwortung für Texte und Melodien des Liedergesangs. Man mag sich darüber vielleicht wundern, da ja der Pastor nicht der musikalische, sondern der theologische Fachmann ist. Der Sachverhalt zeigt allerdings, dass auch in der Praxis ein Zusammenhang zwischen Theologie und Musik besteht und dass dieser Zusammenhang so großes Gewicht hat, dass man einen rechtlichen Rahmen dafür geschaffen hat. Die Wahl der Melodie hat aufgrund dieser Praxis theologische Bedeutung.

Die ästhetische Dimension ist somit in die theologische Diskussion einbezogen. Man kann darüber diskutieren und dazu eine Meinung haben, welche Melodieformen benutzt werden können und welche nicht, wenn man als Pastor theologische und verkündigungmäßige Pointen sichern möchte.

Will man Melodien mit der Hilfe rein musikalischer Kriterien beurteilen, wird man sie – wie oben angedeutet – recht unterschiedlich beschreiben und beurteilen. Eine Melodie aus Freylinghausens Choralbuch unterscheidet sich von den Melodien der Lutherlieder, die wiederum anders sind als z. B. die Melodie zu »Danke für diesen guten Morgen«.

Ganz besonderes Interesse haben die Lieder mit mehreren Melodien. Hier kann sich deutlich zeigen, dass der klangliche Rahmen dem Text sehr unterschiedliche Richtungen hinsichtlich der Bibelkenntnis verleihen kann. Den dänische Liederdichter Hans Adolf Brorson, der vom deutschen Pietismus u. a. Hallescher Prägung beeinflusst war, schreibt in der Mitte des 18. Jahrhunderts ein Lied, das man in mancherlei Hinsicht als ein Vision des Himmlischen und der Gemeinschaft im Jenseits auffassen kann. In der jüngsten Ausgabe des dänischen Gesangbuchs hat der Text drei verschiedene Melodien:

a. eine zeitgenössische Melodie, die in leicht tanzenden Bewegungen in c-Dur schwingt,
b. eine Melodie aus der zweiten Hälfte des 19. Jahrhunderts, komponiert von dem Dänen Henrik Nebelong, in einem weichen Ton mit einer leicht melancholischen Melodieführung in d-Dur, die nostalgischer Besinnung Raum gibt,
c. eine Melodie des dänischen Komponisten Thomas Laub, der am Cäcilianismus anknüpfte und eine Reform der dänischen Kirchenliedmelodie ins Leben rief die sich vor allem für die frühen Melodien aus der Zeit vor 1600 und ihrer Tonalität, Form und Ausdrucksweise interessierte. Laubs Melodie stellt eine schwer schreitende 6/4-Prozession dar.

Als Sänger befindet man sich mit diesen drei Melodien in drei verschiedenen Bildwelten hinsichtlich eines Empfindens für Brorsons Vision der Ewigkeit, und die Bildwelten erstrecken sich vom Tanzenden über das Nachdenklich-Melancholische bis hin zum fortwährend und beharrlich schwer Dahinschreitenden. Alle Melodien sind gut und wirken mit vollem musikalisch-ästhetischen Gewicht.

Glaubenspraxis und Ästhetik sind durch den Kirchenliedgesang eng miteinander verbunden. Und der Kirchenliedgesang ist eine wichtige und gewichtige Glaubenspraxis, der an mehreren Stellen der Heiligen Schrift grundlegende und konstituierende Bedeutung für das Gottesverhältnis wie auch für die Verhältnisse in der Gemeinde zuerkannt wird. Der Psalmist schreibt:

> Jauchzet dem Herrn, alle Welt! Dienet dem Herrn mit Freuden, kommt vor sein Angesicht mit Frohlocken! (Ps 100,1 f.)

Der Apostel schreibt:

> Lehrt und ermahnt einander in aller Weisheit; mit Psalmen, Lobgesängen und geistlichen Liedern singt Gott dankbar in euren Herzen. (Kol 3,16)

Luther geht in dieser Spur. Man kann das an vielen Stellen sehen, beispielsweise in der Vorrede zum Babstschen Gesangbuch 1545:

> Gott hat unser hertz und mut frölich gemacht / durch seinen lieben Son / welchen er für uns gegeben hat zur erlösung von sunden / Tod und Teufel. Wer solchs mit ernst gleubet / der kans nicht lassen / er mus frölich und mit lust davon singen und sagen / das es andere auch hören und herzu komen. Wer aber nicht davon singen und sagen will / das ist ein zeichen / das ers nicht gleubet / und nicht ins new fröliche Testament / Sondern unter das alte /faule / unlustige Testament gehöret. Darumb thun die drucker sehr wol dran, das sie gute lieder vleissig drucken, und mit allerley zierde den leuten angeneme machen, damit sie zu solcher freude des glaubens gereitzt werden, und gerne singen.[2]

In Hans Thomissøns *Psalmebog* von 1569 findet sich eine dänische Übersetzung der Vorrede Luthers, allerdings in einer etwas anderen Version, nämlich der revidierten Ausgabe der Vorrede von 1524 (Wittenberger Gesangbuch) im Klugschen Gesangbuch[3] von 1529, in einer Ausgabe von 1533 erhalten. In der Vorrede von 1524 heißt es:

> »Demnach hab ich auch, sampt ettlichen andern, zum guten anfang und ursach zugeben denen die es besser vermügen, ettliche geystliche lieder zusammenbracht, das heilige Evangelion, so itzt von Gottes gnaden widder auff gangen ist, zu tryben und in schwanck zu bringen, das wyr auch uns möchten rühmen, wie Moses in seynm gesang thut, Exo. 15«

[2] Vorrede zum Leipziger Gesangbuch, WA 35, 476 f. Die Vorrede von 1524 findet sich WA 35, 474 f.

[3] Zum Klugschen Gesangbuch von 1529 siehe WA 35, 320 ff.

Der Gedanke, dass derjenige, der nicht glaubt, auch nicht singt, scheint hier ausgesprochen nahezuliegen.

Aber es besteht die Möglichkeit, dass der, der glaubt, sich dafür entscheidet, nicht zu singen. Diese Möglichkeit kann sich, auf der Grundlage einer ästhetischen Position, darauf stützen, dass der Ausdruck, der in einer ganz bestimmten Zeit und an einem ganz bestimmten Ort in Liedtext und Liedmelodie seinen Niederschlag gefunden hat, nicht geeignet ist, in einer Glaubenspraxis Werkzeug zu sein, weil Ausdruck und Ausdrucksweise für den Singenden nicht adäquat sind.

Ole Brinth

Hymn singing as practice of faith

A reflection on singing and aesthetics

Singing and faith

The singing of hymns flows in two ways: we sing »out of« as well as into our belief. Hymn singing shares this duality with breathing; we breathe out and we breathe in – we sing out of our belief and into our belief. Song and sound, life and belief are inextricably linked with each other.

As read in the German liturgist Rainer Volp's recent standard work:

> »No service can be celebrated without music: all defined sounds, even the sound of speaking, are of a musical quality.«[1]

If one takes Volp's distinctive phrasing as foundation, it appears to be a simple progression of the suggested thought that there are fundamental relations between theology and music. A deeper understanding of church service and the singing of hymns therefore draws on fundamental considerations regarding the links between theology and music.

Volp's statement is the foundation for the thought that music exists before everything else – before the church service can develop, the music has to be there, because music is indeed the fundamental and creating part of it.

This thought finds an origin in Genesis, where God uses sound to create something out of nothing. *God said: »Let there be light.«*

With Volp's words (»all defined sounds […] are of a musical quality«), speech and music are two sides of the same thing and cannot be parted from each other. We have been created with words of the Bible in the im-

1 R. Volp, *Die Kunst, Gott zu feiern. Liturgik II*, 1994, 1032.

age of God and therefore understand God's speech as essentially similar to ours. Hence, a secularistic understanding of God's speech is connected to the idea of sound.

With the story of creation we recognize the building blocks within the set-up of the world and the Christian understanding of the world, and see that sound and world are mutually dependent on each other and that music stands as tool for the beginning of all things.

Thinking on, it becomes clear that nothing, not even theology, would exist, had God's act in Genesis not happened. Theology is therefore rooted in sound – the spoken and the tonal, where both are in inextricable co-existence with music. Everything started with sound, and in the light of the Christian Genesis, music can be understood as prerequisite for everything. In this understanding, we should rather speak about the relationship between music and theology, music being historically in first place.

On the last day of creation, God puts man into the world, and he does so by creating man in his own image. We are as God in the sense that God has created us from his own image (Gen. 1,27). God gave man life by blowing at man. Amongst all living creatures, this has just happened for man. The body is hereby put into the world as a musical instrument. We are blown on, and when we are blown on, something pulsates and hence produces sound.

> These are the generations of the heavens and of the earth when they were created, in the day that the Lord God made the earth and the heavens, and every plant of the field before it was in the earth, and every herb of the field before it grew: for the Lord God had not caused it to rain upon the earth, and there was not a man to till the ground. But there went up a mist from the earth, and watered the whole face of the ground. And the Lord God formed a man of the dust of the ground, and breathed into his nostrils the breath of life: and man became a living soul. (Gen. 2, 4–7)

God blew his breath into the nose of man, and life sprung from it. That's where the threshold between the dead and the living was drawn. And further: that's where the threshold between the dead and the living in human life was *set*. Because God blew his breath into the nose of man, he became a living being.

Life and breath belong together. We know that all too well. If we don't breathe, we are dead, or we are dying.

Life and breath are given together. They live together, creating a life-line-like bond between body and music, between God and music.
- and therefore also between theology and music
- or, if you wish, between music and theology.
Maybe it is right here, on this spot in the chronological step which acts as foundation, that seeing an initial change between »theology and music« as opposed to »music and theology« makes sense.

The understanding of Creation that is presented here gives us the understanding of music as prerequisite of the world and therefore the foundation for the determination of the order. Music and theology, as the most logical - maybe even the only logical - order. Because: without sound, without speech, without music there would be no world, no life and thus all in all also no theology whatsoever.

However, if we follow man's life and actions a little further as it is described in the first books of the Bible, we will see the following: as man came, God gave man a will to do something and to make his own choice not to do something else.

God asks Adam and Eve to beware and not to eat from the Tree of Knowledge. Eve let herself be bribed by the snake. That it could have come so far builds on a man created with a will and ability to act or not to act. Man had a choice and let himself be influenced.

The choice - to do something or not to do something - is the foundation on which to understand the second order of these two concepts, namely the order in which theology comes first. Hence: theology - and music. Man can decide to make music or not to make music, and he can do so on many a foundation; amongst others on a theological foundation - the comprehension of God and the relationship to God.

The differentiation between these two sequences presents itself to us as a necessity, and we will come back to that.

MUSIC AND THEOLOGY / THEOLOGY AND MUSIC

Song and sound are incorporated as a fundamental element in human life. Even the fact that we talk to each other creates sound, we know each other by the sound of our voices, we react to the sound of what is being said before we even hear the actual semantic content of what is being said. All humans are part of the sound of the world – we hear it, and we contribute to it.

As mentioned in the introduction, singing has two directions: we sing out of what we sing (faith, love, fatherland, seasons) and we sing into what we sing about (into faith, the life of love, the state and meaning of the fatherland, the beauty or sadness of the seasons etc.).

In addition, hymn singing as collective practice of faith has two more directions: we sing to God (vertical), and we sing together and interact collectively (horizontal). The vertical and the horizontal dimension each create a special framework for the understanding of the aesthetic expression and the aesthetic statement.

In the vertical dimension, we seek the adequacy in relation to God, and we instinctively seek to give from the best and most beautiful.

In the horizontal dimension it is very important to be aware of the fact that we could be in the community and should not make faith difficult to access through aesthetic demands or special positions by forcing hymn singing and the practice of faith into too narrow a frame, which would alienate some people.

If we observe song as coming from man (»we sing out about […]«), this direction merges aspects from the vertical dimension as well as the horizontal dimension in song: we like to sing in aesthetic beauty to offer God our best, AND we sing in aesthetic beauty to share the beautiful and therefore life-giving with our fellow singers in the congregation.

The inwardly (»we sing into ourselves […]«) on the other hand forms our own life and our own faith. Sound and song settle within our inner faith as colourings, interpretations of what is sung and therefore as mindsets and creation of images to what is sung.

The outgoing cannot be separated from the ingoing. The same hymn has two directions. As singers in the community we have to be able to join in song, and indeed strike a balance between the four dimensions described and the considerations that follow:

- OUT and IN (like the breath)
- UP (to God) and ACROSS (to our singing faith community).

The musical impression is created through manifold factors.

ELEMENTS OF TRADITION

The musical building blocks traditionally consist of melody, harmony and rhythm. Within a reflection that focuses exclusively on the actual notation, the impression of the melody of a song can be described to a certain extent. If one looks at melodies of the many past centuries, the development that has happened within that time can be outlined by putting the three fundamental parameters in relation to each other.

Prevailing since the early middle ages was the unisonous Gregorian chant, distinguished by being sung in unison and by its free rhythms that follow intonations in the lyrics. Hence the melody takes on a dominant position.

The melody is put in a clearer frame with community singing and its predominant function since the Reformation. At the same time, tunes increasingly emerge in a harmonious way. Melody, rhythm and harmony are thus all involved.

Harmony then gains even more ground during the Romantic period, partly through more colourful harmonies and partly through melodic shapes which can be described as in some respect having developed from a fundamental harmonious progression.

In the 20th century the rhythmic aspect once again gained importance as jazz and Afro-American style expanded their influence.

While no qualitative measurements can be determined on the basis of the balance between melody, harmony and rhythm; in fact, it is possible to reach an understanding in terms of differences between musical styles in the way they are influenced by the interplay between lyrics and melody and therefore also how they influence the interplay of interpretations from the singers' point of view.

We have now come back to the circumstances that touch on the relation between music and theology. Or maybe rather between theology and music. In the context of a church service it is customary in Denmark for the pastor to choose the hymns, and legally, the pastor has the last word regarding questions related to the choice of melodies. Because of this practice and the legal situation, the pastor alone bears the superior and final responsibility for the lyrics and melodies of hymn singing. One could argue that the pastor is the theological and not the musical expert. However, circumstances show that there is a practical coherence too between theology and music, and that this coherence has a big enough weight for the creation of a legal framework. Because of this practice, the choice of melody has a theological meaning.

The aesthetic dimension is therefore included in the theological discussion. As a pastor, one can discuss this and voice one's opinion as to which melodic shapes can and can't be used, if one wants to score theological points worth proclaiming.

If one wants to assess melodies with the help of purely musical criteria, one will – as indicated above – describe and judge them in a variety of ways. A melody from Freylinghausen's book of chorales differs in its melodies from the Luther hymns, which again are different from, for example, the melody to »Thank You for every new good morning«.

Of special interest are hymns with more than one melody, where it can become obvious that the tonal framework can lend the lyrics very varied orientations with regards to Bible knowledge. In the 18th century the Danish lyricist Hans Adolf Brorson, who had been influenced by German (Halle) pietism, writes a hymn that in some sense can be seen as a vision of the heavenly host. In the most recent print of the Danish hymnal, the lyrics have three different tunes:

a. a contemporary melody which airily sways in C major;
b. a melody from the second half of the 19th century, composed by the Dane Henrik Nebelong, in a soft tone and a slightly melancholic tune in D major, which leaves room for nostalgic reflection;
c. a melody by the Danish composer Thomas Laub, who followed on from the Cecilian Movement and initiated a reformation of Danish hymn melodies, characterized by its engagement with early tunes before 1600 and their tonality, form and expression. Laub's melody represents a heavily treading $^6/_4$ procession.

For the singer, these three melodies open up three different imageries concerning a sense for Brorson's vision of eternity, and these imageries range from a dancing one to a contemplative-melancholic one to an ever and persevering heavily treading one. All melodies are good and impress with full musical-aesthetic weight.

Practice of faith and aesthetics are closely linked to each other by the singing of church hymns. And the singing of church hymns is an important and weighty practice of faith, to which several times in the Holy Bible fundamental and constituent meaning for the relation to God as well as the relations within the community is attributed. The psalmist writes:

> Make a joyful noise unto the Lord, all ye lands. Serve the Lord with gladness, come before his presence with singing. (Ps.100,1–2)

The apostle writes:

> Let the word of Christ dwell in you richly in all wisdom; teaching and admonishing one another in psalms and hymns and spiritual songs, singing with grace in your hearts to the Lord. (Col. 3,16)

Luther walks in the same tracks. This can be seen many times, for example in the foreword to Babst's Hymnal (1545):

> »For God hath made our heart and mind joyful through his dear Son whom he hath given for us to redeem us from sin, death and the devil. Who earnestly believes this cannot but sing and speak thereof with joy and delight, that others also may hear and come. But whoso will not speak and sing thereof, it is a sign that he doth not believe it, and doth not belong to the cheerful New Testament but to the dull and joyless Old Testament. Therefore it is well done on the part of the printers that they are diligent to print good hymns, and make them agreeable to the people with all sorts of embellishments, that they may be won to this joy in believing and gladly sing of it.«[2]

A Danish translation of Luther's foreword can be found in Hans Thomissøn's Hymn Book (1569); it is, however, a slightly revised version, namely the revised edition of the foreword of 1524 (Wittenberg Hymnal) in Klug's Hymnal[3] of 1529, in a 1533 edition. In the 1524 foreword, it says:

> »Accordingly, to make a good beginning and to encourage others who can do it better, I have myself, with some others, put together a few hymns, in order to bring into full play the blessed Gospel, which by God's grace hath again risen: that we may boast, as Moses doth in his song (Exodus xv.).«[4]

---

2 Foreword, Leipzig Hymnal, WA 35, 476–477; (the 1524 foreword: WA 35, 474–475.) [Translation from www.theologywebsite.com/etext/luther_hymns.shtml (ed. Leonard Woolsey Bacon)].

3 Klug's Hymnal (1529) see also WA 35, 320ff.

4 Translation from www.theologywebsite.com/etext/luther_hymns.shtml (ed. Leonard Woolsey Bacon).

The thought that he who does not believe also does not sing seems not too far away.

But there is a possibility that he who does believe decides not to sing. This possibility may be based on an aesthetic position that the expression in hymn lyrics and melody, accessible at a certain time in a certain place, are not the right medium in a practice of faith because expression and wording are not adequate to the singer.

Hans Jürgen Luibl

Glaubenskurse – Element einer neuen Glaubensbildung?

1 Evangelische Bildung

»Im Jahre 2030 ist Bildungsarbeit eines der wichtigsten Arbeitsfelder der evangelischen Kirche.« Dieser wuchtige Satz findet sich in der Studie »Kirche der Freiheit. Perspektiven für die evangelische Kirche im 21. Jahrhundert« der Evangelischen Kirche in Deutschland.[1] Nun wird man einwenden können, dass das so neu nicht ist. Denn gerade evangelische Kirche war seit der Reformation Bildungskirche. Im Zentrum steht der befreiende Glaube, der weiß, woran er glaubt, und sich seines gnädigen Gottes gewiss ist. Durch diese Glaubensbildung eröffnen sich Lebensperspektiven und Handlungsmöglichkeiten für Kirche und Gesellschaft. So wurde die Bibel in die Muttersprache übersetzt, dass jede und jeder das Evangelium hören und so mitreden konnte. Unterricht, katechetisch und schulisch, sollte zu Seelenheil und zu weltlichem Wohl führen. Protestantismus war und blieb über Jahrhunderte hinweg eine äußerst effiziente religiöse Alphabetisierungskampagne, nicht zuletzt zum Wohl von Staat und Wirtschaft.

Evangelische Kirche tut also gut daran, an diese Bildungstradition anzuknüpfen, um die Zukunft von Kirche und Gesellschaft zu gestalten. Aus der Fülle der Bildungsinitiativen ist eine besonders hervorzuheben: die Glaubenskurse. Glaubenskurse sind, wie der Name schon nahelegt, Vermittlung von Wissen über den christlichen Glauben in einem modularisierten Kurssystem. Solche Glaubenskurse finden sich im deutschsprachigen Raum vermehrt seit den 1980er Jahren. Die EKD hat sich

[1] Kirche der Freiheit. Perspektiven für die Evangelische Kirche im 21. Jahrhundert. Impulspapier des Rates der EKD 2006; Zitat aus dem 7. Leuchtfeuer, 77.

und ihren Gliedkirchen die Aufgabe gesetzt, ein flächendeckendes deutschlandweites System von Glaubenskursen zu entwickeln. Dieses Projekt läuft unter dem Titel »Erwachsen glauben«.[2]

In einem ersten Abschnitt sollen unter dem Stichwort »Herausforderungen« die kirchlichen, gesellschaftlichen und bildungsrelevanten Rahmenbedingungen für die Entwicklung von Glaubenskursen skizziert werden. Danach soll die Vielfalt von Glaubenskursen systematisch entfaltet und einer theologischen und religionspädagogischen Reflexion unterzogen werden. Abschließend geht es um eine Verortung von Glaubenskursen in einem integrativen Bildungsverständnis. Einschränkend sei gesagt, dass es im Wesentlichen um Glaubenskurse im deutschsprachigen Raum geht.

2 HERAUSFORDERUNGEN[3]

Zu den Herausforderungen zählen zum einen Veränderungen im kirchlich-religiösen Kontext (Traditionsschwund und religiöse Erneuerung), zum anderen Veränderungen im Bildungsbereich (von der Wissensgesellschaft zur Bildungsgesellschaft). Diese Veränderungen finden auf verschiedenen Ebenen statt, deswegen sind sie zunächst getrennt wahrzunehmen. In den Glaubenskursen aber verknüpfen sich unterschiedliche Stränge kirchlich-religiöser und gesellschaftlicher Bildung.

Für die kirchliche Bildungsarbeit sind zwei Entwicklungen für Glaubenskurse von besonderer Bedeutung: Traditionsschwund oder -abbruch

---

[2] Eine Übersicht dazu bietet Erwachsen glauben. Missionarische Bildungsangebote als Kernaufgabe der Gemeinde, Dokumentation eines Hearings der Arbeitsgemeinschaft Missionarischer Dienste im Diakonischen Werk der EKD am 3. Juni 2008 in Hannover (epd-Dokumentation 31/22. Juli 2008). Dazu: Handbuch Erwachsen glauben. Missionarische Bildungsangebote Grundlagen – Kontexte – Praxis. Ein Reformprojekt der EKD, 2011 (vgl. auch www.kurse-zum-glauben.de).

[3] Vgl. dazu forum Erwachsenenbildung 1/2009: Religion – Glaube – Bildung. Zum Spektrum religiöser Bildung in der Evangelischen Erwachsenenbildung, hg. v. der Deutschen Evangelischen Arbeitsgemeinschaft für Erwachsenenbildung, darin: H. J. LUIBL, Glaubensbildung als Zukunftsweg? Glaube & Bildung in nach-modernen Zeiten, 12–16.

und die Wiederkehr des Religiösen in das öffentliche Bewusstsein. Beides ist für das spezifisch evangelische Profil der Glaubensbildung, speziell die Entwicklung von Glaubenskursen, von Bedeutung.

Traditionsschwund oder -abbruch, dieses Phänomen ist schon länger bekannt, in Westeuropa spätestens seit den 60er und 70er Jahren des letzten Jahrhunderts. Nach dem Fall der Mauer musste man zur Kenntnis nehmen, dass auch in Ostmitteleuropa in den Zeiten des Kommunismus nicht nur Kirchen geschrumpft sind, sondern dass auch einfaches und basales Glaubenswissen geschwunden ist. Unbeantwortet bleiben – in ost-westlicher Verbundenheit – mittlerweile nicht nur viele spezifisch kirchlich-theologische Fragen, etwa ob Jesus Gottessohn war oder Maria Jungfrau. Unbeantwortet bleiben oft ganz simple Fragen, warum Weihnachten gefeiert wird oder was das Kreuz soll. Mit diesem Verlust an objektivem Glaubenswissen geht ein Verlust an subjektivem Glaubenswissen einher: irgendetwas glaubt der Einzelne ja schon (und sei es wie 2/3 der Deutschen an Schutzengel), aber die Fähigkeit zu sagen, was man glaubt, es verantwortlich zu verbinden mit dem eigenen Leben und Handeln, sinkt. Kombiniert ist dieser Schwund an objektivem und subjektivem Glaubenswissen mit einem Schwund an Vertrauen in die Institution der Glaubensvermittlung, in die Kirche. Neben diesem Schwund gibt es nun auch seit den 80er Jahren des letzten Jahrhunderts eine neue Welle der Religiosität. Einige sahen darin anfänglich einen neuen Aufschwung in Sachen Glauben und Kirchlichkeit. Doch die religiöse Welle verebbte meist vor den Mauern der Kirche – was nicht bedeutet, dass Kirche stärker als traditioneller Anbieter auf dem Markt der Religion wahrgenommen wird. Die Wiederkehr des Religiösen hatte Gründe. Leben ist unwägbarer geworden, von der Sicherung des Arbeitsplatzes bis hin zur inneren Sicherheit vor Terrorismus. Der Glaube an die Fähigkeit, die Welt nachhaltig positiv – das heißt: in Frieden und Gerechtigkeit zu gestalten – hat abgenommen. Es lässt sich eine Entwicklung beobachten von der Rede der Risikogesellschaft in den 1980er Jahren zur Katastrophen- und schließlich zu einer auf Dauer gestellten Krisengesellschaft. Komplementär dazu entwickelt sich Religion, nun allerdings gerade nicht mehr beschränkt auf die Religionsvermittlung etwa in und durch die Kirchen, die als Institutionen Anteil haben am gesellschaftlichen Vertrauensschwund der Institutionen, sondern – gesellschaftliche und individuelle Verantwortung verstärkend – als zivilreligiöses Phänomen. Hier stellen sich neue Fragen ein: Welcher Art ist dieses religiöse Wissen; wie lässt es sich versprachlichen und kommunizieren; welche Bedeutung kommt ihm in der Gestaltung des eigenen Lebens wie der Gesellschaft zu; steht es abgesondert vom Alltagswissen oder ist es kritisch-produktiver Teil neuer reflektierter Lebenserschließung; geht es also ein in gesellschaftliches Bildungshandeln? Und schließlich: wie vermittelt sich dieses neue religiöse Wissen mit dem traditionellen Wissen, aber auch mit der durch die Wiederkehr der Religion neu ins Bewusstsein gehobenen Kritik am Religiösen?

Die Neuentdeckung des Religiösen verstärkt sich zusätzlich durch verstärkte öffentliche Präsenz des Islam in Europa. Damit ist zum einen ein neuer Wissensbedarf entstanden, zugleich aber auch ein zusätzlicher Vergewisserungsbedarf. Dabei geht es sowohl um religiöse Grundfragen nach Gott und Glauben als auch um die offene Frage nach der gesellschaftspolitischen Bedeutung des Islam.

Eine Neu-Formatierung religiösen Wissens ist jedoch nicht unabhängig von der gesellschaftlichen Wissenskonstellation. Eine solche Wissens-Formatierung hat die EU im Rahmen ihrer Lissabon-Strategie vorgenommen, wenn als Ziel formuliert wird, die EU bis *2010* zum »wettbewerbsfähigsten und dynamischsten *wissensbasierten* Wirtschaftsraum der Welt zu machen«. Damit wird Wissen zur Basis der Ökonomie. Wissen wird aber nicht nur zu einem Faktor im ökonomischem Prozess, sondern selbst ökonomisiert: Es wird zur Information, die modularisiert und pragmatisiert, evaluiert und zertifiziert werden kann. Die Ökonomisierung des Wissens macht ein Mehr an Wissen und einen lebenslangen Lernprozess notwendig. Vervielfachung des Wissens und das Konzept des *lifelong learning* bedingen einander. Verloren geht dabei und wird wieder notwendig: eine neue Selbstverständigung über Funktion und Grenzen von Wissen, eine Vergewisserung über Inhalte und Reichweite von Wissen und damit verbunden eine Transformation einer Wissens- und Informations- zu einer Bildungsgesellschaft, die mit ihren Wissensbeständen umzugehen versteht. Hierbei kommt religiösem Wissen kritisch-erschließende Funktion zu, insofern es eine andere Art Wissen, Orientierungswissen oder Vergewisserungswissen, ist, das an religiösen Grenzerfahrungen geschult gesellschaftliche Transformationsprozesse abbilden und begleiten kann, das im Blick auf die Erfahrung des Anderen andere Erfahrungen eröffnen kann.

Bevor nun Glaubenskurse im Kontext neuer Bildungsherausforderungen verortet werden, sollen sie kurz in ihrer Vielfalt dargestellt werden.

3 Glaubenskurse – Gemeinsamkeit und Vielfalt

Ein Glaubenskurs ist im Wesentlichen pädagogisch-didaktisch verantwortete, modularisierte Wissensvermittlung über den Glauben. Damit unterscheidet sich ein Glaubenskurs etwa von der klassischen Bibelarbeit oder Glaubensgesprächen im gemeindlichen Kontext. Eine Übersicht über Glaubenskurse bietet der »Glaubenskursfinder«[4], eine Auflistung von 44 gängigen Glaubenskursen im deutschsprachigen Raum, die zudem zielgruppenspezifisch erschlossen sind. Zu Glaubenskursen kann man auch Theologiekurse zählen, in deren Zentrum theologische Wissensvermittlung im strengeren Sinn steht, aber auch Religionskurse, die Wissen über Religionen vermitteln.

Ein wesentliches Element von Glaubenskursen ist die Spannung von Aneignung und Zueignung. Aneignung ist schwerpunktmäßig der (vornehmlich intellektuelle) Zugriff auf Glaubenswissen, Zueignung ist die Selbsterschließung des Gegenstandes, Glaubenswissen als Erschließung der eigenen Lebenserfahrung. Man kann diese Spannung in unterschiedlicher Terminologie durchbuchstabieren. In Aneignung und Zueignung von Glaubenswissen lässt sich die theologische Unterscheidung von *fides quae creditur* (Glaubensinhalte) und *fides qua creditur* (Glaubensvollzug) wieder finden oder auch die Unterscheidung zwischen Glaubenskursen als Bildungsveranstaltung bzw. als missionarisches Geschehen. Man kann allerdings noch grundsätzlicher differenzieren, dass in einem Glaubenskurs Glaube in seinen Verobjektivierungen wahrgenommen und didaktisierbar wird, ohne dabei die Grenze zu überschreiten, dass der Glaube selbst in aller Freiheit Geschenk ist. Man kann diese Spannung mit dem Gegenstand, dem Glauben, selber begründen. Man kann darin aber auch ein Grundphänomen jeder Bildung sehen, dass jeder

---

4 Glaubenskursfinder-CD, hg. v. Amt für Gemeindedienst der Evang.-Luth. Kirche in Bayern, 2008.

Gegenstand seine eigene Erkenntnis mit sich bringt und dass keine Bildungsanstrengung erzwingen kann, dass diese Erkenntnis zur lebenserschließenden Erfahrung wird, wenn Bildung wesentlich mit Freiheit verbunden ist. Glaubenskurse, ob als klassische Kurse, als Theologie- oder Religionskurse, beweisen ihre Qualität darin, dass sie mit dieser Spannung methodisch verantwortet umgehen können und umzugehen anleiten.

Ein wesentlicher Ansatz für Glaubenskurse ist ein neu erwachtes intellektuelles, auch kritisches Interesse an Religion und Religionen. Während man in den letzten Jahrzehnten eher auf spiritueller Erlebnisreise war, scheint man nunmehr nach der Haltbarkeit dieser Erfahrungen zu fragen. Erwacht dieses Interesse, dann verknüpft sich dies nicht selten mit der Erkenntnis, zu wenig zu wissen. Manchmal kommt dazu ein schlechtes Gewissen, dass der Kinderglaube von damals nicht mit gewachsen ist über die Konfirmandenzeit hinaus. Intellektuelle Neugier und ein Schuss positiver Verunsicherung über die eigene Glaubensbiografie gehören zu diesen Kursen. Diese beiden Elemente muss man im Auge behalten, wenn man Glaubenskurse durchführt. Im Rahmen der Ortsgemeinde, die sich nicht selten als Kerngemeinde der Wissenden und religiös Selbstbewussten erlebt, werden Glaubenskurse eher die Aufgabe der Wiederentdeckung von Glaubenswissen haben und vor allem dem Gemeindeaufbau dienen (so etwa das schweizerische *Glaubensseminar für die Gemeinde*). Geht es eher darum, aus kritischer Distanz intellektuelle Neugierde zu wecken, den Glauben als Denkmöglichkeit in den Fragen der Zeit zu erkennen, sind eher die Bildungswerke und Akademien gefordert. Dafür eignet sich etwa der Glaubenskurs *glauben12*, ein reformierter Schweizer Kurs mit hohem Niveau. Solche Glaubenskurse können auch dazu dienen, um die entkirchlichte Elite einer Gesellschaft anzusprechen.

Wiederum eine andere Form von Religionskursen sind die evangelikalen Alphakurse. So ist das bekannteste Modell *Alphalive*, das mehrheitlich, aber nicht ausschließlich im freikirchlichen Umfeld verwurzelt, aus der anglikanischen Tradition kommt und mit wenigen Veränderungen seit 30 Jahren in Übung ist. Dabei geht es weniger um den intellektuellen Diskurs, der eine gewisse Distanz bewahrt, sondern vielmehr um die Gemeinschaft, in der Glaubenssätze bejaht werden sollen. Angesprochen wird hier nicht die Gemeinde – volks- oder freikirchlich – als

Ganze, sondern einzelne, die zur Gemeinschaft kommen und in die Gemeinschaft eingeführt werden sollen.

EXKURS: GLAUBEN LERNEN – ZWEI WEGE?[5]

Im Vergleich: *Alphalive*, das mehrheitlich im freikirchlichen Umfeld verwurzelt ist, und *glauben12*, das in der reformierten Kirche der Schweiz entwickelt wurde. Was bieten diese Kurse, und wo sind ihre Stärken und Schwächen?

DIE FRAGE DER AKTUALITÄT

Beide Glaubenskurse setzen beim Menschen an: Auf seine Fragen wollen sie Antworten finden (*glauben12*) oder ihn den Glauben erfahrbar finden lassen (*Alphalive*). Das Leben, um das es dabei geht, bleibt allerdings blass. So wird *Alphalive* seit 30 Jahren weltweit in der gleichen Form durchgeführt. Politische, gesellschaftliche und kulturelle Veränderungen haben hier wenig Raum, länderspezifische Fragestellungen verschwinden, wenn auf unterschiedlich motivierte Fragen die Antwort immer gleich ist, etwa dass Jesus für dich gestorben ist? Im Gegensatz dazu kommt die Aktualität bei *glauben12* durch die Teilnehmer, die mit ihren Fragen und Antworten die Ausrichtung des Kurses mitbestimmen. Doch das Sprachniveau ist hoch und abstrakt. Den Glauben so grundsätzlich und so abstrakt neu buchstabieren zu wollen, gelingt wohl am besten Menschen, die an intellektuelle Auseinandersetzung gewöhnt sind.

LEHRSÄTZE ODER PROZESS?

In beiden Varianten wird Glauben im Kurssystem vermittelt, hier in 12, dort in 15 Kapiteln. Formal also ähnlich, fallen doch Unterschiede auf. Bei *glauben12* ergeben sich die Schwerpunkte des Kurses aus den Lebensfragen der Teilnehmenden. Die Gruppe gestaltet den Lernprozess gemeinsam. Dabei spielt die »Selbstverantwortung des Einzelnen« – so ein evangelischer Grundsatz – eine wesentliche Rolle. Auf 48 Kärtchen werden Fragen gestellt und mögliche Antworten skizziert. In der Spannung zwischen diesen Fragen und Antworten entwickelt sich dann das

[5] Vgl. dazu H. J. LUIBL, Glauben lernen oder bekennen? (Kirchenbote des Kantons Zürich, 1. Februar 2006).

Glaubenslernen, das je nach Person verschieden aussehen kann. Dass es nicht in Beliebigkeit abstürzt, dafür sorgt ein »Standardablauf«: Jedes Treffen hat das gleiche Grundmuster, das pädagogisch geschickt Lernprozesse inszeniert und dabei zugleich Spiritualität einübt. *Alphalive* hingegen bindet die Teilnehmenden strikter an feste Vorgaben. Im Teilnehmerheft von *Alphalive* werden zwar ebenfalls Fragen gestellt, aber die Antworten sind bereits in einer Aufzählung von passenden Bibelversen vorgegeben.

Zwar wird in den *Alphalive*-Kursen ebenso wie in *glauben12* sehr persönlich über die aufgeworfenen Fragen diskutiert, aber das Ziel dabei ist nicht der offene Prozess, sondern das schließliche Bejahen der zitierten Bibelverse. Aus diesem Grund sollen Ablauf und Inhalt der *Alphalive*-Kurse auch nicht verändert werden.

Unterschiedliches Bibelverständnis

Ein Ziel von *glauben12* und *Alphalive* ist dasselbe: Sie wollen christliche Glaubensinhalte vermitteln. Das gelingt allerdings unterschiedlich gut.

Es ist wichtig, wieder an die Grundsätze des Glaubens zu erinnern und dabei z. B. auch noch deutlicher auf die Wirkmacht des Bösen hinzuweisen. Das tut *Alphalive*, in dessen Kursinhalt der Teufel eine wichtige Rolle spielt. Aber in sehr verkürzter Weise. Es wird viel von Teufel, Satan, dem Bösen geredet, aber was damit zu biblischen Zeiten gemeint war, die Zusammenhänge also, werden ausgeblendet. Damit bleibt es beim Aufruf »an den Teufel zu glauben«. Ähnliches geschieht bei anderen Themen. Wichtige Fragen des Glaubens werden aufgegriffen – was aber aus dem Zusammenhang der biblischen Entwicklungsgeschichte herausgerissen wird, verkommt schnell zur Sprachhülse. Hinter diesem Zugang zum Glauben steht ein bestimmtes Bibelverständnis: Weil im *Alphalive*-Kurs davon ausgegangen wird, dass die Bibel ein kompaktes Lehrbuch des Glaubens ist, wird es auch möglich, einzelne Worte und Zitate aus der Bibel herauszunehmen und für sich allein zu verwenden. So werden Unterschiede im Glaubensverständnis übergangen, Widersprüche ausgeklammert, die großen Zusammenhänge gehen verloren. Das Festhalten an biblischen Sätzen verdrängt die Erfahrung, dass die Bibel Menschen auf sehr verschiedene Weise anspricht.

glauben12 geht einen anderen Weg: Hier werden die Lebenserfahrungen als Ort der Gottesbegegnung und damit des Glaubenslernens ernst genommen. Glaubenslernen heißt hier ein Doppeltes: etwas über den Glauben lernen und Neues für das eigene Leben mit Hilfe des Glaubens lernen. Die Bibel liefert dafür den Hintergrund, auf dem verschiedene Antworten gefunden werden können. So ist es gut, dass im Begleitmaterial zu den Fragen auch nicht einzelne Bibelstellen, sondern jeweils ganze Passagen zitiert werden. Eine Gefahr bei dieser Methode von *glauben12* ist allerdings nicht zu übersehen: dass in der Fülle von Lebensfragen und Glaubensantworten Wesentliches zu verschwimmen droht. Wo ist das Zentrum des Glaubens, wenn die »Auferstehung« neben das »christliche Abendland« tritt, wenn die Frage danach, »welche Gesetze man denn getrost vergessen könnte«, neben die Frage, »was nach dem Tod kommt« zu stehen kommt? Glaubenslehre wird zum »reformierten Einmaleins« – das ist in dieser Offenheit sympathisch. Was aber daran evangelisch ist, was daran für die reformierte Kirche unverzichtbar ist, das kann man getrost noch etwas klarer und mutiger sagen, vielleicht sogar bekennen.

Verschiedene Wege

Fazit? *glauben12* eröffnet und strukturiert den Prozess des Glaubenslernens, eröffnet zeitgemäße Perspektiven. Darin ist der Kurs evangelisch, reformiert. *Alphalive* hingegen bezieht Position. An die Stelle der Bildung tritt das Bekenntnis, an die Stelle des Lernprozesses treten Lehrsatz und Zeugnis. Auch dieses Moment ist für den Glauben wichtig. Welches der »bessere« Kurs ist? Welcher stärkt den Glauben nachhaltiger? Es wird wohl davon abhängen, wie die Kurse durchgeführt werden. Ob die Menschen mit ihren Fragen darin zu Wort kommen und ob ihnen die Möglichkeit gegeben wird, zu ihrem eigenen Glaubensleben zu finden und zu stehen, das wird entscheidend sein.

4 Neue Zielgruppen – neue Glaubenskurse

Neben diesen Formen wird in Zukunft noch eine andere Form von Glaubenskursen wichtig werden: solche für Menschen, die neu oder wieder in die Kirche eintreten. Zwei Gruppen sind hier vor allem zu unterscheiden: die Gruppe der Auswanderer aus Osteuropa, die deutsch geprägte kirchliche Traditionen mitbringen, aber nicht Mitglied der Kirche waren und nun werden wollen; und die Gruppe jener Menschen, die keine religiöse Sozialisation hatten – das gilt für West- wie für Osteuropa zunehmend –, aber in die Kirche eintreten wollen. Manche melden sich im Pfarramt, bei anderen gestaltet sich der Kontakt über die mittlerweile nicht mehr so neuen Kircheneintrittsstellen. Man kann und muss dabei natürlich jeden Kircheneintritt individuell behandeln, dennoch wäre es dringend notwendig, Konzepte und Materialen zu haben, Orte und Gruppen, um den Weg in die Kirche zu ebnen.

Gute Erfahrungen gibt es mit Glaubenskursen für spezielle Zielgruppen. Dazu zählen etwa die Gruppe derer, die als Erwachsene in die Kirche oder wieder in die Kirche eintreten wollen. Für die einen ist es der Glaubenskurs im Wesentlichen Taufkurs, für die anderen eine Art wiederholter Konfirmandenunterricht. Eine weitere Zielgruppe sind Konfirmandeneltern, die sozusagen parallel zum Konfirmandenunterricht ihrer Kinder nochmals auf Zeit und freiwillig Konfirmandenunterricht »spielen«. Eine Zielgruppe ganz anderer Art sind die Ehrenamtlichen. Bisher war es vor allem so, dass Ehrenamtliche für ihre bestimmte Aufgabe in Kirche und Gemeinde weitergebildet werden, also unter anderem für die Finanzverwaltung im Kirchenvorstand, die Gruppenleitung in einer Mutter-Kind-Gruppe oder für Aufgaben in der Altenbetreuung. Neben solcher spezifischen Bildung scheint es aber angebracht, Glaubenskurse auch für Ehrenamtliche anzubieten. Denn auch bei den Ehrenamtlichen gilt, was für das Kirchenvolk in der Volkskirche und die Gesellschaft allgemein gilt: das Glaubenswissen sinkt, die Fragen, was Kirche ist, wozu diese oder jene Arbeit in der Gemeinde wichtig ist, also nach der theologischen Dimension der Arbeit, steigen.

Eine andere Form von Glaubenskursen startete das Bayerische Sonntagsblatt zu Pfingsten 2009. In 52 Folgen sollte »Basiswissen christlicher Glaube« vermitteln werden und 100 000 Teilnehmer wurden erreicht. Entscheidend für den Erfolg dieses Kurses war die Verknüpfung von Printmedium (Sonntagsblatt) mit einem interaktiven Internetangebot (www.glaubenskurs.net) und Rundfunkarbeit. Verknüpft war der Lesekurs mit unterschiedlichen Angeboten und Aktivitäten in Gemeinden, Bildungswerken, Hauskreisen usw. Das Buch zur Reihe erschien 2010.[6]

---

[6] H. Frank (Hg.), Basiswissen christlicher Glaube, 2010.

Mittlerweile hat diese Reihe Nachfolger gefunden, etwa in einer Art Basiswissen Spiritualität und Basiswissen Ethik.

5 Welchen Kurs verfolgen Glaubenskurse?[7]

Mit all diesen Aktivitäten sind weiterführende theologische, pädagogische und ekklesiologische Rückfragen verbunden. Drei davon seien aufgegriffen.

Glaubenskurse haben vielfach die Konnotation, den Glauben in modularisierter Form, pädagogisch-missionarisch herstellen zu wollen. Solche Versuchungen gibt es. Im Trend der Bildungsdiskurse liegen derzeit die empirisch-pragmatischen Versuche, Bildung zu evaluieren und zu optimieren, durch standardisierte Module und durch ein umfassendes Kurssystem in den Griff zu bekommen. Der universitäre Bologna-Prozess ist dafür ein abschreckendes Beispiel. Glaubenskurse könnten dabei schnell zu einer Art Bologna-Prozess des Glaubensunterrichts mutieren, mit einem Zertifikat als Abschluss, um den Glaubens-TÜV perfekt zu machen. Als Gegengift mag die Einsicht und Einkehr in eine schlichte evangelische Wahrheit helfen: dass der Glaube frei ist und Freiheit stiftet. Und dies korrespondiert mit einer pädagogischen Erkenntnis: dass auch der Bildungsprozess von der Freiheit des Einzelnen lebt und zur Freiheit befähigen soll. Glaubensbildung als theologisch und pädagogisch reflektierte Weitergabe von Glauben ist ohne diese Freiheit nicht zu denken und nicht zu erreichen. Glaubenskurse als Experimente der Freiheit – das bedeutet dann aber auch, dass sie nicht mit fertigen Antworten arbeiten können, sondern ansetzen müssen bei dem, was Menschen interessiert oder beunruhigt. Glaubenskurse vermitteln nicht einfach religiöses Wissen, sondern dienen der Klärung. So entsteht reflektierte evangelische Gewissheit, jenseits von Bekenntniszwang und spirituellen Fluchten. Am Ende der Glaubenskurse, wenn man denn ein solches formulieren kann, steht damit nicht die fromme Einfalt, sondern eine bunte und lebendige Vielfalt von Glaubensüberzeugungen (und die Fähigkeit,

[7] Vgl. dazu H. J. Luibl, Antworten gesucht. Zur Konjunktur von Glaubenskursen (Nachrichten der Evangelisch-Lutherischen Kirche in Bayern 65, 2010, 287–289).

damit umzugehen). Glaubenskurse pluralisieren Glaubenswissen, sie eröffnen damit einen Zugang, der einer postmodernen multioptionalen Gesellschaft adäquat ist und unter ihren Bedingungen Glaubensdenken als Form und Zugang zu Glauben ermöglicht.

Glaubenskurse stehen in der Gefahr kirchlicher und theologischer Verengung auf das rechte Glaubensdenken. Ein Indiz dafür ist, dass Glaubenskurse sich meist an klassisch biblisch-dogmatischen Leitfragen orientieren und die ethischen Perspektiven kaum vertreten sind. Nun müssen ethische Perspektiven nicht explizit aufgenommen werden, aber die Öffnung von Glaubenswissen auf Orientierungsfragen ist unverzichtbar. Gegen die Fluchten in vermeintlich sichere Burgen des Glaubenswissens ist das Ziel, Sprachfähigkeit des Glaubens in den Herausforderungen der Gesellschaft zu entwickeln. Glaubenssätze haben ihre Wahrheit nur dann in sich, wenn sie sich auch nach außen bewähren und bewahrheiten. Auf diese Weise kann es gelingen, Glaubenswissen auch als Teil der allgemeinen Bildung fruchtbar zu machen. Glaubenskurse verknüpfen religiöse Bildung mit der Wissens- und Bildungsgesellschaft. Gerade für diese Grenzgänge ist neben der theologischen Kompetenz auch eine professionelle pädagogische Kompetenz von besonderer Bedeutung. Damit kann Kirche mitwirken bei dem, was heute bildungspolitisch so dringlich gesucht wird: eine neue Lernkultur. Zu dieser gehört es auch, die Grenzen der Perfektionierung des Menschen durch Bildung klarer zu benennen, das Menschliche vor Überpädagogisierung und Bildungsverzweckung zu bewahren und schließlich auch Abschied von dem Irrtum zu nehmen, dass alles, was einmal gewusst und im Bewusstsein wichtig war, auch heute noch relevant sein muss. Gerade traditionsorientiertes Glaubenswissen hat ein Verständnis für Veränderungen und die Option, Überholtes auch zurück zu lassen.

Und schließlich: Glaubenskurse müssen im Kontext kirchlichen Handelns verortet werden. Wer nur einzelne Kursangebote sieht, übersieht die eigentliche Aufgabe und Chance, die mit den Glaubenskursen gegeben sind. Glaubenskurse sind wesentlicher Teil eines, wie man früher sagte, Gesamtkatechumenats – oder wie man heute formulieren könnte: eines biografieorientierten Lernens im Lebenslauf. So wenig Lernen heute noch auf die Schulzeit begrenzt werden kann, so wenig kann religiöses Lernen auf den Konfirmandenunterricht oder den Kindergottesdienst beschränkt werden. Dies allerdings bedeutet, dass es ein Verständnis, wenn nicht gar ein Bildungskonzept für ein kirchlich verantwortetes lebensbegleitendes religiöses Lernen gibt, das mehr sein muss als die Summe der kirchlichen Bildungseinrichtungen. Es geht von den Phasen der Lernbiografie des Einzelnen aus und nimmt die Institutionen und Bildungsträger in die Pflicht, in gemeinsamer Verantwortung diesen Prozess zu begleiten und zu organisieren. Dabei darf bei aller kirchlichen Ausrichtung der Glaubenskurse der protestantische Fokus auf die Glaubensverantwortung des Einzelnen nicht vernachlässigt werden. So sehr Glaubenskurse kirchlich-identitätsstiftend sind, so sehr sind sie Optionen, die Sprachfähigkeit des Einzelnen für die eigenen religiös-ethischen Vorstellungen zu stärken. Damit können Glaubenskurse auch Pluralisierung der Glaubenswelten befördern. Ob nun kirchliches Bildungskonzept oder Entwicklung individueller Sprachfähigkeit – Glaubenskurse dürfen nicht isoliert gesehen werden, sondern als Element, vielleicht sogar Motor kirchlicher Entwicklungen, jenseits von Organisationsanalyse und Corporate Design. In diesem Sinne sind Glaubenskurse eine Chance, Kirche auf Kurs zu bringen und zu halten.

Glaubensbildung ist ein wesentlicher und integrativer Teil protestantischer Identität und eine Chance, evangelische Kirche nach innen und außen zu qualifizieren. In diesem Kontext können Glaubenskurse zum Instrument werden, Veränderungsprozesse von Kirche in der Gesellschaft zu gestalten. Wenn es gut geht, werden in diesen Kursen Menschen nicht belehrt, sondern lernt die Kirche von den Menschen, sich in den Veränderungen zu orientieren und Zukunftsperspektiven zu entwickeln. Hier wäre noch mehr Mut nötig, Glaubenskurse im evangelischen Bereich zu europäisieren – zum Basiswissen gehört mittlerweile standardmäßig auch ein Blick für europäisches Miteinander im Protestantismus hinzu. Internetbasierte Kurse, die Menschen aus verschiedenen Ländern via E-Learning zusammenbringen, sind eine gute Option, europaweite Vernetzung zu ermöglichen. Außerdem wäre zu überlegen, wie sich Basiswissen Christentum mit ähnlichen Versuchen im Islam oder Judentum verbinden lässt und welche Rolle dieses Basiswissen im Kontext von gesellschaftlichem Basiswissen spielt.

Glaubenskurse aber sind nicht nur Instrumente innerkirchlicher Kommunikation und Zeichen lernender Kirche, sondern als Lernform auch offen für nicht-kirchlich gebundene Teilnehmer. Mit dieser Offenheit auf Zielgruppen ist auch eine prinzipielle Offenheit zur Bildungsgesellschaft verbunden. Glaubenskurse sind auch ein Versuch, zum einen nonformale Bildung, zum anderen spezifisch religiöse Bildung so zu institutionalisieren, dass sie Glaubenswissen auf dem Niveau der Bildungsgesellschaft formulieren und so auch Wissensformen der säkularen Bildungsgesellschaft bereichern können. In Glaubenskursen bündelt sich religiöses Wissen in der Form der Vergewisserung. Damit lässt sich Religion reflexiv vermitteln, ohne dass dies auf nutzloses Faktenwissen schrumpft und in der medialen Informationsflut untergeht. Glaubenskurse dienen dabei unterschiedlichen Optionen der Wissensgesellschaft: die eine Option ist Wissen, die andere Vergewisserung; die eine Option ist die der freien Sinnsuche und Sinndeutung, die andere jene der Beheimatung in fremd gewordener Tradition. In beiden Fällen begrenzt und bereichert religiöse Wissenskommunikation als Glaubensbildung eine Wissensgesellschaft auf dem Weg zur Bildungsgesellschaft.

Hans Jürgen Luibl

Courses in faith – an element in a new educational formation of faith?

1 Protestant formation

»In the year 2030 educational formation will be one of the most important areas for the work of the protestant church.« This weighty sentence is to be found in a discussion paper by the Evangelical Church in Germany.[1] Now one could reply that this is nothing new. Since the Reformation the protestant church has been distinctively a church of education. In the centre stands the faith that liberates, that knows what it believes and is assured of its gracious God. The formation of this faith opens perspectives for life and options for action for both church and society. So the Bible was translated into the vernacular to let everyone hear the gospel and share in speaking of it. Education by catechism and in schools was to lead to the salvation of souls and earthly wellbeing. Protestantism became and remained for centuries a highly effective campaign for literacy, not least to the benefit of the state and the economy.

It is therefore right for the protestant church to take up this educational tradition in order to shape the future of church and society. One of many initiatives in educational formation is to be emphasized here: courses in faith. As the name already suggests, courses in faith mediate knowledge of faith in a modularized course system. Such courses in faith have appeared increasingly in the German language area since the 1980s. The Evangelical Church in Germany has set itself and its member churches the task of developing a comprehensive network of faith courses throughout Germany. The project goes under the title »Adult believing«[2].

---

1 *Kirche der Freiheit. Perspektiven für die Evangelische Kirche im 21. Jahrhundert.* Impulspapier des Rates der EKD 2006; quotation from 7. Leuchtfeuer, 77.

2 An overview in epd-Dokumentation 31 of 22nd July 2008 *Erwachsen glauben.*

A first section under the motto of »Challenges« will sketch the framework conditions relevant to formation in church and society for developing courses in faith. Then the variety of faith courses will be systematically unfolded and reflected upon theologically and in terms of religious education. Finally there is the location of faith courses in an integrated understanding of formation. By way of restriction let it be said that we are dealing mainly with faith courses in the German language area.

2 Challenges[3]

Among the challenges are changes on the one hand in the context of church and religion (loss of tradition and religious renewal) and on the other in the field of education (from a knowledge-based society to one based on learning). These changes are taking place on various levels and should therefore first be considered separately. In the faith courses, however, various strands in church, religious and social formation intertwine.

With regard to church work on formation, two developments are of special significance for courses on faith: the loss or the breaking off of tradition and the return of religiosity to public awareness. Both are important for the specific protestant profile of faith formation and particularly for the development of courses in faith.

Loss of or breaking away from tradition: this phenomenon has been known for some time, in Western Europe at the latest since the 60s and 70s of last century. Following the fall of the Berlin Wall one had to realize

---

Missionarische Bildungsangebote als Kernaufgabe der Gemeinde, Dokumentation eines Hearings der Arbeitsgemeinschaft Missionarischer Dienste im Diakonischen Werk der EKD am 3. Juni 2008 in Hannover. Cf. the handbook *Erwachsen glauben. Missionarische Bildungsangebote Grundlagen – Kontexte – Praxis. Ein Reformprojekt der EKD* (Gütersloh 2011); cf. also www.kurse-zum-glauben.de.

[3] Cf. on this *forum Erwachsenenbildung 1/2009: Religion – Glaube – Bildung. Zum Spektrum religiöser Bildung in der Evangelischen Erwachsenenbildung*, ed. by Deutsche Evangelische Arbeitsgemeinschaft für Erwachsenenbildung, esp. H. J. Luibl, Glaubensbildung als Zukunftsweg? Glaube & Bildung in nach-modernen Zeiten, 12–16.

that under communism in Eastern Europe as well not only had the churches shrunk but even simple and elementary knowledge of the faith had widely disappeared. A common feature in east and west is now that not only many specifically churchly and theological questions remain unanswered – for instance whether Jesus was the Son of God or Mary a virgin. Often even the answers to quite simple questions are not known – why Christmas is celebrated or what the cross stands for. This loss of objective faith knowledge goes along with a loss in the subjective: individuals do indeed believe in something (as do 2/3 of Germans in guardian angels) but the ability to say what one believes or to relate it responsibly to one's own life and behaviour is fading. This disappearance of objective and subjective knowledge of faith is combined with a disappearance of trust in the institution mediating faith, in the church.

Alongside this disappearance there has been since the 80s of last century a new wave of religiosity. Some at first saw in this a new upsurge in matters of faith and church adherence. Yet the religious tide mostly ebbed before the church walls – which did not make the church more strongly recognizable as a traditional purveyor on the religious market. The return of religiosity had its reasons. Life has become less predictable, from job security to inner security against terrorism. Confidence in our ability to shape the world positively in a lasting way – meaning: in peace and justice – has declined. A development can be observed from the talk of a risk society in the 1980s to a society of catastrophe and then to one attuned to permanent risk. Complementary to that, religion is growing, but is now no longer limited to the religion mediated in and through the churches, which as institutions share in society's general loss of trust in institutions. Instead it is increasingly appearing in social and individual responsibility as a phenomenon of civil religion. This poses new questions: what sort of religious knowledge is this? How is it articulated and communicated? What significance does it have for the shaping of the individual life or of society?

The rediscovery of religion is also reinforced through the increased public presence of Islam in Europe. This means on the one hand a new need for information but also at the same time a new need for reassurance. This is a matter both of fundamental religious questions about God and faith and of open questions about the social significance of Islam as well.

However, a fresh formatting of religious knowledge is not independent of the social constellation of knowledge. The EU undertook such a formatting of knowledge in the framework of its Lisbon strategy when it formulated the goal of making the EU by 2010 »the most competitive and dynamic *knowledge-based* economic area in the world«. This makes knowledge the basis of the economy. Knowledge is then not only a factor in the economic process but is itself economized. It becomes information which can be modularized and pragmatized, evaluated and certified. The economization of knowledge demands an increase in knowledge and a life-long learning process. The multiplication of learning and the concept of lifelong learning condition each other. In the process something is lost which needs to be recovered: a new clarification of the function and limits of knowledge, a new confirmation of the contents and extent of knowledge, and combined with these a transformation of a society based on knowledge and information to one based on formation which understands how to deal with its stocks of knowledge. Here religious knowledge acquires a critical clarifying function because it is another form of knowledge, relating to orientation or confirmation, in that through its schooling in religious boundary experiences it can reflect and accompany social transformations and open the way to new experience in the light of the experience of the Other.

Before courses in faith can be put in the context of the challenges of educational formation, their diversity should now first be considered.

3 Faith courses – Common features and variety

A course in faith is essentially modularized mediation of knowledge about faith, undertaken as a didactic and educational responsibility. That distinguishes a faith course, for instance, from traditional Bible work or conversations about faith in the congregational setting. A survey is offered by the *Glaubenskursfinder*[4], which lists 44 current faith courses in the German language area and also classifies them according to their

[4] *Glaubenskursfinder-CD*, publ. by. Amt für Gemeindedienst der Evang.-Luth. Kirche in Bayern, 2008.

target groups. We can also count as faith courses those in theology which centre on the mediation of theological knowledge in the strict sense, but also courses in religion which mediate knowledge of religion. A significant element in faith courses is the tension between appropriation and application. Appropriation is mainly the (largely intellectual) grasp of faith knowledge. Application is one's own discovery of the object, faith knowledge as the exploration of one's own lived experience. This tension can be spelt out in various terminologies. The appropriation and application of the knowledge of faith can be related to the theological distinction between the *fides quae creditur* (contents of faith) and *fides qua creditur* (act of believing), or also to that between faith courses as events of educational formation or as missionary occasions. We can however make the even more fundamental distinction that in a faith course faith is seen and made teachable in its objectified forms without transgressing the boundary that faith itself in all its freedom is a gift. This tension can be explained by the object, faith itself. But one can also recognize in it a fundamental phenomenon of all educational formation: every object brings with it its own kind of recognition and no educational exertions can force this recognition to become a life-shaping experience if formation is essentially bound up with freedom. Faith courses, whether classical courses or courses in theology or religion, show their nature by the fact that they can deal (and train students to deal) with this tension in methodical responsibility.

A significant starting point for faith courses is a reawakened intellectual, even critical interest in religion and religions. Where in the last decades people were more often on the road looking for spiritual experience, they now appear to be asking about the durability of these experiences. When this interest awakes it often comes with the realization that they know too little. Sometimes this involves a guilty conscience because the childhood faith of bygone days has not grown beyond the stage of confirmation classes. Intellectual curiosity and a touch of positive insecurity about their own biography of faith are part of these courses. These two elements must both be kept in view in conducting faith courses. In the setting of the local congregation, which is not infrequently experienced as a core group of the knowledgeable and religiously self-aware, faith courses will mainly have the task of rediscovering faith knowledge and above all building up the congregation (as for example the Swiss

Glaubensseminar für die Gemeinde). When it is rather a matter of arousing intellectual curiosity from a critical distance, of recognizing faith as a possible way of thinking about contemporary questions, it is more the educational organizations and academies that are called upon. Here for instance the faith course *glauben 12*, a high level reformed Swiss course, would be suitable. Such faith courses can also serve to address the unchurched elite of a society.

Yet another type of religious courses is the protestant Alpha Courses. The best-known model, *Alphalive*, is mainly but not entirely rooted in the free church environment, comes from the Anglican tradition and has been in use with little change for 30 years. It deals less with the intellectual discourse which maintains a certain distance than with the community in which the statements of faith are to be affirmed. It is not addressed to the congregation as a whole – whether free or folk church – but to individuals who are to come to the community and be inducted into the fellowship.

Excursus: Learning faith – two ways[5]

In comparison: *Alphalive*, mostly rooted in the free church environment, and *glauben 12*, developed in the Swiss reformed church. What do these courses offer, and where are their strengths and weaknesses?

On being up to date

Each faith course begins with human persons: It intends to find answers to their questions (*glauben 12*) or help them find faith as experienced (*Alphalive*). The life that is involved here remains admittedly somewhat colourless. Thus *Alphalive* has been used for 30 years across the world in the same form. Political, social and cultural changes find little place here and issues specific to particular countries disappear from view when differently motivated questions always receive the same answer, e. g. that Jesus has died for you. By contrast the up-to-dateness of *glauben 12* comes from the participants' share in directing the course through their questions and answers. However, the language level is high and

---

5 Cf. on this H. J. Luibl, Glauben lernen oder bekennen? in *Kirchenbote des Kantons Zürich*, February 1, 2006.

abstract. The attempt to spell out the faith anew so fundamentally and so abstractly can probably be most successful for people accustomed to intellectual debate.

Propositions or process?

In both versions faith is mediated in a course system, here in 12, there in 15 chapters. In spite of this formal similarity, differences meet the eye. With *glauben 12* the focal points of the course are determined by the life-questions of the participants. The group shapes the learning process together. A significant role is played here by »individual responsibility« – as a protestant principle runs. Questions are posed and possible answers sketched on 48 cards. Faith learning then unfolds in the tension between these questions and answers, and may look different for each individual. A »standard procedure« is meant to ensure that it does not end in arbitrariness. Every meeting follows the same basic pattern, which stages learning processes with didactic skill and includes exercises in spirituality at the same time. *Alphalive* by contrast binds the participants more strictly to clear guidelines. In the student's book for *Alphalive* questions are admittedly also posed, but the answers are already given in a list of suitable Bible verses. Certainly in the *Alphalive* courses as in *glauben 12* the questions raised are discussed very personally, but the aim in this is not the open process but the eventual affirmation of the quoted Bible verses. For this reason too, the content and pattern of the *Alphalive* courses are not supposed to be altered.

Differing understanding of the Bible

One goal of *glauben 12* and *Alphalive* is the same: they aim to mediate contents of Christian faith. However, this is achieved with varying success.

It is important to bring the fundamentals of the faith anew to mind, and there, for instance, to refer more clearly to the power of evil. *Alphalive* does this and the devil plays an important role in its course content. Yet in sharply abbreviated form. Much is said of the Devil, Satan the Evil One, but what was meant by these in biblical times, i. e. the connections, is filtered out. Similar things happen with other themes. Important questions of faith are taken up – but what is torn out of the context of the developing biblical history quickly withers to a linguistic husk. Behind this approach to faith stands a particular understanding of the Bible: Because the assumption in the *Alphalive* course is that the Bible is a compact handbook of faith, it becomes possible to take individual words and quotations from the Bible and apply them in isolation. So differences in the understanding of faith are passed over, contradictions bracketed off, the wider contexts are lost. Holding fast to biblical statements suppresses the experience that the Bible speaks to people in very different ways. *glauben 12* takes another path. Here, life experiences are taken seriously as places of meeting with God and so of faith learning. Faith learning means two things here: learning something about faith and learning something new for one's own life with the help of faith. For this the Bible delivers the background against which various answers can be found. So it is good that the material accompanying the questions each time does not just quote individual Bible texts but entire passages. A danger in this method of *glauben 12* should admittedly not be overlooked: that in the fullness of life questions and faith answers the essentials threaten to be blurred. Where is the centre of faith when »Resurrection« (*Auferstehung)* appears next to »the Christian West« (*Abendland*) , when the question »which laws one can happily forget« stands beside »what comes after death«? Faith teaching becomes a »Reformed ABC« – which in this openness is welcome. But what here is protestant, what cannot be surrendered by a reformed church – one could well say that somewhat more clearly and courageously, perhaps even confess it.

Different paths

Conclusion? *glauben 12* introduces and structures the process of faith learning and opens contemporary perspectives. In that the course is protestant, reformed. *Alphalive* by contrast takes up positions. In the place of formation comes confession, in the place of the learning process statements and witness. This moment too is important for faith. Which is the »better« course? Which strengthens faith more enduringly? That will probably depend on how the courses are carried through. What will be decisive is whether people there come to express their own questions and are given the chance to find the way to their own life of faith and to stand for it.

4 NEW TARGET GROUPS – NEW FAITH COURSES

Alongside these another form of faith course will become important in future: those for people who join the church for the first time, or come back to it. Two groups above all must be distinguished here: immigrants from Eastern Europe who bring with them German-coloured church traditions but were not members of the church and now wish to become so. Then the group of those people who have had no religious socialization – increasingly the case in West as in East Europe – but wish to join the church. Some approach the minister directly; others make contact through the – no longer so very new – centres for rejoining the church. Here each readmission can and must of course be treated individually, but it would be urgently necessary to have plans and materials, places and groups to smooth the way into the church.

There has been positive experience with faith courses for particular target groups. These include for example those who wish to join or rejoin the church as adults. For some the faith course is essentially baptismal instruction, for others a kind of repetition of confirmation classes. A further target group are the parents of confirmation candidates who as it were voluntarily wish for a while to »play« confirmation class parallel to their children. A very different kind of target group is voluntary church workers. Up till now it was usually the case that these were given further training for their special responsibilities in church and congregation, so among other things for financial administration in a congregational board, for leading a mother and child group or for tasks in caring for the elderly. Yet it would seem appropriate alongside such specific training to offer them courses in faith as well. For it is true for voluntary workers as for church members in the folk church and for society as a whole: knowledge of the faith is ebbing and the tide of questions – what is the church, why is this or that work in the congregation important, i.e. what is the theological dimension of the work – is rising.

Another form of faith course was started by the Bavarian *Sonntagsblatt* at Pentecost 2009. A 52-part series was to convey »basic knowledge of the Christian faith« and reach 100,000 readers. Decisive for the success of this course was the linking of the print medium (*Sonntagsblatt*) with an interactive offer on the internet (www.glaubenskurs.net) and radio programmes. The reading course was connected with various activities and offerings in congregations, training centres, house groups and the like. The book of the series appeared in 2010.[6] In the meantime this series has found successors, for example »basic knowledge« courses on spirituality and ethics.

5 What course are faith courses taking?[7]

All these activities raise further theological, educational and ecclesiological questions. Let us take up three of those.

Faith courses are often associated with the wish to package faith in modules for educational and missionary purposes. There are temptations of this kind. Empirical and pragmatic attempts to evaluate and optimize formation through standardized modules, firmly anchored in a comprehensive course system, are in the trend in discussions of education. The Bologna Process in the universities is a horrifying example. Faith courses could then rapidly mutate into a kind of Bologna Process in faith education, with a final certificate guaranteeing that the performance meets the approved standards of faith. A helpful antidote might be the insight – returning to a simple evangelical truth – that faith is free and bestows freedom. And this corresponds to an educational insight: that the educational process too lives from the freedom of the individual and should enable it. Faith formation as the theologically and educationally reflected handing-on of faith is not to be conceived or achieved without this freedom.

Faith courses as experiments in freedom – but that then also means that they cannot work with ready answers but must begin with what interests or unsettles people. Faith courses do not just mediate religious knowledge, but serve its clarification. This is how reflected evangelical assurance arises, free from confessional compulsion and spiritual escapism. At the end of the faith courses – if we can speak of this at all – thus stands, not pious simplicity but a colourful and lively multiplicity

---

6 H. Frank (ed.), *Basiswissen christlicher Glaube* (Munich 2010).

7 Cf. H. J. Luibl, Antworten gesucht. Zur Konjunktur von Glaubenskursen, in *Nachrichten der Evangelisch-Lutherischen Kirche in Bayern 65*, 2010, 287–289.

of faith convictions (and the ability to deal with them). Faith courses pluralize faith's knowledge, they open a way adequate to a post-modern, multi-optional society, and they enable faith's thinking as a form of faith and as an avenue to faith under that society's conditions.

Faith courses are at the risk of being narrowed down ecclesiastically and theologically to correct thinking about faith. An indication of this is that faith courses are mostly organized around classical biblical and dogmatic themes and that ethical perspectives are scarcely represented. Now ethics need not be explicitly taken up, but an opening of faith knowledge to questions of orientation is indispensable. Instead of fleeing into allegedly secure fortresses of faith knowledge, the aim is to develop the ability of faith to speak amid the challenges of society. Statements of faith only have their meaning in themselves when they prove and confirm themselves to the outside as well. In this way faith knowledge can also be made fruitful as part of general education. Faith courses connect religious knowledge with a society built on knowledge and learning. Precisely on this boundary professional educational competence is also of special significance alongside the theological. With this the church can join in developing what educational policy is so urgently looking for: a new culture of learning. This also involves more clearly admitting the limits of human perfectibility through educational formation, protecting people from didactical domination and manipulation of their formation as a means to an end, and finally also abandoning the erroneous idea that everything which once was known and important for our awareness must still be relevant today. Precisely in its orientation to tradition, the knowledge of faith has an understanding for changes and the possibility of jettisoning what has been superseded.

Finally: Faith courses must be seen in the context of the action of the church. Only looking at individual course offerings in isolation will overlook their real task and the chances they offer. Faith courses are a significant element in what used to be called an overall catechumenate – what today we might call biographically oriented learning through the whole of life. Just as learning today cannot be restricted to the time in school, religious learning cannot be limited to Sunday school or confirmation classes. This admittedly implies an understanding – if not indeed a clear conception – of religious learning accompanying the whole of life under the aegis of the church and adding up to more than the sum of the church's arrangements for educational formation. It starts from the phases of an individual's learning biography and sees the institutions and bearers of educational formation as sharing responsibility for the accompaniment and organization of this process. At the same time all alignment of faith courses towards the church must not lead to neglect of the protestant focus on the individual's responsibility in faith. Much as faith courses do establish a church identity, they are equally opportunities to strengthen individual ability to express religious and ethical views. In this, faith courses can even encourage pluralization of the worlds of faith. Whether as an element in church education or in the development of individual articulacy, faith courses must no longer be seen in isolation but as an element, perhaps even the motor of church development beyond organizational analysis and corporate design. In this sense faith courses are an opportunity to bring the church on course and keep it there.

Faith formation is a significant and integrative part of protestant identity and a chance to qualify a protestant church inwardly and outwardly. In this context faith courses can become an instrument for the church to shape changing social processes. If these courses are successful, they will not so much be instruction for the people; rather the church will learn from the people how to orient itself in the changes and develop perspectives for the future. More courage is needed here to europeanize faith courses in the protestant area – it is now standard for elementary knowledge to include a sense of European community in Protestantism. Internet-based courses, bringing people from different European countries together through e-learning, are a great opportunity to enable networking across Europe. It is also worth considering how basic Christian knowledge can be related to similar experiments in Judaism or Islam and what role such elementary religious knowledge should play in the context of basic social knowledge.

However, faith courses are not only instruments of inner-church communication and signs of a learning church; as a form of learning they are also open for participants not attached to the church. This openness for target groups is combined with openness in principle to a society based on educational formation. Faith courses are also an attempt so to institutionalize both non-formal and specifically religious formation that they formulate faith knowledge on the level of an education-based society and so can also enrich the forms of knowledge of the educated secular society as well. In faith courses the knowledge of faith is concentrated and confirmed by reinforcement. This allows religion to be mediated in a reflective way without reducing it to useless knowledge of facts to be swamped by the flood of information in the media. Faith courses therefore serve various options of the knowledge-based society: one option is knowledge, another is reinforcement, one is that of freedom to search for and interpret meaning, the other that of coming home to a tradition that had become strange. In both cases the communication of religious knowledge as formation of faith channels and enriches a knowledge-based society on its way to becoming learning-based.

László Kállay

Academies – study places between church and society

Brief history of the academy movement in Europe

Although a profound elaboration of the history of the adult education movement in Europe is still lacking, we have to take a glimpse to the formation and development of it.

This history goes back to the Reformation of the 16th century and is rooted into one of the most significant doctrines of it: to eradicate illiteracy among the people in order to enable them to read and study the Word of God as it is revealed in the Bible. However, we cannot speak about a movement just from the 19th century.

Let's take just some examples:

In the Northern countries the movement already began to be significant in the 19th century in form of folk high schools. The first residential one was established in 1844 in Denmark, then in 1889 in Finland, where the movement quickly became very popular, first under the name of workers' educational centres (like in Sweden), then – since it was no longer intended only for workers, but for the entire adult population – under the name of folk high schools. »The historical development of study circles essentially resembles the metamorphosis that took place in the adult education centre movement as a whole. In Finland, as in Sweden, the Workers' Educational Association was the first to include study circles in its programme. Gradually, however, this form of adult education proved so useful that other popular movements and non-governmental organizations – as the Christian Study Centre run by organizations close to Finland's Evangelical Lutheran Church – adopted it as a tool for educating their membership«.[1]

In England it started in 1916 with the establishment of the retreat houses for the clergy and church members who were seeking for a quiet time with God and quickly expanded on both diocesan and community level. In the 1930s the number of the retreat centres was already above 50 and the movement started to have a significant effect upon the spirituality of the wider church. In the 1960s these have become centres for ecumenism. »Retreat Houses, in that same period – mostly because of financially necessity – have also opened their doors to many beyond the church and have thus also acted as places of mission where faith has been awakened and a glimpse of God has been caught by many«[2].

In Germany the Protestant Academies were founded right after World War II, as an attempt of the church to heal the damages in the society made by the Nazi government and to search for a new moral direction in order to build up a democratic society. Throughout the whole of Germany they »pursued the idea of ›Laity‹ a concept in which the church and society, religion and work, politics and culture are all united in a pluralistic framework of popular churches«.[3]

Looking at the examples above we can conclude how different the adult education movement in various countries had developed, however, the need and the goals have been common: to reinterpret the significance of the Gospel, to understand the problems of society, to discuss the actual challenges of the various societies of the times and the challenges of the churches, to give guidance for the necessary changes for the societies in a peaceful manner with a commitment for social justice, empowering the laity and co-operating with the churches.

In the mid-fifties these common goals encouraged the leaders and representatives of different academies and laity centres of various countries of Europe to form an Association which was aimed to be a forum of cooperation, a place of exchange of ideas and experience, a special kind of institution »that could serve as a ›forum and factor‹ for change in church and society, a ›third place‹ for deliberating the ›questions behind

---

1 TIMO TOIVIAINEN, Adult Education in Finland: the roots, the present situation and some future prospects – 1999 (http://www.vsop-ohjelma.fi/index_en.php?k=3118).

2 Diocesan Synod Motions – The future of Church of England Retreat Houses (http://www.churchofengland.org/media/38954/gsmisc907a.pdf).

3 Die Evangelischen Akademien in Deutschland – History (http://www.evangelische-akademien.de/identity/history).

the questions' in the light of the Gospel and drawing on the resources of modern science as well, searching for guidance and orientation as Europe, soon divided by the Cold War, re-emerged from the ruins«.[4] This originally Protestant association in the late sixties became ecumenical, as some Orthodox and Catholic centers joined. Its name was changed to Ecumenical Association of Academies and Laity Centres in Europe (which has been changed just several years ago to Oikosnet Europe). The Association has played an important role in the European Ecumenical Movement and its initiatives, like the Conciliar Process for Justice, Peace and Integrity for Creation (JPIC), and became a joint organization of both the World Council of Churches (WCC) and the Conference of European Churches (CEC). It has intensively supported important ecumenical initiatives on both European and global level, such as the present Dialogue for Peaceful Change (DPC) and has actively participated in organizing regional and global Courses for Lay Leadership Training (CLLT). At the beginning of the seventies the Association played an important role in forming the global network of the academies (Oikosnet), as African and Asian centres initiated it. Centres from Latin America and later on centres from Middle East joined this global network.

After the political changes in the Eastern Block at the end of 1980s new Christian adult educational centres were founded in the former communist countries. Some of them have been strongly supported by their national churches; others were established by so called unofficial initiatives of devoted pastors and/or lay persons. The primary goal of these centres was to establish places and institutions which could support the goals of their own churches, to overcome the lack of trained lay people needed to face the new challenges of the churches in the new, more or less democratic system. Later, most of these centres became places of ecumenism and places where the social and political challenge of the new possibilities could be discussed and Christian answers could be searched and found.

The Ecumenical Association of Academies and Laity Centres in Europe offered for these centres a forum where they could be integrated

4 Moving forward together – New directions for Oikosnet Europe – Strategic planning document (http://www.kirkeakademiene.no/doc/StratDoc-07-2011.pdf).

into the blood stream of the Western European movement of academies and adult education.

STUDIUM ACADEMICUM[5]

»The landscape of church academies and educational centres looks considerably different in different regions of Europe. This relates to the different history of these institutions, their influence, their embeddedness in local church contexts, their design, and their vocation as ›lieux d'église‹, as well as their very concrete societal contexts, in which their programmes have to prove their value and their charisma has to unfold its impact«.[6] Since it is almost impossible to give a general view about the academy movement of Europe, I'm going to talk briefly about the formation, goals, methods and achievements of one of the youngest adult educational organization in Eastern Europe, in Romania, and try to reflect on its work from a wider European perspective.

The formation of *Studium Academicum* was quite special, we can state: it was unique; and it has to do with Romania's ecclesial and political situation in the 1990s.

After the very short period of euphoria which characterized the first months of freedom (after the failure of the communist regime), the fraternal feeling among the different ethnic groups and churches turned into mistrust, feud and even fight.[7] The so called »show window ecumenism«, dominated by the Orthodox Church and forced by the communist government, had stopped working and a new type of cooperation took place: the »curtain ecumenism«[8]. The churches were busy to build

---

5 http://www.studiumacademicum.ro.

6 Moving forward together (see fn. 4).

7 I refer here to the pogrom against the Hungarian population of Targu Mures in March 1990 and to the fight between the Orthodox Church and the reestablished Greek Catholic Church, for the church buildings owned by this latter, which were not restituted to her.

8 The expression of »curtain ecumenism« refers to a pragmatic ecumenism and was invented by myself, after the first ecumenical church building in Romania – built in one of my congregations – being finished. The Roman Catholic priest want-

up or renew their structures, to widen their work fields and were not really interested in cooperating with each other, except when they had something to gain from the relationship with another church.[9] So did the Hungarian Reformed Church in Romania, too. Its cooperation with other churches came down to the issues of the Hungarian minority in Romania. The fight for the rights of the biggest ethnic community in Europe brought the Reformed, the Roman Catholic, the Lutheran and the Unitarian Church to the same platform and resulted in a common bid to achieve a kind of autonomy for the Hungarians in Romania, but – in the same time – excluded almost all kind of cooperation with the Romanian speaking churches, which were determined also quite nationally.

In the same time a split occurred between the leadership of the Hungarian Reformed Church in Romania (HRCR) and the political representatives of the Hungarian minority, the leaders of the Hungarian Democratic Alliance in Romania (HDAR). In the communist times the churches were the only fortress of the Hungarian minority, the only place where the Hungarians in Romania could preserve their identity, concerning their culture, language and – obviously – their religion. The Reformed bishop in Oradea (the »hero« of the »Romanian revolution« in 1989) feared to lose the influence of the church to the political issues and changes of the times; he radicalized the political involvement of the church and tried to insulate HDAR from its electoral basis, the members of the Reformed Church.

In this situation, as an initiative of six Reformed pastors, *Studium Academicum* was called to life. Later some lay people and some Roman Catholic pastors joined the founding board. They have had a triple goal:

- To establish a forum where politicians of different backgrounds and church leaders (both pastors and church elders) could dialogue about the burning issues of Romania's society (such as minority issues, social development, environmental problems, modern migration etc.) and

---

ed to install in the new church the statues of Christ and Mary. We had a quite fiery discussion about it and finally agreed that the statues could be installed in the church, but they will be covered – during the reformed worships – by curtains. Later the curtains lost their importance and a real ecumenism had developed between the two congregations.

9 See the founding process AIDROM.

where the awaking responsibility for the social and public life could be furthered in the just occurring civil society of the country.
- To find ways for inter-denominational dialogues and cooperation on both local and hierarchical level, in order to overcome mistrust, misunderstandings, fights and the self-centred approaches to ecumenism.
- To lay down the basis of the lay and adult education in Romania and to offer an independent community forum where the responsibility of both church members and secularized people could be awakened and integrated.

In contrast to other centres in Europe, *Studium Academicum* was founded against the will of the church officials. In most countries the church itself initiated the establishment of church academies and laity centres assuring them authority and a kind of autonomy, in order to develop their own profile and to find the best methods to achieve and attract their audience (like in Germany, Sweden, France, etc.).

In Romania the other few existing centres are the results of local initiatives of pastors and communities. Most of the time in such congregations a big community building was built with the support of partner churches and organizations from abroad and the spiritual support of the partners and the difficulties of the management of these buildings led the local communities to start to organize different events, until they identified the problems of their settlements and churches and began to work out programmes for finding solutions for them. These centres realized the challenges of the coexistence of the various ethnic groups and/or the different churches in their towns and regions, and stepped on the path of the ecumenical cooperation. There are also some centres which have been run by the official churches, serving mostly the interest of them, working still quite isolated from the challenges of the society and quite isolated from other churches (like the Orthodox monasteries which opened themselves for the adult education or the Reformed Retreat Centres in Hungary).

The beginning of the work of *Studium Academicum* was very hard, since it had no trained personal, no building where programmes could take place, neither the necessary financial means to fund its activity. But there were devoted people whose faith and devotion overcame all difficulties and who have been willing to work on a voluntary basis and to gather the necessary knowledge and experience to run such an institution. They did not spare their energy and were willing to fund the first seminars from their own resources. On the way *Studium Academicum* found charitable partners (from abroad and also from other churches) who either supported the initiatives of the foundation or co-operated in organizing the programmes and they found congregations and other Christian centres which offered their facilities (most of the time) free of charge for the programmes. Without knowing, the structure of the new ›centre‹ developed on the path which has been taken by the Norwegian academies several decades ago. A non-residential centre faces more challenges and – maybe – has more possibilities than the centres which own buildings – at least in our times challenged by the financial crisis.

Whereas most of the adult education centres owned and supported by the official churches are mostly only hosting church groups which want to find a quiet and nice place for their own programmes (like the Reformed retreat centres in Hungary, the Christian centres in France, etc.), *Studium Academicum* proposes its own programme, invites the possible audience and it is flexible in choosing the right place for it. This flexibility gave *Studium Academicum* the possibility to step out from a local or regional status and became the academy of the North-West Transylvania (Romania).

The programmes offered have been chosen very carefully. The board has wanted on the one hand to get Christian answers to the burning issues of the Romanian society, on the other hand to mediate between the different groups, opposing each other. The conferences, seminars on the issues of church and society have been of a great interest. Because of the high quality of the conferences and seminars many pastors, church elders and politicians of both local and parliament level have attended the events regularly. The vice prime minister of Romania used to be a regular guest of the conferences of *Studium Academicum*, as well as numerous members of the Romanian parliament, belonging to different political backgrounds. The debates and dialogues have, as well as the common prayers and devotions, contributed to the development of common goals and actions for the benefit of the church and the society.

Sometimes we have had the feeling that the work of *Studium Academicum* was overwhelmed by political issues and other, very important part of our values totally ignored, like arts or music. In many of German academies music and arts are a very important part of the programmes offered. The changing society, the division of the Hungarian society in Romania and the ambiguous political direction of the Romanian governments of those times, however, encouraged the board of *Studium Academicum* to focus more to the issues of politics, to work on reconciliation and to encourage Romania to take the path towards the European Union.

On the other hand *Studium Academicum* highly contributed to the establishment of the Christian adult education in Romania. The regular trainings for church elders and the yearly camps and gatherings for youngsters have tried to awaken the responsibilities of the participants towards the challenges and big issues of the church. During the forty years of communist dictatorship, the work of church elders has been reduced to taking part in church council meetings and the effective work of the church has been done by the pastors. *Studium Academicum* recognized that redefining the position of the church elders and redefining their responsibilities, motivating and encouraging them to take action, is the future of the church in the fast secularizing Europe.

Finally, *Studium Academicum* has been devoted also for charity issues, mostly related to the studies of talented, but socially disadvantaged youngsters. We strongly believe that education is the future of our youngsters and is the future of Eastern-Europe, too.

Where is the movement now?

Unfortunately, after eleven years on the »market« the interest towards the work of *Studium Academicum* has been declined. This is not a unique process in Europe. Quite a few centres in our continent have been closed and sold, some merged and restructured. Less and less people are interested in themes for basic orientation and more and more for identifying problems and look for immediate and profit oriented solutions[10]. The number of disillusioned people is also increasing and it is hard to reach the young generation – it seems that they have different interests [...].

The financial and economical crisis of our times affects also very negatively the work of the adult educational centres. Keeping up with the

10 Moving forward together (see fn. 4).

payment of the bills (at the residential centres), finding financial support for the work in an environment, where countries are close to be bankrupted and where churches are also fighting financial difficulties, it is very challenging.

How can academies and adult educational centres overcome this difficult period? It is hard to say. Maybe by facing these challenges with common effort. Maybe by supporting each other with more empathy and solidarity. Maybe the churches and church organizations would pay more attention to the movement and would support more intensively the work of the centres, since – according to my opinion – these centres are the places where the work for peaceful change has been furthered, sustainability has been fostered, ecumenical dialogue has been practiced, commitment for justice has been expressed.

Holding together, cooperating, opening up towards the others is the future …

I believe that *Oikosnet Europe* is the forum where ideas regarding the future of the adult education movement in Europe can be exchanged and – hopefully – found. This vital community of learning and practice trough projects and vision is there to enrich individual member centres and the whole network of academies.

László Kallay

Akademien – Studienorte zwischen Kirche und Gesellschaft

Kurze Geschichte der Akademienbewegung in Europa

Obwohl eine fundierte Darstellung der Geschichte der Erwachsenenbildungsbewegung in Europa noch immer fehlt, müssen wir einen Blick auf ihre Entstehung und Entwicklung werfen.

Diese Geschichte reicht zurück zur Reformation des 16. Jahrhunderts und ist in einem ihrer bedeutsamsten Grundsätze verwurzelt: den Analphabetismus unter der Bevölkerung zu beseitigen, um sie zu befähigen, das Wort Gottes, wie es in der Bibel offenbart ist, zu lesen und zu studieren. Wir können jedoch nicht vor dem 19. Jahrhundert von einer Bewegung sprechen.

Nehmen wir einfach ein paar Beispiele:

In den nordischen Ländern gewann die Bewegung schon im 19. Jahrhundert in Form von Volkshochschulen an Bedeutung. Die erste mit festem Standort wurde 1844 in Dänemark gegründet, dann 1899 in Finnland, wo die Bewegung schnell sehr populär wurde, zuerst unter der Bezeichnung von »Arbeiter-Bildungszentren« (wie in Schweden), dann – da sie nicht mehr länger nur für Arbeiter gedacht waren – unter dem Namen Volkshochschulen. »Die historische Entwicklung von Studienkreisen ähnelt im Grunde der Metamorphose, die in der Erwachsenenbildungszentren-Bewegung als Ganzer stattfand. In Finnland, wie in Schweden, nahm die Arbeiterbildungsvereinigung als erste Studienkreise in ihr Programm auf. Allmählich erwies sich diese Form der Erwachsenenbildung allerdings als so nützlich, dass andere Volksbewegungen und nichtstaatliche Organisationen – wie das Christliche Studienzentrum, das von Organisationen geführt wurde, die Finnlands Evangelisch-lutherischer Kirche nahe standen – sie als Werkzeug zur Bildung ihrer Mitglieder aufgriffen«.[1]

In England begann es 1916 mit der Einrichtung der Einkehrhäuser für Geistliche und Kirchenmitglieder, die nach einer stillen Zeit mit Gott suchten, welche sich schnell auf die Ebene der Diözese und Gemeinde ausweiteten. In den 1930er Jahren betrug die Zahl der Einkehrzentren bereits über 50, und die Bewegung begann, eine bedeutsame Wirkung auf die Spiritualität der weiteren Kirche zu gewinnen. In den 1960er Jahren sind sie Zentren der Ökumene geworden. »Einkehrhäuser haben in derselben Periode – hauptsächlich wegen finanzieller Gründe – ihre Türen auch für viele jenseits der Kirche geöffnet, und so auch als Orte der Mission agiert, an denen Gaube erweckt worden ist und viele einen flüchtigen ersten Blick auf Gott bekommen haben«.[2]

In Deutschland wurden die evangelischen Akademien direkt nach dem Zweiten Weltkrieg gegründet, als ein Versuch der Kirche, die Schäden heilen zu lassen, die in der Gesellschaft vom Naziregime verursacht worden waren, und nach einer neuen moralischen Richtung zu suchen, um eine demokratische Gesellschaft aufzubauen. »Evangelische Akademien in ganz Deutschland trugen dazu bei, die Idee einer Laienbewegung zu realisieren, in der sich Kirche und Welt, Glaube und Beruf, Politik und Kultur miteinander zu einem Stück lebendiger und pluraler Volkskirche verbinden.«[3]

Wenn wir die Beispiele von oben betrachten, können wir daraus schließen, wie unterschiedlich sich die Erwachsenenbildungsbewegung in verschiedenen Ländern entwickelt hat. Der Bedarf und die Ziele sind jedoch gleich gewesen: die Bedeutung des Evangeliums neu zu interpretieren, die Probleme der Gesellschaft zu verstehen, die tatsächlichen Herausforderungen für die verschiedenen Gesellschaften und Kirchen zu diskutieren, Orientierungshilfe für die notwendigen, auf friedlichem Weg

---

1 Übersetzt nach: Timo Toiviainen, Adult Education in Finland: the roots, the present situation and some future prospects – 1999 (http://www.vsop-ohjelma.fi/index_en.php?k=3118).

2 Übersetzt nach: Diocesan Synod Motions – The future of Church of England Retreat Houses (http://www.churchofengland.org/media/38954/gsmisc907a.pdf).

3 Die Evangelischen Akademien in Deutschland – Historie (http://www.evangelische-akademien.de/identitaet/historie).

angetrebten Veränderungen für die Gesellschaften zu geben, mit einem Engagement für soziale Gerechtigkeit, Stärkung der Laienschaft und Kooperation mit den Kirchen.

In der Mitte der 1950er Jahre ermutigten diese gemeinsamen Ziele die Leiter und Repräsentanten von Akademien und Laienzentren verschiedener europäischer Länder dazu, eine Vereinigung zu gründen, die darauf abzielte, ein Kooperationsforum zu sein, ein Ort des Ideen- und Erfahrungsaustausches, eine spezielle Institution »die als ein ›Forum und Faktor‹ für Veränderung in Kirche und Gesellschaft dienen konnte, ein ›dritter Ort‹, um im Licht des Evangeliums über die ›Fragen hinter den Fragen‹ nachzudenken und ebenso aus den Quellen moderner Wissenschaft zu schöpfen, auf der Suche nach Leitung und Orientierung, als Europa, das bald durch den Kalten Krieg geteilt sein sollte, aus den Ruinen neu erstand«[4]. Diese ursprünglich evangelische Vereinigung wurde in den späten 1960er Jahren ökumenisch, da einige orthodoxe und katholische Zentren beitraten. Ihr Name wurde geändert in Ökumenische Vereinigung der Akademien und Laienzentren in Europa (welcher vor wenigen Jahren in *Oikosnet Europe* geändert wurde). Die Vereinigung hat eine wichtige Rolle in der europäischen Ökumenebewegung und ihren Initiativen gespielt, wie der Kommission der Kirchen für Gerechtigkeit, Frieden und Bewahrung der Schöpfung (CJPC), und wurde eine Gemeinschaftsorganisation von sowohl Ökumenischem Rat der Kirchen (ÖRK) als auch der Konferenz Europäischer Kirchen (KEK). Sie hat sowohl auf europäischer als auch globaler Ebene intensiv wichtige ökumenische Initiativen unterstützt, wie etwa den derzeitigen *Dialogue for Peaceful Change* (DPC), und sie hat sich aktiv an der Organisation regionaler und globaler Kurse für Laienführungstraining beteiligt. Am Beginn der 1970er Jahre spielte die Vereinigung eine wichtige Rolle bei der Errichtung des globalen Netzwerks der Akademien (*Oikosnet*), als dies afrikanische und asiatische Zentren initiierten. Zentren aus Lateinamerika und später aus dem Nahen Osten traten diesem globalen Netzwerk bei.

---

[4] Übersetzt nach: Moving forward together – New directions for Oikosnet Europe – Strategic planning document (http://www.kirkeakademiene.no/doc/StratDoc-07-2011.pdf).

Nach den politischen Wandlungen im Ostblock am Ende der 1980er wurden neue christliche Bildungszentren in ehemaligen kommunistischen Ländern gegründet. Manche von ihnen sind stark von ihren Kirchen unterstützt worden; andere wurden von gewissermaßen inoffiziellen Initiativen von engagierten Pastoren und/oder Laien aufgebaut. Hauptziel dieser Zentren war es, Orte und Institutionen zu schaffen, die ihre Kirchen in dem Ziel unterstützen konnten, den Mangel an ausgebildeten Laien zu überwinden, die für die neuen Herausforderungen der Kirchen im neuen, mehr oder weniger demokratischen System notwendig waren. Später wurden die meisten dieser Zentren zu Stätten der Ökumene und Orten, an denen die soziale und politische Herausforderung der neuen Möglichkeiten diskutiert werden und christliche Antworten gesucht und gefunden werden konnten.

Die Ökumenische Vereinigung der Akademien und Laienzentren in Europa bot diesen Zentren ein Forum, wo sie in den Kreislauf der westeuropäischen Bewegung von Akademien und Erwachsenenbildung integriert werden konnten.

Studium Academicum[5]

»Die Landschaft der Kirchenakademien und Bildungszentren sieht in verschiedenen Regionen Europas deutlich verschieden aus. Dies hängt mit der unterschiedlichen Geschichte dieser Einrichtungen, ihrem Einfluss, ihrer Einbettung in den lokalen Kirchenkontext, ihrer Gestaltung und ihrer Berufung als *lieux d'église* sowie ihren sehr konkreten sozialen Kontexten zusammen, in denen ihre Programme ihren Wert beweisen müssen und ihre Ausstrahlung ihre Wirkung entfalten muss«.[6] Da es beinahe unmöglich ist, einen allgemeinen Überblick über die Akademienbewegung in Europa zu geben, spreche ich kurz über die Bildung, Ziele, Methoden und Errungenschaften einer der jüngsten Erwachsenenbildungsorganisationen in Osteuropa, in Rumänien, und versuche, über ihre Arbeit aus einer breiteren, europäischen Sicht zu reflektieren.

---

5 http://www.studiumacademicum.ro.

6 Übersetzt nach: Moving forward together (s. Anm. 4).

Die Bildung von *Studium Academicum* war recht speziell; wir können konstatieren: sie war einmalig; und das hat mit Rumäniens kirchlicher und politischer Situation in den 1990er Jahren zu tun.

Nach der sehr kurzen Phase der Euphorie, die die ersten Monate der Freiheit kennzeichnete (nach dem Zusammenbruch des kommunistischen Regimes), wandelte sich das brüderliche Gefühl unter den verschiedenen ethnischen Gruppen und Kirchen zu Misstrauen, Feindschaft und sogar Kampf.[7] Die sogenannte »Schaufensterökumene«, dominiert von der orthodoxen Kirche und von der kommunistischen Regierung forciert, funktionierte nicht mehr und eine neue Art der Kooperation fand statt: die »Vorhangökumene«[8]. Die Kirchen waren damit beschäftigt, ihre Strukturen aufzubauen oder zu erneuern, um ihre Arbeitsbereiche zu erweitern und waren nicht wirklich daran interessiert, miteinander zu kooperieren, außer wenn sie von der Beziehung zu einer anderen Kirche profitieren konnten.[9] So auch die Ungarische Reformierte Kirche in Rumänien. Ihre Zusammenarbeit mit anderen Kirchen lief auf die Belange der ungarischen Minderheit in Rumänien hinaus. Der Kampf um die Rechte der größten ethnischen Minderheitengruppe in Europa brachte die reformierte, die römisch-katholische, die lutherische und die unitarische Kirche zur selben Plattform und führte zu einer gemeinsamen Initiative, eine Art von Autonomie für die Ungarn in Rumänien zu erreichen, schloss aber – zur selben Zeit – fast jede Art von Kooperation mit

7 Ich beziehe mich hier auf den Pogrom gegen die ungarische Bevölkerung von Targu-Mures im März 1990 und auf den Streit zwischen der orthodoxen Kirche und der wiedererichteten griechisch-katholischen Kirche um die Kirchengebäude, die von letzterer besessen worden waren und nicht an sie zurückgegeben wurden.

8 Der Ausdruck »Vorhangökumene« bezieht sich auf eine pragmatische Ökumene und wurde von mir selbst erfunden, nachdem das erste ökumenische Kirchengebäude in Rumänien vollendet war. Der römisch-katholische Priester wollte in der neuen Kirche die Statuen von Christus und Maria aufstellen. Wir hatten eine recht hitzige Diskussion darüber und einigten uns schließlich, dass die Statuen in der Kirche aufgestellt werden konnten, jedoch während der reformierten Gottesdienste durch Vorhänge verdeckt sein würden. Später verloren die Vorhänge ihre Bedeutung, und eine echte Ökumene entwickelte sich zwischen den beiden Gemeinden.

9 Siehe den Gründungprozess von AIDROM.

den rumänischsprachigen Kirchen aus, die auch sehr national ausgerichtet waren.

Gleichzeitig kam es zu einer Spaltung zwischen der Führung der Ungarischen Reformierten Kirche in Rumänien (RKR) und den politischen Vertretern der ungarischen Minderheit, den Führern der Demokratischen Allianz der Ungarn in Rumänien (UDMR). In kommunistischen Zeiten waren die Kirchen die einzige Festung der ungarischen Minderheit, der einzige Ort, an dem die Ungarn in Rumänien ihre Identität bewahren konnten, in Bezug auf ihre Kultur, Sprache und – offenkundig – ihre Religion. Der reformierte Bischof in Oradea (der »Held« der »Rumänischen Revolution« von 1989) befürchtete, den Einfluss der Kirche in den politischen Fragen und Veränderungen der Zeit zu verlieren; er radikalisierte die politische Mitwirkung der Kirche und versuchte, die UDMR von ihrer Wählerbasis, den Mitgliedern der Reformierten Kirche, zu isolieren.

In dieser Lage wurde *Studium Academicum* als eine Initiative von sechs reformierten Pastoren ins Leben gerufen. Später kamen einige Laien und römisch-katholische Pfarrer zum Gründungsgremium hinzu. Sie hatten ein dreifaches Ziel:

- Aufbau eines Forums, wo Politiker mit unterschiedlichen Hintergründen und Kirchenführer (Pastoren und Kirchgemeinderäte) über die brennenden Fragen der rumänischen Gesellschaft in Dialog treten konnten (wie Minderheitenfragen, soziale Entwicklung, Umweltprobleme, moderne Migration etc.) und wo das erwachende Verantwortungsbewusstsein für das soziale und öffentliche Leben in der gerade erst entstehenden Zivilgesellschaft des Landes vorangebracht werden konnte.
- Finden von Wegen für interkonfessionelle Dialoge und Kooperationen, sowohl auf lokaler als auch hierarchischer Ebene, um Misstrauen, Missverständnisse, Streitereien und die ichbezogenen Herangehensweisen an Ökumene zu überwinden.
- Legung einer Grundlage für die Bildung von Laien und Erwachsenen in Rumänien, sowie das Angebot eines unabhängigen Gruppenforums, wo die Verantwortlichkeit von Kirchenmitgliedern und weltlichen Personen geweckt und integriert werden könnte.

Im Gegensatz zu anderen Zentren in Europa wurde *Studium Academicum* gegen den Willen von Kirchenleitern gegründet. In den meisten Ländern initiierte die Kirche selbst die Gründung von Kirchenakademien und Laienzentren, und sicherte ihnen Autorität und eine Art von Autonomie zu, um ihr eigenes Profil zu entwickeln und die besten Methoden zu finden, um ihr Publikum zu gewinnen und anzusprechen (wie in Deutschland, Schweden, Frankreich etc.).

In Rumänien sind die anderen existierenden Zentren das Ergebnis lokaler Initiativen von Pastoren und Gemeinden. Meistens wurde in solchen Gemeinden ein großes Gemeinschaftsgebäude mit der Unterstützung von Partnerkirchen und ausländischen Organisationen errichtet, die auch geistliche Unterstützung leisteten; die Schwierigkeiten des Managements der Zentren brachten die lokalen Gemeinden dazu, verschiedene Veranstaltungen zu organisieren, bis sie die Probleme ihrer Ortschaften und Kirchen benennen und damit beginnen konnten, Programme zur Lösungsfindung auszuarbeiten. Diese Zentren erkannten die Herausforderungen der Koexistenz der verschiedenen ethnischen Gruppen und/oder der unterschiedlichen Kirchen in ihren Städten und Regionen und beschritten den Weg ökumenischer Zusammenarbeit. Es gibt auch ein paar Zentren, die von den Amtskirchen geführt worden sind, hauptsächlich ihrem Interesse dienen und noch immer recht isoliert von den Herausforderungen der Gesellschaft und von anderen Kirchen arbeiten (wie die orthodoxen Klöster, die sich für Erwachsenenbildung öffneten, oder die reformierten Einkehrzentren in Ungarn).

Der Arbeitsbeginn von *Studium Academicum* war sehr schwer, da man weder über ein ausgebildetes Personal verfügte noch über Gebäude, in dem Programme stattfinden konnten, noch über die notwendigen finanziellen Mittel, um seine Aktivitäten zu finanzieren. Doch es gab aufopfernde Menschen, deren Glaube und Hingabe alle Schwierigkeiten überwand und die gewillt waren, auf ehrenamtlicher Basis zu arbeiten und das notwendige Wissen und die Erfahrung anzusammeln, um solch eine Einrichtung zu leiten. Sie sparten nicht mit ihrer Energie und waren willens, die ersten Seminare aus eigenen Mitteln zu finanzieren. Auf dem Weg fand *Studium Academicum* großzügige Partner (von außerhalb und auch von anderen Kirchen), die entweder die Gründungsinitiativen unterstützten oder in Programmen kooperierten, und sie fanden Gemeinden und andere christliche Zentren, die ihre Räumlichkeiten (meistens gratis) für die Programme anboten. Ohne es zu wissen, entwickelte sich die Struktur des neuen »Zentrums« auf dem Weg, der vor Jahrzehnten von norwegischen Akademien eingeschlagen worden ist. Ein nichtortsgebundenes Zentrum steht vor mehr Herausforderungen und hat – vielleicht – mehr Möglichkeiten als die Zentren, die Gebäude besitzen – zumindest in unseren von der Finanzkrise herausgeforderten Zeiten.

Während die meisten von den Amtskirchen besessenen und unterstützten Zentren hauptsächlich nur Kirchengruppen aufnehmen, die einen ruhigen und netten Ort für ihre eigenen Programme finden wollen (wie die reformierten Einkehrzentren in Ungarn, die christlichen Zentren in Frankreich etc.), schlägt *Studium Academicum* sein eigenes Programm vor, lädt das potenzielle Publikum ein und ist in der Wahl des richtigen Veranstaltungsortes flexibel. Diese Flexibilität gab *Studium Academicum* die Möglichkeit aus dem lokalen oder regionalen Status zu treten und die Akademie von Nordwest-Transsylvanien (Rumänien) zu werden.

Die angebotenen Programme sind sorgsam ausgewählt worden. Der Vorstand wollte einerseits christliche Antworten zu brennenden Themen der rumänischen Gesellschaft bekommen, andererseits zwischen den verschiedenen Gruppen vermitteln, die sich gegeneinander wenden. Die Konferenzen und Seminare zu den Belangen von Kirche und Gesellschaft sind von großem Interesse gewesen. Aufgrund der hohen Qualität der Tagungen und Seminare, haben viele Pfarrer, Kirchenvorsteher und Politiker auf lokaler und parlamentarischer Ebene regelmäßig die Veranstaltungen besucht. Der Vize-Premierminister von Rumänien war ein regelmäßiger Gast der Tagungen von *Studium Academicum*, wie auch zahlreiche Mitglieder des rumänischen Parlaments unterschiedlicher politischer Herkunft. Die Debatten und Dialoge haben, wie auch die gemeinsamen Gebete und Andachten, zur Entwicklung der gemeinsamen Ziele und Handlungen zum Nutzen von Kirche und Gesellschaft beigetragen.

Manchmal hatten wir das Gefühl, dass die Arbeit von *Studium Academicum* von politischen Fragen dominiert wurde, und andere wichtige Bestandteile unserer Werte völlig ignoriert wurden, wie die Künste oder Musik. In vielen deutschen Akademien sind Musik und Kunst ein sehr wichtiger Teil der angebotenen Programme. Die sich verändernde Gesellschaft, die Spaltung der ungarischen Gemeinschaft in Rumänien und die uneindeutige politische Richtung der rumänischen Regierungen jener Zeit veranlassten den Vorstand von *Studium Academicum* jedoch, sich mehr auf die Fragen der Politik zu konzentrieren, an der Wiederversöhnung zu arbeiten und Rumänien zu ermutigen, den Weg in die Europäische Union einzuschlagen.

Andererseits trug *Studium Academicum* stark zur Etablierung der christlichen Erwachsenenbildung in Rumänien bei. Die regelmäßigen Ausbildungen für Kirchgemeinderäte und die jährlichen Lager und Zusammenkünfte für junge Erwachsene haben versucht, das Verantwortungsgefühl der Teilnehmer für die Herausforderungen und großen Themen der Kirche zu wecken. Während der vierzig Jahre der kommunistischen Diktatur ist die Arbeit von Kirchgemeinderäten darauf reduziert worden, an Kirchenratssitzungen teilzunehmen, und die wirksame Arbeit der Kirche ist von den Pastoren geleistet worden. *Studium Academicum* erkannte, dass eine Neudefinition der Position von Kirchenvorstehern und ihrer Verantwortlichkeiten, indem sie zum Handeln motiviert und ermutigt werden, die Zukunft der Kirche im sich schnell säkularisierenden Europa ist.

Schließlich hat sich *Studium Academicum* auch wohltätigen Zwecken gewidmet, die größtenteils mit Studienmöglichkeiten von begabten, jedoch sozial benachteiligten jungen Menschen zusammenhängen. Wir glauben fest daran, dass Bildung die Zukunft unserer Jugend und auch die Zukunft Osteuropas ist.

Wo ist die Bewegung jetzt?

Leider hat das Interesse an der Arbeit von *Studium Academicum* nach elf Jahren auf dem »Markt« abgenommen. Dies ist kein ungewöhnlicher Prozess in Europa. Ziemlich viele Zentren auf unserem Kontinent sind geschlossen worden, manche fusionierten und strukturierten sich um. Weniger und weniger Menschen interessieren sich für die Themen zur Grundorientierung und mehr und mehr dafür, Probleme zu identifizieren und nach unmittelbaren und profitorientierten Lösungen zu suchen.[10] Die Zahl der desillusionierten Menschen nimmt ebenfalls zu, und es ist schwer, die junge Generation zu erreichen – es scheint, dass sie andere Interessen hat.

---

10 Moving forward together (Anm. 4).

Die finanzielle und ökonomische Krise unserer Zeit beeinflusst die Arbeit der Erwachsenenbildungszentren ebenfalls sehr negativ. Den Rechnungszahlungen nachzukommen (bei standortgebundenen Zentren), finanzielle Unterstützung für die Arbeit in einer Umwelt zu finden, in der Länder nahe am Bankrott stehen und Kirchen ebenfalls mit finanziellen Schwierigkeiten kämpfen, ist sehr herausfordernd.

Wie können Akademien und Erwachsenenbildungszentren diese schwierige Phase überstehen? Das ist schwer zu sagen. Vielleicht indem sie sich diesen Herausforderungen mit gemeinsamem Einsatz stellen. Vielleicht, indem sie sich gegenseitig mit mehr Empathie und Solidarität unterstützen. Vielleicht würden die Kirchen und Kirchenorganisationen der Bewegung mehr Aufmerksamkeit schenken und die Arbeit der Zentren intensiver unterstützen, da diese Zentren – meiner Meinung nach – die Orte sind, an denen die Arbeit für friedliche Veränderung vorangebracht, Nachhaltigkeit gefördert, ökumenischer Dialog praktiziert und Engagement für die Gerechtigkeit ausgedrückt worden ist.

Zusammenhalt, Kooperation, Öffnung für die anderen – das ist die Zukunft …

Ich glaube, dass *Oikosnet Europe* das Forum ist, in dem Ideen über die Zukunft der Erwachsenenbildungsbewegung ausgetauscht und – hoffentlich – gefunden werden können. Diese wichtige Gemeinschaft des Lernens und Übens durch Projekte und Visionen ist da, um einzelne Mitgliedszentren und das gesamte Netzwerk der Akademien zu bereichern.

Peter Morée

ECUMENICAL AND INTERRELIGIOUS LEARNING IN A CONTEXT OF DIVERSITY

The courses *Religion and Society* of the Dutch Hendrik Kraemer Institute

In the following I describe a model of learning, which was practiced in courses *Church and Society* or *Religion and Society* between 1993 and 2005. This analysis is primarily based on internal reports of the Protestant Church in the Netherlands, the Hendrik Kraemer Institute (HKI) and on my own experiences as organizer of several of the courses.

The amount of publications reflecting the significance of the courses is rather limited. Some information can be found in an article of Jaap Breetvelt, who performed an evaluation of the courses on behalf of the Protestant Church. His conclusion is that the course is of paramount significance to local ecumenical awareness.[1]

Another more factually oriented analysis can be found in a forthcoming publication on the Hendrik Kreamer Institute, which facilitated the courses. Aart Verburg, the last rector of the HKI, puts the courses *Religion and Society* in the broader framework and concept of mission as was practiced at the HKI.[2]

---

1 J. BREETVELT, In Search of New Models for Missionary and Ecumenical Relationships with Africa, in *A New Day Dawning. African Christians Living the Gospel. Essays in honour of Dr. J. J. (Hans) Visser*, ed. K. Bediako et al. (Zoetermeer 2004), 195–202.

2 A. VERBURG, *Het doorgaande werk van het HKI: cursussen en trainingen (2000–2010)*, forthcoming.

INTRODUCTION

In January 2003 a group of 14 Bulgarians of different religious background spent about three weeks in Utrecht at the Hendrik Kraemer Institute (HKI) of what is today the Protestant Church in the Netherlands (PCN). They came from the Orthodox Church, from various Protestant denominations and from the Bulgarian Muslim community. During the day they were working on the official programme, but after the programme they had time to relax together. Mostly it meant that the participants split up according to their »natural communities«, as the tensions between the faith groups could be high.

One evening the boundaries between the subgroups were loosened, as the majority of the participants decided to explore a legacy of European culture. They concentrated on a typical phenomenon of Western music: the opera. In this case Don Giovanni of Wolfgang Amadeo Mozart was the subject of the discussion and the listening experience. Most people in the circle did not know much about classical music at large, and even less about operas. For them, a new world was revealed as a part of an identity they wanted to be a part of.

The most striking thing of that evening was not that the Bulgarians listened to Mozart or that they discussed the concept of the opera. Not even the fact that the person who took the others by their hand into the world of Western culture was not a musicologist, was the most remarkable. The real eye-opener of that evening was that Mozart's Don Giovanni was introduced by a Mufti of the Bulgarian Muslim community.

What were the reasons of the surprise concerning a Mufti being an expert on operas? Why was there a presupposition that he could not take such a role? Where did the disbelief come from? How can you work in such a context in order to improve the situation? Which didactical models can be developed for bringing about change in situations of underlying distrust in each other?

Much of the issues behind this event were also reasons for the seminars *Religion and Society*, which were organized for several regions of Central and Eastern Europe at the HKI. Altogether five seminars took place between 1998 and 2005:

1. Czech Republic, Slovakia, Poland (April/May1998)
2. Romania (January/February 2000)

3. Serbia, Croatia (October/November 2001)
4. Bulgaria (January 2003)
5. Macedonia (January 2005)

The first three were called *Church and Society in the Context of Eastern Europe resp. Romania or Southeast Europe.* The seminars with Bulgarians and Macedonians had the title *Religion and Society in the Context of Bulgaria resp. Macedonia.*

What were the motifs to set up these seminars, how were they organized, what was the concept of the seminar and how did it work? First we have to take a look at some of the history leading to the *Religion and Society* seminars.

DUTCH PROTESTANTS AND CENTRAL AND EASTERN EUROPE

The Dutch protestant churches have a long tradition of relations to Central and Eastern Europe. The relevant experiences for the *Religion and Society* seminars date back to the times of the Cold War. From the 1960s a network of theological contacts was established thanks to the exchange of theology students, who spent a year at theological seminaries or faculties in the GDR, Poland, Czechoslovakia, Hungary, Romania or Yugoslavia. Also the Dutch churches supported sister churches in several countries of the Eastern Bloc financially. It meant that at after the political changes of 1989 the ecumenical relations between the Dutch PCN and Central and Eastern Europe had a strongly individual character and had a strongly financial component till the end of the 1990s.

The relations with churches on other continents were quite different. In the case of Indonesia they grew out of the colonial past. The cooperation with sister churches was traditionally called »mission« and had in practice the form of sending theological expertise (teachers at seminaries) and assisting the partner church in building up congregation (church planting). Missionary work in some countries in Africa or Latin America was shaped according to this model. In this case the missionary relations were more institutional and more theological in their content.

On the way to the unification of the Netherlands Reformed Church, the Reformed Church in the Netherlands and the small Lutheran Church, finally realized in 2004, the several bureaus of the churches were to merge as well. One of the basic questions was how to integrate the ecumenical, diaconal and missionary work that was being done on several continents. The most difficult case was Europe, as there was no tradition of missionary relations. Can the model of Asia and Latin America be adopted on the »old« continent as well, or should it have a special status? In the end the decision was taken that the element of learning should be added, based on the experience on the other continents.

For that reason the so-called *Ecumenical Listening Post* was arranged in cooperation with the Evangelical Church of the Czech Brethren and the Protestant Theological Faculty of Charles University in Prague (the author of these lines held this post between 2000 and 2006). The content of the work of this post was to set up seminars, consultations, study trips etc. with partners from Central and Eastern European countries. A major task concerned the seminars Religion and Society.

The concept of the Religion and Society course

The format for the *Church / Religion and Society* seminars was developed in cooperation with the Hendrik Kraemer Institute (HKI), which till recently was one of the training institute for missionaries. The HKI was founded in 1971 as an integration of several mission schools from various confessional and theological backgrounds. Its classical work was to prepare missionaries for work in a culture with conditions and resources very different from what one would know from the own environment. In the courses of the HKI a heavy accent was put on the inculturation of the Christian message in another context. The HKI became a centre of expertise on intercultural theology.

With the change of the role of the missionary, also the work of the HKI changed. The relation to churches often founded as a daughter of the Dutch churches became a relation to partners, whom can be offered experiences and expertise. In the framework of the debate on the content of this intercultural and ecumenical relation, the idea was born to develop a course on the role of church and religion in the wider context of a partner church. In 1993 the first course took place focusing on Indonesia. It was followed by two courses for an African context: the first one for

Ghana, Nigeria, Lesotho and Cameroun in 1995, and the second one for Malawi, Zambia and Zimbabwe in 1996. In 2002 a third African course was organized for the Great Lakes area.

The seminar *Church/Religion and Society* had several aims:

1. To train junior leaders of religious communities (age 25 to 40).
2. To deepen the theological orientation and knowledge and to develop practical skills of the participants.
3. To start an ecumenical or interreligious learning process meant not to solve problems, but to engender a communication among a group of a mixed background, where the learning is based on the otherness of the participants.
4. To establish relations between on the one side the religious groups in the country or region the seminar was organized for, and on the other side similar groups and individuals in the Netherlands.

Ad 1.

The decision to focus on the younger generation of community leaders was motivated by two factors. In the first place people of that age appear to be more open to learning. As they are usually still before the peak in their career, their interest to develop themselves and to explore their abilities is in most cases much higher. Also, they have less the need or reflex to defend their own group under all circumstances.

In the second place the younger generation will be the leading generation in their religious communities in the near future. Investing in their learning process is investing in the future of the community itself, in the religious situation of the country and in the relations between them and the Dutch churches.

For the final selection of the participants of the course it was of importance that the participants would formally be nominated by their religious community. Such a statement showed the commitment of the leadership of the community to the course, but also to the specific participants.

Ad 2.

Many participants did not have the opportunity to receive a theological formation of one sort or another. In their positions in religious communities they felt this as a lack. The *Religion and Society* course offered several possibilities to broaden the theological orientation of the participants.

Also in respect of practical skills needed e. g. to run an office the participants were offered options to enhance their abilities.

Ad 3.
This was one of the most important and also most difficult aims of the courses. Usually religious communities in the countries of Central and Eastern Europe are not particularly open to ecumenical cooperation, except for a limited range of practical issues. Rather they see each other as a potential threat for their own function in the public realm. This concerns especially the dominant churches in these countries. They are used to see themselves as the representative of the true church among the population and as such they claim an absolute role in the society. When a link with the nation (ethnic group) is made, this claim becomes even stronger. Nation and church become identical (very often with Orthodox churches, but also with the Greek Catholic Church in Romania, the Roman Catholic Church in Croatia or the Reformed Church in Transylvania), leaving virtually no room for other religious communities.

In this atmosphere it is very difficult to gain ecumenical or interreligious experiences, let alone to gain the perception of the other religious communities as partners in the context of the society. In order to create an environment where such a partnership could grow, the course could not take place in the country itself, where the control of the religious communities would be present. Instead the participants met at the premises of the HKI in Utrecht, the Netherlands, which as a largely neutral ground had to function as a facilitator of a process of building trust. Also for that reason the courses needed sufficient time to loosen some of the defensive mechanisms in the way the participants understood themselves and the others.

Much of the efforts of the facilitators of the course was aiming to create an atmosphere of tolerance and acceptance, in which the participants would start to look for ways to cooperate for the wellbeing of their society itself.

Ad 4.
The presence of a group of 12 to 15 representatives of different religious communities from a specific region in Central and Eastern Europe was an excellent opportunity to build or strengthen relations from the Netherlands to these communities. Communities and organizations in the Netherlands were asked to establish contacts and eventually also to host one or two participants for a few days.

Organization of the course

The organization of a course *Religion and Society* was a complex and time-consuming process, which contained the following steps:

Phase I
- A fact finding mission to the country or region
- Identifying possible communities and organizations which would send one or more participants
- Sending invitations and (as far as possible) monitoring the process of finding candidates
- Interviews with the candidate-participants.

Phase II
- Organizing the programme, finding speakers, contacting further partners which could be interested in cooperation
- Facilitating the course at the HKI.

Phase III
A follow-up meeting of the participants after one year in the country of region itself.

Phase I
The first step to be taken was to pay a visit to the country or the region for which the course was intended. As mentioned before, this was necessary because of the rather limited knowledge and experience especially with the Balkan region. In most cases some cooperation had been going on with diaconal or social organizations, but other parts of religious com-

munities like church headquarters, theological faculties etc. were not included in these contacts. Moreover, the relations had been of a primarily material or financial character, concerning supporting projects of these local organizations.

The main aim of the fact finding mission was to get a picture of the religious situation in the country, of the main issues between religious communities, between the state and the communities and of the ecumenical potential of organizations and communities. Addresses we gathered from organizations in the Netherlands, from eventual partners in the region or from elsewhere, from ecumenical organizations etc.

Systematically we included the following organizations in our visits: head offices of churches and other religious communities (preferably to speak to religious leaders from the higher echelons), faculties or other schools of divinity, social and diaconal organizations, other NGOs less church related but dealing with religious aspects. Principally we also included groups and individuals in the region, who had a more critical relation to organized religion: journalists, human rights organizations, lawyers dealing with issues of religious freedom, and other advocacy groups.

We focused on all religious groups in the region, both majority churches as well as minority communities, Orthodox, Roman Catholic, Protestant (Reformed, Lutheran, Methodists etc.) and Evangelical (Pentecostals, Baptists etc.). In the case of Bulgaria and Macedonia we also included the Muslim communities.

In the conversation we had, we always asked about the community itself, about its position in the wider context and about its needs. Then we introduced our plans and asked whether they would be interested in cooperating on the course. This was especially important in the case of higher church leaders, because very often without their support (of some sort) we would not be able to find participants.

During the trip we started already to identify potential participating organizations for the course. Once back from the visit, and after a thorough evaluation of the results, we issued formal invitations. In this part of the process we were keen to establish a group that would represent as much of the religious communities as possible. The point was not to make an accurate reflection of the situation, but to have the relevant voices present in the course. Without that the course would cease to be meaningful to the context the people came from, as it would not be representative of the debates among the religious communities in the country. Sometimes it was rather difficult to persuade a majority group (esp. the Orthodox) that it was important to have other groups as well (e.g. Evangelicals).

Rather we got applications to the course only very slowly. In that case we launched another call by mail and post. In one case we even had to pay an extra visit to the country in order to clarify our aims and the questions of organizations we would like to have present in the course.

The last part of this phase concerned interviews with applicants to the course. We needed to get a concrete picture of the individual participants in order to establish a group able to enter a mutual learning process. In this way we were also able to respond to the individual needs of the participants in the course, e.g. to organize visits to Dutch organizations of potential interest. Also we could include sessions in the course which focused on specific needs of individual participants.

Occasionally it happened that we had to refuse an applicant because of her or his poor knowledge of English. Sometimes the problem of the language was a barrier for potential participants. In one case we decided to accept an applicant in spite of his very limited command of English. The reason was that we needed his community in the course, but there was no better candidate in terms of the language.

PHASE II

In the meantime we started to organize the programme and to find speakers, organizations and religious communities that would be able to participate in particular sessions or elements of the course. The programme included several elements:

- Sessions on theological and ecumenical issues
- Sessions on practical issues
- Excursions to Dutch organizations
- Visits to religious communities (including a weekend stay)
- Social events.

As far as the theological and practical issues were concerned, we invited experts in the particular fields from the Netherlands, Germany, England and other countries to lead sessions. It turned out that for the process in the group it was beneficent if they could speak at least at two occasions.

For the weekend stay we asked congregations or other communities in the Netherlands to receive one or two participants, which would fit into their religious profile. We asked the hosts to organize meetings with local groups in order to enable the guests to get a picture of a local religious community in the Netherlands.

Social events included visits to cultural evenings, evenings with invited guests at the beginning and the end of the course, trips to touristic sites etc.

In the programme the Dutch religious or social organization had the function of a mirror. It had to evoke a debate on the situation in the own country or region, not because it was better or worse, but simply because it was different. It was a change of perspective on the own situation we intended to achieve, which would be functional for the mutual learning process of the group.

During the course the role of the organizers was one of moderators and leaders or guides of the learning process. They had to watch over the longer lines that were being drawn in terms of learning, to make connections between separate issues and to encourage the participants in articulating their views, questions and criticism. On some occasions they also had conversations with individual participants in order to help them in finding orientation in the process.

At the end of the course at the HKI we went through a thorough evaluation, which enabled the participants to formulate what they had achieved during the course and which questions had come up for further contemplation. Very often participants stressed significance of the location outside of their own region. In the context of the course they had experienced a sense of freedom concerning their own basic questions, something they would like to maintain in the next phase of their lives.

Phase III

At the conclusion of the course at the HKI plans were made for a next meeting of the participants after approximately one year. This follow-up meeting of one week would take place in the region itself. The primary aim was to enable the participants to look back at the course and what had happened after their return. What had become the questions they were facing in their work or in their religious community?

Everyone was invited to bring in his or her point, which was then discussed together. The follow-up got the character of intervision sessions where participants were assisting each other in formulating the problem, finding answers and identifying parallels to their own situation.

Also the location in the region itself offered the opportunity to invite speakers from the local religious communities. By that some concrete issues from the life of the communities were discussed, which were often unknown to the others.

Mostly not all participants present at the HKI turned up in the follow-up meetings. Sometimes they were prevented for practical reasons, but regularly one or two participants did not want to continue in the learning process. Mostly between 70 and 80 percent of the participants were present in the follow-up.

Very often it occurred that some participants had maintained in active contact during the year. Not only had they been visiting each other, but also they had been helpful in organizing contacts which could be helpful to each other.

After the follow-up meeting no other activities were organized in the framework of the course. Nevertheless, it happened that meetings were organized by participants themselves. Also the network of the participants was used for other activities of the Protestant Church in the Netherlands in Central and Eastern Europe.

Conclusion

After nine courses *Religion and Society* (six of them for Central and Eastern Europe) the management of the Protestant Church in the Netherlands decided to discontinue these efforts. One of the reasons certainly concerned the costs. As these courses were very time-consuming, they were also very expensive. Other reasons were of a rather pragmatic nature. For some bureaucrats in the offices of the church the results of the courses were too vague, not practical enough and hard to integrate in their rather materially concentrated programmes. Theology, ecumenism and mission became a *Fremdkörper* in the activities of the church in Europe (less so in other continents), and were finally stopped. The Protestant Church in the Netherlands withdrew theologically and mentally from Europe.

This happened in spite of evaluations which had been performed by the church itself, which univocally stressed the unique character of the courses as a laboratory of regional and local ecumenism. One evaluator wrote on the basis of his survey:

> »These are processes which occur in a spirit of ecumenism. This informal type of ecumenism is fostered and enhanced by the Institute through its international contacts, its contacts with different faith communities in the Netherlands and particularly by the faith and spirituality of its staff members. [...] Some theologians equate mission with reconciliation. I am of the opinion that the methodology developed by the Hendrik Kraemer Institute in the seminars on ›Church and Society' is a powerful instrument for fostering reconciliation and therefore of great importance for the mission of the church.«[3]

Ecumenical learning has been a profound factor in the beginnings of the ecumenical movement. Many of the leaders of ecumenical organizations like WCC, WARC, LWF or CEC received their first and formative ecumenical experiences in meetings of the international students' movement like the WSCF and the YMCA.

If the ecumenical movement wants to overcome its present crisis caused by the lack of interest from local churches, one important instrument to find new energy might be learning processes of denominationally or even religiously mixed groups. Instead of pragmatic arguments of church bureaucrats church leaders should stress the significance of ecumenical learning for the future of the churches in Europe and elsewhere.

3 Breetvelt, *In Search of New Models* (see fn. 1), 201–202.

Peter Morée

Ökumenisches und interreligiöses Lernen vor dem Hintergrund der Diversität

Die Kurse Religion und Gesellschaft des Niederländischen Hendrik-Kraemer-Instituts

Im Folgenden beschreibe ich ein Lernmodell, das in den Kursen *Kirche und Gesellschaft* oder *Religion und Gesellschaft* zwischen 1993 und 2005 angewendet wurde. Diese Analyse basiert hauptsächlich auf internen Berichten der Protestantischen Kirche in den Niederlanden, dem Hendrik-Kraemer-Institut (HKI) und auf meinen eigenen Erfahrungen als Organisator mehrerer der Kurse.

Die Zahl an Veröffentlichungen, die die Bedeutung der Lehrgänge widerspiegelt ist eher begrenzt. Einige Informationen finden sich in einem Artikel von Jaap Breetvelt, der im Auftrag der evangelischen Kirche eine Evaluation der Kurse durchführte. Sein Fazit ist, dass der Kurs von vorrangiger Bedeutung für das lokale, ökumenische Bewusstsein ist.[1]

Eine andere, sachlicher ausgerichtete Analyse, findet sich in einer in Kürze erscheinenden Publikation über das Hendrik Kraemer Institut, das die Kurse förderte. Aart Verburg, der letzte Rektor des HKI, stellt die Kurse *Religion und Gesellschaft* in das breitere Bezugssystem und Konzept der Mission, wie sie am HKI praktiziert wurde.[2]

---

1 J. Breetvelt, In Search of New Models for Missionary and Ecumenical Relationships with Africa (in: A New Day Dawning. African Christians Living the Gospel. Essays in honour of Dr. J. J. (Hans) Visser, hg. v. K. Bediako u. a., Zoetermeer 2004, 195–202).

2 A. Verburg, Het doorgaande werk van het HKI: cursussen en trainingen (2000–2010), erscheint in Kürze.

Einleitung

Im Januar 2003 verbrachte eine Gruppe von 14 Bulgaren mit unterschiedlichem religiösem Hintergrund etwa drei Wochen in Utrecht, am Hendrik-Kraemer-Institut (HKI) der heutigen, seit 2004 Protestantischen Kirche in den Niederlanden (PKN). Sie kamen aus der orthodoxen Kirche, diversen protestantischen Bekenntnissen und aus der Gemeinschaft der bulgarischen Muslime (Pomaken). Untertags arbeiteten sie am offiziellen Programm, doch danach hatten sie Zeit, zusammen zu entspannen. Das bedeutete hauptsächlich, dass die Teilnehmer sich entsprechend ihrer »natürlichen Gemeinschaften« aufteilten, da die Spannungen zwischen den Glaubensgruppen hoch sein konnten.

An einem Abend wurden die Grenzen zwischen den Untergruppen gelockert, als die Mehrheit der Teilnehmer beschloss, ein Erbe europäischer Kultur zu erkunden. Sie konzentrierten sich auf ein typisches Phänomen westlicher Musik: die Oper. In diesem Fall war Don Giovanni von Wolfgang Amadeus Mozart Gegenstand der Diskussion und des Hörerlebnisses. Die meisten Leute in dem Kreis wussten im Großen und Ganzen nicht viel über klassische Musik, und noch weniger über Opern. Für sie wurde eine neue Welt als Teil einer Identität, zu der sie gehören wollten, enthüllt.

Am auffallendsten war an dem Abend nicht, dass die Bulgaren sich Mozart anhörten oder dass sie das Konzept der Oper diskutierten. Nicht einmal die Tatsache, dass die Person, die die anderen an der Hand in die Welt der westlichen Kultur führte, kein Musikwissenschaftler war, war am bemerkenswertesten. Der wahre »Augenöffner« war, dass die Einführung in Mozarts Don Giovanni durch einen Mufti der bulgarisch-muslimischen Gemeinschaft erfolgte.

Was waren die Gründe für die Überraschung bezüglich eines Muftis als Opernexperte? Warum bestand die Vorannahme, dass er eine solche Rolle nicht einnehmen könnte? Woher kam der Unglaube? Wie kann man in solch einem Kontext arbeiten, um die Situation zu verbessern? Welche didaktischen Modelle können entwickelt werden, um eine Veränderung in Situationen unterschwelligen, gegenseitigen Misstrauens zu bewirken?

Viele der Themen hinter dieser Begebenheit waren auch Gründe für die Seminare *Religion und Gesellschaft*, die für mehrere Regionen in Mit-

tel- und Osteuropa am HKI organisiert wurden. Insgesamt fanden zwischen 1998 und 2005 fünf Seminare statt:
1. Tschechien, Slowakei, Polen (April/Mai 1998)
2. Rumänien (Januar/Februar 2000)
3. Serbien, Kroatien (Oktober/November 2001)
4. Bulgarien (Januar 2003)
5. Mazedonien (Januar 2005)

Die ersten drei hießen *Kirche und Gesellschaft im Kontext von Osteuropa bzw. Rumänien oder Südosteuropa*. Die Seminare mit Bulgaren und Mazedoniern trugen den Titel *Religion und Gesellschaft im Kontext von Bulgarien bzw. Mazedonien*.

Was waren die Motive dafür, diese Seminare zu gestalten, wie wurden sie organisiert, was war das Konzept des Seminars, und wie lief es ab? Zunächst müssen wir einen kleinen Blick auf die Geschichte werfen, die zu den Seminaren *Religion und Gesellschaft* führte.

Niederländische Protestanten und Mittel- und Osteuropa

Die evangelischen Kirchen in den Niederlanden haben eine lange Tradition der Beziehungen zu Mittel- und Osteuropa. Die einschlägigen Erfahrungen für die Seminare *Religion und Gesellschaft* gehen zurück bis in die Zeiten des Kalten Krieges. Ab den 1960er Jahren wurde danke des Austausches von Theologiestudierenden, die ein Jahr an theologischen Seminaren oder Fakultäten in der DDR, Polen, Tschechoslowakei, Ungarn, Rumänien oder Jugoslawien verbrachten, ein Netzwerk theologischer Kontakte aufgebaut. Die niederländischen Kirchen unterstützten außerdem Schwesterkirchen finanziell in mehreren Ostblockländern. Das bedeutete, dass die ökumenischen Beziehungen zwischen der PKN und Mittel- und Osteuropa nach dem politischen Wandel von 1989 einen besonders individuellen Charakter und bis Ende der 1990er Jahre eine starke finanzielle Komponente aufwiesen.

Die Beziehungen zu Kirchen auf anderen Kontinenten waren gänzlich anders. Im Fall von Indonesien wuchsen sie aus der kolonialen Vergangenheit. Die Kooperation mit Schwesterkirchen wurde traditionell »Mission« genannt und hatte in der Praxis die Form der Sendung theologischen Fachwissens (Lehrer an Seminaren) und Unterstützung der Partnerkirche beim Aufbau von Gemeinden (*church planting*). Missionsarbeit in einigen Ländern wie Afrika oder Lateinamerika wurde nach diesem Modell gestaltet. In diesem Fall waren die Missionsbeziehungen institutioneller und in ihrem Gehalt theologischer.

Auf dem Weg zur Vereinigung der Niederländischen Reformierten Kirche, der Reformierten Kirche in den Niederlanden und der kleinen Lutherischen Kirche, die schließlich 2004 erfolgte, sollten die unterschiedlichen Dienststellen ebenfalls zusammengelegt werden. Eine der grundlegenden Fragen war, wie man die ökumenische, diakonische und missionarische Arbeit, die auf verschiedenen Kontinenten geleistet wurde, integrieren sollte. Der schwierigste Fall war dabei Europa, da es keine Tradition missionarischer Beziehungen gab. Kann das Modell von Asien und Lateinamerika auch auf dem »alten« Kontinent adaptiert werden, oder sollte dieser einen Spezialstatus haben? Am Ende wurde die Entscheidung getroffen, dass das Element des Lernens hinzugefügt werden sollte, basierend auf den Erfahrungen auf den anderen Kontinenten.

Aus diesem Grund wurde der *Ökumenische Horchposten* in Zusammenarbeit mit der Evangelischen Kirche der Böhmischen Brüder und der Evangelisch-Theologischen Fakultät der Karls-Universität in Prag eingerichtet (der Autor dieser Zeilen hatte diesen Posten zwischen 2000 und 2006 inne). Arbeitsinhalt dieser Stelle war es, Seminare, Konferenzen, Studienreisen etc. mit Partnern aus mittel- und osteuropäischen Ländern zu organisieren. Eine Hauptaufgabe betraf die Seminare *Religion und Gesellschaft.*

DAS KONZEPT DES KURSES RELIGION UND GESELLSCHAFT

Das Format für die Seminare *Kirche/Religion und Gesellschaft* wurde in Kooperation mit dem HKI entwickelt, das bis vor kurzem eines der Ausbildungsinstitute für Missionare war. Das HKI wurde 1971 als Zusammenschluss mehrerer Schulen mit verschiedenen konfessionellen und theologischen Hintergründen gegründet. Seine klassische Arbeit bestand in der Vorbereitung von Missionaren für die Arbeit in einer Kultur mit Bedingungen und Ressourcen, die sich sehr von dem, was man aus der eigenen Lebenswelt kennt, unterscheiden. In den Kursen des HKI wurde eine starke Betonung auf die Inkulturation der christlichen Botschaft in einem anderen Kontext gelegt. Das HKI wurde ein Zentrum der Expertise über interkulturelle Theologie.

Mit dem Wandel der Rolle des Missionars änderte sich auch die Arbeit des HKI. Die Beziehungen zu Kirchen, die oft als Tochterkirchen der niederländischen Kirchen gegründet worden waren, wurden Beziehungen zu Partnern, denen Erfahrung und Expertise angeboten werden kann. Im Rahmen der Debatte über den Inhalt dieser interkulturellen und ökumenischen Beziehung wurde die Idee geboren, ein Seminar über die Rolle von Kirche und Religion im weiteren Kontext einer Partnerkirche zu entwickeln. 1993 fand der erste Kurs statt, der sich auf Indonesien konzentrierte. Ihm folgten zwei Kurse für einen afrikanischen Kontext: der erste für Ghana, Nigeria, Lesotho und Kamerun 1995, und der zweite für Malawi, Sambia und Zimbabwe 1996. 2002 wurde ein dritter afrikanischer Kurs organisiert für das Gebiet der Großen Seen.

Das Seminar *Kirche/Religion und Gesellschaft* verfolgte mehrere Ziele:

1. Ausbildung von jungen Führungspersonen religiöser Gemeinschaften (im Alter von 25 bis 40).
2. Vertiefung der theologischen Orientierung und des Wissens und Entwicklung praktischer Fähigkeiten der Teilnehmer.
3. Anstoß für einen ökumenischen oder interreligiösen Lernprozess, nicht zur Lösung von Problemen, sondern um Kommunikation innerhalb einer Gruppe mit unterschiedlichem Hintergrund zu erzeugen, wobei das Lernen auf der Andersartigkeit der Teilnehmer basiert.
4. Begründung von Beziehungen zwischen religiösen Gruppen des Landes oder der Region, für das das Seminar organisiert wurde, auf der einen Seite und ähnlichen Gruppen und Individuen in den Niederlanden andererseits.

Ad 1.

Der Entschluss sich auf die jüngere Generation von Gemeinschaftsoberhäuptern zu konzentrieren, wurde durch zwei Faktoren angeregt. Erstens scheinen Menschen dieses Alters aufgeschlossener für Lernprozesse zu sein. Da sie normalerweise noch vor dem Höhepunkt ihrer Karriere stehen, ist ihr Interesse sich selbst zu entwickeln und ihre Möglichkeiten zu erkunden in den meisten Fällen größer. Sie haben außerdem ein geringeres Bedürfnis oder einen geringeren Reflex, ihre eigene Gruppe unter allen Umständen zu verteidigen.

Zweitens wird die jüngere Generation in naher Zukunft die führende Generation in ihren Religionsgemeinschaften sein. In ihren Lernprozess zu investieren, heißt in die Zukunft der Gemeinschaft selbst zu investieren, in die religiöse Situation des Landes und in die Beziehungen zwischen ihnen und den niederländischen Kirchen.

Für die Letztauswahl an Teilnehmern des Kurses war es von Bedeutung, dass die TeilnehmerInnen formell von ihrer Glaubensgemeinschaft nominiert wurden. Eine solche Verlautbarung zeigte das Engagement der Führung der Gemeinschaft für den Kurs, aber auch für die individuellen Teilnehmer.

Ad 2.

Viele Teilnehmer hatten nicht die Möglichkeit, eine theologische Ausbildung in irgendeiner Form zu erhalten. Sie empfanden dies in ihren Positionen in den religiösen Gemeinschaften als einen Mangel. Das Seminar *Religion und Gesellschaft* bot mehrere Möglichkeiten an, den theologischen Blickwinkel der Teilnehmer zu erweitern.

Auch hinsichtlich benötigter praktischer Fähigkeiten, z. B. ein Büro zu leiten, wurden den Teilnehmern Möglichkeiten angeboten, ihre Fähigkeiten zu erweitern.

Ad 3.

Dies war eines der wichtigsten und auch schwierigsten Ziele des Kurses. Normalerweise sind Religionsgemeinschaften in den Ländern Mittel- und Osteuropas nicht besonders offen für ökumenische Zusammenarbeit, außer in einer begrenzten Reihe von praktischen Belangen. Sie sehen sich gegenseitig eher als potenzielle Bedrohung für ihre eigene Stellung im öffentlichen Bereich. Dies betrifft besonders die Mehrheitskirchen in diesen Ländern. Sie sind es gewöhnt, sich selbst als Repräsentanten der wahren Kirche innerhalb der Bevölkerung zu sehen, und als solche beanspruchen sie eine absolute Rolle in der Gesellschaft. Wenn eine Verknüpfung mit der Nation (ethnischen Gruppe) hergestellt wird, wird dieser Anspruch noch größer. Nation und Kirche werden identisch aufgefasst (sehr oft bei orthodoxen Kirchen, aber auch bei der griechisch-katholischen Kirche in Rumänien, der römisch-katholischen Kirche in

Kroatien oder der reformierten Kirche in Transsylvanien), was praktisch keinen Platz für andere Religionsgemeinschaften lässt.

In dieser Atmosphäre ist es sehr schwierig ökumenische oder interreligiöse Erfahrungen zu sammeln, geschweige denn, andere Religionsgemeinschaften als Partner im Kontext der Gesellschaft wahrzunehmen. Um eine Umgebung zu schaffen, in der eine solche Partnerschaft wachsen könnte, konnte das Seminar nicht im Land selbst stattfinden, wo die Kontrolle der Religionsgemeinschaften vorhanden sein würde. Stattdessen trafen sich die Teilnehmer in den Räumlichkeiten des HKI in Utrecht, in den Niederlanden, das als weitgehend neutraler Boden als Vermittler eines Prozesses des Vertrauensaufbaus fungierte. Auch aus diesem Grund benötigten die Kurse ausreichend Zeit, um einige der Schutzmechanismen der Art, in der die Teilnehmer sich selbst und die anderen verstanden, zu lockern.

Viele der Bemühungen der Moderatoren des Seminars zielten darauf ab, eine Atmosphäre der Toleranz und Akzeptanz zu schaffen, in der die Teilnehmer beginnen würden, nach Wegen der Kooperation zum Wohl der Gesellschaft selbst zu suchen.

Ad 4.

Die Anwesenheit einer Gruppe von 12 bis 15 Vertretern verschiedener Religionsgemeinschaften aus einer spezifischen Region in Mittel- und Osteuropa war eine exzellente Gelegenheit Beziehungen von den Niederlanden zu diesen Gemeinschaften zu knüpfen oder zu vertiefen. Gemeinschaften und Organisationen in den Niederlanden wurden gebeten, Kontakte herzustellen und schließlich auch ein oder zwei Teilnehmer für ein paar Tage zu beherbergen.

Organisation des Seminars

Die Organisation eines Kurses *Religion und Gesellschaft* war ein komplexer und zeitaufwendiger Prozess, der die folgenden Schritte umfasste:

Phase I

- Eine Erkundungsmission in das Land oder die Region
- Identifizierung möglicher Gemeinschaften und Organisationen, die einen oder mehr Teilnehmer entsenden würden

- Aussendung von Einladungen und (soweit wie möglich) Beobachtung des Prozesses der Teilnehmerfindung
- Interviews mit den Teilnahmekandidaten.

Phase II
- Erstellung des Programms, Vortragende finden, Kontaktierung weiterer Partner, die an einer Kooperation interessiert sein könnten
- Ermöglichung des Kurses am HKI.

Phase III
Ein Nachfolgetreffen der Teilnehmer nach einem Jahr im Land oder der Region selbst.

Phase I
Der erste erforderliche Schritt war, dem Land oder der Region, für das oder die der Kurs gedacht war, einen Besuch abzustatten. Wie bereits erwähnt, war dies aufgrund begrenzten Wissens und Erfahrung, insbesondere mit der Balkanregion, notwendig. In den meisten Fällen bestand Kooperation mit diakonischen oder sozialen Organisationen, doch andere Teile von Religionsgemeinschaften wie Kirchenleitungen, theologische Fakultäten etc. waren nicht in die Kontakte eingebunden. Zudem waren die Beziehungen vorrangig materieller oder finanzieller Natur gewesen, und betrafen Hilfsprojekte dieser lokalen Organisationen.

Das Hauptziel der Erkundungsreise war es, sich ein Bild von der religiösen Situation im Land zu machen, von den Hauptproblemen zwischen den Religionsgemeinschaften, zwischen Staat und Gemeinschaften und vom ökumenischen Potenzial der Organisationen und Gemeinschaften. Wir sammelten Adressen von Organisationen in den Niederlanden, von etwaigen Partnern in der Region oder von anderswo, von ökumenischen Organisationen etc.

Systematisch schlossen wir die folgenden Organisationen in unser Besuchsprogramm ein: Leitungen von Kirchen und anderen Religionsgemeinschaften (vorzugsweise um mit höherrangigen Führungspersonen zu sprechen), Fakultäten oder Divinity Schools, soziale und diakonische Organisationen, andere NGOs, die weniger kirchenbezogen waren, sich aber mit religiösen Aspekten beschäftigten. Prinzipiell inkludierten wir auch solche Gruppen und Einzelpersonen in der Region, die eine kritischeren Bezug zu organisierter Religion hatten: Journalisten, Menschenrechtsorganisationen, Juristen, die sich mit Belangen der Religionsfreiheit beschäftigten und andere Interessensvertretungen.

Wir konzentrierten uns auf alle Religionsgruppen in der Region, sowohl Mehrheitskirchen, als auch Minderheitsgemeinschaften, Orthodoxe, Römisch-Katholische, Protestanten (reformiert, lutherisch, Methodisten etc.) und Evangelikale (Pfingstbewegung, Baptisten etc.). Im Fall von Bulgarien und Mazedonien banden wir auch die muslimischen Gemeinden mit ein.

In den Gesprächen, die wir führten, stellten wir immer Fragen über die Gemeinschaft selbst, nach ihrer Position im weiteren Kontext und ihren Bedürfnissen. Dann stellten wir unsere Pläne vor und fragten, ob sie an einer Mitarbeit in dem Kurs interessiert wären. Dies war besonders im Falle von höheren Kirchenführern wichtig, denn ohne (einer Form von) Unterstützung von ihrer Seite, wären wir nicht in der Lage gewesen, Teilnehmer zu finden.

Während der Reise begannen wir bereits, potenzielle Teilnehmerorganisationen für das Seminar zu ermitteln. Zurück von dem Besuch und nach gründlicher Evaluierung der Ergebnisse, verschickten wir offizielle Einladungen. An dieser Stelle des Prozesses wollten wir unbedingt eine Gruppe zusammenstellen, die so viele Religionsgemeinschaften wie möglich repräsentieren würde. Es ging nicht um eine akkurate Widerspiegelung der Situation, sondern darum, relevante Stimmen im Seminar vertreten zu haben. Ohne dies wäre das Seminar nicht mehr länger sinnvoll für den Kontext, aus dem die Leute kamen, gewesen, da es für die Debatten unter den Religionsgemeinschaften im jeweiligen Land nicht repräsentativ gewesen wäre. Manchmal war es recht schwer, eine Mehrheitsgruppe davon zu überzeugen (besonders die Orthodoxen), dass es wichtig war, auch andere Gruppen dabei zu haben (z. B. Evangelikale).

Anmeldungen für das Seminar erhielten wir eher sehr langsam. In dem Fall starteten wir einen weiteren Aufruf per E-Mail oder Post. In einem Fall mussten wir dem Land sogar einen Extrabesuch abstatten, um unsere Ziele klarzustellen und die Fragen der Organisationen, die wir gerne in unserem Seminar vertreten gehabt hätten, zu beantworten.

Der letzte Abschnitt dieser Phase betraf Interviews mit Kursbewerbern. Wir mussten ein konkretes Bild der individuellen Teilnehmer bekommen, um eine Gruppe zu bilden, die in der Lage sein würde, in einen gemeinsamen Lernprozess zu treten. Auf diese Weise konnten wir auch auf die individuellen Bedürfnisse der Seminarteilnehmer eingehen, z. B. Besuche bei potenziell interessanten niederländischen Organisationen zu organisieren. Wir konnten auch Einheiten in das Seminar einbinden, die sich auf spezifische Bedürfnisse einzelner Teilnehmer konzentrierten.

Gelegentlich kam es vor, dass wir einen Bewerber wegen ungenügender Englischkenntnisse ablehnen mussten. Manchmal war das Sprachproblem ein Hindernis für potenzielle Teilnehmer. In einem Fall beschlossen wir, einen Teilnehmer trotz der sehr begrenzten Beherrschung des Englischen aufzunehmen. Der Grund war, dass wir seine Gemeinschaft im Seminar brauchten, doch was die Sprache betraf, gab es keinen besseren Kandidaten.

Phase II

In der Zwischenzeit begannen wir, das Programm zu organisieren und Referenten, Organisationen und Religionsgemeinschaften zu finden, die in der Lage sein würden, an bestimmten Elementen des Seminars teilzunehmen. Das Programm beinhaltete mehrere Elemente:
- Einheiten zu theologischen und ökumenischen Belangen
- Einheiten zu praktischen Themen
- Exkursionen zu niederländischen Organisationen
- Besuche bei Religionsgemeinschaften (inklusive eines Wochenendaufenthaltes)
- Gesellschaftliche Ereignisse.

Soweit es theologische und praktische Belange betraf, luden wir Experten aus den bestimmten Bereichen aus den Niederlanden, Deutschland, England und anderen Ländern ein, um einzelne Kurseinheiten zu leiten. Es zeigte sich, dass es vorteilhaft für den Gruppenprozess war, wenn sie bei zumindest zwei Gelegenheiten sprechen konnten.

Für den Wochenendaufenthalt baten wir Gemeinden oder andere Gemeinschaften in den Niederlanden, ein oder zwei Teilnehmer aufzunehmen, die in ihr religiöses Profil passen würden. Wir baten die Gastgeber, Treffen mit lokalen Gruppen zu organisieren, um es den Gästen zu ermöglichen, sich ein Bild einer lokalen Religionsgemeinschaft in den Niederlanden zu machen.

Das soziale Programm beinhaltete Besuche von Kulturabenden, Abende mit eingeladenen Gästen zu Beginn und am Ende des Seminars, Ausflüge zu Sehenswürdigkeiten etc.

Im Programm erfüllte die holländische religiöse oder soziale Organisation die Funktion eines Spiegels. Sie sollte eine Debatte über die Situation im eigenen Land oder der eigenen Region auslösen, nicht weil sie besser oder schlechter war, sondern einfach weil sie anders war. Wir wollten einen Perspektivenwechsel für die eigene Situation erreichen, der für den gemeinsamen Lernprozess der Gruppe zweckmäßig sein würde.

Während des Seminars war die Rolle der Organisatoren die von Moderatoren und Leitern oder Führern des Lernprozesses. Sie mussten auf die längeren Bögen achtgeben, die in Bezug auf den Lernprozess gespannt wurden, um Verbindungen zwischen einzelnen Themen herzustellen und die Teilnehmer zu ermuntern, ihre Sichtweisen, Fragen und Kritikpunkte zu äußern. Bei manchen Anlässen führten sie auch Gespräche mit einzelnen Teilnehmern, um ihnen zu helfen, sich in dem Prozess zu orientieren.

Am Ende des Seminars am HKI führten wir eine genaue Evaluation durch, die es den Teilnehmern ermöglichte, zu formulieren, was sie während des Kurses erreicht hatten und welche Fragen zur weiteren Betrachtung sich ergeben hatten. Sehr oft betonten Teilnehmer die Bedeutung des Seminarorts außerhalb ihrer eigenen Region. Im Kontext des Seminars hatten sie ein Gefühl der Freiheit bezüglich ihrer eigenen Grundfragen erlebt – etwas, dass sie gerne in ihrer nächsten Lebensphase aufrechterhalten wollten.

Phase III

Am Ende des Seminars am HKI wurden Pläne für ein nächstes Treffen der Teilnehmer nach ungefähr einem Jahr gemacht. Dieses einwöchige Nachfolgetreffen sollte in der Region selbst stattfinden. Hauptziel war, den Teilnehmern die Möglichkeit zu geben, auf den Kurs zurückzublicken und zu überlegen, was nach ihrer Rückkehr passiert war. Was war zu Fragen geworden, vor denen sie in ihrer Arbeit oder ihrer Religionsgemeinschaft standen?

Jeder war dazu eingeladen, seinen oder ihren Standpunkt einzubringen, der dann gemeinsam diskutiert wurde. Die Nachbereitung erhielt den Charakter von Intervisionssitzungen, bei denen die Teilnehmer sich gegenseitig dabei unterstützten, das Problem zu formulieren, Antworten zu finden und Parallelen zu ihrer eigenen Situation zu erkennen.

Auch der Treffpunkt in der Region selbst bot die Gelegenheit, Redner aus den lokalen Religionsgemeinschaften einzuladen. Dadurch wurden einige konkrete Thematiken aus dem Leben der Gemeinschaften diskutiert, die den anderen oft unbekannt waren.

Meistens kamen nicht alle anwesenden Teilnehmer, die beim HKI dabei gewesen waren, zu den Nachfolgetreffen. Manchmal waren sie aus praktischen Gründen verhindert, aber regelmäßig wollten ein oder zwei Teilnehmer nicht weiter am Lernprozess teilnehmen. Meistens war zwischen 70 und 80 Prozent der Teilnehmer bei der Nachbereitung anwesend.

Sehr oft kam es vor, dass manche Teilnehmer während des vergangenen Jahres in aktivem Kontakt geblieben waren. Sie hatten sich nicht nur gegenseitig besucht, sondern auch bei der Organisation von Kontakten unterstützt, die für einander nützlich sein könnten.

Nach dem Nachfolgetreffen wurden keine weiteren Aktivitäten im Rahmen des Seminars organisiert. Nichtsdestotrotz kam es vor, dass Treffen von den Teilnehmern selbst organisiert wurden. Das Netzwerk der Teilnehmer wurde von der Protestantischen Kirche in den Niederlanden in Mittel- und Osteuropa auch für andere Aktivitäten genutzt.

Fazit

Nach neun Seminaren *Religion und Gesellschaft* (davon sechs für Mittel- und Osteuropa), entschied die Leitung der Protestantischen Kirche in den Niederlanden, diese Bemühungen nicht fortzuführen. Einer der Gründe betraf gewiss die Kosten. Da diese Seminare sehr zeitaufwendig waren, waren sie auch sehr teuer. Andere Gründe waren eher pragmatischer Natur. Für einige Bürokraten in den Kirchenbüros waren die Ergebnisse der Seminare zu vage, nicht praktisch genug und schwer in ihre eher materiell orientierten Programme zu integrieren. Theologie, Ökumene und Mission wurden zu einem *Fremdkörper* in den Aktivitäten der Kirche in Europa (weniger auf anderen Kontinenten) und wurden schließlich beendet. Die Protestantische Kirche in den Niederlanden zog sich theologisch und geistig aus Europa zurück.

Dies geschah trotz der Evaluationen, die von der Kirche selbst vorgenommen worden waren, und die einstimmig den einzigartigen Charakter der Seminare als einem Versuchslabor von regionaler und lokaler Ökumene betonten. Ein Beurteiler schrieb auf der Grundlage seiner Erhebung:

> »Dies sind Prozesse, die im Geiste der Ökumene stattfinden. Diese informelle Art von Ökumene wird vom Institut gefördert und durch seine internationalen Kontakte, seine Kontakte mit verschiedenen Glaubensgemeinschaften in den Niederlanden und besonders durch den Glauben und die Spiritualität seiner Mitarbeiter bereichert. [...] Manche Theologen setzen Mission gleich mit Aussöhnung. Ich bin der Meinung, dass die vom Hendrik-Kraemer-Institut entwickelte Methodik in den Seminaren zu ›Kirche und Gesellschaft‹ ein wirksames Instrument zur Förderung von Aussöhnung ist und daher von großer Bedeutung für die Mission der Kirche.«[3]

Ökumenisches Lernen ist am Beginn der ökumenischen Bewegung ein profunder Faktor gewesen. Viele der Leiter ökumenischer Organisationen wie WCC, WARC, LWF oder CEC sammelten ihre ersten und prägenden Erfahrungen bei Treffen der internationalen Studentenbewegungen wie WSCF und YMCA.

Wenn die ökumenische Bewegung ihre derzeitige Krise überwinden will, die durch das mangelnde Interesse von lokalen Kirchen ausgelöst wurde, könnten Lernprozesse von konfessionell oder gar religiös gemischten Gruppen ein wichtiges Instrument sein, um neue Energie zu finden. Statt pragmatischer Argumente von Kirchenbürokraten, sollten kirchliche Führungspersönlichkeiten die Bedeutung von ökumenischem Lernen für die Zukunft der Kirchen in Europa und anderswo betonen.

---

3 Übersetzt nach: Breetvelt, In Search of New Models (s. Anm. 1), 201f.

Harald Schroeter-Wittke

Kirchentage, Festivals, Conventions – Religiöse Happenings als Orte der Glaubensbildung

1 Religiöse Happenings als Bildungsereignisse

Wenn nach Orten der Glaubensbildung gefragt wird, dann gilt es, eine religionspädagogische Topologie zu entwickeln. Happenings, Events, Festivals, Conventions oder Kirchentage sind Feste, Ausnahmezustände der Kirche ebenso wie des Alltags.[1] Sie sind »Heterotope«[2] – Orte, an denen das Andere, das Außerordentliche, das Außergewöhnliche in Erscheinung tritt. Solche Orte sind Bühnen für die Darstellung dessen, was uns fremd ist und am Leben hält. Es sind außeralltägliche Orte, die als solche ihre Wirkung haben – auch und gerade im Alltag. Dabei ist es wichtig zu erkennen, dass diese Wirkung nicht auf der Übernahme des Außergewöhnlichen ins Gewöhnliche, des Außerordentlichen ins Ordentliche beruht, sondern nur als das Andere Wirkung haben kann für den Alltag. Man könnte von einer indirekten, von einer verborgenen, von einer unterirdischen, manchmal auch überirdischen Wirkung sprechen.

---

1 Vgl. J. Kunstmann, Fest/Feiern/Event (in: K. Fechtner u. a. [Hg.], Handbuch Religion und Populäre Kultur, 2005, 52–62).

2 Vgl. M. Foucault, Andere Räume (in: K. Barck u. a. [Hg.], Aisthesis. Wahrnehmung heute oder Perspektiven einer anderen Ästhetik, 1990), 39: »Es gibt gleichfalls – und das wohl in jeder Kultur, in jeder Zivilisation – wirkliche Orte, wirksame Orte, die in die Einrichtung der Gesellschaft hineingezeichnet sind, sozusagen Gegenplazierungen oder Widerlager, tatsächlich realisierte Utopien, in denen die wirklichen Plätze innerhalb der Kultur gleichzeitig repräsentiert, bestritten und gewendet sind, gewissermaßen Orte außerhalb aller Orte, wiewohl sie tatsächlich geortet werden können. Weil diese Orte ganz *andere* sind als alle Plätze, die sie reflektieren oder von denen sie sprechen, nenne ich sie im Gegensatz zu den Utopien die *Heterotopien*.«

Das gilt insbesondere für die Bildungsprozesse, die mit solchen Happenings einhergehen. Denn auf der einen Seite ist es richtig zu sagen: Das Fest ist etwas anderes als der Alltag. Das Fest hat daher auch nichts mit Pädagogik zu tun. Auf einem Fest gibt es nicht zu lernen, dafür aber jede Menge zu feiern. Feste werden gefeiert. Sie sind »Unterbrechungen des Lebens«.[3] Wer das Fest pädagogisiert, raubt ihm seinen wesentlichen Charakter.

Aber dennoch gilt auch das andere: Auf Festen geschieht Bildung. Im Nachgang zum Fest, im Nachklang, in der Resonanz und in der Reflexion eines Festes werden Bildungsprozesse angestoßen, die von den Ressourcen des Festes leben.

Dieses geschieht nicht nur im Nachhinein, sondern kann im Fest selbst geschehen, wenn denn das Fest als Performance begriffen wird. Denn Performance ist ein Prozess, in dem und indem ein Handeln mit reflexiven Momenten geschieht. Daher kann die Performance mit ihrer Handlung als Bildungsprozess wirken. Es geht dabei um den fundamentalen Unterschied zwischen *doing* und *performing*: »The difference between doing and performing, according to this way of thinking, would seem to lie not in the frame of theatre versus real life but in an attitude – we may do actions unthinkingly, but when we think about them, this introduces a consciousness that gives them the quality of performance.«[4] Es geht daher aus der Bildungsperspektive bei religiösen Happenings nicht um »to do religion, but to perform religion«. Die Wahrnehmung von Religion als Performance – und damit die Realisierung der Bildungsaufgabe von Religion, insbesondere des Christentums, das wesentlich »denkende Religion«[5] ist, kann sich von selbst im Prozess einstellen, sie kann aber auch durch begleitende Maßnahmen oder durch die Strukturen eines Happenings befördert werden. Kirchentage bieten in dieser Hinsicht viele Möglichkeiten, die auch die unterschiedlichen Dimensionen von Bildung ansprechen.

---

[3] Vgl. D. Rössler, Unterbrechungen des Lebens. Zur Theorie des Festes bei Schleiermacher (in: P. Cornehl / M. Dutzmann / A. Strauch [Hg.], In der Schar derer, die da feiern. Feste als Gegenstand praktisch-theologischer Reflexion, 1993, 33–40).

[4] M. Carlson, Performance. A Critical Introduction, London 1996, 5.

[5] C. H. Ratschow, Das Christentum als denkende Religion (NZSTh 5, 1963, 16–33).

Ich beschränke mich bei meiner Analyse im Folgenden auf den Deutschen Evangelischen Kirchentag, weil er in Europa das größte Ereignis seiner Art darstellt und bei ihm all das in komplexer Weise zusammenkommt, was als Bildungsdimensionen von religiösen Happenings benennbar ist.[6] Auch wenn kleinere oder monokulturelle Happenings nicht diese Breite an Bildung zu bieten haben, sind sie gleichwohl ebenso als Bildungsveranstaltungen wahrzunehmen. Das gilt z. B. für die fünf Christival-Kongresse 1976 in Essen, 1988 in Nürnberg, 1996 in Dresden, 2002 in Kassel und 2008 in Bremen, die immer zwischen ca. 15000 und 30000 Dauerteilnehmende versammelt haben. Das 6. Christival soll 2016 an einem noch nicht benannten Ort stattfinden. Als Bildungsveranstaltung sind auch die Christlichen Begegnungstage anzusprechen, die seit 1991 alle drei Jahre viele evangelische Christen aus Mitteleuropa versammeln. Sie waren 2011 in den Kirchentag in Dresden integriert und werden 2014 in Wrocław (Polen) stattfinden. Hier geschieht Bildung vor allem durch Formen der Begegnung. Schließlich muss hier auch das *European Methodist Festival* Erwähnung finden. Es fand erstmals anlässlich des 300. Geburtstags von John Wesley 2003 in Potsdam/Berlin statt, 2007 dann in Bratislava und wird vom 1. bis 5. August 2012 in Krakau (Polen) eine Neuauflage erleben.

2 Begeisterung und Glaubensbildung

> »Over 100.000 people participated and there were times where it seemed the whole city had become a stage for the church's activities and stunts and spectacles. It seemed like a foreshadowing of what is to come and also an echo of festivals in Biblical times where faith, feasting and foreshadowing the Kingdom played significant roles.«

So lautete das Feedback des australischen Bloggers Andrew Jones, der mit einem 4×4-Truck die Welt durchreist, angesichts des 33. Deutschen Evangelischen Kirchentags in Dresden vom 1.–5. Juni 2011.

---

[6] Vgl. P. BUBMANN, Der Kirchentag als Bildungsangebot (in: Neues Gemeindepädagogisches Kompendium, hg. v. G. Adam / R. Lachmann, 2008, 413–424).

Die Begeisterung, die hier durchklingt, ist in mehrfacher Hinsicht ein Bildungsereignis. Es kann daher nicht mehr die Frage sein, ob religiöse Happenings ein Ort der Glaubensbildung sind, sondern nur noch, inwiefern sie ein Bildungsereignis des Glaubens sind.

Jones lässt hinsichtlich des Kirchentags drei insbesondere in der Popkultur wesentliche Dimensionen von Bildung anklingen:

1. Happenings sind Massenereignisse. Als solche sind sie spezifische Formen von Gemeinschaftsbildung, die erst durch die Eisenbahnen im 19. Jahrhundert als regelmäßige Institutionen möglich werden und seitdem weltweit verbreitet sind. Die Kirchentagsbewegung[7] und auch die Katholikentage[8] in Deutschland werden daher Mitte des 19. Jahrhunderts gegründet, beide innerhalb eines Monats im Jahr 1848. Sie entwickeln sich zu öffentlichen Kundgebungen, die zwar der Pflege der Religion gelten, deren implizite (und später auch explizite) politische Wirkungen aber immer wahrgenommen wurden.
2. Happenings sind als Massenversammlungen öffentliche Ereignisse. Diese Öffentlichkeit hat immer politische Auswirkungen, weshalb insbesondere solche Veranstaltungen, die mit einem expliziten Bildungsanspruch einhergehen, in den totalitären Regimes des 20. Jahrhunderts, von staatlicher Seite immer auch misstrauisch beäugt worden sind. Das gilt in abgeschwächter Form auch für die Deutschen Katholikentage im 19. Jahrhundert unter einer vorwiegend protestantischen Regierungsherrschaft.
3. Als öffentliche Massenereignisse sind auch religiöse Happenings, Events, Kirchentage etc. Phänomene der Popkultur, deren Beginn ebenso in der Mitte des 19. Jahrhunderts verortet werden kann,[9] die aber mit den Neuen Medien und Popmusik im 20. Jahrhundert noch einmal einen gehörigen Schub bekommen hat.
4. Kirchentage verbinden religiöse Wurzeln der Vergangenheit mit prophetischen Lebensvisionen, indem sie Zeitansage zu sein beanspru-

---

[7] Vgl. dazu W. Kreft, Die Kirchentage von 1848–1872, 1994; sowie D. Bormuth, Die Deutschen Evangelischen Kirchentage in der Weimarer Republik, 2007.

[8] Vgl. dazu H. Hürten, Spiegel der Kirche – Spiegel der Gesellschaft? Katholikentage im Wandel der Welt, 1998; sowie U. von Hehl / F. Kronenberg (Hg.), Zeitzeichen. 150 Jahre Deutsche Katholikentage 1848–1998, 1999.

[9] Vgl. dazu H.-O. Hügel (Hg.), Handbuch Populäre Kultur, 2003.

chen: faith, feasting und foreshadowing. Damit spannen sie einen für die jeweilige Gegenwart geltenden dramaturgischen Bogen von biblischen Zeiten zu Gegenwartsfragen und Zukunftsherausforderungen. Man könnte Kirchentage eine zeitgenössische Gestaltungs- und Erlebnisform von Naherwartung, Parusie nennen.

3 Der Kirchentag nach dem 2. Weltkrieg

Der Kirchentag als Ort der Glaubensbildung hat sich im Laufe seiner Geschichte verändert, was Parallelen erkennen lässt zu den wichtigsten zeitgenössischen pädagogischen Strömungen. Daher ist ein kleiner Abriss seiner Geschichte nach dem 2. Weltkrieg hilfreich.[10]

Der Kirchentag der Gegenwart wurde am 31.7.1949 in Hannover vom späteren Bundespräsidenten Gustav Heinemann (1899-1976) als »Einrichtung in Permanenz« proklamiert. Sein Gründer und erster Präsident war der aus Pommern stammende Gutsbesitzer und Jurist Reinold von Thadden-Trieglaff (1891-1976), der auch in der Ökumenischen Bewegung sehr aktiv war. Er verband mit dem Kirchentag, dem er in Fulda sein ständiges Büro gab, folgende Ziele:

1. Der Kirchentag will die Laien als Schnittstelle zwischen Kirche und Welt und damit als Träger von Mission stärken und zurüsten.
2. Der Kirchentag stellt ein Begegnungsforum für den gesamten deutschen Protestantismus dar und will die weltweite Ökumene erfahrbar machen.
3. Der Kirchentag will das Erbe der »Bekennenden Kirche« für die nachkriegsdeutsche demokratisch-pluralistische Gesellschaft weiterführen.
4. Der Kirchentag versteht sich schließlich als ein Instrument von Kirchenreform.

---

[10] Zur Geschichte des Kirchentags nach 1945 vgl. R. Runge / C. Krause (Hg.), Zeitansage. 40 Jahre Deutscher Evangelischer Kirchentag, 1989; H. Schroeter, Kirchentag als vor-läufige Kirche. Der Kirchentag als eine besondere Gestalt des Christseins zwischen Kirche und Welt, 1993; R. Runge / M. Käßmann (Hg.), Kirche in Bewegung. 50 Jahre Deutscher Evangelischer Kirchentag, 1999; sowie R. Runge / E. Ueberschär (Hg.), Fest des Glaubens – Forum der Welt. 60 Jahre Deutscher Evangelischer Kirchentag, 2009.

Von 1949 bis 1961 wird der Kirchentag von der deutsch-deutschen Frage geprägt und stellt sich der Welt, der er Hoffnung und Antwort zu geben versucht, mehr oder weniger geschlossen gegenüber. Seine Berliner Losung »Wir sind doch Brüder« (1951) drückt das Zusammengehörigkeitsgefühl jener Zeit aus, deren Höhepunkt 1954 die Schlussversammlung in Leipzig mit 650000 Teilnehmenden war. Nach dem Mauerbau 1961 verliert er seine gesamtdeutsche Klammerfunktion. Unübersehbar mit der Dortmunder Losung »Mit Konflikten leben« (1963) steht nun die pluralistische Gesellschaft der BRD mit ihren Schwierigkeiten im Mittelpunkt. Die Kirchenreform kommt auf die Tagesordnung. Der Veranstaltungsstil des Kirchentages wandelt sich: Weniger Vorträge – mehr Diskussion. So wird er zu einem Forum des Protestantismus, der nicht mehr der Welt gegenübersteht, sondern an ihren Problemen teilhat. Seit Düsseldorf 1973, seinem zahlenmäßigen Tiefpunkt mit nur noch 7500 Dauerteilnehmenden, hat sich der Kirchentag stark gewandelt, insbesondere durch seine neu eingerichteten Partizipationsmöglichkeiten mit dem »Markt der Möglichkeiten« und anderen kommunikativen Veranstaltungen, in denen sog. Mitwirkende ihr Leben und ihren Glauben darstellen und mitteilen können. Seit Hamburg 1981 wird der Kirchentag zu einem wichtigen Multiplikationsfaktor für die Friedensbewegung in der BRD sowie für den ökumenischen konziliaren Prozess.

In der DDR[11] entwickeln sich nach 1961 regionale Kirchentage auf verschiedenen Ebenen, die stärker Kongresscharakter haben. Höhepunkt waren hier die sieben Kirchentage zum 500. Geburtstag Martin Luthers 1983. Mit der Bereitstellung eines Diskussionsfreiraums sind die Kirchentage in der DDR wichtige Bausteine auf dem Weg zum Mauerfall 1989.

Die gesamtdeutsche Funktion des Kirchentags spielt nach der Wiedervereinigung 1990 wieder eine Rolle, auch wenn sie nicht so spektakulär wahrgenommen wird wie in den 1950er Jahren. Die Kirchentage seit den 1990er Jahren sind geprägt durch unüberschaubare Pluralität, die sich vielfach dem Vorwurf der Beliebigkeit ausgesetzt sieht. Dieser Vorwurf ist jedoch nur aus einer Position heraus erhebbar, die versucht, den Überblick zu behalten, und sich dementsprechend nicht auf den

---

[11] Vgl. dazu O. Schröder / H.-D. Peter (Hg.), Vertrauen wagen. Evangelischer Kirchentag in der DDR, 1993.

Fluss des Geschehens vor Ort einlassen kann. Die kulturelle Dimension tritt seit den 1990er Jahren immer deutlicher in Erscheinung. Der Kirchentag arbeitet mit den Mitteln zeitgenössischer Popkultur. Er wird ein Event. Er stellt eine Form von eventueller Kirche dar, einer Kirche, deren Zugehörigkeitsformen einen anderen Aggregatzustand haben als diejenigen der Parochie. Das betrifft das Raumformat des Kirchentags ebenso wie sein Zeitformat.

Mit den Ökumenischen Kirchentagen (ÖKT) 2003 in Berlin und 2010 in München, die vom Präsidium des DEKT gemeinsam mit dem die Katholikentage verantwortenden Zentralkomitee der Deutschen Katholiken verantwortet werden, eröffnet sich eine neue Dimension seiner Geschichte und Gestalt im 21. Jahrhundert, die fortgesetzt wird und deren langfristige Bildungsaufgaben und -effekte gar nicht hoch genug veranschlagt werden können.

4 Strukturen des Bildungsortes Kirchentag

Als eingetragener Verein ist der Kirchentag unabhängig von der Kirche. Seit 1959 findet er in der BRD alle zwei Jahre fünf Tage im Mai/Juni in wechselnden Messestädten statt. Seine drei Standbeine: die biblisch-theologische Arbeit, die gesellschaftlich-politische Verantwortung und das gottesdienstlich-seelsorgerliche Erleben spiegeln sich in der Grobstruktur der Veranstaltungstage wider. Während die Bibelarbeiten bis heute konkurrenzlos die Tage eröffnen, werden die gesellschaftlichen Probleme durch Vorträge und Diskussionsveranstaltungen bis in den frühen Abend hinein erörtert. Die Abende sind kulturellen und liturgischen Veranstaltungen vorbehalten.

Von Beginn an wurde der Kirchentag als »Laienbewegung« beschrieben, der von der klerikal-parochialen Gestalt von Kirche unterschieden ist und auf Freiwilligkeit basiert. Seine Einladung ergeht an »Unbekannt«, wie sein Gründer immer wieder betonte. Was ein Laie ist, lässt sich, anders als im Katholizismus, im Protestantismus nicht restlos definieren. Es handelt sich dabei um einen Begriff, der es gerade in seiner Unbestimmtheit vielen Menschen ermöglicht, sich dort angesprochen, angesehen und angenommen zu fühlen. Der Laienbegriff ist ein Gegenbegriff, der den Unterschied zu »denen da oben« markiert und genau aufgrund dieser Popularität Freiräume für eine Bildung schafft, die nicht bevormundet, sondern mündig macht. In den 1950er Jahren wurde der Laie in der Ökumenischen Bewegung vor allem als Schnittstelle zwischen Kirche und Welt verstanden, also als der Ort, an dem sich der »Gottesdienst im Alltag der Welt«[12], mithin das Kirchesein also, entscheidet. Diese Laien zu rüsten, ist vornehmste programmatische Aufgabe des Kirchentags.

Von Anfang an war er als Massenversammlung ebenso geplant wie umstritten. Aber nur als Massenereignis stellt er ein Medienereignis dar und bildet so eine wesentliche öffentliche Erscheinungsform von Kirche im Protestantismus. Kirchentag gibt es in dieser Form nur in der für die BRD typischen Volkskirche, weil er das in ihr ungenutzte Potenzial von Freiwilligen zur Geltung bringt.

In den 1960er Jahren wird der Kirchentag auch »Forum des Protestantismus« und »evangelische Zeitansage« genannt, was seine protestantische Freiheit zur Geltung bringt und das Kontroversprinzip als Problemlösungsverfahren fördert.

Seit Mitte der 1970er Jahren schafft es Kirchentag mit seinen Partizipationsstrukturen wieder, ab 1981 alle zwei Jahre jeweils ca. 100000 Dauerteilnehmende an sich zu binden, wovon jeweils die Hälfte wiederum Erstbesuchende sind. Dabei beläuft sich die Zahl der Mitwirkenden im 21. Jahrhundert wiederum auf ca. die Hälfte aller Kirchentagsteilnehmenden. Der Kirchentag avanciert damit zu einer der wichtigsten Formen von erlebter und erlebbarer Kirche – zumeist mit rundum positiven Erfahrungen und Konnotationen. Wer sich zu Hause als Kirche in einer Minderheitensituation erfährt, erlebt auf dem Kirchentag, dass er bzw. sie in der Mehrheit ist.

Schließlich bringt die Kennzeichnung des Kirchentags als evangelischer Wallfahrt seine Erlebnisqualität für die Teilnehmenden zur Geltung. In diesem Sinne kann der Kirchentag auch als Bildungsreise beschrieben werden. Die Stärke des Kirchentags besteht darin, dass er durch das Erleben Fakten schafft, die die theologische Lehre allenfalls nach-denken lässt.

---

[12] E. Käsemann, Gottesdienst im Alltag der Welt. Zu Römer 12 (in: Ders., Exegetische Versuche und Besinnungen II, 1964, 198–204).

Im Sinne Schleiermachers ist der Kirchentag eher darstellendes Handeln, weniger wirksames Handeln, auch wenn viele von ihm wirksames Handeln erwarten. Ohne diese Erwartung wäre der Kirchentag auch nicht mehr lebendig. Was Kirchentag ist, lässt sich trotz vieler Versuche nicht genau beschreiben. Diese Ungenauigkeit aber gibt den vielen Teilnehmenden die Chance, mitzumachen, mitzumischen und sich darzustellen. Keiner weiß, was Kirchentag ist, aber alle machen mit. Für den Kirchentag würde es an sein evangelisches Selbstverständnis rühren, wenn diese Freiheit des darstellenden Mitmachens beschnitten würde. Die Entwicklung seiner Strukturen zu immer mehr Mitbestimmungs- und Partizipationsformen ist von hieraus konsequent, auch wenn sie das Kirchentagsgeschehen für Außenstehende unübersichtlicher und für Insider langwieriger macht. Dies gilt für die Wahl des Kirchentagsplakats ebenso wie für die Autonomie von Forumsleitungen. An dieser Pluralität führt kein Weg vorbei. Sie ist typisch evangelisch und gewinnt im Kirchentag öffentlichkeitswirksam und immer wieder neu enttäuschend und begeisternd Gestalt.

5 Bildungsdimensionen des Kirchentags

Damit vereint der Kirchentag als einer »Sprachschule des Glaubens«[13] in hervorragender Weise folgende Dimensionen von Bildung:

1. Selbstbildung. Die unglaubliche Fülle von ca. 3000 Veranstaltungen während eines Kirchentags erfordert von seinen Teilnehmenden ein hohes Maß an Wahl- und Entscheidungsfähigkeit, gepaart mit einer hohen Leidensfähigkeit, die entschädigt wird durch ein Erlebnis einer Massenatmosphäre, die sich bislang immer deutlich absetzte von totalitären Massenphänomenen.
2. Vertrauensbildung. Kirchentagserlebnisse wirken zunächst *fiducia* (Vertrauen), auf der *cognitio* (Glaubenswissen) wachsen kann. Die Teilnehmenden werden als Subjekte der Bildung wahrgenommen, was

[13] Ernst Lange hat diesen Begriff geprägt, den Margot Käßmann auf den Kirchentag wendet: Kirche in der Zukunft – Impulse aus der Kirchentagsarbeit (DtPfBl 98, 1998), 657.

insbesondere bei den vielen Mitwirkenden im Markt der Möglichkeiten, bei den vielen kulturellen Gruppen (Musik – Theater – Kleinkunst) und bei den Beteiligten an den Kirchentagsausschreibungen (Gottesdienstwerkstatt – Kirchenmusikausschreibung – mehrere Tausende Bläserinnen und Bläser etc.) Gestalt gewinnt.

3. Gemeinschaftsbildung. Kirchentage bewirken für Menschen, die zu Hause oft in einer Minderheitensituation sind, ein Mehrheitserlebnis. Sie tun dies in einer großen Stadt, die oft von einem hohen Maß an Säkularisierung geprägt ist – eine Prägung, die für die Dauer eines Kirchentags transformiert wird. Dass das nicht allen gefällt, ist verständlich, weil Kirchentage die Grenze zwischen privat und öffentlich ins Fließen bringen (vgl. hierzu z. B. die Kommentare des als bissig geltenden Kabarettisten Wiglaf Droste zum Dresdner Kirchentag in der *taz*, die klug daherzukommen glaubten, aber mit ihrer stilistisch die Grenzen des guten Geschmacks überschreitenden Ausbreitung von Vorurteilen ein hohes Maß an Inkompetenz unter Beweis stellten, die aus einer Angst vor religiösen Übergriffen gespeist wird). Gemeinschaftsbildung hat daher immer auch etwas Exkludierendes.
4. Ästhetische Bildung. Der Kirchentag wird von den zumeist jüngeren Teilnehmenden vor allem als Kulturereignis wahrgenommen. Da die Kirchentagskultur aber zumeist mit einem Bildungsangebot gepaart ist, wird hier anders gelernt und gebildet als im Schul- oder Arbeitsalltag der Teilnehmenden.
5. Politische Bildung. Der Kirchentag bringt mit seinen Podiumsveranstaltungen, Foren, Vortragsreihen, Hauptvorträgen, Themenhallen etc. eine Vielzahl an politisch Tätigen live auf die Bühne. Dabei ist nicht nur die Prominenz wichtig (Bundespräsident, Bundeskanzlerin, Bundes- und Landesminister etc.), sondern auch diejenigen, die dazu gesellt werden, damit es zum kritischen Dialog kommen kann.
6. Theologische Bildung. Mit seinen Bibelarbeiten und vielen innovativen theologischen Zentren (feministische Basisfakultät – Zentrum Bibel – AG Christen und Juden – christlich-muslimischer Dialog – Halle der Theologie etc.) leistet der Kirchentag eine nicht zu unterschätzende theologische und auch religionspolitische Bildungsarbeit für Nicht-Theologinnen und -Theologen.

Der Kirchentag ist eine Form von Kirche, die mit dem wichtigsten Medium der Popkultur arbeitet: Kirchentag ist gute Unterhaltung[14] in der dreifachen Bedeutung des deutschen Wortes: Der Kirchentag ernährt, indem er Unterhalt gewährt. Der Kirchentag lässt die Menschen auf Augenhöhe miteinander ins Gespräch kommen und fördert so die Unterhaltung unter Gleichberechtigten. Der Kirchentag macht schließlich einfach Spaß und begeistert so die Menschen. Alle drei Unterhaltungsdimensionen sind Voraussetzung dafür, dass Kirchentage auch weiterhin religionssensible[15] Orte der Glaubensbildung bleiben.

[14] Vgl. H. Schroeter-Wittke, Art. Unterhaltung (in: TRE 34, 2002, 397–403).

[15] Vgl. dazu G. Guttenberger / H. Schroeter-Wittke (Hg.), Religionssensible Schulkultur, 2011.

Harald Schroeter-Wittke

Kirchentags, Festivals, Conventions – Religious happenings as places for the formation of faith

1 Religious happenings as formative events

If we ask about places for the formation of faith, then we need to develop a topography of religious pedagogy. Happenings, Events, Festivals, Conventions or *Kirchentags* are celebrations, exceptional situations in the church as in the everyday.[1] They are *Heterotopes*[2] – places where the other, the unusual, the exceptional appears. Such places are stages to represent what is strange to us and keeps us alive. They are non-everyday places which have their effect as such – even and precisely in the everyday. Thereby it is important to recognize that this effect does not rest on taking the unusual over into the usual, the extraordinary into the ordinary, but only as the other can have an impact on the everyday. One might speak of a hidden, of a subterranean, sometimes even a supernatural effect.

This holds especially true for processes of formation which are associated with such happenings. For on the one hand it is right to say: The

---

1 Cf. J. Kunstmann, Fest/Feiern/Event, in *Handbuch Religion und Populäre Kultur*, ed. K. Fechtner et al. (Stuttgart 2005), 52–62.

2 Cf. M. Foucault, Andere Räume, in *Aisthesis. Wahrnehmung heute oder Perspektiven einer anderen Ästhetik*, ed. K. Barck et al. (Leipzig 1990), 39: »There are also – and that no doubt in every culture, every civilization – real places, effective places which are written into the structure of the society, as it were counter-placements, counter-camps, actually realized utopias, in which the real places within the culture are simultaneously represented, contested and overturned, so to say places outside all places although they can in fact be located. Because these places are quite *other* than all the places which they reflect or of which they speak I call them the *heterotopias* in contrast to the utopias.«

feast is something different from everyday. So the feast also has nothing to do with pedagogy. At a feast there is nothing to learn but everything to celebrate. Feasts are celebrated. They are »interruptions of life«.[3] If the feast is made didactic it is robbed of its essential character.

Yet the converse is true too: at feasts formation happens. In the aftermath of the feast, in a feast's echo, resonance and reflection, formative processes living from the resources of the feast are set in motion.

This does not only happen afterwards but can occur during the feast itself if it is understood as a performance. For performance is a process in which and insofar as action occurs with reflective moments. So a performance with its action can work as a formative process. This is a matter of the fundamental difference between doing and performing: »The difference between doing and performing, according to this way of thinking, would seem to lie not in the frame of theatre versus real life but in an attitude – we may do actions unthinkingly, but when we think about them, this introduces a consciousness that gives them the quality of performance.«[4] So from the formational perspective religious happenings are not meant »to do religion, but to perform religion«. The recognition of religion as performance – and with that the realization of the formational task of religion, especially Christianity which is essentially »thinking religion«[5] – can itself arise from the process, but it can also be furthered by accompanying measures or through the structure of a happening. In this respect *Kirchentags* offer many possibilities which also correspond to the various dimensions of formation.

My analysis in what follows will be based on the German protestant *Kirchentag* because it represents the largest event of its kind in Europe and it combines in complex ways all that can be called the formative dimensions of religious happenings.[6] Even if smaller or monocultural happenings do not have the same breadth of formation to offer, they are still

---

[3] Cf. D. Rössler, Unterbrechungen des Lebens. Zur Theorie des Festes bei Schleiermacher, in *In der Schar derer, die da feiern. Feste als Gegenstand praktisch-theologischer Reflexion*, ed. P. Cornehl / M. Dutzmann / A. Strauch (Göttingen 1993), 33–40.

[4] M. Carlson, *Performance. A Critical Introduction* (London 1996), 5.

[5] C. H. Ratschow, Das Christentum als denkende Religion, in *Neue Zeitschrift für Systematische Theologie* 5, 1963, 16–33.

also to be recognized as formative events. That applies, for instance, to the five *Christival* Congresses of 1976 in Essen, 1988 in Nuremberg, 1996 in Dresden, 2002 in Kassel and 2008 in Bremen, which always drew between about 15,000 and 30,000 long-term participants. The sixth *Christival* is due to be in 2016 at a place yet to be named. The *Christliche Begegnungstage* (Christian Encounter Meetings) can also be described as formational events; they have gathered numerous protestant Christians from central Europe every three years since 1991. In 2011 they were integrated in the Dresden *Kirchentag* and will take place again in Wrocław (Poland) in 2016. Formation occurs here above all through forms of meeting. Finally the *European Methodist Festival* must also be mentioned. It was first held on the occasion of John Wesley's 300th birthday in Potsdam/Berlin, then 2007 in Bratislava and will run again from 1st to 5th August 2012 in Cracau (Poland).

2 Enthusiasm and Faith Formation

> »Over 100,000 people participated and there were times where it seemed the whole city had become a stage for the church's activities and stunts and spectacles. It seemed like a foreshadowing of what is to come and also an echo of festivals in Biblical times where faith, feasting and foreshadowing the Kingdom played significant roles.«

That was the feedback from the Australian blogger Andrew Jones, travelling through the world with a 4×4 truck, on the 33rd German protestant *Kirchentag* in Dresden from 1st to 5th June 2011.

The enthusiasm that shows through here is in many respects a formative event. So the question can no longer be whether religious happenings are a place for formation of faith, but only how far they are an event of faith formation.

In Jones' words about the *Kirchentag* we hear echoes of three dimensions of formation particularly anchored in pop culture:

6 Cf. P. Bubmann, Der Kirchentag als Bildungsangebot, in *Neues Gemeindepädagogisches Kompendium*, ed. G. Adam / R. Lachmann (Göttingen 2008), 413–424.

1. Happenings are mass events. As such they are specific forms of community- building which as regular institutions first became possible with the railway in the nineteenth century and since then have spread world-wide. The *Kirchentag* movement[7] in Germany and the *Katholikentags*[8] (»Catholic Assemblies«) were initiated in the middle of the nineteenth century, both in the same month in 1848. They developed into open demonstrations which were indeed designed to cultivate religion but their implicit (and later also explicit) political effects were also always noticeable.
2. As mass gatherings happenings are public events. This public character always has political effects, which is why particularly such occasions as involved an explicit claim to formation were always eyed with suspicion from the side of the state in the totalitarian regimes of the twentieth century. This also applies in a weaker form to the German *Katholikentags* in the nineteenth century under largely protestant ruling governments.
3. As public mass occurrences, religious happenings, events, *Kirchentags* etc are also phenomena of the pop culture, whose beginnings can also be located in the middle of the nineteenth century,[9] but which was given considerable further impetus with the new media and pop music in the twentieth century.
4. *Kirchentags* combine religious roots from the past with prophetic visions of life, in that they claim to speak to the times: faith, feasting and foreshadowing. With this they span a dramatic arch embracing the respective present in a curve from biblical times through contemporary questions to future challenges. One could call *Kirchentags* a contemporary way of shaping and experiencing immediate expectation, *parousia*.

---

[7] Cf. W. KREFT, *Die Kirchentage von 1848–1872* (Frankfurt/Main 1994); also D. BORMUTH, *Die Deutschen Evangelischen Kirchentage in der Weimarer Republik* (Stuttgart 2007).

[8] Cf. H. HÜRTEN, *Spiegel der Kirche - Spiegel der Gesellschaft? Katholikentage im Wandel der Welt* (Paderborn 1998); also U. VON HEHL / F. KRONENBERG (ed.), *Zeitzeichen. 150 Jahre Deutsche Katholikentage 1848–1998* (Paderborn 1999).

[9] Cf. H.-O. HÜGEL (ed.), *Handbuch Populäre Kultur* (Stuttgart/Weimar 2003).

3 THE KIRCHENTAG AFTER THE SECOND WORLD WAR

The *Kirchentag* as a place of formation of faith has altered in the course of its history in way which show parallels to the most important contemporary pedagogical streams. A brief sketch of its history since the Second World War can therefore be helpful.[10]

The present-day *Kirchentag* was proclaimed as a »permanent institution« on 31 July 1949 in Hanover by the later West German president Gustav Heinemann (1899–1976). Its founder and first president was the Pomeranian landowner and lawyer Reinold von Thadden-Trieglaff (1891–1976) who was also very active in the ecumenical movement. He gave the *Kirchentag* its permanent office in Fulda and associated it with the following aims:

1. The Kirchentag will strengthen and equip laypeople on the frontier between church and world and so as bearers of mission.
2. The Kirchentag represents a place of meeting for all of German Protestantism and will offer experience of the world-wide oikumene.
3. The Kirchentag will continue the inheritance of the »Confessing Church« in the post-war democratic and pluralist society.
4. The Kirchentag understands itself, finally, as an instrument of church reform.

From 1949 to 1961 the *Kirchentag* is coloured by the question of German division and presents itself to the world to which it is attempting to give hope and answer as more or less united. Its Berlin motto »We are still brothers« (1951) expresses that time's feeling of belonging together, whose high point was the closing assembly in Leipzig in 1954 with 650,000 participating. After the building of the Wall in 1961 it loses its pan-German bracketing function. With the Dortmund motto »Living with conflict« (1963) the pluralist society of West Germany with its difficulties

---

[10] On the history of the *Kirchentag* since 1945 cf. R. RUNGE / C. KRAUSE (ed.), *Zeitansage. 40 Jahre Deutscher Evangelischer Kirchentag* (Stuttgart 1989); H. SCHROETER, *Kirchentag als vor-läufige Kirche. Der Kirchentag als eine besondere Gestalt des Christseins zwischen Kirche und Welt* (Stuttgart 1993); R. RUNGE / M. KÄßMANN (ed.), *Kirche in Bewegung. 50 Jahre Deutscher Evangelischer Kirchentag* (Gütersloh 1999); R. RUNGE / E. UEBERSCHÄR (ed.), *Fest des Glaubens – Forum der Welt. 60 Jahre Deutscher Evangelischer Kirchentag* (Gütersloh 2009).

stands conspicuously in the centre of interest, Church reform comes on the agenda. The organizational style of the *Kirchentag* changes: fewer lectures – more debate. Thus it becomes a form of Protestantism that no longer stands over against the world but instead has a share in its problems. Since Dusseldorf in 1973, numerically its low point with only 7,500 long-term participants, the *Kirchentag* has massively changed, especially through its newly instituted options of participation with the »Market of Possibilities« and other communicative events in which so-called coworkers can present and communicate their life and faith. Following Hamburg in 1981 the *Kirchentag* becomes an important multiplying factor for the peace movement in West Germany as well as for the ecumenical conciliar process.

In East Germany[11] after 1961 regional *Kirchentags* with a stronger conference character develop on various levels. A high point here were the seven *Kirchentags* for the 500th anniversary of the birth of Martin Luther in 1983. In making a free space available for debate the *Kirchentags* in East Germany were significant building-blocks on the way to the fall of the Wall in 1989.

The pan-German function of the *Kirchentag* plays a role again after reunification, even if it is not as spectacularly noticeable as in the 1950s. From the 1990s the *Kirchentags* are marked by conspicuous plurality which is many ways open to the charge of arbitrariness. This charge, however, can only be made from a position which tries to preserve an overview and correspondingly cannot let itself be swept up in the immediate flow of events. The cultural dimension becomes ever more apparent from the 1990s. The *Kirchentag* works with the means of contemporary pop culture. It becomes an event. It presents the form of a potential church, a church whose forms of belonging have a different aggregate state from those of the parish. This applies both to the spatial and the temporal format of the *Kirchentag*.

With the ecumenical *Kirchentags* of 2003 in Berlin and 2010 in Munich, organized by the presidium of the German Protestant *Kirchentag* together with the Central Committee of German Catholics which is re-

---

11 Cf. O. SCHRÖDER / H.-D. PETER (ed.), *Vertrauen wagen. Evangelischer Kirchentag in der DDR* (Berlin 1993).

sponsible for the *Katholikentag*, there opened a new dimension of its history and shape in the 21st century. This will continue and the scale of its long-term tasks and influence on formation cannot be highly enough estimated.

4 Structures of the Kirchentag as a Place of Formation

As a registered association the *Kirchentag* is independent of the church. Since 1959 it has been taking place in the German Federal Republic every two years for five days in a series of exhibition cities. Its three pillars, biblical and theological work, social and political responsibility and liturgical and pastoral experience, are reflected in the broad structure of the days of events. While the Bible studies still today open the day without any competing items, the social problems are discussed in lectures and debates until the early evening. The evenings are kept for cultural and liturgical events.

From the very beginning the *Kirchentag* was described as a »lay movement« distinguished from the clerical and parochial shape of the church and based on freedom. Its invitation goes to »the unknown«, as its founders emphasized time and again. What »lay« means cannot be completely defined in Protestantism, differently from Catholicism. It is a matter here of a concept which by its very imprecision permits many people there to feel themselves addressed, regarded and accepted. The concept of »lay« is a counter-concept marking the difference from »them up there« and precisely by this populism creates space for a formation which does not prescribe but liberates. In the 1950s laypeople in the ecumenical movement were chiefly seen as being on the frontier between church and world and so as at the place where »worship of God in the world of everyday«[12] – and with it the very being of the church – was decisively formed. To equip these laypeople is the primary programmatic task of the *Kirchentag*.

---

12 E. Käsemann, Worship in Everyday Life: A note on Romans 12, in Idem, *New Testament Questions of Today* (Philadelphia 1969), 183–195.

From the beginning its character as a mass gathering was both planned and controversial. Yet it is only as a mass happening that it becomes a media event and so constitutes a significant public manifestation of the church in Protestantism. *Kirchentag* in this form exists only in the folk church typical of Germany because it brings its unused potential of volunteers to bear.

In the 1960s the *Kirchentag* is also called a »forum of Protestantism« and an »evangelical word for the times«, which expresses its protestant freedom and advances the principle of controversial debate as a means of resolving problems. After the middle of the 1970s the *Kirchentag* with its structures of participation again becomes popular enough to attract some 100,000 long-term visitors every two years beginning from 1981, half of whom are first time visitors. At the same time the number of active co-workers in the 21st century amounts to about half of all *Kirchentag* visitors. With that the *Kirchentag* has advanced to be one of the most important forms of experiential and experienced church – mostly with thoroughly positive results and associations. Those who know their home church as a minority find themselves at the *Kirchentag* in a majority.

Finally, the description of the *Kirchentag* as protestant pilgrimage expresses its experiential quality for the participants. In this sense it can also be described as a journey of formation. The strength of the *Kirchentag* consists in the fact that through experience it creates facts which theological teaching can at most re-view in retrospective reflection.

In Schleiermacher's sense the *Kirchentag* is more presentational than effective action, even if many expect effective action from it. Without this expectation the *Kirchentag* would also no longer be alive. What the *Kirchentag* is cannot be precisely described in spite of the many attempts that have been made. Yet this imprecision gives many visitors the chance to take part, to mix in and present themselves. No-one knows what the *Kirchentag* is, but they all join in. It would shake the *Kirchentag's* protestant self-understanding if this liberty of presentational participation were to be curtailed. The development of its structures towards ever more forms of co-determination and participation is thus consistent, even if it makes the *Kirchentag* event more confusing for outsiders and more prolonged for insiders. This applies as much to choosing the *Kirchentag* poster as to the autonomy of forum leaderships. There is no way round this plurality. It is typically protestant and in the *Kirchentag* it finds public impact and ever new – disappointing or exciting – forms.

5 FORMATIVE DIMENSIONS OF THE KIRCHENTAG

Thus the *Kirchentag* as a »language school of faith«[13] excellently combines the following dimensions of formation:

1. Self-formation. The incredible number of around 3,000 events during a *Kirchentag* demands from participants a high degree of ability to choose and decide, combined with a great tolerance of pain, which is compensated for by the experience of a mass atmosphere which thus far has always clearly distanced itself from totalitarian mass phenomena.
2. Formation of trust. The *Kirchentag* experience first of all effects fiducia (trust) upon which cognitio (knowledge of faith) can grow. The participants are taken seriously as the subjects of their own formation, which takes shape particularly for the numerous participants in the market of possibilities, the many cultural groups (music – theatre – cabaret) and those involved in various *Kirchentag* options (service workshop – church music – many thousands playing wind instruments etc.).
3. Community formation. *Kirchentags* enable people who are often in a minority situation at home to have a majority experience. They do this in a large city which is often deeply marked by secularization – a mark which is transformed for the duration of a *Kirchentag*. It is understandable that this does not please everybody, for *Kirchentags* make the boundary between private and public fluid. (See on this for instance the commentaries in the German newspaper taz on the Dresden *Kirchentag* by Wiglaf Droste, who is reckoned to be a biting cabarettist. These were supposed to be clever but their propagation of prejudices in a style overstepping the limits of good taste demonstrated a high

[13] ERNST LANGE minted this concept, which MARGOT KÄßMANN applies to the Kirchentag: Kirche in der Zukunft – Impulse aus der Kirchentagsarbeit, in *Deutsches Pfarrerblatt 98*, 1998, 657.

degree of incompetence nourished by fear of religious encroachments.) Community formation thus always has an exclusive aspect.

4. Aesthetic formation. The mostly younger participants appreciate the *Kirchentag* above all as a cultural event. Since the *Kirchentag* culture is, however, combined with an offer of formation, learning happens here differently from the visitors' everyday school or work.
5. Political formation. With its platform occasions, forums, lecture series, keynote addresses, theme halls etc. the *Kirchentag* puts many people active in politics live on stage. Here not only the prominent (federal president, federal chancellor, federal and state ministers etc.) are important, but also those who are brought in to enable a critical dialogue.
6. Theological formation. With its Bible studies and many innovative theological concentrations (feminist base faculty – Bible centre – working group of Jews and Christians – Christian-Muslim dialogue – halls of theology etc.) the *Kirchentag* makes a contribution which should not be underestimated to theological and also religious-political formation for non-theologians.

The *Kirchentag* is a form of church that works with the most important medium of pop culture: *Kirchentag* is good *Unterhaltung*[14] in the threefold sense of the German word. The *Kirchentag* nourishes by supplying maintenance (*Unterhalt*). The *Kirchentag* lets people come to talk with each other face to face and so supports conversation (*Unterhaltung*) among equals. Finally the *Kirchentag* is simply enjoyable and so enthuses people by entertainment (also: *Unterhaltung*). All three of these dimensions are necessary for *Kirchentags* to remain religiously sensitive[15] places for the formation of faith in the future.

---

[14] Cf. H. SCHROETER-WITTKE, Art. Unterhaltung, in *Theologische Realenzyklopädie 34*, 2002, 397–403.

[15] Cf. G. GUTTENBERGER / H. SCHROETER-WITTKE (ed.), *Religionssensible Schulkultur* (Jena 2011).

Oliver Schuegraf

Versöhnungsorte und das versöhnte Erinnern als evangelische Glaubensbildung

Ein Kreuz aus drei Nägeln

Drei mittelalterliche Zimmermannsnägel formen das Nagelkreuz von Coventry. Seit der Zerstörung der Kathedrale von Coventry durch deutsche Bomben am 14. November 1940 und dank der nach dem Zweiten Weltkrieg einsetzenden Bereitschaft der Kathedralgemeinde zum Neuanfang mit dem ehemaligen Kriegsgegner Deutschland ist dieses Kreuz zu einem weltweiten Symbol für Versöhnung geworden. Die drei Nägel aus den Trümmern des zerstörten Kirchenschiffes – ein vertikaler und zwei horizontale – erinnern an die fundamentale Grundstruktur des christlichen Versöhnungsverständnisses:

Die *Vertikale* verweist uns darauf, dass Gott es ist, der im gekreuzigten und auferstandenen Jesus Christus »uns mit sich selber versöhnt hat« (2 Kor 5,18). Allein aus Gnade befreit Gott den verlorenen bzw. sich verlierenden Menschen von Schuld, Sünde und zerstörerischen Mächten und schenkt ihm neues Leben. »Gott wird Mensch dir, Mensch, zugute« – so könnte man das inkarnatorisch-soteriologische Geschehen mit einem weihnachtlichen Liedvers von Paul Gerhardt auf den Punkt bringen.[1]

Die doppelte *Horizontale* hingegen steht für die Versöhnung zwischen den Menschen. Sie ist nur möglich, weil Gott zuvor bereits an uns versöhnend gehandelt hat. »Darum nehmt einander an, wie Christus euch angenommen hat zu Gottes Lob« (Röm 15,7). Im Vertrauen auf Gottes Zuwendung sind wir berufen, uns für Gerechtigkeit und Frieden in dieser Welt einzusetzen. Zwischenmenschliche Vergebung und Versöhnung heißt, sich in die Nachfolge Jesu Christi zu stellen.

1 »Fröhlich soll mein Herze springen« (in: Evangelisches Gesangbuch, Nr. 36,2).

- *Versöhnung – gefasst als Rechtfertigung des Sünders zum Leben in neuer Gemeinschaft mit Gott und den Mitmenschen – steht also im Zentrum der frohen Botschaft.*
- *Evangelische Glaubensbildung ist als Bildung von diesem Evangelium her zu verstehen.*

Stimmen diese beiden Sätze, dann ist die Aufgabe, versöhntes Erinnern zu ermöglichen, ein Thema evangelischer Glaubensbildung. Hierzu passt, dass für Martin Luther auch in der Bildung die vertikale Beziehungsebene der horizontalen vorangeht. Gottes Erziehung ist die Voraussetzung für alle menschliche Erziehung. »Luther verstand die Menschwerdung Gottes als pädagogisches, d. h. als Erziehungs- und Bildungsgeschehen!«[2] Sein pädagogisches Konzept zielt darüber hinaus auf Mündigkeit und Sprachfähigkeit des Glaubenden. Er soll Rechenschaft geben können über den christlichen Glauben und seine Konsequenzen. Damit ergibt sich, dass die Glaubensbildung, wie auch die zwischenmenschliche Versöhnung, letztlich Nachfolge Christi bedeutet. Die Kirchen haben den Auftrag, diese Glaubensbildung zu unterstützen und zu begleiten, da die im Evangelium bezeugten Versöhnungsgeschichten immer wieder neu in die Lebenswirklichkeit gegenwärtiger Menschen übersetzt werden wollen.

Für das »versöhnte Erinnern als evangelische Glaubensbildung« sind meines Erachtens zwei Dimensionen von zentraler Bedeutung:[3]

Zum einen geht es um die *Relevanz des Erinnerns* selbst. Der christliche Glaube ist ein narrativer Glaube, der die erfahrene Frohe Botschaft weitererzählt. Diese Glaubenshaltung des anamnetischen Weitererzählens wird in der Heiligen Schrift immer wieder eingeschärft, wie zum Beispiel das Deuteronomium eindrücklich aufzeigt. Indem Christinnen

---

[2] R. Mokrosch, Erziehung und Bildung aus lutherischer Perspektive (in: Profilierte Bildung. Der Beitrag der christlichen Kirchen zu den Bildungsaufgaben der Gegenwart, hg. v. R. Schmidt-Rost u. a., 2006, 9–27), 15.

[3] Siehe dazu ausführlicher: O. Schuegraf, Vergebt einander, wie Gott euch vergeben hat. Coventry und die weltweite Nagelkreuzgemeinschaft, 2008, 204–219. Dort finden sich auch Einzelheiten zu allen weiteren Bezügen auf Coventry in diesem Beitrag.

und Christen die Geschichten der Heiligen Schrift erzählen, sie ins Gedächtnis rufen und über sie nachdenken, gründen sie sich als Glaubensgemeinschaft. Dieses Geschichten-Erzählen umfasst jedoch nicht nur die Geschichten unserer biblischen Vorfahren, sondern auch jene unserer Väter und Mütter im Glauben aus der jüngeren Vergangenheit, wie auch unsere persönlichen Geschichten. Unseren Glauben zu leben, heißt also, »zu lernen, die Geschichten unseres Lebens wahrhaftig nachzuerzählen, in all ihren Besonderheiten und im Kontext der vergebenden und versöhnenden Liebe Gottes.«[4]

Zu diesen Glaubensgeschichten gehören auch das kollektive und individuelle Erinnern von Leid und erlittenem Unrecht, von eigenen Verfehlungen und gewaltvoller Aggression gegen andere. Soll Versöhnung gelingen, muss auch mit diesen Erinnerungen umzugehen gelernt werden. Versöhnung kann daher als das Glaubenswagnis beschrieben werden, Ereignisse und Erfahrungen der Vergangenheit im Lichte der Liebe Gottes neu zu interpretieren.

Das eigene Erinnern steht immer im Horizont der Geschichten anderer. Damit rückt zum Zweiten die *Begegnung* als weitere wichtige Dimension in den Blick: Für den Mennoniten J. P. Lederach, einen führenden Mediator in internationalen Konflikten, umfasst gelingende Versöhnung vor allem Beziehung und Begegnung:

> »Versöhnung kann […] verstanden werden sowohl als ein *focus* als auch ein *locus*. Als Perspektive basiert sie auf und orientiert sich an den Beziehungsaspekten eines Konfliktes. Als ein soziales Phänomen stellt Versöhnung einen Raum, eine Stätte, einen Ort der Begegnung dar, wo Konfliktparteien sich treffen. Versöhnung muss pro-aktiv versuchen, Begegnungen herzustellen, in denen Menschen ihre Aufmerksamkeit auf ihre Beziehung richten und ihre Wahrnehmungen, Gefühle und Erfahrungen miteinander teilen können mit dem Ziel, neue Wahrnehmungen und eine neue gemeinsame Erfahrung zu schaffen.«[5]

---

4 L. G. Jones, Embodying Forgiveness. A Theological Analysis, Grand Rapids 1995, 168.

5 Vgl. J. P. Lederach, Building Peace. Sustainable Reconciliation in Divided Societies, Washington 2002[5], 30.

Diese Überzeugung wird auch aus religionspädagogischer Sicht bestätigt: »Begegnungen und Lernen durch Begegnung haben darin einen Eigen- und Mehrwert, dass sie gegenüber der Vermittlung von Inhalten durch die verschiedenen Medien authentisch sind. Die Begegnungspartner können nicht nur ihre Sache selbst vertreten und durch Nachfragen genauer erläutern, sondern es können mit dem Austausch von inhaltlichen Positionen zugleich auch Engagement, Solidarität, Sympathie und Antipathie, kurz: das Beziehungsklima erspürt werden.«[6] Will evangelische Glaubensbildung ihren evangeliumsgemäßen Auftrag wahrnehmen, und Versöhnungsprozesse fördern, wird sie Räume des »Lernens durch Begegnung« bereitstellen. Denn Versöhnung braucht Raum,

- sich dem anderen zu öffnen, ohne die eigene Identität zu verlieren,
- auf die Geschichte der jeweils anderen Seite zu hören,
- die schmerzhafte Vergangenheit zur Sprache zu bringen und
- zugleich die Suche nach einer gemeinsamen Zukunft zu beginnen.

Kurzum: »Versöhntes Erinnern als evangelische Glaubensbildung« ist eingebettet in eine Erzähl- und Erinnerungsgemeinschaft und verortet sich an Räumen, die Begegnung ermöglichen. Anhand einiger konkreter Beispiele sollen diese grundsätzlichen Überlegungen nun näher ausgeführt werden.[7]

Versöhnungsorte – Architektur, die zum versöhnten Erinnern einlädt

Die alte und neue Kathedrale von Coventry bilden eine Einheit. Als Doppelkathedrale erzählen sie von der Heilsgeschichte Gottes mit den Menschen. Durch Architektur wird die christliche Botschaft von Kreuz und Auferstehung verkündet: Die Ruine der 1940 bombardierten Kirche spricht von Gewalt und Zerstörung. Sie ist ein Mahnmal; eine offene

[6] F. Rickers, Lernen durch Begegnung. Pädagogische Erwägungen in religionspädagogischer Absicht (JRP 21, 2005, 97–122), 116.

[7] Auch wenn Coventry als anglikanische Kathedrale sicherlich nicht einfach unter dem Stichwort »evangelische Glaubensbildung« vereinnahmt werden darf, soll es hier dennoch ausführlicher zu Wort kommen, da es für viele Versöhnungsinitiativen in evangelischer Trägerschaft wichtige Impulse geliefert hat.

Wunde, welche die Erinnerung an Leiden, Tod und Kreuz wachhält. An der erhaltenen Chorwand sind zwei Worte zu lesen: »Vater vergib«. Im Jahre 1948 hatte Propst Richard Howard sie einmeißeln lassen. Diese Inschrift war seiner Zeit nicht unumstritten. Viele Bewohner Coventrys hätten lieber einer anderen Version den Vorzug gegeben: Vater, vergib *ihnen* – den Deutschen. Doch Propst Howard blieb unbeirrt: So habe nur Jesus am Kreuz sprechen können. Wir Menschen hingegen wären alle ausnahmslos auf Vergebung angewiesen. Ohne diese könne es keinen Neuanfang geben.

Die Zeichensprache und die Kunstwerke der neuen Kathedrale mit ihrem grandiosen Wandteppich des Christus in Herrlichkeit hingegen zeugen von diesem Neuanfang und der Auferstehung Christi. Das Konzept der Doppelkirche basiert darauf, dass den traumatischen Ereignissen der Vergangenheit ihr Recht eingeräumt wird. Die neue Kathedrale erhebt sich nicht auf den Fundamenten der alten. Trauer und Schmerz werden bleibend zugelassen. Die neue Kathedrale zeigt jedoch, dass der Tod nicht das letzte Wort hat. Insgesamt ist der Bau ein architektonisches Glaubenszeugnis, dass der gekreuzigte und auferstandene Christus zu einem Leben in Versöhnung befreit.

Diese Stein gewordene Architekturkonzeption rührt viele Besucher und Besucherinnen unmittelbar an: Von der Ruine aus können sie durch eine »Glaswand«, die sich über die ganze Höhe und Breite der Eingangsfassade des Neubaus erstreckt, in die neue Kathedrale hinein bis zum Wandteppich in der Apsis schauen. Davor erhebt sich der massive Altar, der daran erinnert, dass wir im Mahl des Herrn neues Leben und Versöhnung empfangen. Die Gemeindeglieder wiederum blicken jeden Sonntagmorgen durch dieselbe Glasfront auf die Ruine, wenn sie nach dem Abendmahlsempfang zu ihren Plätzen zurückkehren. Zu besonderen Gottesdiensten oder anderen wichtigen Anlässen werden die architektonischen Möglichkeiten der Kirche sehr bewusst (liturgisch) in Szene gesetzt, um so den Auftrag Coventrys erfahrbar zu machen.

Einen anderen Weg ist die Dresdner Frauenkirche gegangen. Seit 2005 erstrahlt sie wieder in neuem Glanz. Mit dem detailgetreuen Wiederauf- und Nachbau der »Steinernen Glocke« wurde eine der schönsten Stadtsilhouetten Deutschlands wiederhergestellt. Doch beim näheren Hinsehen lässt sich schnell erkennen, dass auch die geheilte Wunde immer noch als Wunde erkennbar bleibt. Wo immer möglich, wurde die alte Bausubstanz aus dem ehemaligen Trümmerberg verwendet. Gleichsam wie Narben erinnern nun die dunklen Steine der Fassade an die Zerstörungsgeschichte des Zweiten Weltkrieges. Auch dem Altar sieht man die »Kriegsverletzungen« an. Die geborgenen Originalstücke wurden in ihrem beschädigten und grauen Zustand belassen und in die ansonsten farbenprächtige Altarwand eingefügt. In den täglichen Kirchenführungen im Anschluss an die mittägliche und abendliche Andacht wird anhand dieser Architektonik der Kirchenraum als »Ort der Erinnerung und der Hoffnung« vorgestellt. Aber auch jedem Einzelbesucher dürfte sich dieses architektonische Konzept von selbst erschließen.

Schließlich möchte ich noch auf die Versöhnungskirche in Dachau hinweisen, die ebenfalls schon allein durch ihre Architektur zu einem Versöhnungsort geworden ist. Helmut Striffler hat zwischen 1965 bis 1967 einen Kirchenbau geschaffen, der architektonisch das Anliegen unterstützt, das Gedenken an die Opfer des Konzentrationslagers »unter den mahnenden Ernst und unter das Vergebungsgebot der Versöhnungstat Jesus Christi auf Golgatha« zu stellen und »zugleich aber auch vom Trost des Evangeliums und von der helfenden Güte Gottes« zu künden.[8] Durch eine Abfolge von »Räumen« wird wie in Coventry ein Weg beschritten: Sich verengende Treppenanlagen führen entlang einer Mauer trichterförmig in die Tiefe. Ein Weg in die Tiefen des Leidens, der Trauer, Scham und Buße. Wie durch eine Gruft hindurch lenkt ein schmaler Gang den Besucher zur ins Erdreich versenkten Kapelle mit Gemeindesaal, die beide durch einen geschlossenen Hofbereich verbunden sind. Durch seine geschwungenen Linien soll der Bau – so der Architekt – einen »Gegenort« zu der »Monotonie der rechtwinklig-schematischen Grundfigur des Lagers« bilden, eine »bergende Furche gegen das unmenschliche Ausgesetztsein«; der karge Kapellenraum will »Zur-Ruhe-Kommen« für das Gebet ermöglichen, im Gemeinschaftsraum haben Informations- und Begegnungsgespräche, aber auch »die fragende Unbekümmertheit der Jugend« ihren Platz.[9]

---

[8] So die Auslobung des Architektenwettbewerbs (in: Kunst und Kirche 31, 1968, 50–65), 52.

[9] H. Striffler, in: ebd. 58–60. – Zur kritischen Auseinandersetzung mit dem Baugedanken siehe auch: G. Ullmann, Tatort, Gedenkort. Versöhnungskirche,

Bevor der Besucher die Kirche durch den westlichen Ausgang verlässt, führen ihm Worte des 130. Psalms nochmals vor Augen, welche Glaubenshaltung die Architektonik des Baus anregen will: »Aus der Tiefe rufe ich, Herr, zu dir. Herr, höre meine Stimme. Lass Deine Ohren merken auf die Stimme meines Flehens. So du willst, Herr, Sünde zurechnen, Herr, wer wird bestehen? Denn bei dir ist Vergebung, dass man Dich fürchte. Ich harre des Herrn. Meine Seele harret und ich hoffe auf sein Wort.«

Erzählgemeinschaften – Gemeinschaften, die versöhntes Erinnern wachhalten und weitertragen

Versöhnungsorte beherbergen häufig Erzähl- und Erinnerungsgemeinschaften. Was ich darunter verstehe, mögen einige Beispiele verdeutlichen:

Aus der Geschichte Coventrys ist z. B. solch eine Gemeinschaft entstanden, die sich durch das Erinnern eben dieser Geschichte konstituiert: Bereits Weihnachten 1940 fasste Propst Howard in einer Radioansprache, die landesweit aus den Ruinen übertragen wurde, seine Hoffnung auf Versöhnung mit folgenden Worten zusammen: »Da Christus heute in unseren Herzen wieder geboren wurde, werden wir versuchen, so schwer dies auch sein mag, alle Gedanken an Rache zu verbannen: [...] Wir werden versuchen, die Welt freundlicher, einfacher, dem Christuskind ähnlicher zu machen.«[10] Und nach 1945 begann Coventry dem ehemaligen Kriegsfeind die Hand zur Versöhnung auszustrecken und mit Gleichgesinnten in Deutschland zusammenzuarbeiten. So formierte sich allmählich ein Netzwerk von Kirchengemeinden, Schulen, diakonischen Einrichtungen und anderen kirchennahen Institutionen, die bereit waren, sich im Geiste Coventrys für Versöhnung und Frieden einzusetzen: die sogenannte Nagelkreuzgemeinschaft. Nagelkreuzzentren finden sich

Dachau (in: W. Dechau [Hg.], [...] in die Jahre gekommen, Bd. 3, 1998, 89–94) und K. Kappel, Religiöse Erinnerungsorte in der KZ-Gedenkstätte Dachau, 2010, 54–64.

[10] R. T. Howard, Ruined and Rebuilt. The Story of Coventry Cathedral, Coventry 1962, 22.

heute über Konfessionsgrenzen hinweg und auf allen Kontinenten – in Deutschland mit einem deutlichen Schwerpunkt auf evangelischen Kirchengemeinden.

Mitarbeitende der Kathedrale von Coventry und engagierte Christinnen und Christen in den einzelnen Nagelkreuzzentren können immer wieder erleben, welche Prozesse in Gang gesetzt werden, wenn sie die Ursprungsgeschichte ihres Einsatzes für Versöhnung Menschen und Gruppen in unversöhnten Situationen weitererzählen. Durch das Hören der Nacherzählung von Coventrys Geschichte wurden und werden Menschen immer wieder in den Bann der vergebenden und versöhnenden Liebe Gottes gezogen und beginnen sich selbst für Versöhnung einzusetzen. Die Geschichte Coventrys – in Erinnerung gehalten durch die Nagelkreuzgemeinschaft und symbolisiert durch das Nagelkreuz – kann als Katalysator dienen, um mitzuwirken, die »Welt freundlicher, einfacher, dem Christuskind ähnlicher zu machen«. Durch wachgehaltene Erinnerungen wird die Versöhnungsarbeit der weltweiten Nagelkreuzgemeinschaft autorisiert und motiviert.

Auch die Ökumenische Nagelkreuzinitiative Würzburg ist solch eine Erinnerungsgemeinschaft. »Erinnerung bewahren, Versöhnung leben« lautet ihr Leitmotiv. Die Basisbewegung mit engem Kontakt zu den kirchlichen und städtischen Institutionen Würzburgs hat sich die Aufgabe gesetzt, aus dem Gedenken an die Leiden und die Schuld des Zweiten Weltkrieges heraus heute für Versöhnung und Verständigung zu werben und entsprechende Projekte ins Bewusstsein der Bevölkerung zu rufen. Dieser Umgang mit der Geschichte macht deutlich, dass Versöhnung nicht mit der Redensart »vergeben und vergessen« gleichzusetzen ist. Die Vergangenheit wird nicht weggewischt, sondern das Gedenken zum Aufbau neuer Gemeinschaft genutzt, die aus begangenen Fehlern und Unrecht lernt.

Seit seiner Gründung im Jahr 2001 ist es dem Nagelkreuzzentrum gelungen, der Würzburger Erinnerungskultur des 16. März – in jener Nacht im Jahre 1945 wurde die Stadt durch britische Bomben zu 90% zerstört: 5000 der 107000 Bewohner der Stadt überlebten den Angriff nicht – eine neue Dimension hinzuzufügen. Alljährlich zeigt sich das Zentrum an diesem Tag für den »Weg der Versöhnung« verantwortlich, auf dem auf aktuelle Versöhnungsprojekte hingewiesen wird: Strafgefangene der JVA Würzburg tragen das Nagelkreuz während des Pilgerweges, einmal stellen Schüler und Schülerinnen Austauschprogramme ihrer Schulen mit Frankreich oder Polen vor, ein anderes Mal wird vor einem Alten- und Pflegeheim für die Verständigung zwischen den Generationen geworben oder kommt es zu einer Begegnung von Menschen mit schwersten Behinderungen und solchen, die mit ihnen verständnisvoll zusammenleben wollen.[11]

Zudem zeigt sich an diesem Beispiel auch: Wenngleich »versöhntes Erinnern« m. E. immer Teil evangelischer Glaubensbildung sein muss, so kann dies doch in ökumenischer Einmütigkeit und Gemeinschaft geschehen. Bei dieser Bildungsherausforderung trennen keine dogmatischen Unterschiede die christlichen Konfessionen.

Schließlich kann es Aufgabe evangelischer Bildungsarbeit sein, solche Erzähl- und Erinnerungsgemeinschaften zu pflegen oder gar erst zu konstituieren – und sei es auf Zeit. So verstehe ich das Projekt »Der Frauenkirche eine Stimme geben«[12]. Die Idee ist einfach: Dresdner Schülerinnen und Schüler setzen sich durch die Beschäftigung mit dem Lernort »geheilte Wunde Frauenkirche« mit der Geschichte Dresdens und zugleich den eigenen gebrochenen Biografien auseinander. Die Themen des Kirchenraumes – wie z. B. prachtvolles Gotteslob, festliche Glaubensfreude, aber auch Zerstörung, Verwundung, Schuld, Mahnung oder Versöhnung – regen an, über die eigenen existentiellen Werte und ethischen Positionen nachzudenken.

Vom a) Raumerleben ausgehend, wird nach b) Themenfindung und c) Gestaltung des Formats schließlich d) eine öffentliche Präsentation erarbeitet. Im November 2008 stellten z. B. Zwölftklässler des Kreuzgymnasiums ihre Ergebnisse in der Frauenkirche vor. So präsentierte eine der Kleingruppen ein Streitgespräch zwischen Vertretern der drei abrahamitischen Religionen. Die Figur eines Dresdner Bürgers öffnet ihnen schließlich an Hand der Geschichte der Frauenkirche die Augen, so dass sich am Ende alle versöhnlich zeigen. Einer der beteiligten Schüler schreibt rückblickend, dass die Gruppe während des Projekts ihre Frauenkirche als Mahnerin zum Frieden und Ort der weltweiten Verbunden-

---

[11] Ausführlicher die kleine Festschrift: Nagelkreuzzentrum Würzburg (Hg.), Das Wandernagelkreuz in Würzburg und seine 10 Gastorte. 2001 bis 2010, 2010.

[12] Ich danke Dr. Anja Häse, Referentin für Besucherdienst an der Frauenkirche, für die Hinweise zu diesem Projekt.

heit aller Menschen und ihrer Kulturen erkannt hätte und die Worte des Dresdners daher für ihre persönliche Meinung gestanden hätten.

Begegnungsräume – Räume, die neue Beziehungen ermöglichen und gemeinsame Erfahrungen fördern

Die KZ-Gedenkstätte Dachau bietet mit der evangelischen Versöhnungskirche (wie auch der katholischen Todesangst-Christi-Kapelle, dem Kloster Karmel »Heilig Blut«, der jüdischen Gedenkstätte und der russisch-orthodoxen Auferstehungskapelle) nicht nur architektonische Erinnerungsorte, sondern ist auch zu einem Raum der Begegnung geworden. »Der Besucher, ob als Einzelner oder in einer Gruppe begegnet hier nicht nur der Geschichte von 1933 bis 1945, er begegnet in erster Linie Geschichten von Menschen und ihren Schicksalen.«[13] Die Begegnung ereignet sich in verschiedenen Angeboten, von denen einige genannt seien: Circa 300 Schulklassen und Jugendgruppen aus dem In- und Ausland werden jährlich in ökumenisch verantworteten Führungen durch das Gelände begleitet. Noch ist es möglich, die Stimmen von Zeitzeugen zu hören. So werden von der Versöhnungskirche immer wieder solche Gespräche mit Zeitzeugen angeboten, in denen deren Lebensgeschichte authentisch zu Gehör kommt und man sich gemeinsam auf die Suche nach Verstehen macht. Ausländische Freiwillige der »Aktion Sühnezeichen Friedensdienste«[14] arbeiten für ein Jahr in der Versöhnungskirche mit und bieten so den Besuchern die Chance, mit dem Blick von außen

---

[13] E. Peter OCD / B. Mensing / L. Schmidinger, Kirchliche Gedenkstättenarbeit in Dachau (in: K. Kappel [s. Anm. 9], 82–92), 87. Zu den Begegnungsmöglichkeiten siehe auch: B. Mensing, Die Bedeutung der Versöhnungsarbeit in der Dachauer Gedenkstättenarbeit (in: Moderne Kirchenbauten als Erinnerungsräume und Gedächtnisorte, hg. v. K. Kappel u. a. 2010, 93–107).

[14] Im Jahre 1958 hatte die Synode der EKD auf Initiative von Dr. Lothar Kreyssig die Gründung der Versöhnungszeichen (später: Aktion Sühnezeichen Friedensdienste) proklamiert. Ziel war es, junge Deutsche in Länder zu entsenden, die unter dem Nazi-Terror zu leiden hatten, um dort durch Wiederaufbauprojekte Sühne zu leisten. Später kamen auch Freiwillige aus dem Ausland nach Deutschland, um dort in Projekten zu arbeiten.

die Geschichte Dachaus kennenzulernen. Zudem machen die Freiwilligen den Gästen deutlich, dass Menschen sich heute über die Völkergrenzen hinweg gemeinsam für Verständigung, Menschenwürde und Gerechtigkeit einsetzen.

Auch die KZ-Gedenkstätte Flossenbürg eröffnet Räume der Begegnung: Seit über 10 Jahren treffen sich Jugendliche aus vielen europäischen Ländern jedes Jahr, um sich kennenzulernen, Freundschaften zu schließen und interkulturell zu lernen. Diese Internationalen Jugendtreffen, getragen von der Evangelischen Jugend Oberfranken, sind zu einem wichtiger Bestandteil der Gedenkstättenarbeit geworden. Da die Jugendbegegnungen zudem mit den Treffen der ehemaligen Häftlinge synchronisiert sind, kann auch hier – wie in Dachau – ein unmittelbares und persönliches Gespräch mit Überlebenden ermöglicht werden. »Spätestens dann, wenn sich im Anschluss an den Gedenkakt ehemalige Häftlinge, Jugendliche und die zahlreich anwesenden Vertreter von Politik und diplomatischem Corps spontan und entspannt auf dem Vorplatz der Kommandantur im ›Zirkuszelt‹ zu einem Kaffee treffen und im Hintergrund der Sambaworkshop für seinen späteren Auftritt probt, ist diese besondere internationale ›Flossenbürger-Atmosphäre‹ spürbar. Und sie ist ein Triumph über die völkische Rassen- und Herrenmenschenideologie der Nationalsozialisten, die vor über 60 Jahren an gleicher Stelle herrschte.«[15]

Stimmen die Eingangsüberlegungen im Abschnitt »Versöhnung und Glaubensbildung«, dann ist es sicherlich kein Zufall und auch äußerst sachgerecht, dass sowohl in Dachau als auch in Flossenbürg die Bildungs- und Begegnungsarbeit entscheidend durch evangelische Initiativen initiiert und verantwortet wurde und auch weiterhin wird.

Schließlich soll ein – nochmals – historisches Beispiel das Bild abrunden und die eingangs angestellten Überlegungen veranschaulichen: Auch der gemeinsame Aufbaueinsatz von jungen Deutschen und Engländern in den Ruinen des Dresdener Diakonissenkrankenhauses, der von der Kathedrale Coventrys im Jahre 1965 organisiert worden war,

---

[15] So Jörg Skriebeleit, der Leiter der KZ-Gedenkstätte Flossenbürg, in: K. WOLF / J. SCHRÖDER / M. GOLDBACH, What a beautiful day! Ein Buch über die Erlebnisse und Erfahrungen aller Internationalen Jugendtreffen aus erster Hand, 2008, 93.

wurde zu einem Begegnungsraum, in dem sich ehemalige Kriegsgegner als gleichberechtigte Partner gegenüberstanden: Wer über Wochen oder Monate hinweg mit »dem Feind« an einem gemeinsamen Projekt arbeitet, gemeinsam die Freizeit gestaltet und zu Bibelstunden und Gottesdiensten zusammenkommt, vermag nicht mehr, abstrakten Feindbildern nachzuhängen. Der andere bekommt ein Gesicht. Wenn man gemeinsam Schutt wegräumt, Fußball spielt oder Gebetsgemeinschaft hält, ist Schwarz-Weiß-Malerei nicht mehr möglich, vielmehr werden unterschiedliche Grautöne sichtbar. Und wenn sich Freundschaften über die Grenzen hinweg bilden, dann zeigt sich vielleicht sogar das volle Farbspektrum des Regenbogens. Die jungen Erwachsenen werden damals den jeweils anderen als menschliches Wesen kennengelernt haben – mit allen Stärken und Schwächen, die zum Menschsein dazugehören. Die Deutschen sind sicherlich mit der unbequemen Frage konfrontiert worden, wie solches Unrecht in ihrem Namen hatte geschehen können. Die britische Seite hingegen mag gelernt haben, dass nicht alle Deutschen überzeugte Nazis waren, auch wenn sie alle Teil des sündigen Nazi-Systems geworden waren. Durch die Aufräumarbeiten in Dresden mögen die jungen Briten auch erfahren haben, welchen Schaden die Bombenteppiche in deutschen Städten angerichtet hatten.

Gegen Ende des Versöhnungsprojektes besuchte der Propst von Coventry die Freiwilligen und überreichte den Dresdener Diakonieschwestern ein Nagelkreuz. Nach Monaten der intensiven Begegnung, des Voneinander-Lernens und der Bereicherung durch neue, gemeinsam gemachte Erfahrungen – kurzum nach einem Prozess des versöhnten Erinnerns – mögen die drei Nägel des Kreuzes die jungen Erwachsenen vielleicht daran erinnert haben, dass zwischenmenschliche Versöhnung heißt, sich in die Glaubensnachfolge Jesu Christi zu stellen, gemäß dem Römerbriefvers: »Darum nehmt einander an, wie Christus euch angenommen hat«.

Oliver Schuegraf

Places of reconciliation and reconciled Remembrance as Protestant faith formation

A cross of three nails

Coventry's Cross of Nails is formed by three medieval carpenter's nails. Since the destruction of Coventry Cathedral through German bombs on 14th November 1940, and thanks to the willingness of its parish community to make a fresh start after WWII with the former enemy Germany, this cross has become a worldwide symbol of reconciliation. The three nails from the debris of the destroyed nave – a vertical and two horizontal ones – evoke the fundamental structure of the Christian understanding of reconciliation:

The *vertical* refers to it being God himself who, through the crucified and resurrected Jesus Christ, »reconciled us to himself through Christ« (2 Cor 5:18). Out of grace alone does God free the lost man from guilt, sin and destructive forces and gives him new life. »God is man, man to deliver« – this is how the incarnational-soteriological events could be described in a nutshell, courtesy of Paul Gerhardt's Christmas carol.[1]

The double *horizontal* however represents reconciliation between men. It is only possible because God has already acted in a reconciliatory way. »Accept one another, then, just as Christ accepted you, in order to bring praise to God« (Romans 15:7 NIV). In trusting God's love, we are called to advocate justice and peace in this world. Interpersonal forgiveness and reconciliation means following Jesus Christ.

---

1 »Fröhlich soll mein Herze springen« [»All My Heart This Night Rejoices« http://ingeb.org/spiritua/allmyhea.html – transl. by Catherine Winkworth (1858)].

- *Reconciliation - perceived as the sinner's justification to life in renewed communion with God and fellow human beings - is therefore at the centre of the Good News.*
- *Protestant faith formation is to be understood based on this Gospel.*

If both these statements are true, then the mission of enabling reconciled remembrance is a matter of Protestant faith formation. For Martin Luther, too, the vertical relational level precedes the horizontal in terms of education. God's educating is the prerequisite for all human learning. »Luther understood God's incarnation as pedagogical i. e. educational and learning event.«[2] Moreover, his pedagogics concept further aims at the maturity and faculty of speech of the believer. He should be able to account for the Christian faith and its consequences. Therefore formation of faith as well as interpersonal reconciliation is, ultimately, discipleship following Christ. The churches' mission is to support and accompany this faith formation, as the stories of reconciliation witnessed in the Gospel want to be translated into human realities time and again.

In my opinion, there are two dimensions central to reconciled remembrance as Protestant faith formation:[3]

On one hand, it is about the *relevance of remembrance* itself. The Christian faith is a narrative faith which passes on the experienced Good News. In the Holy Scripture, this attitude of anamnetic retelling is being inculcated over and over again, as so impressively shown in Deuteronomy. By retelling, remembering and reflecting upon the stories in the Holy Scripture, Christian women and men form a faith community. However, this story telling does not only extend to the tales of our biblical forebears, but also to those of our mothers and fathers in faith of the more recent past, as well as to our personal stories. To live our faith means »learning to renarrate the stories of our lives truthfully, in all

---

[2] Translated from R. Mokrosch, Erziehung und Bildung aus lutherischer Perspektive, in *Profilierte Bildung. Der Beitrag der christlichen Kirchen zu den Bildungsaufgaben der Gegenwart*, ed. R. Schmidt-Rost et al. (Hanover 2006), 9–27, 15.

[3] For further reading, see O. Schuegraf, *Vergebt einander, wie Gott euch vergeben hat. Coventry und die weltweite Nagelkreuzgemeinschaft* (Frankfurt/ Main 2008), 204–219.

their particularity and in the context of God's forgiving and reconciling love.«[4]

The collective and individual remembering of pain and suffered injustice, personal lapses and violent aggression towards others all belong to these stories of faith. If reconciliation is to succeed, dealing with these memories has to be learnt, too. Reconciliation can therefore be described as a venture of faith, re-interpreting events and experiences of the past in the light of God's love.

The individual remembering always appears in the horizon of other people's stories. Thus on the other hand, the *encounter* emerges as another important dimension: for the Mennonite J. P. Lederach, a leading mediator in international conflicts, successful reconciliation most notably includes relationship and encounter:

> »Reconciliation can be […] understood as both a *focus* and a *locus*. As a perspective, it is built on and oriented toward the relational aspects of a conflict. As a social phenomenon, reconciliation represents a space, a place or location of encounter, where parties to a conflict meet. Reconciliation must be proactive in seeking to create an encounter where people can focus on their relationship and share their perceptions, feelings, and experiences with one another, with the goal of creating new perceptions and a new shared experience.«[5]

This conviction is also confirmed from a religious-educational point of view: »Encounters and learning through encounters have an intrinsic and added value because, compared to the conveyance of content through different media, they are authentic. Those encountering each other are not only able to represent and further explain their own cause; via the exchange of content-related views, they can also gauge engagement, solidarity, sympathy and antipathy, in short: the relational climate.«[6] If

---

4 L. G. JONES, *Embodying Forgiveness. A Theological Analysis* (Grand Rapids 1995), 168.

5 See J. P. LEDERACH, *Building Peace. Sustainable Reconciliation in Divided Societies* (Washington 2002), 30.

6 Translated from F. RICKERS, Lernen durch Begegnung. Pädagogische Erwägungen in religionspädagogischer Absicht, in *Jahrbuch für Religionspädagogik 21*, 2005, 97–122, 116.

Protestant faith formation wants to realize its mission according to the Gospel and advocate reconciliation processes, it will offer spaces for ›learning through encounter‹. Because reconciliation needs space to
- open up to others without losing one's own identity,
- listen to the story from the other point of view,
- talk about the painful past and
- at the same time begin to look for a shared future.

In a nutshell: ›reconciled remembrance as Protestant faith formation‹ is embedded into a community of retelling and remembering and is found in spaces that make encounters possible. By means of a few practical examples I will now further expand on these fundamental thoughts.[7]

Places of reconciliation – architecture that inspires reconciled remembrance

The old and the new Coventry Cathedral form one unit. As a double cathedral, they tell us about God's salvific history with man. The Christian message of the cross and resurrection is announced through architecture: the ruins of the church, bombarded in 1940, speak of violence and destruction. It is a memorial; an open wound which keeps memories of suffering, death and the cross alive. Two words can be read on the preserved choir wall: »Father Forgive«. Provost Richard Howard had them chiselled into stone in 1948. This inscription was not without controversy at the time. Many of Coventry's citizens would have preferred another version: Father, forgive *them* – the Germans. But Provost Howard was undeterred: only Jesus on the cross could have spoken like this. We humans would all invariably depend on reconciliation, as without it there would be no new beginning.

However, the sign language and artworks of the new cathedral, with its superb tapestry of Christ in Glory, bear witness to this new beginning and Christ's resurrection. The concept of the double church is based on

---

[7] Although Coventry as an Anglican cathedral must surely not be pocketed under the header *Protestant* faith formation, it will still receive a more detailed mention here as it has provided important incentives for many reconciliation initiatives under Protestant sponsorship.

the just acknowledgement of the traumatic events of the past. The new cathedral is not built on the foundations of the old one. Grief and pain are permanently allowed. Yet, the new cathedral shows that death does not have the last word. The building as a whole is an architectonic testament of faith that the crucified and resurrected Christ delivers us to a life of reconciliation.

Cast in stone, the architecture directly touches many visitors: through a »glass wall« which covers the whole height and width of the front of the new building, they can see all the way from the ruin to the tapestry in the apsis of the new cathedral. In front of it stands the mighty altar, a reminder that we receive new life and reconciliation in the Eucharist. Every Sunday, members of the congregation in turn look at the ruin through the same glass front when they return to their seats after having received the sacrament. For special services or other important occasions, the architectonic possibilities of the church are deliberately (liturgically) put into scene so to make Coventry's mission perceptible.

The Dresden Frauenkirche has chosen a different path. Since 2005 it is again resplendent in its old glory. With the detailed rebuilding of the cupola, one of Germany's most beautiful town silhouettes was restored. A closer look, however, quickly reveals that even the healed wound can still be recognized as a wound. Wherever possible, original substance from the former mountain of rubble was used. Like scars, the dark stones of the façade are reminders of the destructive history of the Second World War. The altar, too, has visible »war wounds«. The recovered original pieces were left in their damaged and grey state and inserted into the otherwise colourful altar wall. In the daily guided tours that follow the midday and evening devotions, the church space is introduced as »place of remembrance and hope« with the help of these architectural features – a concept which should be self-evident for individual visitors, too.

Finally, I would like to refer to the Church of Reconciliation in Dachau, which through its architecture alone has also become a place of reconciliation. Between 1965 and 1967, Helmut Striffler has created a church building that architecturally supports the wish to commemorate the concentration camp victims »with the dunning gravity and the commandment of forgiveness as shown in Jesus Christ's act of reconciliation in Golgotha […] and at the same time also declare the Gospel's solace and the helping grace of God.«[8] Just like in Coventry, we follow a path through a sequence of »rooms«: narrowing funnel-shaped staircases lead us downwards along the wall, into the depths of pain, grief, shame and repentance. A small corridor steers visitors – via a crypt-like space – all the way to the sunken chapel and the church hall, both linked via a closed courtyard. Through its curved lines, the building should – according to the architect – be a »counter piece« to the »monotony of the rectangular-schematic footprint of the camp«, a »rescue channel for inhuman exposure«; the sparse chapel wants to offer »inner peace« for prayer; and in the community room there is space for consultations and encounters, but also for the »enquiring carefreeness of young people.«[9]

Before leaving the church through the western exit, the words of Psalm 130 once more bring home to the visitor what kind of the building's architecture wants to inspire: »Out of the depths I cry to you, Lord; Lord, hear my voice. Let your ears be attentive to my cry for mercy. If you, Lord, kept a record of sins, Lord, who could stand? But with you there is forgiveness, so that we can, with reverence, serve you. I wait for the Lord, my whole being waits, and in his word I put my hope.«

Storytelling communities – communities where reconciled remembrance is being kept alive and passed on

Places of reconciliation often house storytelling and remembrance communities. I shall illustrate this with a few examples:

Out of Coventry's history, for example, such a community has developed that constitutes itself by the remembrance of precisely this story. Already at Christmas 1940, Provost Howard summarized his hope regarding reconciliation in a radio address which was transmitted nation-

[8] Translated from the publication of the architectural competition, in *Kunst und Kirche 31*, 1968, 50–65, 52.]

[9] Translated from op. cit., 58–60. – For a critical debate on building ideas see also: G. Ullmann, Tatort, Gedenkort. Versöhnungskirche, Dachau, in [...] *in die Jahre gekommen, Vol. 3*, ed. W. Dechau (Stuttgart 1998), 89–94 and K. Kappel, *Religiöse Erinnerungsorte in der KZ-Gedenkstätte Dachau* (Berlin 2010), 54–64.

wide from the ruins: »With Christ born again in our hearts today, we are trying, hard as it may be, to banish all thoughts of revenge [...]; we are going to try to make a kinder, simpler – a more Christ-Child-like sort of world.«[10] And after 1945, Coventry began reaching out a reconciling hand to the former war enemy and working together with likeminded people in Germany. Gradually, a network was formed of parishes, schools, diaconal institutions and other establishments close to the church who were willing to champion reconciliation and peace in the spirit of Coventry: the so-called Community of the Cross of Nails. Cross of Nails centres can today be found trans-denominational and on all continents – in Germany with a clear focus on Protestant communities.

Coventry Cathedral staff and committed Christians in individual Cross of Nails centres can witness again and again the processes that are set in motion when they retell the story of the origin of their engagement with reconciliation to people and groups in unreconciled situations. Through hearing the retelling of Coventry's history, people have been and still are fascinated by the forgiving and reconciling love of God and begin to campaign for reconciliation themselves. Coventry's history – kept alive by the Community of the Cross of Nails and symbolized by the Cross of Nails itself – can act as catalyst to make the world »kinder, simpler, [...] more Christ-Child-like«. Unforgotten memories authorize and motivate the reconciliation mission of the worldwide Community of the Cross of Nails.

The Ecumenical Cross of Nails Initiative Würzburg is such a society. »Preserve memories, live reconciliation« is their guiding theme. The grass-roots movement with close contact to the ecclesiastical and municipal institutions of Würzburg has made it their mission to call for reconciliation and communication based on remembrance of the suffering and guilt of the Second World War, and to make people aware of corresponding projects. This way of handling history clearly shows that reconciliation is not to be equaled with the saying »forgive and forget«. The past is not brushed aside, but remembrance is used to build a new community who learns from mistakes and injustice committed in the past.

---

10 R. T. Howard, *Ruined and Rebuilt. The Story of Coventry Cathedral* (Coventry 1962), 22.

Since its establishment in 2001, the Centre of the Cross of Nails has managed to add a new dimension to the remembrance practiced in Würzburg annually on March 16th (on that night in 1945, 90% of the city was destroyed by British bombs; 5,000 of the 107,000 inhabitants did not survive the attack). Each year, the centre organizes a *Path of Reconciliation* that refers to current reconciliation projects: inmates of the local prison carry the Cross of Nails during the pilgrimage trail; once, pupils present projects from school exchanges with France or Poland, at other times, there is lobbying in front of a nursing home to promote cross-generational understanding, or there are encounters between people with severe disabilities and those who want to sympathetically live with them.[11]

Moreover, this example shows that even though »reconciled remembrance« always has to be a part of Protestant faith formation, this can happen in ecumenical unanimity and community. No dogmatic differences divide the Christian denominations in this educational challenge.

Finally, it could be a task of Protestant education to cultivate or even constitute such storytelling and remembrance societies – if only for a limited time. That's how I understand the project *Der Frauenkirche eine Stimme geben* (Giving the Frauenkirche a voice).[12] The idea is simple; through engagement with the learning place »healed wound Frauenkirche«, pupils from Dresden deal with Dresden's history as well as their own fractured biographies. The themes of the church space – such as glorious praise, festive delight in faith, but also destruction, injury, guilt, admonition or reconciliation – inspire meditation on personal existential values and ethical positions. Starting with a) experiencing the space, followed by b) finding a subject and c) designing the format, the project concludes with d) a public presentation. In November 2008, Year 12 students of the Kreuzgymnasium presented their results in the Frauenkirche. One of the working groups enacted a disputation between repre-

---

[11] Translated from an extract of the small anniversary publication *Das Wandernagelkreuz in Würzburg und seine 10 Gastorte. 2001 bis 2010*, ed. Nagelkreuzzentrum Würzburg, 2010.

[12] I would like to thank Dr. Anja Häse, customer service consultant in the Frauenkirche, for providing references regarding this project.

sentatives of the three Abrahamic religions. A Dresden citizen finally opens their eyes with the help of the Frauenkirche's history and they are reconciled in the end. One of the participating pupils retrospectively writes that during the project, the group had recognized their church as admonisher for peace and as a place of the worldwide bond between all people and their cultures, and that the words of the Dresden citizen had therefore stood for their own personal opinion.

Places of encounter – enabling new relationships and supporting shared experiences

The concentration camp memorial site Dachau does not only offer architectural places of remembrance through the Protestant Church of Reconciliation (as well as the Roman Catholic Agony of Christ Chapel, the Carmelite convent »Holy Blood«, the Jewish memorial site and the Russian-Orthodox Resurrection Chapel), it has also become a place of encounter. »The visitor, alone or in a group, does not only encounter history from 1933 to 1945, he first and foremost encounters personal stories of individuals and their fates.«[13] Encounters happen in different guises, and I would like to name a few: approximately 300 school and youth groups from Germany and abroad experience ecumenically sponsored guided tours of the site. It is still possible to hear the voices of contemporary witnesses. Thus the Church of Reconciliation regularly offers talks with these witnesses who give an authentic account of their life story, inspiring a shared search for understanding. Foreign volunteers of *Action Reconciliation Service for Peace*[14] come to work at the Church of Reconcilia-

---

13 Translated from E. Peter OCD / B. Mensing / L. Schmidinger, Kirchliche Gedenkstättenarbeit in Dachau, in: K. Kappel (see fn. 9), 82–92, 87. Further to possibilities of encounter see also: B. Mensing, Die Bedeutung der Versöhnungsarbeit in der Dachauer Gedenkstättenarbeit, in *Moderne Kirchenbauten als Erinnerungsräume und Gedächtnisorte*, ed. K. Kappel et al. (Regensburg 2010), 93–107.

14 In 1958, the synod of the Evangelical Church in Germany, encouraged by Dr. Lothar Kreyssig, proclaimed the foundation of *Action for Reconciliation* (later: *Action Reconciliation Service for Peace*). Its aim was to send young Germans to foreign rebuilding sites in expiation of the terror that these counties had suffered

tion for one year and therefore give visitors a chance to learn about Dachau's history from an outsider's perspective. Furthermore, the volunteers make it clear to visitors that today, people across all boundaries work together to achieve understanding, human dignity and justice.

The concentration camp memorial site Flossenbürg, too, opens up places for encounter: for more than ten years now, young people from many European countries meet each year to get to know each other, make friends and engage in cross-cultural learning. These international youth gatherings, supported by the Evangelical Youth Oberfranken, have become an important part of memorial site mission. As the youth encounters also coincide with meetings of former prisoners, an immediate and personal conversation with survivors – like in Dachau – can be enabled. »When former prisoners, young people and numerous attendants from the world of politics and diplomacy spontaneously meet for a coffee and relax in the ›Circus Tent‹ on the forecourt of the commander's office after the act of remembrance, and the samba workshop practices their upcoming performance in the background, it is then at the latest that the uniquely international ›Flossenbürg atmosphere‹ is perceptible. And it is a triumph over the master race ideology of the Nazis which dominated this place over 60 years ago.«[15]

If the opening contemplations in the chapter *Reconciliation and faith formation* are correct, then it is surely no coincidence and also extremely appropriate that in Dachau as well as in Flossenbürg, possibilities of learning and encounter have been decisively initiated and accounted for by Protestant initiatives, and still continue to do so today.

Finally, another historical example shall round off and illustrate the initial considerations:

The rebuilding camp in the ruins of the Dresden Deaconess Hospital, which had been organized by Coventry Cathedral in 1965, saw itself become a place of encounter, too, where young people from Germany and

---

during WWII. Later, volunteers from other countries also came to Germany to work in local projects.

[15] Translation of a quote by Jörg Skriebeleit, manager of the Flossenbürg memorial site, in: K. Wolf / J. Schröder / M. Goldbach, *What a beautiful day! Ein Buch über die Erlebnisse und Erfahrungen aller Internationalen Jugendtreffen aus erster Hand* (Berlin 2008), 93.

England – former enemies – faced each other as equal partners. Whoever works for weeks or months on a common project with »the enemy«, shares plans for their spare time and comes together for Bible study and services, is no longer able to hang on to abstract enemy concepts. The Other is given a face. When you remove rubble, play football or hold prayer sessions together, black-and-white attitudes begin to show different shades of grey. And when friendships develop across boundaries, you might even get a glimpse of the full colours of the rainbow. These young adults would have got to know the Other as a human being – together with all the strengths and weaknesses that being human entails. The Germans have undoubtedly been confronted with the uncomfortable question how such injustice could have happened in their name. The British side, on the contrary, may have learned that not all Germans were committed Nazis, even if they had all become part of the sinful Nazi system. Through the cleaning up efforts in Dresden, young Brits might have also learned about the damage caused by carpet bombing in German cities. Towards the end of the reconciliation project, the Provost of Coventry visited the volunteers and presented the Dresden Diaconal Sisterhood with a Cross of Nails. After months of intensive encounter, learning from another and enrichment through new, shared experiences – in short, after a process of reconciled remembrance – the three nails of the cross may have reminded the young adults that interpersonal reconciliation means to follow Jesus Christ according to the verse from Romans: »Therefore, accept each other just as Christ has accepted you.«

Über die Autoren / About the authors

Ole Brinth (geb. 1954), Dipl.-Kirchenmusiker, Diplom in Musikgeschichte und -theorie; Rektor der Kirchenmusikschule Roskilde.

Peter Bubmann (geb. 1962), Dr. theol; Professor für Praktische Theologie an der Friedrich-Alexander-Universität Erlangen-Nürnberg und Wissenschaftlicher Leiter bei »bildung evangelisch in Europa« (beE).

Michael Bünker (geb. 1954), Dr. theol.; Bischof der Evangelischen Kirche A. B. in Österreich und Generalsekretär der Gemeinschaft Evangelischer Kirchen in Europa (GEKE).

Martin Friedrich (geb. 1957), Dr. theol.; apl. Professor für Kirchengeschichte an der Ruhr-Universität Bochum und Studiensekretär der Gemeinschaft Evangelischer Kirchen in Europa (GEKE).

Ermanno Genre (geb. 1943), Dr. theol.; emeritierter Professor für Praktische Theologie an der Fakultät der Waldenserkirche (Rom), Gemeindepfarrer in Perugia und Terni.

Eberhard Harbsmeier (geb. 1943); Rektor des Theologisch Pädagogischen Zentrums der Evangelisch-Lutherischen Kirche Dänemarks in Løgumkloster und Honorarprofessor für Praktische Theologie an der Universität Aarhus.

Béla Harmati (geb. 1936), Dr. theol.; 1987–2003 Bischof des südlichen Kirchenbezirks der Lutherischen Kirche in Ungarn (1990–2000 als Leitender Bischof), seitdem im Ruhestand.

Wolfgang Ilg (geb. 1973), Dr. rer. nat., Pfr., Dipl.-Psych.; Landesschülerpfarrer im Evangelischen Jugendwerk in Württemberg und Wissenschaftlicher Mitarbeiter an der Eberhard-Karls-Universität Tübingen.

László Kállay (geb. 1963), Pfarrer der reformierten Kirchengemeinden Nyíri, Fűzérkomlós und Hollóháza in Ungarn; 2007–2010 Vizepräsident bzw. Präsident von Oikosnet Europe – Ökumenische Vereinigung der Akademien und Laienzentren.

Hans Jürgen Luibl (geb. 1956), Dr. theol.; Leiter von Bildung Evangelisch Erlangen, Vorsitzender von bildung evangelisch in Europa (beE) ev, Vorsitzender der Arbeitsgemeinschaft für Evangelische Erwachsenenbildung in Bayern (AEEB), Lehrbeauftragter an der Friedrich-Alexander-Universität Erlangen-Nürnberg und an der Evangelischen Fachhochschule Nürnberg.

Jytte Lundbak (geb. 1956), Organistin an der Skt. Nikolai Kirche, Holbæk, Dänemark.

Boguslav Milerski (geb. 1967), Dr. theol.; Professor für Religionspädagogik an der Christlich-Theologischen Akademie Warschau.

Peter Morée, Dr. theol.; assistant professor at the Protestant Theological Faculty of Charles University, Prague.

Stefan Myrskog (born 1960), Master of Theology; Executive Secretary, Church Center for Work in Swedish at the Central Office of the Church Council of the Evangelical Lutheran Church of Finland.

Thomas Schlag (geb. 1965), Dr. theol.; Professor für Praktische Theologie an der Theologischen Fakultät der Universität Zürich und Leiter des Zentrums für Kirchenentwicklung an der Universität Zürich

Harald Schroeter-Wittke (geb. 1961), Dr. theol.; Professor für Didaktik der Ev. Religionslehre mit Kirchengeschichte der Fakultät für Kulturwissenschaften der Universität Paderborn und Mitglied im Präsidium des Deutschen Ev. Kirchentags.

Oliver Schuegraf (geb. 1969), Dr. theol.; Oberkirchenrat für ökumenische Grundsatzfragen und Catholica der Vereinigten Evangelisch-Lutherischen Kirche Deutschlands (VELKD).

Friedrich Schweitzer (geb. 1954), Dr. rer. soc. theol. habil., Professor für Praktische Theologie / Religionspädagogik an der Eberhard-Karls-Universität Tübingen.

Henrik Simojoki (geb. 1975), Dr. theol. habil.; Privatdozent für Praktische Theologie an der Eberhard-Karls-Universität Tübingen, Vertretung des Lehrstuhls für Religionspädagogik an der Universität des Saarlandes.

Neil Thorogood (born 1964), Revd; Director of Pastoral Studies, Westminster College, Cambridge and teacher within the Cambridge Theological Federation.